汉代与宋明儒学新论

李存山 著

華文出版社
SINO-CULTURE PRESS

图书在版编目（CIP）数据

汉代与宋明儒学新论 / 李存山著. -- 北京 ：华文出版社，2021.1
ISBN 978-7-5075-5316-1

Ⅰ. ①汉… Ⅱ. ①李… Ⅲ. ①古代哲学－研究－中国－汉代②儒学－研究－中国－宋代③儒学－研究－中国－明代 Ⅳ. ①B234.05②B222.05

中国版本图书馆CIP数据核字(2020)第145852号

汉代与宋明儒学新论

作　　者：李存山
责任编辑：南　洋
出版发行：华文出版社
地　　址：北京市西城区广外大街 305 号 8 区 2 号楼
邮政编码：100055
网　　址：http://www.hwcbs.com.cn
电　　话：总 编 室 010-58336239　发 行 部 010-58336253　58336202
　　　　　责任编辑 010-58336251
经　　销：新华书店
印　　刷：三河市燕春印务有限公司
开　　本：710mm × 1000mm　1/16
印　　张：27.75
字　　数：370 千
版　　次：2021 年 1 月第 1 版
印　　次：2021 年 1 月第 1 次印刷
标准书号：ISBN 978-7-5075-5316-1
定　　价：68.00 元

自　序

我自 1984 年从北大哲学系读研究生毕业以后，被分配到中国社会科学院《中国社会科学》杂志社工作。当时杂志社主张“编研结合”，即编辑人员在做好编辑工作的同时也要从事相关的专业研究。这很符合我到杂志社工作时的初衷，我曾说：我是以编辑工作为“公职”，不敢懈怠；以中国哲学研究为“天职”，绝不放弃。以前在读《黑格尔传》时，记得他曾说过：“一有公职，二有家庭，人生斯世，无复他求。”可见哲学家对“公职”是很重视的，这也鞭策我对编辑工作的“公职”要尽心尽力，而对中国哲学研究则在时间上放入“第二序”。因为把编辑工作放在时间的“第一序”，所以从事中国哲学研究的时间往往是比较零散的。职此之故，我的科研成果是以论文为主，这些论文大多是随机性的有感而发，缺少系统性和连续性。在我 2001 年调入中国社会科学院哲学研究所后，虽然科研的时间比较集中了，但以前养成的习惯并没有完全改掉，与以前所不同者，是我后来逐渐把儒家文化作为研究的重点。

我读研究生时写的毕业论文是《先秦气论的产生和发展》，在参加工作后发表过几篇关于气论的文章。20 世纪 80 年代中期兴起“文化热”，受此感召，我逐渐把气论研究与对儒家仁学的研究结合起来，形成了仁学与气论是中国传统哲学的主要内容和基本结构的认识。当时学界有“中国传统思想研究丛书”的编纂，我的专著《中国气论探源与发微》本是为这套丛书而写，但1988年中秋匆匆写完时已过了交稿日期，遂转交中国社会科学出版社出版。以后我为“中华历史文化名人评传·改革家系列”撰写了《商鞅评传——为秦开帝业的改革家》，为《中华文化通志》（百志本）撰写了《哲学志》（其中第四章“中国哲学的近现代转型”由邝柏林、郑家栋撰写）。在我调入哲学所后，曾应约作了一本简明注译的《智慧之门·老子》，还为“中国社会科学院研究生院重点教材”撰写了《中国传统哲学纲要》。除以上著作外，近年还出了一本通俗性读物即《新三字经与社会主义核心价值观》。以上罗列，未免让我自感惭愧。如果再加一本的话，就是我在十年前曾出了一本论文集《气论与仁学》。

自进入学界以来，匆匆34年过去，我自认为可分为两个阶段，即在杂志社工作的17年，和调入哲学所后的17年。在后一阶段，我也曾打算出一本较系统性地表达我对中国哲学史基本观点的著作，虽然写出了一些主要章节，但其间几次被一些事务所打断，经多次修改终觉对某些问题的表述不够满意，故延宕至今没有成书。总之，就我现在既有的研究成果而言，还是以较零散的学术论文为主。这次承蒙华文出版社不弃，我在继《气论与仁学》之后，再出两本论文集，其一是《先秦哲学与儒家文化》，其二是《汉代与宋明儒学新论》。

在《先秦哲学与儒家文化》中，选取了我认为比较重要的关于先秦哲学的十余篇论文，另分别选取了关于《周易》研究和楚简研究的两组论文。在《汉代与宋明儒学新论》中，选取了我认为比较重要的关于汉代哲学和宋代哲学以及汉宋之间相关思想的近三十篇论文。这里所谓“比较重要”，有的是从所论述的内容而言，有的是从我治学的过程而言。虽然时间跨度较大，论文的侧重点和水平不一，但自审这些论文大多是针对某些问题遂有感而发，故应属言之有物，而并不空疏；又觉在目前的中国哲学研究中歧见日多，为有助于学术讨论和增加共识，我们必须坚持以史料为根据，论证符合训诂和逻辑，我平时治学尽量做到这两点，故庶几应属持之有故，言之成理。至于文中的一些新见，是否能被学界所接受，那就要经过各位师友和读者的审视与批评指正了。

我在杂志社工作时，因是以编辑工作为主，在科研方面不求入于学术的主流，故所出成果大多是有感而发，尝有“只是为学界备一说”之想。我到哲学所工作后，虽然主观上也为自己提出了较高的要求，但客观上可能“取法乎上，仅得其中”，如果“能为学界备一说”，而没有出现无根据的谬说，那么庶几也算不错了。

李存山

2019 年 5 月 10 日

目 录

秦后第一儒——陆贾

儒学就其与君主权力的关系以及由这种关系引起的思想变化而言,可分为先秦原始儒学和秦后儒学,前者未曾与君主权力结合成紧密的关系,后者则主要是得到历代王朝支持和认可的官方意识形态。在儒学的这一转变中,对秦后儒学具有创始之功的有一代表人物,此即秦后第一儒——陆贾。现有的中国哲学史和思想史著述对陆贾的思想及其历史作用大多论述比较简略,而王利器先生的《新语校释》(中华书局 1986 年版)对之阐发较详。本文拟步王先生之后尘,对陆贾的思想和历史作用再加论列。

一、汉代重儒开自陆生

秦始皇于公元前 221 年统一中国,建立了中央集权的君主专制制度。这是中国历史上的一次重大转折。在这一转折中,因秦始皇采纳韩非、李斯"以法为教,以吏为师"的思想,焚书坑儒,使儒学面临灭顶之灾。秦传二世而亡,汉高祖刘邦代之而兴,这一"马上公"也极不好儒,"诸客冠儒冠来者,沛公辄解其冠,溲溺其中。与人言,常大骂"(《史记·郦生陆贾列传》)。在新王朝初兴之际,儒学面临重蹈秦时厄运的境况。在关系到儒学的兴衰、新王朝能否"逆取"而"顺守"的关键历史时期,陆贾率先劝说刘邦,使当权者转变了对儒学的态度。

史载:"陆生时时前说称《诗》《书》。高帝骂之曰:'乃公居马上而得之,安事《诗》《书》!'陆生曰:'居马上得之,宁可以马上治之乎?且汤武逆取而以顺守之,文武并用,长久之术也。昔者,吴王夫差、智伯极武而亡,秦任刑法不变,卒灭赵氏。乡使秦已并天下,行仁义,法先圣,陛下安得而有之?'高帝不怿而有惭色,乃谓陆生曰:'试为我著秦所以失天下,吾所以得之者何,及古成败之国。'陆生乃粗述存亡之征,凡著十二篇。每奏一篇,高帝未尝不称善,左右呼万岁,号其书曰《新语》。"(《史记·郦生陆贾列传》)从这段记载可知,在陆贾劝说刘邦之前,刘邦对儒学仍持谩骂、蛮横的态度,他沾沾自喜于在马上征伐而得天下,对儒家典籍的教化作用一无所知。刘邦在初得政权以后作的《大风歌》云:"大风起兮云飞扬,威加海内兮归故乡,安得猛士兮守四方。"这也表明刘邦对"逆取"而"顺守"尚无认识,他认为守天下仍主要靠兵威、猛士。陆贾针对刘邦得天下又要守天下的心理,动之以利害,指出天下可以"马上得之",而不可以"马上治之",并且总结历史正反两方面的教训,晓之以"逆取"而"顺守""文武并用",不可专任"刑法"而需"行仁义,法先圣"的道理。刘邦听陆贾之言,虽心中不快但面有惭色(这正是心灵受到强烈震动的表现),让陆贾进一步陈述天下得失成败的原因,于是有陆贾的《新语》之作。陆贾"每奏一篇,高帝未尝不称善,左右呼万岁",《新语》受到汉初君臣的欢迎,这绝非偶然。秦始皇"奋六世之余烈,振长策而御宇内",虽建立了统一的中央集权的君主专制制度,但没有找到足以使这一制度"长治久安"的意识形态,在上层建筑领域内尚没有完成国家机器与意识形态的统一。汉初君臣一开始没有认识到这一点,但历史已经昭示了秦王朝的缺陷,已经提出了实现君主权力与儒学的统一的任务,陆贾在当时只是充当了历史的代言人,而汉初君臣采纳陆贾的见解也只是执行了历史的使命而已。

《汉书·高帝纪下》云:"天下既定,命萧何次律令,韩信申军法,张苍定章程,叔孙通制礼仪,陆贾造《新语》。"这里分别列举了汉初在上层建筑领域内完成的几项重大建设。"陆贾造《新语》"虽列在最后,但这正具有最重要而最后完成的意味。律令、军法、章程、礼仪都是具体的政治制度的建设,这些在当时带有"汉承秦制"的色彩(萧何曾为秦沛县吏,张苍曾为秦御史,叔孙通亦曾为秦博士);而《新语》则是指导具体政治制度建设的普遍政治原则,它标志着秦汉间政治指导思想的重大转换,标志着儒家政治哲学与中央集权的君主权力相结合的开始。

史载汉高祖刘邦在途经山东曲阜时以太牢祠孔子(见《史记·孔子世家》《汉书·高帝纪》),这与他以前对儒学的谩骂、蛮横态度相比,形成了鲜明的对照。国家的最高统治者转变了对儒学的态度,从而使儒学走出了秦时的厄运,在汉初得以复兴,得以实现"素王"思想与君主权力的结合。毫无疑问,这与陆贾"以客从高祖定天下""时时前说称《诗》《书》",作《新语》得到刘邦及其左右的欢迎,有重要的、直接的关系。

近人唐晏曾指出:"汉代重儒,开自陆生也。"(《陆子新语校注》序)由陆贾促成的汉初君臣对儒学态度的转变,无疑为汉武帝时董仲舒提出"独尊儒术"奠定了基础。东汉王充在谈到陆贾对董仲舒的影响时也曾说:"《新语》陆贾所造,盖董仲舒相被服焉。"(《论衡·案书》)中国历代封建王朝对儒学的尊崇,一可上溯至董仲舒,再可溯源于陆贾。陆贾为儒学之官学地位的确立而建的定鼎之功可谓大矣!唐晏因谓:陆贾"前乎董公,人知重董,而不重陆,慎矣!"(《陆子新语校注》序)

陆贾在促成儒学与君主权力的结合时,坚持"以道事君""直道而行"的立场,也为后世正直的儒者树立了典范。在《新语·辨惑》篇中,他批评了那些"阿上之意,从上之旨,操直而乖方,怀曲而合邪,因其刚柔之势,为作纵横之术,故无忤逆之言,无不合之义"的佞臣;他主张君子"正其行而不苟合于世也……直道而行,知必屈辱而不避也,故行不敢苟合,言不为苟容,虽无功于世,而名足称也,虽言不用于国家,而举措之言可法也"。很明显,这些话与后来辕固生对公孙弘的劝戒——"务正学以言,无曲学以阿世"(《史记·儒林列传》)——同样表明了正直儒生在参与政治时所持的儒道立场。陆贾"以客从高祖定天下",曾两次奉使南越,说服南越王尉佗称臣;刘邦死,"吕太后用事,欲王诸吕",陆贾"自度不能争之",遂致仕家居,游公卿间,协调丞相陈平与太尉周勃之间的关系,为日后诛诸吕作了准备。这些也表现了陆贾卓越的政治才干和儒者胸怀。后世学者谓:"汉初诸儒,未有贾比"(黄震《黄氏日抄》卷四十六),"萧、曹、张、陈辈,均当在其下风矣"(范大冲《陆贾新语序》),这些评价应当说是有一定的历史根据的。

二、尊儒术 不黜百家

陆贾开汉代尊儒之先河，实现了秦汉间由“任刑法”到“行仁义”的政治指导原则的转变。后来的董仲舒之尊儒，实乃步陆贾之后尘而已。但陆贾之尊儒与董仲舒之尊儒又有一个不同的方面，即前者不是儒学之独尊，而是尊儒术，不黜百家。

秦汉间儒法思想的对立主要是德（仁义）与刑、义与利之间的对立。陆贾从一开始便抓住了这一关键。他向刘邦提出“逆取而以顺守之”，主要就是劝说刘邦不要像秦王朝那样“任刑法”，而要“行仁义”。陆贾对秦王朝二世而亡的历史教训的总结是非常深刻的。在其后，贾谊说秦王朝之所以迅速灭亡是由于“仁义不施而攻守之势异也”（《新书·过秦上》），这不过是重复了陆贾所说过的话。

在《新语》中，陆贾充分高扬了作为儒学之核心的“仁义”思想。他说：“仁者道之纪，义者圣之学，学之者明，失之者昏，背之者亡。”“夫谋事不并仁义者后必败，殖不固本而立高基者后必崩。”“故圣人怀仁仗义，分明纤微，忖度天地；危而不倾，佚而不乱者，仁义之所治也。”（《新语·道基》，以下引《新语》只注篇名）陆贾高扬“仁义”，这在当时就是鲜明地树立起尊儒的旗帜。与这面旗帜相对立的是法家的“尚刑”“竞气力”，陆贾提出“齐桓公尚德以霸，秦二世尚刑而亡”（《道基》），“刑立则德散，佞用则忠亡”（《术事》），“绝气力，尚德也”（《慎微》）。这些话显然已经先道出了后来董仲舒所谓“任德不任刑”“任德不任力”的思想。

陆贾在《新语》中还强调了儒家的义利之辨。他说：“据土子民、治国治众者，不可以图利；治产业，则教化不行，而政令不从。”（《怀虑》）“欲理之君，闭利门……利绝而道著，武让而德兴，斯乃持久之道，常行之法也。”（同上）陆贾的义利之辨，主要是针对君主的行为而言。如果联想到汉高祖刘邦在得天下以后视天下为一己之产业，说出“某业所就，孰与仲多”的话（见《史记·高祖本纪》），则更可见陆贾的义利之辨是有的放矢。当然，陆贾所谓“君子笃于义而薄于利”（《本行》），“君子以义相褒，小人以利相欺”（《道基》),“达于义者不可动以利”(《思务》)等,也具有普遍的重义轻利的意义。后来董仲舒提出“正其谊不谋其利,明其道不计其功”,一方面可看作陆贾思想的延续,另一方面又是儒家重义轻利思想的进一步倾斜。

由尚刑到尚德,由重利到重义,是秦汉间由尊法到尊儒的根本的思想转换。陆贾在促成这一思想转换时,有一与后儒大不相同的思想,即尊儒术而不黜百家。他说:“书不必起仲尼之门,药不必出扁鹊之方,合之者善,可以为法,因世而权行。”(《术事》)把这句话同董仲舒的“诸不在六艺之科、孔子之术者,皆绝其道,勿使并进”(《举贤良时策三》)相较,很明显地表现了儒家在初步实现与政治权力的结合时所具有的宽容、权变意识。中央集权的君主专制制度是在法家的“事在四方,要在中央,圣人执要,四方来效”(《韩非子·扬权》)的思想基础上建立的,儒家在实现与这一政治权力的结合时,一方面要转变它原有的政治指导原则,另一方面又要对自身的思想作出某种调适。如果完全固守、僵硬照搬先秦原始儒家的思想,那么儒学自身得不到调适,也就无从上升为被君主权力所认可的官方意识形态。陆贾提出“因世而权行”,这是儒家面对秦汉间新的形势而要对自身思想作出调整的自觉表现。调整的过程也就是儒家有选择地吸收其他诸家思想的过程,陆贾的《新语》开启了这一过程,但这一过程显然不是在短期内由陆贾一人所能完成的。陆贾提出“书不必起仲尼之门……合之者善”,一方面表现了汉初儒家对自身思想是否完全适应于新的政治制度尚缺乏充分的自信,另一方面也表现了儒家在经历了秦王朝的严厉打击之后对其他诸家所持的相对宽容态度。后来的董仲舒提出“独尊儒术,罢黜百家”,则一方面标志着儒学自身调适过程的基本完成,另一方面也暴露了儒学在上升为与君主权力相结合的官方意识形态之后所必然带有的排他性。

由陆贾开启的儒学自身调适过程,主要表现为儒家对法家、道家和阴阳家思想的吸收。关于对阴阳家思想的吸收,我们下节再述;这里简要分析一下对法家、道家思想的吸收。

在《新语·辨惑》篇中,陆贾有感于孔子所作《公陵》之歌,“伤无权力于世,大化绝而不通,道德施而不用”,提出“道因权而立,德因势而行,不在其位者则无以齐其政,不操其柄者则无以制其刚(罚)”。在先秦儒学那里,权力是附属于道德的，道德的极致必然或应然就是权力的极致。当道德受到权力的排拒，儒家不能顺利推行其仁义思想时，先秦儒家不是把权力视为异于道德的一种独立的政治因素，不是归结为道德之无能，而是委之于"天道不行"或"天数未至"。陆贾一反先秦儒家的思维方式，提出"道因权而立，德因势而行"，反映了汉初儒家面对强大的君主权势，不再盲目地夸大道德的作用，而是客观地、急切地欲实现道德与权势的结合。孔子曾说："不在其位，不谋其政"(《论语·泰伯》)，本意是反对权力僭越和庶人议政，陆贾改其意而用之，提出"不在其位者则无以齐其政"，突出了权位是贯彻儒家之治道所必需的思想。陆贾还说："不操其柄者则无以制其刚(罚)"，更表现了欲借助权柄而施行赏罚以补充道德教化之不足的思想。权势、权位、权柄、赏罚，本来是法家思想的核心，秦汉政治制度就是建立在这一核心上面，汉初儒家欲实现与这一政治制度的结合，也就必然要吸收法家的思想。后来贾谊提出"仁义恩厚，此人主之芒刃也；权势法制，此人主之斤斧也"(《新书·制不定》)，更明显地表现了儒法结合的倾向。董仲舒虽强调"任德不任刑"，但也同样不取消刑罚的作用，他甚至以春、夏、秋、冬比附庆、赏、刑、罚，说"庆赏刑罚之不可不具也，如春夏秋冬不可不备也"(《春秋繁露·四时之副》)。由陆贾开启的以仁义道德为主，以庆赏刑罚为辅这一儒法思想结合的倾向，实际上一直被后儒所继承，而"王霸并用""阳儒阴法""外仁义而内多欲"则一直是中国君主政治的特色。

陆贾在总结秦王朝迅速灭亡的教训时，除指出其任刑法而不行仁义之外，还指出其"举措太众，刑罚太极""事愈烦天下愈乱，法愈滋而天下愈炽，兵马益设而敌人愈多"(《无为》)。针对后一点，陆贾提出"道莫大于无为，行莫大于谨敬"，并援以虞舜、周公之治为例，说明"无为者乃有为也"(同上)。"无为"并非道家独有的概念，孔子也曾说过："无为而治者，其舜也与！夫何为哉？恭己正南面而已矣。"(《论语·卫灵公》)陆贾在汉初提倡"无为"，当然不能说是离儒经、叛儒道，但他所谓"寂若无治国之意，漠若无忧天下之心"(《无为》)，"怀刚者久而缺，持柔者久而长……柔懦者制刚强"(《辅政》)等，确实不是发挥儒家之言，而是有采于道家之论。当时，与秦王朝"任刑法"相对立的是"行仁义"，与秦王朝"举措太众，刑罚太极"相对立的则是儒道两家共有的“君道无为”思想。陆贾在阐发后一种思想时采纳了一些道家之言，这正是他所谓“书不必起于仲尼之门……合之者善”的体现。如果再看一看陆贾在《道基》篇所言“是以君子握道而治，据德而行，席仁而坐，杖义而强，虚无寂寞，通动（洞）无量”，则更可见陆贾的思想有儒道结合或儒道互补的倾向。这种倾向既符合当时社会政治势力的需要，又符合秦汉以后中国思想史发展的规律。明儒钱福在评价陆贾的思想及其历史作用时，一方面指出“其书所论亦正”，另一方面又指出“且多崇俭尚静等语，似亦有启文、景、萧、曹之治者”（《新刊新语序》），可以说是比较公正、恰当的评价。从文景之治到武帝时，汉王朝的政策由“无为”转向“有为”，董仲舒虽提出了“独尊儒术，罢黜百家”，但他的《春秋繁露》仍不免采纳道家的“无为”思想以附翼儒家的君道之论，如《离合根》篇云：“故为人主者，以无为为道，以不私为宝，立无为之位而乘备具之官，足不自动而相者导进，口不自言而摈者赞辞，心不自虑而群臣效当，故莫见其为之而功成矣。”由此可见，在历史上不管是明确提出“书不必起仲尼之门”者，还是明确提出“独尊儒术”者，不采纳道家之言以及其他诸家之言的“醇儒”，实际上是没有的。

陆贾采纳的道家之言主要是司马迁所谓“采儒墨之善，撮名法之要”的黄老道家之言，他对道家隐士的神仙、避世思想是坚决予以排斥的。在《慎微》篇中，他批评神仙方术说：“乃苦身劳形，入深山，求神仙，弃二亲，捐骨肉，绝五谷，废《诗》《书》，背天地之宝，求不死之道，非所以通世防非者也。”又批评退隐避世者说：“夫播布革，乱毛发，登高山，食木实，视之无优游之容，听之无仁义之辞，忽忽若狂痴，推之不往，引之不来，当世不蒙其功，后代不见其才，君倾而不扶，国危而不持，寂寞而无邻，寥廓而独寐，可谓避世，而非怀道者也……怀道而避世则不忠也。”在《资质》篇中，他还批评“商贾所不至，工匠所不窥，知者所不见，见者所不知”的“楩枏豫章”“不如道傍之枯杨”。庄子曾经赞美不为世用的“栎社”“山木”（见《庄子》之《人间世》《山木》等篇），而在陆贾看来，庄子所赞美者“贱于枯杨”。这里充分表现了道家之退隐逍遥与儒家之经世致用两种对立的价值取向。从陆贾有采于道家之言而又排斥道家的神仙、避世思想，我们已可见后儒“出入释老”和“排斥释老”的滥觞。

三、内圣外王　天人合策

陆贾的尊儒和吸收法家、道家以及阴阳家的思想，是以“仁义”为核心的，围绕这一核心，陆贾的哲学思想初步形成了一个体系，此体系可冠之以“内圣外王”“天人合策”。

在《道基》篇中，陆贾说：“夫人者，宽博浩大，恢廓密微，附远宁近，怀来万邦。故圣人怀仁仗义，分明纤微，忖度天地……行之于亲近而疏远悦，修之于闺门之内而名誉驰于外。故仁无隐而不著，无幽而不彰者。”在《慎微》篇中他也说：“夫建大功于天下者必先修于闺门之内，垂大名于万世者必先行之于纤微之事。是以伊尹负鼎，居于有莘之野，修道德于草庐之下……曾子孝于父母，昏定晨省……此二者修之于内，著之于外，行之于小，显之于大。”这些话所表达的显然是“内圣外王”、修身齐家治国平天下的思想。

陆贾在强调治国以修身为本时，还非常重视“心”的作用。如他在《术事》篇引《诗》云“式讹尔心，以蓄万邦”之后说：“言一心化天下，而□□国治，此之谓也。”在《思务》篇他也说：“故仁者在位而仁人来，义者在朝而义士至……夫善恶不空作，祸福不滥生，唯心之所向、志之所行而已矣。”陆贾的这些思想可以从先秦的孔、孟、荀那里找到根据，与《大学》的三纲领、八条目相比也若合符节。《大学》旧传是曾子所作，现代学者有谓“属于西汉初年的作品”[①]；假若如是，则《大学》之作除了上本于孔、孟、荀的思想之外，还可能受启于陆贾的《新语》。

《新语》之首篇《道基》开宗明义云：“传曰：‘天生万物，以地养之，圣人成之。’功德参合，而道术生焉。”又云：“于是先圣乃仰观天文，俯察地理，图画乾坤，以定人道，民始开悟，知有父子之亲，君臣之义，夫妇之别，长幼之序。于是百官立，王道乃生。”这里的哲学框架是从天道推衍出人道，而且明显地受到《易经》和《易传》的影响。在叙述了“先圣”神农、黄帝、后稷、禹、奚仲、皋陶和“中圣”文王、周公的贡献之后，《道基》篇又云：“于是后圣乃定

① 任继愈主编：《中国哲学发展史》（秦汉卷），人民出版社1985年版，第219页。

五经，明六艺，承天统地，穷事察微，原情立本，以绪人伦；宗诸天地，纂修篇章，垂诸来世，被诸鸟兽，以匡衰乱，天人合策，原道悉备……”陆贾所谓“道基”，也就是儒道之基；他把“天人合策”、从天道推衍出人道作为儒学之基础，显示了较高的哲学思维水平。儒家哲学的天人框架起自《易传》和《中庸》，至荀子提出“明于天人之分”。陆贾在汉初明确提出“天人合策”，应该说是一个较大的进步。以后，司马迁提出“究天人之际”，董仲舒提出“天人相类”“道之大原出于天”，至唐代刘禹锡提出“天人交相胜”，至宋代张载提出“天人合一”，程颢提出“天人本无二，不必言合”……在中国传统的“天人之学”中，陆贾的“天人合策”上接先秦，下启后儒，是思想发展链条中的重要一环。

在陆贾的思想中，“内圣外王”与“天人合策”是相统一的。“内圣外王”是强调治理天下以道德修养为本，“天人合策”则主要是为儒家的道德学说和政治理论提供哲学的根据。在分析社会治乱的原因时，陆贾不是委之于“天道”或“天命，而是归结为君主之善恶。这也就是说，“天人合策”只是为社会治道提供一种“应然”的标准，而社会治道之实际贯彻还要靠君主的“内圣外王”。换言之，“天人合策”只是让君主承担“内圣外王”的义务，而不是为君主承担社会治乱的责任。因此，在陆贾的“天人合策”思想中有“明于天人之分”的因素。他说：“安危之要，吉凶之符，一出于身；存亡之道，成败之事，一起于善。尧、舜不易日月而兴，桀、纣不易星辰而亡，天道不改而人道易也。”（《明诫》）这里的思想明显地本于荀子所谓“天行有常，不为尧存，不为桀亡”“日月、星辰、瑞历，是禹、桀之所同也，禹以治，桀以乱，治乱非天也”（《荀子·天论》）。

陆贾在《新语》中非常推崇“鲍丘之德行”（《资质》），鲍丘即包邱子，又称浮邱伯。《盐铁论·毁学》篇云：“李斯与包邱子俱事荀卿。”王利器先生谓“盖荀卿适楚，因家兰陵。陆贾，楚人也，与浮邱同时相善，因而闻风相悦，私淑相闻，这是意料中事”“陆贾之学，盖出于荀子”（《新语校注》前言）。陆贾思想中“明于天人之分”的因素当是对荀子思想的继承，而其对灾异学说的抨击则更可见荀学的影响。陆贾说：“夫世人不学《诗》《书》，存仁义，尊圣人之道，极经艺之深，乃论不验之语，学不然之事，图天地之形，说灾变之异，乖先王之法,异圣人之意,惑学者之心,移众人之志,指天画地,是非世事,动人以邪变,惊人以奇怪,听之者若神,视之者若异,然犹不可以济于厄而度其身,或触罪□□法,不免于辜戮。”(《怀虑》)观此,我们似可说陆贾已开汉代“疾虚妄”思想的先河。东汉王充在比较陆贾与董仲舒的得失时便曾说:“陆贾之言,未见遗阙;而仲舒之言雩祭可以应天,土龙可以致雨,颇难晓也。”(《论衡·案书》)

然而,陆贾之学并非荀学的简单继承,他的“天人合策”思想除了“明于天人之分”的因素之外也还有“天人相感”的内容,王充所谓“陆贾之言,未见遗阙”实有失于片面。更须指出的是,在陆贾的思想中,“明于天人之分”与“天人相感”也是各得其所、结为一体的。陆贾说:“故世衰道失,非天之所为也,乃君国者有以取之也。”(《明诫》)这是“天”不对人事负责,是“明于天人之分”的思想。紧接着这句话,陆贾又说:“恶政生恶气,恶气生灾异。螟虫之类,随气而生;虹蜺之属,因政而见。治道失于下,则天文变于上;恶政流于民,则螟虫生于野。贤君智则知随变而改……”(同上)这是人事要对“天”的灾变负责,而且贤君要见灾变而改恶政。这里明显地吸收了阴阳五行家的思想,是“天人相感”的意思。类似的话在《新语》中并不少见,如《道基》篇亦云:“张日月,列星辰,序四时,调阴阳,布气治性,次置五行,春生夏长,秋收冬藏……改之以灾变,告之以祯祥,动之以生杀,悟之以文章。”阴阳五行的框架被儒道所吸收,“天人相感”的内容与荀学相结合,这是汉初儒学演变最值得探讨的现象。与这一现象相伴随,荀子的“惟圣人为不求知天”也变成了陆贾的“圣人察物,无所遗失,上及日月星辰,下至鸟兽草木昆虫,□□□鹢之退飞,治五石之所陨,所以不失纤微。”(《明诫》)从陆贾所承的荀学之变,我们可以看出阴阳五行家的著作《十二纪》被汉儒编入儒家经典《礼记》(改称《月令》),董仲舒在汉武帝时大讲“灾异谴告”,谶纬神学随后而兴,两汉经学建构庞大芜杂的宇宙论模式……这些在汉初已肇其端,是势所必至而并非偶然。

为什么作为先秦儒家之殿军的荀学在汉初会发生如此显著的变化?如果联想到在陆贾的思想中“内圣外王”与“天人合策”是一个统一的整体,那么我们就不难知晓:荀学之变是由于汉儒面对强大的君主权力,要用“天人灾异”来恐畏、儆戒人君，强迫他执行“内圣外王”的路线；儒家理论的演变和中国历史的发展证明，孟子所谓“惟大人为能格君心之非”，只有同“天人灾异”的思想结合在一起，才不完全是儒家的一厢情愿。

四、开汉代史学、经学和词赋之先

陆贾的学术贡献和历史影响不仅如上所述，他在汉代的史学、经学和词赋创作中也占有开风气之先的位置。

《汉书·艺文志》中的《六艺略·春秋类》著录“《楚汉春秋》九篇”，本注“陆贾所记”。《后汉书·班彪传上》云：“汉兴，定天下，太中大夫陆贾记录时功，作《楚汉春秋》九篇。”《史通·杂说上》云：“刘氏初兴，书唯陆贾而已；子长述楚汉之事，譬夫行不由径，出不由户，未之闻也。”王利器先生云：“盖司马迁撰《史记》据《楚汉春秋》，故其言秦、汉事尤详；然则《楚汉春秋》，诚研究汉代史之第一手材料也。”（《新语校注》附录二）《楚汉春秋》在《隋书·经籍志》和《新唐书·艺文志》中亦有著录，《文献通考》中不载，盖其亡于南宋。现存有洪颐煊等所辑《楚汉春秋》佚文，王利器先生对之有校释。陆贾在汉初“记录时功”，作《楚汉春秋》，开了汉人记述当代史的先河，并且为司马迁作《史记》提供了楚汉史事的第一手材料，其于秦后史学的创立建有第一功，《楚汉春秋》亦可谓《二十四史》之嚆矢。

陆贾在《新语》中曾两引《谷梁传》，其所述春秋时事亦多用《谷梁》义。前人或因《春秋谷梁传》至汉武帝时始立学，非陆贾所及见，疑《新语》出于后人依托。戴彦升《陆子新语序》和余嘉锡《四库提要辨证》对上说之误辨之甚详，大意为《谷梁传》至汉宣帝时始征江公孙为博士，江公受之于申公，申公乃浮邱伯弟子，浮邱伯传荀子之《诗》学和《谷梁》义；陆贾与浮邱伯游，从之问学《谷梁传》并在《新语》中引述之，是所当然。陆贾虽未专以《谷梁传》名家而列入《儒林传》，但其宣传《谷梁传》，为之列入学官奠定基础，实亦《谷梁》学中的佼佼者。此外，陆贾述《春秋》大义不独用《谷梁》家法，“若《辨惑》一篇，甄引孔子论嘉乐诸言，则又悉本《左传》”（刘师培《左庵集》卷二《春秋三传先后考》）。董仲舒《春秋繁露》述《公羊》学，而其说又有本于《新语》之《辅政》《无为》《至德》《怀虑》《明诫》诸篇者。然则陆贾对《春秋》三传之学皆有贡献。《史记·郦生陆贾列传》有云“陆生时时前说称《诗》《书》”,王谟《汉魏丛书识语》云:“今读其书,所敷奏盖不独称说《诗》《书》……又多引《论语》《孝经》……汉世儒家者流,固未能或之先也。夫以暴秦禁学,有敢偶语《诗》《书》弃市,以古非今者族,宜乎举世瘖哑,不知经学。而浮丘公、伏生之徒,各抱遗经,以相教授,陆生且能以其所学,昌言于人主之前,风雨如晦,鸡鸣不已,天降时雨,山川出云,其于消息存亡之几,所关非细故也。”两汉经学之兴,实自陆贾而发轫。

《汉书·艺文志》诗赋略在“陆贾赋之属”首列“《陆贾赋》三篇”,又将其余二十家二百七十一篇著录于“陆贾赋之属”下。《论衡·书解》篇云:“汉世文章之徒,陆贾、司马迁、刘子政、扬子云,其材能若奇,其称不由已。”《文心雕龙·诠赋》篇云:“秦世不文,颇有杂赋,汉初词人,顺流而作,陆贾扣其端,贾谊振其绪。”《陆贾赋》亡于何时不详,但其为汉代词赋之初祖,文献可征,首功不可没。

除史学、经学、词赋外,陆贾还有兵学著作(《汉书·艺文志》兵书略兵权谋著录“十三家二百五十九篇”,本注“省伊尹、太公、管子、孙卿子、鹖冠子、苏子、蒯通、陆贾、淮南王”)。其学术成就之广泛,后儒鲜能比拟。从时间、学术成就和历史影响上称陆贾为秦后第一儒,盖不为过。

(原载《孔子研究》1992 年第 3 期)

《商君书》与汉代尊儒

——兼论商鞅及其学派与儒学的冲突

数年前,我曾作过一篇拙文,题为《秦后第一儒——陆贾》(载《孔子研究》1992年第3期)。此文除论述了陆贾在"尊儒术,不黜百家"、主张"内圣外王,天人合策"和"开汉代史学、经学和词赋之先"等方面的思想特点和历史功绩外,在文章的第一部分主要强调了"汉代重儒,开自陆生"。文中引东汉王充所谓"《新语》陆贾所造,盖董仲舒相被服焉"(《论衡·案书》),又引近人唐晏所谓陆贾"前乎董公,人知重董,而不知重陆,慎矣"(《陆子新语校注》序),意在确认:为汉代尊儒立下定鼎之功的首先是陆贾,然后才是董仲舒。我想这一结论是正确的。但是,后来细读《商君书》的《开塞》篇,我认为有必要为这一结论作一补充,即:陆贾劝说汉代统治者尊儒的思想是渊源于《商君书》。

《商君书》的作者商鞅,不啻是汉代儒生的死敌。读《盐铁论》之《非鞅》篇,所谓"商鞅以重刑峭法为秦国基……知其为秦开帝业,不知其为秦致亡道也""商鞅以权数危秦国""今秦怨毒商鞅之法,甚于私仇……卒车裂族夷,为天下笑。斯人自杀,非人杀之也",就可见汉代儒生对商鞅的仇视和鄙视。如果说汉代尊儒与《商君书》有关系,很可能被认为是开历史的玩笑。然而,历史的辩证法确实是不依人们的好恶而转移的,而且有时会出人所料。关于《商君书》与汉代尊儒的关系,确实被掩盖了两千年,现在将其揭示出来,我不敢确信人人都会赞成,但自忖为汉代尊儒立下定鼎之功的陆贾,如果地下有知,是会认可的。

一

首先,我想为商鞅本人洗刷一点儿罪恶,即商鞅在世时,儒法两家的冲突还没有达到你死我活的激化程度,商鞅本人并非儒学的死敌。这要从商鞅与《商君书》的关系谈起。

关于《商君书》是商鞅所自撰,从宋代黄震所著《黄氏日钞》开始怀疑,宋元之际马端临在《文献通考》中引《周氏涉笔》继其踵,《四库全书总目提要》认为此书"殆法家者流,掇鞅余论以成编",胡适在《中国哲学史大纲》中列举证据认为《商君书》是后人"假造的书"。胡适以前,怀疑或否定《商君书》是商鞅所撰者,都证据不足,而胡适所列举的证据可证《商君书》某些篇出于商鞅之后,并不能证明《商君书》全伪。刘咸炘在《子疏》卷八始提出,此书"不得全谓鞅作,亦不得谓全无鞅作也"。陈启天在《商鞅评传》中认为,"刘氏的看法,实比较一切旧说为精细,而且近真"。近年,高亨著《商君书注译》,对书中各篇采取分别观之。郑良树在《商鞅及其学派》一书中,更明确提出《商君书》是"商鞅及其学派的集体著作",并且对书中各篇思想的继承、同异、发展做了较详细的分析。笔者在对商鞅和《商君书》的研究中,参酌陈启天、高亨和郑良树等人之说,认为现传《商君书》中属商鞅自撰的是《垦令》和《境内》,疑为商鞅自撰的是《战法》《立本》《兵守》《外内》和《修权》,其余十七篇是商鞅后学所作。

郑良树指出,在商鞅后学所作的《农战》《去强》《说民》《靳令》《君臣》《慎法》《算地》等篇中,都将仁、义、《诗》《书》、礼、乐等列为"国害",这是儒法两家进入正面冲突的反映。而在商鞅自撰和疑为自撰的各篇中,只有《垦令》篇列举了"五民",即"褊急之民""很(狠)刚之民""怠惰之民""资费之民"和"巧谀恶心之民",这说明商鞅在世时儒法两家尚未进入"正面冲突的阶段"①。

《韩非子·和氏》篇中有商鞅"燔《诗》《书》而明法令"之说,但此说在其

---

① 参见郑良树:《商鞅及其学派》,上海古籍出版社1989年版,第97页。

他史籍中并无记载。《史记·商君列传》较详明地记述了商鞅在秦国两次变法的内容和过程,其中不见“燔《诗》《书》”的内容。我认为值得注意的是,在商鞅被车裂而死的前夕,一名儒门隐士即赵良曾登门造访,向他发出警告。商鞅对此人以礼相待,见面就说:“今鞅请得交,可乎?”赵良则说:“仆弗敢愿也。孔丘有言曰:‘推贤而戴者进,聚不肖而王者退。’仆不肖,故不敢受命……”在以后赵良对商鞅的劝说、讽喻和威胁中,两次引《诗》曰“相鼠有体,人而无礼;人而无礼,何不遄死”“得人者兴,失人者崩”,一次引《书》曰“恃德者昌,恃力者亡”。商鞅对赵良的警告只是曲意为己维护、最终“弗从”而已,他并没有对赵良的言论声色俱厉地进行斥责和反驳(事见《史记·商君列传》)。如果商鞅确曾“燔《诗》《书》而明法令”,那么赵良开口便言“孔丘”,又两引《诗》一引《书》,商鞅对此能够容忍,这从双方来说都是不太可能的。

当然,洗刷掉商鞅本人与儒学正面冲突的罪恶,决不意味着商鞅有亲儒的倾向。商鞅变法一开始就是自觉地与儒家学说背道而驰的,这从商鞅初见秦孝公,先说以“帝道”和“王道”进行试探,最终说以“霸道”之“强国之术”而君臣契合,然后又与守旧派展开是“法古无过,循礼无邪”还是“当时而立法,因事而制礼”的御前辩论(事见《史记·商君列传》和《商君书·更法》),就可清楚地看出。商鞅与儒学的旨意相违背,这不是他本人的罪恶,而恰是商鞅变法的历史功绩。从现在看来,商鞅两次变法的各项内容,目的都是为了加强“耕战”以“富国强兵”,而其中最具有历史意义的是:在秦国确立了土地私有制和君主集权的郡县制。以后,商鞅虽死,而“秦法未败也”(《韩非子·定法》)。正是因为有商鞅变法所确立的秦法、秦制,秦国才能经六世君主而“卒并六国”,成就帝业。虽然秦帝国二世而亡,但“汉袭秦制”,土地私有制和君主集权制在中国延续了两千多年,其间虽有一些儒生仍以“复井田”“复封建”为理想,但“三代之制”毕竟不可复返。商鞅变法之符合历史发展的潮流,一举而奠定中国两千多年的经济制度和政治制度,这是被历史证明了的,商鞅变法的巨大深远历史作用恐怕举世无能匹者。至于商鞅本人“天资刻薄”、背信欺魏将公子卬等人格和行为上的缺陷,这里无须赘论。

那么,在商鞅死后,儒法两家的冲突何以发展到你死我活的激化程度呢?我认为,这一方面与商鞅学派为适应战国中后期的战争形势,愈来愈强化“壹教”于“耕战”的单一的意识形态有关,另一方面与儒家学者对法家的“耕战”政策也日益采取激烈对抗的态度有关。《商君书》各篇所列举的“国害”就是商鞅学派排斥除“耕战”思想之外的一切道德观念、思想学说的反映,而孟子大力宣扬“仁政”,抨击“霸道”,提出“善战者服上刑……辟草莱、任土地者次之”(《孟子·离娄上》),也可见儒家学者对法家之“耕战”的激烈对抗态度。儒法两家的冲突,从根本上说,是崇尚仁义和尚力任法的冲突,是要不要道德观念、道德理想和要不要变法改制、富国强兵的冲突,是“竞于道德”而王天下和“争于气力”以霸天下的冲突。在这些方面,儒法两家是各有所得,也各有所失的,而历史的天平先是倒向了法家一边,秦亡后则倒向了儒家一边。

二

那么,说到本文的正题《商君书》与汉代尊儒的关系又是如何呢?《商君书》中与汉代尊儒有关系的当然不是将仁、义、《诗》《书》、礼、乐等列为“国害”的那几篇,而是在中国哲学史上开创了历史进化论思想的《开塞》篇。

关于《开塞》篇是否为商鞅所自撰,学者间看法不一。陈启天和高亨将其列在“疑为自撰”的篇目中,郑良树则指出,商鞅本人是主张“厚赏重刑”的,《商君书》中的《垦令》《外内》《修权》和《农战》等篇即持“厚赏重刑”论,而《开塞》篇提出“刑多而赏少”“刑九而赏一”,即主张“重刑轻赏”或赏只“施于告奸”,这与商鞅本人的思想不合。《商君书》中的《去强》《说民》《壹言》《靳令》等篇也持“重刑轻赏”论,《画策》篇则持“重刑不赏”论。《商君书》中持“厚赏重刑”论的各篇,虽不一定是商鞅自撰,但持“重刑轻赏”论和“重刑不赏”论的各篇,当肯定其作者不是商鞅本人(参见《商鞅及其学派》第35—40页)。笔者认为,郑说可从。

所谓“开塞”,就是清除障碍、开拓新路的意思。《开塞》篇是商鞅学派的一篇以进化论历史观为思想基础的政论杰作。其开篇云:

天地设而民生之。当此之时也，民知其母而不知其父，其道亲亲而爱私。亲亲则别，爱私则险。民众，而以别险为务，则民乱。当此之时，民务胜而力征。务胜则争，力征则讼。讼而无正，则莫得其性也。故贤者立中正，设无私，而民说(悦)仁。当此时也，亲亲废，上贤立矣。凡仁者以爱利为务，而贤者以相出为道。民众而无制，久而相出为道，则有乱。故圣人承之，作为土地、货财、男女之分；分定而无制，不可，故立禁；禁立而莫之司，不可，故立官；官设而莫之一，不可，故立君；既立君，则上贤废而贵贵立矣。然则上世亲亲而爱私，中世上贤而说仁，下世贵贵而尊官。

这里提出的三世说，虽然在细节上不完全符合历史进化的实际情况，但大致反映了人类历史由母系社会到父系社会，有亲亲爱私到有一定的道德规范，由平等到尚贤，又由尚贤到尊官，由无法、无官、无君到有法、有官、有君的进化过程。《开塞》篇接着指出："上贤者，以道相出也；而立君者，使贤无用也。亲亲者，以私为道也；而中正者，使私无行也。此三者非事相反也，民道弊而所重易也，世事变而行道异也。"这就是说，亲亲、上贤和立君三个时代并不是行事彼此矛盾，而是社会发展到一定的阶段，因旧路已经衰弊而新路需要开拓所必然产生的变革；历史不仅是进化的，而且是有必然趋势可循的。在两千多年前的中国古代，能得出这样的历史观，不能不令人惊叹其思想的深刻！

在历史进化论的基础上，《开塞》篇论述了知与力、德与刑两种不同的治道适用于不同的时代："民愚则知可以王，世知则力可以王。……故神农教耕而王，天下师其知也；汤武致强而征，诸侯服其力也。夫民愚不怀知则问，世知无余力而服。故以[知]王天下者并(屏)刑，[以]力征诸侯者退德。""效于古者，先德而治；效于今者，前刑而法。"《开塞》篇从其历史进化论中引出的结论是当时应该尚力、重刑、任法。

《开塞》篇还指出：

立民之所乐，则民伤其所恶；立民之所恶，则民安其所乐。……故以刑治则民威,民威则无奸,无奸则民安其所乐。以义教则民纵,民纵则乱,乱则民伤其所恶。吾所谓刑者,义之本也;而世所谓义者,暴之道也。……故王者刑用于将过,则大邪不生;赏施于告奸,则细过不失。治民能使大邪不生、细过不失,则国治,国治必强。一国行之,境内独治;二国行之,兵则少寝;天下行之,至德复立。此吾以杀刑之反于德,而义合于暴也。

这段话虽然是为其严刑峻法、“刑九而赏一”作辩护,但它认识到恶与乐、刑与德、义与暴在一定的条件下可以相互转化,这种历史的辩证法的合理内核也仍有值得肯定的意义。

《开塞》篇的历史进化论思想对以后中国哲学的历史观的影响,这里无庸详述。我们只需举出《韩非子·五蠹》篇在讲了“上古之世”“中古之世”“近古之世”如何如何之后,说“是以圣人不期修古,不法常可,论世之事,因为之备”“上古竞于道德,中世逐于智谋,当今争于气力”,就已可见对《开塞》篇思想的继承和发展了。

《开塞》篇中历来被人们所忽视的是这样一段话:

周不法商,夏不法虞,三代异势而皆可以王。故兴王有道,而持之异理。武王逆取而贵顺,争天下而上让,其取之以力,持之以义。

这段话表明的当然还是法家对历史的见解。关于三代沿革,孔子曾说过:“殷因于夏礼,所损益可知也;周因于殷礼,所损益可知也。其或继周者,虽百世可知也。”(《论语·为政》)儒家虽承认历史的“损益”渐变,但更重视历史的相“因”继承,这是与儒家所主张的“从周”“法古”“循礼”相联系的;法家则更强调历史的变革,认为“周不法商,夏不法虞,三代异势”,商鞅在与保守派辩论时就已说过“三代不同礼而王”“汤武不循礼而王”(《史记·商君列传》),这当然是为法家的变法改制寻求理论依据。关于汤武之取天下,儒家认为是以德服天下,法家则认为“汤武致强而征,诸侯服其力也”,由此,《开塞》篇才转而陈述“武王逆取而贵顺,争天下而上让,其取之以力,持之以义”。

现在,让我们看看秦后第一儒——陆贾是怎么劝说汉高祖刘邦尊儒的。史载:

> 陆生时时前说称《诗》《书》。高帝骂之曰:“乃公居马上而得之,安事《诗》《书》!”陆生曰:“居马上得之,宁可以马上治之乎?且汤武逆取而以顺守之,文武并用,长久之术也。昔者,吴王夫差、智伯极武而亡,秦任刑法不变,卒灭赵氏。乡(向)使秦已并天下,行仁义,法先圣,陛下安得而有之?”高帝不怿而有惭色……(《史记·郦生陆贾列传》)

这里的“汤武逆取而以顺守之”,不就是《开塞》篇所言“(汤王)武王逆取而贵顺”吗?这里不仅是言词的相袭而已,更应考虑到儒法两家对“汤武革命”的见解的不同。在儒家看来,“汤武革命”是以德服天下,是“顺取”而非“逆取”,如孟子所说:“以力假仁者霸,霸必有大国;以德行仁者王,王不待大,汤以七十里,文王以百里。以力服人者,非心服也,力不赡也;以德服人者,中心悦而诚服也,如七十子之服孔子也。”(《孟子·公孙丑上》)因而,陆贾的“汤武逆取”之说,不是儒家之言,而正是《开塞》篇所讲的“(汤王)武王逆取”,亦即《开塞》所谓“汤武致强而征,诸侯服其力也”。承认了汤武是“逆取而以顺守之”,也才有后面的“文武并用”;而“文武并用”,也就是《开塞》篇所谓“取之以力,持之以义”。

《商君书》虽然有不少商鞅后学所作的作品,但至战国后期已编辑成书,并在社会上广泛流传。《韩非子·五蠹》篇说:“今境内之民皆言治,藏商、管之法者家有之……”所谓“商、管之法”当是指商鞅、管仲的书。《韩非子·内储说上》引“公孙鞅曰:‘行刑,重其轻者,轻者不至,重者不来,是谓以刑去刑。’”这段话见于现传《商君书》的《靳令》篇,唯“行刑”作“行罚”。既然《商君书》在战国后期已经是“境内之民……家有之”,而秦统一中国后仍是实行“以法为教”,那么生当秦汉之际的饱学之士陆贾决不会略过这部书不读。在汉初学者的眼中,《开塞》篇是《商君书》中最有代表性的一篇,如《淮南子·泰族训》提到“今商鞅之《启塞》、申子之《三符》、韩非之《孤愤》……”

其中“《启塞》”无疑就是《开塞》。司马迁在《史记·商君列传》中也说:“余尝读商君《开塞》《耕战》书,与其人行事相类。”其中“《耕战》”即现传《商君书》的《农战》。既然《开塞》篇在汉初被认为是《商君书》中最有代表性的一篇,那么陆贾曾仔细读过《开塞》篇是不应有疑义的。我想,正是因为陆贾仔细读过《开塞》篇,而且其中的“武王逆取而贵顺……取之以力,持之以义”给他留下了较深刻的印象,他结合秦亡汉兴的时事对此也作过较深入的思考,所以他在应答刘邦对儒学的轻视时才能随口说出“汤武逆取而以顺守之……”另外,汉初的贾谊在总结秦亡的教训时也曾说过“仁义不施而攻守之势异也”(《新书·过秦上》)。我认为,贾谊此说当是受陆贾思想的影响,因而可间接溯源于《开塞》篇。

寻到了汉初尊儒的思想渊源,决不是有贬于陆贾在汉初尊儒中所起的历史作用。因为需要探讨的是,在战国后期《商君书》已是书文俱在,何以《开塞》篇“武王逆取而贵顺……取之以力,持之以义”的思想没有引起包括韩非子在内的法家学者的关注,在秦统一中国后更是湮没不闻?我认为,商鞅后学对此应负一定的责任,因为《商君书》虽然不乏历史的进化论和辩证法的思想,但这些主要是为其尚力任法的政治主张作论证的,在《商君书》中更多地充斥着力与知、刑与德的对立,而且商鞅后学也愈来愈强化单一的意识形态,把愈来愈多的道德条目、文化典籍以及博闻、辩慧等列为“国害”。这种极端化、绝对化的做法,无疑遮掩了《商君书》中随着历史阶段的变化而须调整治国方策的辩证法的思想光辉。商鞅学派的文化专制主义,在韩非子的思想中得到了继承和发展,他所谓“五蠹”可以说是《商君书》列举“国害”的继续,他所谓“用其力不听其言,赏其功必禁无用”“无书简之文,以法为教;无先王之语,以吏为师”(《韩非子·五蠹》),更把文化专制主义推向了极端和绝对。史载:“秦王见《孤愤》《五蠹》之书,曰:‘嗟乎!寡人得见此人与之游,死不恨矣。”(《史记·韩非列传》)在韩非子和李斯等人的影响下,秦始皇在统一中国后将文化专制主义推行全国,以致采取了“焚书坑儒”的激进措施。这样,在《商君书》中本来就受到遮掩的“武王逆取而贵顺……取之以力,持之以义”的思想,便被彻底淹没在“焚书坑儒”的血火之中了。

蔑视辩证法是不能不受惩罚的!“秦任刑法不变”,遂二世而亡。历史的经验教训证明:由法家所建构的那套经济制度和政治制度,如果缺少了儒家的“仁义”、道家的“无为”等思想文化的制导和调节,很快就会陷入社会危机和王朝灭亡。正是面对秦亡汉兴的新的形势,《开塞》篇中已被淹没的思想光芒才能重现于陆贾的眼前,他才能奉告新的统治者:“乡使秦已并天下,行仁义,法先圣,陛下安得而有之?”陆贾率先总结秦亡的经验教训,并且成功地说服了刘邦(《史记·孔子世家》和《汉书·高帝纪》载,刘邦在途经山东曲阜时“以太牢祀孔子”),虽然《开塞》篇给了陆贾以思想文献方面的启示,但汉代尊儒的创始之功仍是属于陆贾的。

从一定的意义上可以说,中国两千年的封建社会,主要是法家提供了“硬件”——经济和政治制度,而儒家提供了主要的“软件”——给这套制度赋予了灵魂和缓冲、润滑机制。当然,儒家学说是经过了汉儒的理论调整和吸收道、法、阴阳等家的思想因素才适应这套制度的,陆贾和董仲舒等人都做了这方面的工作。商鞅学派是“硬件”的奠基者,而陆贾在“硬件”与“软件”的结合上立下首功;如果说《商君书》的《开塞》篇在软、硬件的结合上起一点儿中介的思想渊源的作用,那么这一功也是值得书一笔的!在记下这一功时,是坚持辩证法还是蔑视辩证法,能不能随着历史阶段的变化而改革、而调整治国方策,这一历史的经验教训也是值得今人深思的!

(原载《中国社科院研究生院学报》1998年第1期)

汉初的尊儒:从陆贾到董仲舒

清代史学家赵翼说“秦汉间为天地一大变局”(《廿二史札记》卷二)。这个“变局”就是从秦以前的“三代世侯世卿之局”,经春秋战国时期的过渡,转变为秦以后的“布衣将相之局”。之所以有这一官制上的变化,根本的原因是中国历史上的政治制度从秦以前的“封建制”转变为秦以后君主集权的“郡县制”。这种转变如两汉之际的班彪所说:“周之废兴,与汉殊异……汉承秦制,改立郡县,主有专己之威,臣无百年之柄。”(《后汉书·班彪列传》)

所谓“汉承秦制”,就是汉朝继承了秦朝的君主集权制度。虽然在政治制度上有沿袭,但是在国家的意识形态上,秦汉之间却有一个重大的文化转型。此即由秦朝的“以法为教,以吏为师”,转变为汉朝的“行仁义,法先圣”,乃至汉武帝“卓然罢黜百家,表章六经”(《汉书·武帝纪》)。在这一转变过程中,汉初的陆贾实有首创之功,继之者是贾谊,到董仲舒则可谓实现了这一转变之大成。

一

《史记·郦生陆贾列传》记载:“陆贾者,楚人也。以客从高祖定天下,名为有口辩士,居左右,常使诸侯。”这里的“客”,王利器先生认为“其身份盖在师友之间,仅有主客之谊,而无君臣之分”“陆贾诸人以儒者而从事辩说,这是战代百家争鸣的流风余韵”[①]。陆贾是儒者,其学“盖出于荀子”。“盖荀

① 王利器:《新语校注》前言,中华书局1986年版,第4、5页。

卿适楚,因家兰陵。陆贾,楚人也,与浮丘同时相善,因而闻风相悦,私淑相闻,这是意料中事。”[1]陆贾“以客从高祖定天下”,则其跟从刘邦是在天下已定之前。据《史记·高祖本纪》:“及赵高已杀二世,使人来,欲约分王关中。沛公以为诈,乃用张良计,使郦生、陆贾往说秦将,啗以利,因袭攻武关,破之。”观此可知,陆贾在秦亡之前就已跟随刘邦了。另据《史记·项羽本纪》,在楚汉之争相持于荥阳时,汉王“遣陆贾说项王,请太公”。虽然这次没能说服项羽归还刘邦的父母妻子,但陆贾以后出使南越,成功地说服了南越王“称臣奉汉约”“归报,高祖大悦,拜贾为太中大夫”(《史记·郦生陆贾列传》),又据《史记·南越列传》,“汉十一年,遣陆贾,因立佗为南越王”。由于此次出使成功,陆贾始由“客”而官拜“太中大夫”。

在此之后,《史记·郦生陆贾列传》又记载:

> 陆生时时前说称《诗》《书》。高帝骂之曰:“乃公居马上而得之,安事《诗》《书》!”陆生曰:“居马上得之,宁可以马上治之乎?且汤武逆取而以顺守之,文武并用,长久之术也。昔者吴王夫差、智伯极武而亡;秦任刑法不变,卒灭赵氏。乡(向)使秦已并天下,行仁义,法先圣,陛下安得而有之?”高帝不怿而有惭色,乃谓陆生曰:“试为我著秦所以失天下,吾所以得之者何,及古成败之国。”陆生乃粗述存亡之征,凡著十二篇。每奏一篇,高帝未尝不称善,左右呼万岁,号其书曰《新语》。

从这段记载的“时时前说称《诗》《书》”看,陆贾在平时已多次劝说刘邦尊儒,但当刘邦说出“乃公居马上而得之,安事《诗》《书》”时,陆贾就不失时机地讲出了居马上得天下而不可马上治天下的大道理[2]。刘邦听后“不怿而有惭色”,说明陆贾的话打动了他的心,遂让陆贾著书,讲明“秦所以失天下,吾所以得之者何,及古成败之国”的历史经验教训,于是有了陆贾的《新语》。

---

① 王利器:《新语校注》前言,中华书局1986年版,第8页。

② 徐复观将陆贾称之为“汉初的启蒙思想家”,“此处所说的启蒙,是指在文化上启汉室统治集团之蒙而言”。见其所著《两汉思想史》第二卷,华东师范大学出版社2001年版,第53页。

关于《新语》的思想和陆贾的历史地位，我曾在《秦后第一儒——陆贾》一文中从四个方面予以概述，即：一、汉代重儒，开自陆生；二、尊儒术，不黜百家；三、内圣外王，天人合策；四、开汉代史学经学和词赋之先[①]。本文对此不作过多重复，只从第一和第二方面略作提示。

《汉书·高帝纪》说："天下既定，命萧何次律令，韩信申军法，张苍定章程，叔孙通制礼仪，陆贾造《新语》。"这里分别列举了汉初在上层建筑领域内完成的几项重大举措。"陆贾造《新语》"虽然列在最后，但这正具有最重要而最后完成的意味。律令、军法、章程、礼仪都可谓具体的政治制度的建设，这些在当时还带有"汉承秦制"的色彩（萧何曾为秦沛县吏，张苍曾为秦御史，叔孙通亦曾为秦博士[②]），而《新语》则是指导具体政治制度建设的普遍思想原则，它标志着秦汉间政治指导思想的重大转换，标志着儒家政治哲学与中央集权的君主权力相结合的开始。

在《新语》完成之后，刘邦于去世的前一年"过鲁，以大牢祠孔子"（《汉书·高帝纪》）。这是汉初统治者祭孔尊儒的开始，也是秦以后历代帝王祭孔尊儒的开始。

东汉的王充说："《新语》陆贾所造，盖董仲舒相被服焉。"后世学者也评论："汉初诸儒，未有贾比"（黄震《黄氏日抄》卷四十六），"萧、曹、张、陈辈，均当在其下风矣"（范大冲《陆贾新语序》）。这些评价并非过誉之词，而是符合历史实际的。近人唐晏指出："汉代重儒，开自陆生""陆生为《谷梁》大师，又前乎董公。人知重董，而不知重陆，慎矣"（《陆子新语校注序》）。

陆贾开汉代重儒之先，同时他也提出："书不必起仲尼之门，药不必出扁鹊之方，合之者善，可以为法，因世而权行。"（《新语·术事》）这一"尊儒术而不黜百家"的思想，反映了汉初儒家在与秦汉制度相整合时思想的包容性，陆贾对此有理论的自觉，而以后的贾谊和董仲舒也不可避免地带有这种思想倾向。

---

① 参见拙文《秦后第一儒——陆贾》，载《孔子研究》1992 年第 3 期。

② 叔孙通制定的礼仪，"颇采古礼与秦仪杂就之"，故被当时的儒生批评其"所为不合古"，见《史记·叔孙通列传》。

二

在陆贾之后，贾谊也深刻地总结了秦二世而亡的历史教训。他说：

> 然秦以区区之地，致万乘之势，序八州而朝同列，百有余年矣。然后以六合为家，崤函为宫，一夫作难而七庙堕，身死人手，为天下笑者，何也？仁义不施，而攻守之势异也。(《新书·过秦上》)

秦国自商鞅变法，经六世君主，百有余年，才由秦始皇统一天下，但只传了二世就灭亡了，“一夫作难而七庙堕，身死人手，为天下笑”，其教训就是“仁义不施，而攻守之势异也”。这和陆贾所说的一样，也是强调得天下是“逆取”而守天下则须“顺守”①。如此汲取秦二世而亡的历史教训，汉代的尊儒就成为历史的必然。

贾谊还提出：“欲天下之治安，天子之无忧，莫如众建诸侯而少其力。力少则易使以义，国小则无邪心。”(《新书·藩强》)这就是汉王朝所推行的“强干弱枝”政策。其背景是西汉初年刘邦曾错误地总结秦二世而亡的历史教训，认为秦始皇废封建，“自号为皇帝，而子弟为匹夫，内亡(无)骨肉本根之辅，外亡尺土藩翼之卫”，这招致了“孤立之败”(《汉书·诸侯王表》)。刘邦在与项羽的争战中封了一些功臣为异姓王，得天下后又大封皇室子弟为同姓王，从而形成了郡县与封建并存的格局。不久，异姓王被刘邦逐个翦灭，他刑白马立盟誓：“非刘氏而王者……天下共诛之。”(《史记·汉兴以来诸侯王年表》)然而，同姓王也威胁到国家的统一，在平定吴、楚七国之乱后，汉王朝就大力推行“强干弱枝”政策，不断分割和削弱诸侯王的权力，至汉武帝时各封国的实权被削夺殆尽，诸侯王在封地内“唯得衣食租税，贫者或乘

---

① 关于“逆取”与“顺守”的不同，最早的表述出自《商君书·开塞》，其云：“武王逆取而贵顺，争天下而上让，其取之以力，持之以义。”陆贾当是受到此说的影响，故其在劝说刘邦尊儒时有“汤武逆取而以顺守之，文武并用”之说。参见拙文《〈商君书〉与汉代尊儒》，载《中国社会科学院研究生院学报》1998年第1期。

牛车”(《汉书·高五王传》)。诸侯王的封地越分越小,他们的军政实权被削夺了,财税也陷于困窘,中央集权与地方割据之争遂告以结束,郡县制终于战胜了封建制。

在汉初的郡县与封建之争中,贾谊最先提出了“众建诸侯而少其力”,这说明汉代的儒家为了维护国家的统一,免于分裂和战乱,采取了巩固君主集权,拥护郡县制而反对封建制的立场。在此之后,唐代的柳宗元著有《封建论》,他较为充分地论述了从封建制到郡县制的历史必然性。而明末的王夫之则从另一视角说:“秦以私天下之心而罢侯置守,而天假其私以行其大公。”(《读通鉴论》卷一)所谓“大公”就是说郡县制有利于社会的稳定,从而也有利于人民的生产与生活。但是,君主集权毕竟有其体制上的弊病,特别是宋、明之亡又给士人留下了深刻的历史教训,故而王夫之又说:“生民以来未有之祸,秦开之而宋成之也。是故秦私天下而力克举,宋私天下而力自诎。”(《黄书·古仪》)“圣人坚揽定趾以救天地之祸,非大反孤秦、陋宋之为不得延……”(《黄书·宰制》)对于秦以后所实行的君主集权制,我们应给予历史的辩证的评价,既要看到它的历史必然性和合理性,也要看到它的历史局限性,特别是它在近代辛亥革命以后被民主共和制所取代的历史必然性和合理性。就像刘邦曾经刑白马立盟誓“非刘氏而王者……天下共诛之”一样,孙中山也曾说民国建立之后“敢有帝制自为者,天下共击之”①,这实际上划分了两个不同的时代。

三

在汉初统治者中,先有丞相曹参、陈平推崇黄老之学,主张“清静无为”“与民休息”。其后,文帝、景帝和掌握朝政的窦太后都“好黄帝老子言”(《史记·外戚世家》)。此时的黄老学不仅主张“清静无为”,而且与法家的“刑名之言”相结合。《风俗通义·正失》篇说:“文帝本修黄老之言,不甚好儒术,其治尚清净(静)无为。”《史记·儒林列传》说:“孝文帝本好刑名之

① 孙中山:《中国同盟会革命方略》,《孙中山全集》第一卷,中华书局1981年版,第297页。

言。及至孝景,不任儒者,而窦太后又好黄老之术。”在汉武帝之前,儒生在朝廷中没有得到重用。及武帝即位,“赵绾、王臧之属明儒学,而上亦乡(向)之,于是招方正贤良文学之士”。特别是窦太后死后,“武安侯田蚡为丞相,绌黄老、刑名、百家之言,延文学儒者数百人,而公孙弘以《春秋》白衣为天子三公,封以平津侯,天下之学士靡然乡(向)风矣”(《史记·儒林列传》)。

汉武帝建元五年(前136年),“置五经博士”“卓然罢黜百家,表章六经”((《汉书·武帝纪》)。在此期间,董仲舒的《举贤良对策》起了重要的作用,他说:

> 《春秋》大一统者,天地之常经,古今之通谊也。今师异道,人异论,百家殊方,指意不同,是以上亡以持一统;法制数变,下不知所守。臣愚以为,诸不在六艺之科,孔子之术者,皆绝其道,勿使并进。邪辟之说灭息,然后统纪可一,而法度可明,民知所从矣。(《汉书·董仲舒传》)

“《春秋》大一统”是《春秋》公羊学的要义,这在当时首先是对秦汉统一政治制度的肯定。

董仲舒说:“(《春秋》之)辞已喻矣,故曰立义以明尊卑之分,强干弱枝,以明大小之职。”(《春秋繁露·盟会要》)“强干弱枝,大本小末,一指也。”(《春秋繁露·十指》)可见,他同贾谊一样,是反对诸侯王的分裂,主张巩固君主集权的。而董仲舒又将“大一统”用于思想文化方面,就是向汉武帝提出了“罢黜百家,独尊儒术”的建议。这个建议满足了汉武帝要统一思想,“外施仁义”①,把治国方策从“清静无为”转变为积极有为的需要,因而被汉武帝所采纳,儒学遂成为“独尊”的国家意识形态。

对于“罢黜百家,独尊儒术”,现学术界有不同的评价。首先,“独尊儒术”不见于古书的记载,而是近代人的一种归纳和理解。其次,所谓“表章六

① 《史记·汲黯列传》记载:“天子方招文学儒者,上曰吾欲云云。黯对曰:‘陛下内多欲而外施仁义,奈何欲效唐虞之治乎!’上默然,怒,变色而罢朝。公卿皆为黯惧。上退,谓左右曰:‘甚矣,汲黯之戆也!’”所谓“内多欲而外施仁义”正符合汉武帝的实际心理,所谓“汲黯之戆也”乃说其憨直也。

经”，就是汉武帝之前的博士不纯为“六艺”而设，此后则“诸不在六艺之科、孔子之术者，皆绝其道，勿使并进”，由此确立了儒家经学在国家意识形态上的官学地位。所谓“罢黜百家”，实际上只是在国家意识形态上“独尊”儒家的经学，而在民间社会并不是禁止儒家之外的其他学说流行。因此，在汉代思想史上有“儒道互补”，在两汉以后则形成了儒、释、道三教并举的格局。

就儒家本身的思想而言，汉儒要完成儒家思想与秦汉制度的整合，也必然要在思想上作出某些调适、损益和妥协。因此，在陆贾、贾谊和董仲舒等汉儒的思想中，一方面是以先秦儒家的仁义、民本等思想为主导，另一方面也不同程度地吸收了先秦道家、法家、阴阳家等不同学派的思想，从而实现了他们应对“汉承秦制”的思想综合与转化创新。而汉代以及后来历代的帝王统治者，虽然尊崇儒术，但也大多是“阳儒阴法”“霸王道杂之”①。

从实际情况看，汉初的陆贾、贾谊和董仲舒等人，虽然大力主张尊儒，但其思想也有一定的包容性。如陆贾在高扬“行仁义，法先圣”的旗帜时，也提出“书不必起仲尼之门，药不必出扁鹊之方，合之者善，可以为法，因世而权行”（《新语·术事》）。他说：“道莫大于无为，行莫大于谨敬。”（《新语·无为》）“怀刚者久而缺，持柔者久而长……柔懦者制刚强。”（《新语·辅政》）这明显是吸收了道家的思想。他又说：“道因权而立，德因势而行，不在其位者，则无以齐其政，不操其柄者，则无以制其刚。”（《新语·辨惑》）这也明显可见法家的思想因素。

贾谊之学“颇通诸家之书”（《汉书·贾谊传》）。他在《过秦》中把秦二世速亡的根本原因归结为“仁义不施，而攻守之势异也”，他也主张：“君子为国，观之上古，验之当世，参之人事，察盛衰之理，审权势之宜，去就有序，变化因时，故旷日长久而社稷安矣。”（《新书·过秦下》）所谓“审权势之宜”“变化因时”，与陆贾所说的“因世而权行”是一个道理。贾谊为汉王朝贡献了“强干弱枝”的政策，同时他也主张对诸侯王要先施以“权势法制”，然后才

---

① 《汉书·元帝纪》记载：元帝在当太子时，“柔仁好儒”，他见宣帝“所用多文法吏，以刑名绳下”，乃对宣帝说：“陛下持刑太深，宜用儒生。”宣帝作色曰：“汉家自有制度，本以霸王道杂之，奈何纯任德教，用周政乎！且俗儒不达时宜，好是古非今，使人眩于名实，不知所守，何足委任！”所谓“霸王道杂之”就是在帝王的统治术中“阳儒阴法”，并非“纯任德教”，而是在儒家思想中杂入法家的统治术。

是“仁义恩厚”,即所谓:“仁义恩厚,此人主之芒刃也;权势法制,此人主之斤斧也。势已定权已足矣,乃以仁义恩厚因而泽之,故德布而天下有慕志。”(《新书·制不定》)他所上的《治安策》有云:“夫礼者禁于将然之前,而法者禁于已然之后,是故法之所用易见,而礼之所为生难知也。若夫庆赏以劝善,刑罚以惩恶,先王执此之政,坚如金石,行此之令,信如四时。”(《汉书·贾谊传》)由此可见其思想中儒法结合的倾向。贾谊“以为汉兴二十余年,天下和洽,宜当改正朔,易服色制度,定官名,兴礼乐”“欲改定制度,以汉为土德,色上黄,数用五”(同上),这明显是把阴阳五行家的思想羼入儒家的“兴礼乐”之说。

董仲舒继陆贾、贾谊之后,“下帷发愤,潜心大业,令后学者有所统壹,为群儒首”(《汉书·董仲舒传》)。他以“阳尊阴卑”,一方面论证了“天之亲阳而疏阴,任德而不任刑”,另一方面也提出了“王道之三纲可求于天”(《春秋繁露·基义》)。这两个方面,前者实现了秦汉间的国家意识形态从法家的“以法为教,以吏为师”到儒家的“行仁义”“德主刑辅”的转型,后者则适应“汉承秦制”,把先秦儒家主张的君臣、父子、夫妇之间相对的伦理关系,变成了下对上的绝对服从关系①。而“以阳为德,以阴为刑”,并且用“阳尊阴卑”比附君臣、父子、夫妇的关系,实是吸收了黄老道家、阴阳五行家和法家的思想②。《汉书·五行志》说:“汉兴,承秦灭学之后,景、武之世,董仲舒治《公羊春秋》,始推阴阳,为儒者宗。”所谓“始推阴阳”就是大讲“阴阳灾异”,以作为“屈君而伸天”的一个必要手段,而“阴阳灾异”的思想主要出自阴阳五行家。在《春秋繁露·保位权》中,董仲舒说:“为人君者,居无为之位,行不言之教,寂而无声,静而无形,执一无端,为国源泉。”这明显是吸收了道家的思想。此篇又说:“国之所以为国者,德也;君之所以为君者,威也。故德不

---

① 徐复观评论董仲舒的“三纲”之说:“董氏把人伦的关系,都配入到天地阴阳五行中去,将先秦儒家相对性的伦理,转变为绝对性的伦理。”见其所著《两汉思想史》第二卷,华东师范大学出版社 2001 年版,第 252 页。

② 马王堆帛书《黄帝四经》:“刑晦而德明,刑阴而德阳,刑微而德彰。”(《观》)“凡论必以阴阳□大义……主阳臣阴,上阳下阴,男阳女阴,父阳子阴,兄阳弟阴,长阳少阴,贵阳贱阴,达阳穷阴。”(《称》)这种思想又被战国中后期的阴阳五行家所吸收和发展,而“三纲”之说则源于《韩非子·忠孝》:“臣事君,子事父,妻事夫,三者顺则天下治,三者逆则天下乱,此天下之常道也。则人主虽不肖,臣不敢侵也。”

可共,威不可分。德共则失恩,威分则失权。失权则君贱,失恩则民散。民散则国乱,君贱则臣叛。是故为人君者,固守其德,以附其民;固执其权,以正其臣。”这段话以“德”“威”并举,实际是讲“庆赏之谓德”,“德”“威”就是法家的刑赏“二柄”[①],故苏舆《春秋繁露义证》云“此篇颇参韩非之旨”[②],徐复观《两汉思想史》也说“这更是与儒家君道相反的法家面目”[③]。董仲舒把“五行相生”配在四方四时的思想纳入儒家的思想体系,并且同贾谊一样也主张“改正朔,易服色,制礼乐”,但与贾谊的“以汉为土德,色上黄,数用五”不同,董仲舒是从“三统”“三正”的说法提出“《春秋》作新王之事,变周之制,当正黑统”(《春秋繁露·三代改制质文》)。尽管有此不同,贾谊和董仲舒的“五行”说及朝代终始循环论当都是有采于阴阳五行家的思想。汉初诸儒思想的包容性、综合性,甚至矛盾性,是被秦汉间历史变局的复杂性所决定的。

借鉴于汉初的这段儒学史,我们在当今社会,在新的历史变局中,一方面要肯定儒学在中国传统文化中的主流地位,另一方面也不要陷于“独尊儒术”的思想偏狭。陆贾所说的“书不必起仲尼之门,药不必出扁鹊之方,合之者善,可以为法,因世而权行”,对于我们实现新时代的文化综合创新,实现中国传统文化的创造性转化和创新性发展,仍然具有重要的现实意义。

(原载《衡水学院学报》2019 年第 2 期)

① 《韩非子·二柄》云:“明主之所道制其臣者,二柄而已矣。二柄者,刑德也。何谓刑德?曰:杀戮之谓刑,庆赏之谓德。为人臣者畏诛罚而利庆赏,故人主自用其刑德,则群臣畏其威而归其利矣。”

② 苏舆:《春秋繁露义证》,中华书局 1992 年版,第 172 页。

③ 徐复观:《两汉思想史》第二卷,华东师范大学出版社 2001 年版,第 256 页。

董仲舒在中国儒学和文化史上的重要地位

我国著名学者蔡尚思曾有诗云:“东周有孔子,南宋有朱熹。中国古文化,泰山与武夷。”此诗以东周的孔子和南宋的朱熹为中国古文化的两个杰出代表。实际上,在孔子与朱熹之间还有一位儒家大师、文化巨人,此即西汉的董仲舒。

《汉书·董仲舒传》说:“仲舒遭汉承秦灭学之后,六经离析,下帷发愤,潜心大业,令后学者有所统壹,为群儒首。”董仲舒是秦以后的第一位大儒,他继承先秦儒家的思想,开创了秦以后“独尊儒术”和汉唐经学的新格局,而且对宋代的“新儒学”即道学或理学亦有重要的影响。因此,董仲舒在中国儒学和文化史上占有堪与孔子和朱熹比肩的重要地位。

一、“独尊儒术”

在先秦诸子之学中,孔子所开创的儒学无疑是最重要的一家。德国哲学家雅斯贝尔斯在《大哲学家》一书中将孔子与苏格拉底、佛陀、耶稣并列为“思想范式的创造者”(老子则列入“原创性的形而上学家”),这是深具哲学和文化眼光的评价。而孔子所创造的“思想范式”能成为以后中国文化的核心,经历了秦汉间的转折。秦始皇依靠法家学说统一中国,建立了君主集权的政治制度,在文化上“以法为教,以吏为师”“焚书坑儒”,乃至二世而亡。汉初,经陆贾等人的劝说,汉高祖转变了对儒学的看法,“以太牢祠孔子”(《汉书·高帝纪》)。但在武帝之前,汉初统治者崇尚黄老之学,“不任儒者”;及武帝即位,“赵绾、王臧之属明儒学,而上亦乡(向)之,于是招方正贤良文学之士”(《史记·儒林列传》)。董仲舒在《举贤良对策》中说:

> 《春秋》大一统者,天地之常经,古今之通谊也。今师异道,人异论,百家殊方,指意不同,是以上亡以持一统;法制数变,下不知所守。臣愚以为,诸不在六艺之科、孔子之术者,皆绝其道,勿使并进。(《汉书·董仲舒传》)

汉武帝即采纳这一建议,而“罢黜百家,独尊儒术”。武帝建元五年(前136年),“置五经博士”(《汉书·百官公卿表》),并且“兴太学,置明师,以养天下之士”(《汉书·董仲舒传》),“自此以来,公卿、大夫、士吏彬彬多(儒家)文学之士矣”(《汉书·儒林传》)。于是,儒学成为“独尊”的官学,而儒生亦成为君主制下官僚队伍的主体。这一文化政策转变的重要意义在于,实现了儒学的“思想范式”与秦以后中国统一的政治经济制度的整合,从而使中国文化成为一种“实体性的存在”,儒学的“思想范式”便也成为中国文化的核心①。

明清之际的王夫之曾说:“秦以私天下之心而罢侯置守,而天假其私以行其大公。”(《读通鉴论》卷一)所谓“罢侯置守”,就是改封建制为郡县制,建立了君主集权的政治制度,这是秦始皇挟“家天下”的私心而建立的;虽然儒家对这一制度并不满意,但“天假其私以行其大公”,就是说在这一制度下实现了中国的统一,它顺乎天心民意,故为天下之“大公”。“汉承秦制”,汉代儒家所面对的就是由秦所建立、由汉所继承的君主集权制度。这一制度有其固有的弊病,如果没有儒家伦理道德的制导、调节,它很快就会陷入危机,乃至有秦二世而亡的历史教训。

---

① 余敦康先生说:“中国文化作为一种实体性的存在,一种与整个民族的生活方式紧密相连的文化模型,不是在先秦而是在汉代才最终形成的。”见氏著《魏晋玄学史》,北京大学出版社2004年版,第401页。徐复观先生亦曾指出:“两汉思想,对先秦思想而言,实系学术上的巨大演变。不仅千余年来,政治社会的格局,皆由两汉所奠定。……即就学术思想而言,以经学、史学为中心,再加以文学作辅翼,亦无不由两汉树立其骨干,后人承其绪余,而略有发展。”见氏著《两汉思想史》第二卷,华东师范大学出版社2001年版,“自序”第1页。

二、"天"与"阴阳五行"

先秦儒家以"天"为最高范畴,如孔子所说:"唯天为大,唯尧则之。"(《论语·泰伯》)"天"在先秦儒学中有"主宰之天""义理之天""自然之天"等多种涵义。"主宰之天"的思想源自上古对天神的崇拜,至战国末期则有荀子专讲"自然之天"。董仲舒晚于荀子半个多世纪,他大讲具有人格和道德意志的"主宰之天",即谓"天者,百神之大君也"(《春秋繁露·郊祭》),"天亦人之曾祖父也"(《春秋繁露·为人者天》),"察于天之意,无穷极之仁也"(《春秋繁露·王道通三》)。从荀子到董仲舒,儒家思想之所以发生如此重大的变化,这当然不是中国哲学的思辨理性或认知逻辑所使然,而是中国哲学的发展必受制于中国历史的进程,此中原因就在于汉儒所面对的已是秦以后的君主集权制度,故在理论上不得不做出这样的调适。董仲舒说:

> 《春秋》之法:以人随君,以君随天。……故屈民而伸君,屈君而伸天,《春秋》之大义也。(《春秋繁露·玉杯》)

"以人随君""屈民而伸君",是对君主集权制度的肯定,故董仲舒有"三纲"之说;而"以君随天""屈君而伸天",则是要以天神的权威来节制君权,故董仲舒有"灾异""谴告"之说。董仲舒在《举贤良对策》中说:"观天人相与之际,甚可畏也。"(《汉书·董仲舒传》)要使君主对"天人之际"有所"畏",则"天"就不能是自然之天,而只能是宗教神学意义的主宰之天。

董仲舒所说的"天"具有宗教神学意义,但此"天"不是超越于这个世界之外、存在于"彼岸"世界的"上帝",而是就在这个世界之中,它与地共同生养人与万物,即所谓"地,天之合也"(《春秋繁露·阳尊阴卑》),"天地者,万物之本,先祖之所出也"(《春秋繁露·观德》),"天德施,地德化,人德义……天地之精所以生物者,莫贵于人"(《春秋繁露·人副天数》)。这种与地相对而言的,亦即与自然之天没有分离的,而且具有道德意志的主宰之天,正是儒学的"宗教性"的特色。这种意义的"天",源自中国上古,其不同于其他民族的宗教,正如梁启超所说:“各国之尊天者,常崇之于万有之外,而中国则常纳之于人事之中,此吾中华所特长也。……其尊天也,目的不在天国而在世界,受用不在未来(来世)而在现在(现世)。”[①]在以后的宋明理学中,这种意义的“天”也仍有延续,如程颐在回答“天与上帝之说如何”时说:“以形体言之谓之天,以主宰言之谓之帝,以功用言之谓之鬼神……”(《遗书》卷二十二上)朱熹在注解《中庸》的“郊社之礼,所以事上帝”时说:“郊,祭天;社,祭地。不言后土者,省文也。”(《中庸章句》)

在董仲舒的“天”论中涵融了“气”的思想。他说:“天地之气,合而为一,分为阴阳,判为四时,列为五行。”(《春秋繁露·五行相生》)这是说,阴阳、五行是从“合而为一”的天地之气分化而来。他又说:“天地之间,有阴阳之气,常渐人者,若水常渐鱼也。所以异于水者,可见与不可见耳……是天地之间若虚而实。”(《春秋繁露·如天之为》)阴阳之气是充满天地之间的,世界万物就是通过以“气”为中介而相互感通,成为一个有机的普遍联系的整体。宋代的张载说“太虚即气”(《正蒙·太和》),“太虚者,天之实也”(《张子语录·中》)。这与董仲舒所说“天地之间若虚而实”有着思想上的联系。

“阴阳”之说出自《周易》,“五行”之说出自《尚书·洪范》。春秋时期有“天六地五”之说(《国语·周语下》韦昭注:“天有六气,谓阴、阳、风、雨、晦、明也;地有五行,金、木、水、火、土也”),而老子和庄子只讲“阴阳”而不讲“五行”[②],《易传》和荀子也只讲“阴阳”而不讲“五行”[③]。将五行说纳入气论的思想体系,是由战国中后期的阴阳五行家来完成的[④]。秦以后,“阴阳五行”之说广泛进入儒、道两家的思想。董仲舒所建构的宇宙论就是以“阴阳五行”为纲骨。在董仲舒的影响下,汉代的易学即把“五行”纳入《周易》的

---

① 梁启超:《论中国学术思想变迁之大势》,上海古籍出版社2001年版,第11页。

② 《庄子》书中唯有一处言及“五行”,见于杂篇的《说剑》。学术界一致认为,此篇非庄子及其后学所作,而是出自“战国策士游谈”。参见陈鼓应:《庄子今注今译》,中华书局1983年版,第805页。

③ 将《易传》中的“天一地二,天三地四……天九地十”解释成“五行”的生成之数,出自汉儒。荀子只在批评子思、孟子之说时提到“案往旧造说谓之五行”,据帛书和竹简《五行》篇,此“五行”指仁、义、礼、智、圣。

④ 参见拙文《先秦时期的五行说与气论》,载《社会科学研究》1985年第6期。

体系,如《京氏易传》云"八卦分阴阳,六位配五行"。至宋代的理学家,其开端之作就有讲"二五之精""阳变阴合而生水火木金土"(周敦颐《太极图说》)。

在董仲舒建构的宇宙论中,"中正和谐"是世界之本然的、理想的状态。他说:

> 中者,天地之所终始也;而和者,天地之所生成也。夫德莫大于和,而道莫正于中。……中之所为,而必就于和,故曰和其要也。和者,天之正也,阴阳之平也,其气最良,物之所生也。……天地之道,虽有不和者,必归之于和,而所为有功;虽有不中者,必止之于中,而所为不失。(《春秋繁露·循天之道》)

这与后来张载以"太虚"(气之本然的状态)为"太和",并说"有象斯有对,对必反其为;有反斯有仇,仇必和而解"(《正蒙·太和》),亦有着思想上的联系。

董仲舒的思想中还有一涵义不是很清楚的概念,即"元"。他说:

> 唯圣人能属万物于一而系之元也……是以《春秋》变一谓之元,元犹原也,其义以随天地终始也。……故元者为万物之本,而人之元在焉。安在乎?乃在乎天地之前。(《春秋繁露·重政》)

所谓"天地终始""在乎天地之前",意谓天地不是永恒的,而是有始有终的,"元"在天地之前就已经存在了。如此说来,就不是"唯天为大",而是类同于老子所说的"有物混成,先天地生"或《易传》所说的"易有太极,是生两仪"("两仪"是指天地[1])。在董仲舒的《春秋繁露》中亦使用了"元气"概念,如《王道》篇云:"王正则元气和顺,风雨时,景星见,黄龙下。"《天地之行》篇云:"布恩施惠,若元气之流皮毛腠理也。"对董仲舒所说的"元"是否就是

① 参见拙文《从"两仪"释"太极"》,载《周易研究》1994年第2期。

“元气”，学术界有不同的观点。可以明确的是，在董仲舒之后，“元气”概念流行，如《河图·括地象》云：“元气无形，汹汹蒙蒙，偃者为地，伏者为天也。”《白虎通义·天地》云：“天地者，元气之所生，万物之祖也。”何休《春秋公羊解诂》云：“元者气也，无形以起，有形以分，造起天地，天地之始也。”这些都是以“元气”为天地之所由生，其中当有董仲舒所谓“元”的重要影响。

三、“任德不任刑”

中国传统哲学的普遍架构是“推天道以明人事”，此在董仲舒就是所谓“《春秋》推天施而顺人理”（《春秋繁露·竹林》）。在《举贤良对策》中，董仲舒用“天道”或“天意”来论证“王者”应该“任德不任刑”。他说：用天道之阴阳、四时、五行来附会人事之刑德，即“阳为德，阴为刑”，圣王要“务时而寄政”（《管子·四时》），此说本出于阴阳五行家，董仲舒将其纳入儒家的思想体系并加以改造。阴阳五行家并没有“阳尊阴卑”和“任德不任刑”的思想，而董仲舒认为“阳常居实位而行于盛，阴常居空位而行于末……此皆天之近阳而远阴，大德而小刑也”（《春秋繁露·阳尊阴卑》）。在一年四季的循环中，阳为主，阴为辅，这就说明了“天意”是“任德不任刑”。“王者承天意以从事”，就必须任德教而远刑罚；如果“为政而任刑”，那就是“不顺于天”，违反了“天意”。因为“刑者德之辅，阴者阳之助”（《春秋繁露·天辨在人》），“阳不得阴之助，亦不能独成岁”，所以王道并非不用刑，而是德为主，刑为辅。董仲舒又说：“计其多少之分，则暖暑居百，而清寒居一，德教之与刑罚犹此也。”（《春秋繁露·基义》）按照这种说法，刑罚在王道中只占百分之一的比例，这也就是“任德而远刑”（《春秋繁露·天辨在人》）。从秦政的“任刑法”到董仲舒提出“任德不任刑”，汉武帝采纳“独尊儒术”的建议，秦汉间在国家意识形态上的最大变化，就是法家的治国思想被儒家的“德主刑辅”（此继承了西周的“明德慎罚”）所取代。

《后汉书·应劭传》载：“故胶西相董仲舒老病致仕，朝廷每有政议，数遣廷尉张汤亲至陋巷，问其得失。于是作《春秋决狱》二百三十二事，动以经对，言之详矣。”董仲舒作的《春秋决狱》是根据《春秋》经所体现的礼的精神来解释刑法，从而开辟了以礼入法的途径，使汉代所继承的“秦法”逐渐礼制化、儒家化。自汉代“独尊儒术”以后，历代的统治者大多主张德主刑辅而礼法并用。

四、“三纲”与“五常”

董仲舒的“屈民而伸君”，主要表现为以“三纲”之名来伸张君主的权威。他说：“王道之三纲，可求于天。”“君臣、父子、夫妇之义，皆取诸阴阳之道。君为阳，臣为阴；父为阳，子为阴；夫为阳，妇为阴。”（《春秋繁露·基义》）“阳贵而阴贱，天之制也。”（《春秋繁露·天辨在人》）后来东汉章帝时召开白虎观会议，以钦定的形式颁布：“三纲者何谓也？谓君臣、父子、夫妇也。……故《含文嘉》曰：君为臣纲，父为子纲，夫为妻纲。”（《白虎通义·三纲》）在“三纲”的思想中包含着上下的绝对尊卑和下对上必须绝对服从之意。

先秦儒家有“父子有亲，君臣有义，夫妇有别，长幼有序，朋友有信”（《孟子·滕文公上》）的五伦之说，至荀子则更重视“君臣之义，父子之亲，夫妇之别”（《荀子·天论》）的三大伦。在此三大伦中，君臣、父子、夫妇之间虽然有相对的尊卑之序，但也有相互间的道德义务，并不是绝对的尊卑和服从关系。董仲舒提出“三纲”之说，应视为儒家思想对汉所继承的“秦制”即君主集权制度的一种适应。其有取于法家之说，即《韩非子·忠孝》篇所谓：“臣事君，子事父，妻事夫，三者顺则天下治，三者逆则天下乱，此天下之常道也，明王贤臣而弗易也，则人主虽不肖，臣不敢侵也。”“三纲”之说具有维护君主集权制度和宗法家庭伦理的作用，当然它与君主集权制度和宗法家庭伦理一样都具有历史的局限性。

“三纲”之说首见于董仲舒的《春秋繁露》，而“五常”之说首见于董仲舒的《举贤良对策》：“夫仁、谊（义）、礼、知（智）、信五常之道，王者所当修饬也。”（《汉书·董仲舒传》）先秦儒家有“仁义礼智”的四德之说，至董仲舒则将四德发展为“五常”。这一发展是与“五行”说被纳入儒家的宇宙论相匹配的。

董仲舒说："五行者，五官也，比相生而间相胜也。"在此"五行"与"五官"相配的系统中列属了"五常"，即："东方者木，农之本，司农尚仁"；"南方者火也，本朝，司马尚智"；"中央者土，君官也，司营尚信"；"西方者金，大理，司徒也，司徒尚义"；"北方者水，执法，司寇也，司寇尚礼"（《春秋繁露·五行相生》）。董仲舒的这一配法是将木配仁，火配智，土配信，金配义，水配礼。这是"五行"与"五常"最初始的一种配法，其中的木配仁、金配义与后来的配法相一致，火配智、水配礼不见于后儒之说，而在土配信还是配智的问题上则一直存在着分歧①。

汉儒的"推天道以明人事"，最重要的理论建构就是从"阳尊阴卑"推出"三纲"，从"五行相生"推出"五常"。这是由董仲舒开创，而以后广泛流行的。董仲舒有"三纲五纪"之说（见《春秋繁露·深察名号》），其"五纪"指义不详。至《白虎通义》则有"三纲六纪"之说，其"六纪"是指"诸父、兄弟、族人、诸舅、师长、朋友"。将"三纲"与"五常"连称，首见于东汉经学家马融对《论语》的注释，即何晏《论语集解》在解释"殷因于夏礼，所损益可知也"章时引马融曰："所'因'，谓三纲五常也；所'损益'，谓文质三统也。"此后，皇侃的《论语义疏》、邢昺的《论语注疏》等都采马融之说，而朱熹的《论语集注》也同样引马融之说，并注云："三纲五常，礼之大体，三代相继，皆因之而不能变。其所损益，不过文章制度，小过不及之间。"朱熹又说："宇宙之间，一理而已……其张之为三纲，其纪之为五常，盖皆此理之流行，无所适而不在。"（《朱文公文集》卷七十《读大纪》）在朱熹的思想中，"三纲五常"已经不是从"阴阳五行"推出（但朱熹的《通书解》仍讲"五常，仁义礼智信，五行之性也"），而是从"天理"推出，尽管有此不同，但由董仲舒所创发的"三纲五常"的内容并没有变。

---

① 关于"五行"与"五常"配法的分歧，与《周易》的"元亨利贞"被纳入"四时—五行"系统有关。因在《易传·文言》中元配仁、亨配礼、利配义是明确的，而贞是否配智则并不明确，故后来主要形成两种不同的配法，即：《易纬·乾凿度》《孝经纬》《诗纬》、郑玄、皇侃、何妥、孔颖达、张载等是以水、冬、贞配信，土配智；而《春秋纬·元命苞》《乐纬·动声仪》、扬雄、刘歆、《白虎通》、李鼎祚、朱熹等是以水、冬、贞配智，土配信。从"五行"与"五常"的不同配法，可见从"五行"推出"五常"并非"天不变，道亦不变"，而是一种历史的理论建构。笔者对此将有另文详述。

直到中国近代，张之洞在《劝学篇·明纲》中说：

"君为臣纲，父为子纲，夫为妻纲"，此《白虎通》引《礼纬》之说也。董子所谓"道之大原出于天，天不变，道亦不变"之义本之。《论语》"殷因于夏礼，周因于殷礼"注："所因，谓三纲五常"。此《集解》马融之说也，朱子《集注》引之。……圣人所以为圣人，中国所以为中国，实在于此。

其实，《白虎通》所引《礼纬》之说是出自董仲舒之后，而非董仲舒所本。在《举贤良对策》中，董仲舒引用了孔子所说"殷因于夏礼，所损益可知也……"但他所说"道之大原出于天，天不变，道亦不变"是指"禹继舜，舜继尧，三圣相受而守一道，亡救弊之政也，故不言其所损益也"，而"损益"是指"夏上忠，殷上敬，周上文者，所继之救，当用此也""由是观之，继治世者其道同，继乱世者其道变"(《汉书·董仲舒传》)。也就是说，董仲舒并没有用"天不变，道亦不变"来论证"三纲五常"，他也没有提出"所因，谓三纲五常也"。"三纲"与"五常"是出自董仲舒的理论建构，而马融之说又是董仲舒之后的一种发展。在董仲舒之前，"中国"和"圣人"当然都早已有之，因此，"圣人所以为圣人，中国所以为中国"并不在于有"三纲五常"。张之洞的《明纲》，旨在反对中国近代的政治变革，所以他说："知君臣之纲，则民权之说不可行也；知父子之纲，则父子同罪、免丧废祀之说不可行也；知夫妇之纲，则男女平权之说不可行也。"而在五四新文化运动中，儒家的"纲常名教"成为被抨击的对象。现在看来，对"纲常"应作分析。"三纲"与"五常"都是出自历史的建构，"三纲"已经不适应辛亥革命以后的社会发展，而"五常"仍具有道德的普遍意义。

五、"性三品"与"性善情恶"

先秦儒家论人性有"性相近"(孔子说)、"性有善有恶"(世硕说，《论衡·本性》所引)、"性善"(孟子说)和"性恶"(荀子说)等，而没有"性三品"

之说。首发“性三品”之说者是董仲舒,此说延续到唐代和宋初,成为一千多年儒家讲道德教化的人性论基础。

董仲舒说:“名性不以上,不以下,以其中名之。”(《春秋繁露·深察名号》)“圣人之性,不可名性;斗筲之性,又不可以名性。名性者,中民之性也。”(《春秋繁露·实性》)虽然董仲舒说只有“中民之性”才可称为“性”,但他实际上已把人性分为“圣人之性”“斗筲之性”和“中民之性”三品。

董仲舒从“中民之性”论人性,而不同意孟子的性善论。他说:

> 今世暗于性,言之者不同,胡不试反性之名。性之名非生与?如其生之自然之资,谓之性。性者质也。诘性之质于善之名,能中之与?既不能中矣,而尚谓之质善,何哉?(《春秋繁露·深察名号》)

董仲舒把“性”的含义界定为人的生而即有的“自然之资”或自然之“质”,这一点近于告子所说“生之谓性”。董仲舒认为,人的“自然之资”经过圣王的教化可以成为善,但性本身不是善:“性者,天质之朴也;善者,王教之化也。”(《春秋繁露·实性》)这近于荀子所说“性者,本始材朴也;伪者,文理隆盛也。”(《荀子·礼论》)但荀子的“性”与“伪”是逆向对立的关系,“从人之性,顺人之情,必出于争夺……故必将有师法之化、礼义之道,然后出于辞让,合于文理而归于治。”(《荀子·性恶》)而董仲舒的“性”与“善”是顺向发展的关系,如他所比喻:“善如米,性如禾。禾虽出米,而禾未可谓米也。性虽出善,而性未可谓善也。”(《春秋繁露·实性》)“茧有丝,而茧非丝也。卵有雏,而卵非雏也。比类率然,有何疑哉?”(《春秋繁露·深察名号》)“性”虽然不可称为“善”,但可以“出善”。因此,董仲舒一方面否认“性善”,另一方面又承认人性有“善质”或“善端”。他说:

> 天生民性,有善质而未能善,于是为之立王以善之,此天意也。民受未能善之性于天,而退受成性之教于王。王承天意,以成民之性为任者也。(同上)
>
> 性有善端,动之爱父母,善于禽兽,则谓之善,此孟子之善。循三纲

五纪,通八端之理,忠信而博爱,敦厚而好礼,乃可谓善。此圣人之善也。……夫善于禽兽之未得为善也,犹知于草木而不得名知。……圣人以为无王之世,不教之民,莫能当善。(《春秋繁露·深察名号》)

董仲舒所说的性有"善质"或"善端",近同于孟子所说的恻隐之心等"四端"。孟子说:"凡有四端于我者,知皆扩而充之矣,若火之始然,泉之始达。苟能充之,足以保四海;苟不充之,不足以事父母。"(《孟子·公孙丑上》)在孟子的思想中,人皆有"四端"就是人之"性善",但若不扩而充之,则"不足以事父母"。由此说来,"四端"还不是充足的"善"。而董仲舒认为,只有充足的"善",即只有"循三纲五纪,通八端之理,忠信而博爱,敦厚而好礼",才可称为"善"。孟子的"扩而充之",是靠道德主体的"存其心,养其性"的自我修养。而董仲舒强调,人性的"善质"或"善端"只有经过王者的教化才能成为善、称为善。"性有善质而未能善,于是为之立王以善之",这是出于"天意"。王者承受"天意",教化民众,以使民性成为善,这是王者之任。如果说民性本身已经是善,那就是"失天意而去王任也"(《春秋繁露·深察名号》)。"王教在性外,而(民)性不得不遂。"(《春秋繁露·实性》)由此可知,董仲舒的人性论是与其论证君权之出于"天意"和王者教化的必要性联系在一起的。

董仲舒还说:"人之诚有贪有仁,仁贪之气两在于身。身之名取诸天,天两有阴阳之施,身亦两有贪仁之性。"(《春秋繁露·深察名号》)"仁"是善,出于阳;"贪"是恶,出于阴;人性有此"贪仁"两个方面。董仲舒还以阴阳论人的"性情",他说:"天地之所生,谓之性情。性情相与为一瞑,情亦性也。谓性已善,奈其情何?……身之有性情也,若天之有阴阳也。言人之质而无其情,犹言天之阳而无其阴也。"(同上)依此说,他所谓"性"有广义和狭义之分:广义的性包含情在内("情亦性也"),是指人有"贪仁之性";狭义的性,与情相对,性生于阳,为仁、为善,情生于阴,为贪、为恶。后一说可概括为"性善情恶"[①]。此说被《孝经纬·钩命决》和《白虎通义》所采,即谓:"情

① 董仲舒在《举贤良对策》中说:"质朴之谓性,性非教化不成;人欲之谓情,情非度制不节。"(《汉书·董仲舒传》)依此说,董仲舒的性情论又可概括为"性为质朴,情有贪欲"。

生于阴,欲以时念也;性生于阳,以就理也。阳气者仁,阴气者贪,故情有利欲,性有仁也。”此说也进入了许慎的《说文解字》,即谓:“情,人之阴气,有欲者。”“性,人之阳气,性善者也。”与此说不同者则有王充认为“情、性同出于阴阳”(《论衡·本性》),刘向、荀悦认为“性情相应,性不独善,情不独恶”(《申鉴·杂言下》)。

董仲舒的人性论思想非常丰富,在中国历史上发生了深远的影响。由汉至唐,儒家人性论的主流就是“性三品”说,至北宋的李觏也仍讲“性三品”。关于“性”与“情”关系的讨论,也由汉至唐而持续,至北宋的王安石则针对“性善情恶”说而提出“性者情之本,情者性之用”(《临川集》卷六十七《性情论》)。“性三品”说的主流地位被取代,是由于张载、二程提出了“天地(天命)之性”与“气质之性”(此后朱熹又肯定了张载所说的“心统性情”)。于是,孟子所谓“性善”被归于“天命之性”,其他诸说则被归于“气质之性”。程朱的道统说,在一个很重要的意义上就是接续了孟子的性善论之“统”。而程朱对孟子以后诸儒的批评,也是以其“不识性”为重要评价标准。如韩愈曾评价“荀与扬大醇而小疵”,朱熹在《孟子集注序说》中引程子曰:“荀子极偏驳,只一句‘性恶’,大本已失。扬子虽少过,然亦不识性,更说甚道。”有关董仲舒的评价,程颢说:“汉儒如毛苌、董仲舒,最得圣贤之意,然见道不甚分明。下此即至扬雄,规模狭窄。道即性也,言性已错,更何所得?”(《遗书》卷一)因董仲舒不持性善论,故评价其“见道不甚分明”。

宋代理学的“天地之性”与“气质之性”思想的确超越了汉唐的“性三品”说,但理学家在早期的理论建构中实也深受汉唐儒学的影响。如周敦颐的《太极图说》云:“五性感动而善恶分,万事出矣。”朱熹注云:“五常之性,感物而动,而阳善阴恶,又以类分,而五性之殊,散为万事。……自非圣人全体太极有以定之,则欲动情胜,利害相攻,人极不立,而违禽兽不远矣。”(《太极图说解》)这里的“阳善阴恶”“欲动情胜”就是源自汉儒之说。因周敦颐还没有提出“天命之性”与“气质之性”的思想,故朱熹如此注解是符合周敦颐之本意的(其中“欲动情胜,利害相攻”即出于周敦颐的《通书》)。程颐在早年所作《颜子所好何学论》中说:“天地储精,得五行之秀者为人,其本也真而静,其未发也五性具焉……形既生矣,物触其形而动于中矣。”此说本于

《太极图说》的"惟人也得其秀而最灵,形既生矣,神发知矣,五性感动而善恶分"。程颐接着又说:"其中动而七情出焉……情既炽而益荡,其性凿矣……愚者则不知制之,纵其情而至于邪僻……"这里显然也有"性善情恶"的思想因素。由此可知,宋代理学的人性论是在经受了汉唐儒学的影响之后才形成的。

六、"阴阳灾异"

《汉书·五行志》说:"汉兴,承秦灭学之后,景、武之世,董仲舒治《公羊春秋》,始推阴阳,为儒者宗。"这里所谓"始推阴阳",是说董仲舒在汉代最先讲"阴阳灾异",也就是借助"阴阳五行"之说来讲天人感应。董仲舒在《举贤良对策》中说:

> 臣谨案《春秋》之中,视前世已行之事,以观天人相与之际,甚可畏也。国家将有失道之败,而天乃先出灾害以谴告之;不知自省,又出怪异以警惧之;尚不知变,而伤败乃至。以此见天心之仁,爱人君而欲止其乱也。(《汉书·董仲舒传》)

"阴阳灾异"的思想在《尚书·洪范》《春秋左传》等儒书以及阴阳五行家的思想中早已有之。但孔子"不语怪力乱神",孟子不讲"阴阳灾异",荀子更强调"明于天人之分"。为什么汉初的董仲舒却大讲"阴阳灾异"?此中原因就是董仲舒要"屈君而伸天",借助"阴阳灾异"来使君主有所"畏"。"灾异"是"灾害"和"怪异"的合称,董仲舒说:"天地之物有不常之变者谓之异,小者谓之灾。灾常先至,而异乃随之。灾者天之谴也,异者天之威也。谴之而不知,乃畏之以威。……凡灾异之本,尽生于国家之失。"(《春秋繁露·必仁且智》)这里的"国家"实即君主的代名词。当君主有过失时,天就先以"灾害"来谴责警告("谴告")他;如果君主不知自我反省而改正,天就进一步以"怪异"来使其惊骇恐惧;如果君主仍不悔改,那就"伤败乃至"。"灾异"是使国家免于败亡的预警机制,董仲舒说,这体现了"天心之仁",是对君主的爱护。

先秦时期,孟子提出“惟大人为能格君心之非”(《孟子·离娄上》),但对于“大人”如何能够“格(正)君心”则语焉不详。董仲舒讲“阴阳灾异”,实即借助“天”的权威来“格君心”。他说:“王正则元气和顺,风雨时,景星见,黄龙下;王不正,则上变天,贼气并见。”(《春秋繁露·王道》)这就是说,当君心及其政令正确时,就会风调雨顺,出现景星、黄龙等“祥瑞”;当君心及其政令不正确时,就会“贼气并见”,出现水、旱、蝗灾或火灾、地震、日食等“灾异”。这样,大臣就可以用“祥瑞”或“灾异”来鼓励或谏止君主做某些事。孔子说:“政者,正也。”(《论语·颜渊》)孟子说:“君正莫不正,一正君而国定矣。”(《孟子·离娄上》)董仲舒在《举贤良对策》中也说:“《春秋》深探其本,而反自贵者始。”所谓“自贵者始”,就是从正君心开始。他说:“故为人君者,正心以正朝廷,正朝廷以正百官,正百官以正万民,正万民以正四方。四方正,远近莫敢不壹于正,而亡有邪气奸其间者。是以阴阳调而风雨时,群生和而万民殖,五谷孰而草木茂,天地之间被润泽而大丰美,四海之内闻盛德而皆徕臣,诸福之物,可致之祥,莫不毕至,而王道终矣。”(《汉书·董仲舒传》)这段话中的“正心以正朝廷”云云后来被二程、朱熹反复引用,而程朱认为治理天下的“大根本”就是“格君心之非”。程朱的“格君心之非”,一方面是奉劝君主“正心诚意”,另一方面在上奏折或“封事”时也免不了用“阴阳灾异”来儆戒人君。[①] 这也就是宋儒在反对王安石的“三不足”之说时所说:“人主之势,天下无能敌者,人臣欲回之,必思有大于此者把揽之。今乃教之不畏天变、不法祖宗、不恤人言,则何事不可为也!”“阴阳灾异之说,虽儒者不可泥,亦不可全废。王介甫不用,若为政依之,是不畏天者也。”(《宋元学案·荆公新学略》)

“阴阳灾异”之说在中国历史上曾经起过使君主“恐惧修省”的作用(如君主在“灾异”发生时往往要下“罪己诏”),但其历史的局限性也是显而易见的。儒家自明清之际黄宗羲的《明夷待访录》始考虑以权力(提升“相权”和“使治天下之具皆出于学校”)来节制君权,我认为这是中国“从民本走向民主”的思想开端。[②]

---

① 参见拙文《程朱的“格君心之非”思想》,载《中国社会科学院研究生院院报》2006 年第 1 期。

② 参见拙文《从民本走向民主的开端》,载《华东师范大学学报》2006 年第 6 期。

七、民本思想

儒家经典在《尚书·皋陶谟》中就已有“天聪明自我民聪明,天明畏自我民明畏”的思想,此后则有“天视自我民视,天听自我民听”“民之所欲,天必从之”“民惟邦本,本固邦宁”诸说。春秋时期以“太上有立德,其次有立功,其次有立言”为“三不朽”(《左传·襄公二十四年》),此“三不朽”与民本思想有着内在的联系,即所谓“太上以德抚民”(《左传·僖公二十四年》)。孔子主张“因民之所利而利之”(《论语·尧曰》),并以“博施于民而能济众”为“圣”之最高境界。至孟子、荀子则提出:“民为贵,社稷次之,君为轻。”(《孟子·尽心下》)“天之生民,非为君也;天之立君,以为民也。”(《荀子·大略》)此可见,先秦儒家的民本思想渊源深远而一以贯之。

秦以后,当儒家思想与秦汉制度相整合时,董仲舒提出“屈民而伸君,屈君而伸天”,此中虽然有“三纲”之说,但也仍继承了先秦儒家的民本思想。如他在论证“汤武征伐”的合理性时所说:

> 且天之生民,非为王也,而天立王以为民也。故其德足以安乐民者,天予之;其恶足以贼害民者,天夺之。……故夏无道而殷伐之,殷无道而周伐之,周无道而秦伐之,秦无道而汉伐之。有道伐无道,此天理也,所从来久矣,宁能至汤武而然耶!(《春秋繁露·尧舜不擅移、汤武不专杀》)

显然,所谓“天之生民,非为王也;而天立王,以为民也”,这是重复了《荀子·大略》中的话。所谓天之“予”“夺”,是以君主世袭制国家(即某一朝代)的“其德足以安乐民”或“其恶足以贼害民”为转移。“有道伐无道”,董仲舒将此视为“天理”。而“有道”就是“其德足以安乐民”,“无道”就是“其恶足以贼害民”。此可见,董仲舒所谓“道”与“德”,同先秦儒家一样,都贯彻了“以民为本”的思想。

董仲舒说:“君也者,掌令者也,令行而禁止也。”(同上)后来韩愈在《原道》中所说“君者,出令者也……君不出令,则失其所以为君”,当本于董仲舒的这句话。韩愈对君、臣、民之职分的划分在中国近代被严复所非,故作《非韩》篇。但原其所自,董仲舒在此句之后接着说:“今桀纣令天下而不行,禁天下而不止,安在其能臣天下也!果不能臣天下,何谓汤武弑?”(《春秋繁露·尧舜不擅移、汤武不专杀》)这里所说与孟子、荀子肯定“汤武革命”而以桀纣为“一夫”或“独夫”是相同的①,其中都贯彻了如果君无道而“贼害民”就不再是“君”的思想。

董仲舒说:“仁之法在爱人……义之法在正我……仁者,爱人之名也。”(《春秋繁露·仁义法》)“故仁者所以爱人类也,智者所以除其害也。”(《春秋繁露·必仁且智》)“爱人之大者,莫大于思患而豫防之。……不爱民之渐,乃至于死亡……不仁之所致也。”(《春秋繁露·俞序》)在这里,仁者之爱他人、爱人类与爱民是统一的。他人是相对于自我而言,人类是相对于“鸟兽昆虫”等物而言②,民是相对于统治者而言,这里既有不同的层次之分,又都统一于“仁”(后来程朱将此发展为“理一而分殊”)。在董仲舒的思想中,“灾异”“谴告”可谓使君主“思患而豫防之”的一种手段;如果君主经“谴告”而不思改过,那就是“不爱民之渐,乃至于死亡”了。

从先秦到秦以后,儒家的民本思想一直延续;其间,董仲舒作为汉代的群儒之首,起了重要的传承作用。西汉成帝时,谷永亦“善言灾异”,他在给成帝的上书中说:“臣闻天生烝民,不能相治,为立王者以统理之,方制海内非为天子,列土封疆非为诸侯,皆以为民也。垂三统,列三正,去无道,开有德,不私一姓,明天下乃天下(人)之天下,非一人之天下也。”如果君主“失道妄行,逆天暴物,穷奢极欲”,则“上天震怒,灾异屡降”;如果君主“终不改寤,恶洽变备”,则上天“不复谴告,更命有德”(《汉书·谷永传》)。汉儒思想的特点是既讲民本思想,又讲“阴阳灾异”,这显然是本于董仲舒。此后,儒家或讲“阴阳灾异”,或不讲“阴阳灾异”,而民本思想传续不绝。

---

① 董仲舒说:“亡者爱及独身。独身者,虽立天子诸侯之位,一夫之人耳,无臣民之用矣。如此者,莫之亡而自亡也。”(《春秋繁露·仁义法》)所谓“独身者……一夫之人”,同于孟子称桀纣为“一夫”(《孟子·梁惠王下》),荀子称桀纣为“独夫”(《荀子·议兵》)。

② 董仲舒说“王者爱及四夷”(《春秋繁露·仁义法》),即属“爱人类”的范畴。又说:“质于爱民以下,至于鸟兽昆虫莫不爱。不爱,奚足谓仁!”(同上)这同于孟子所说“仁民而爱物”。

儒家的民本思想,就是以人民为国家、社会的价值主体。它在中国古代与君主制结合在一起,因此,从政治体制上说,它是与民主制相对立的。但在民本思想中也潜含着走向民主制的种子,其发芽就是黄宗羲在《明夷待访录》中肯定"天下为主,君为客",反思秦以后君主集权的祸害(所谓"为天下之大害者,君而已矣"),从而提出了以权力来制约权力的思想。

八、"限民名田"与"宽民力"

"汉承秦制",此"秦制"也应包括"民得卖买"的土地私有制。董仲舒说:

> 秦……用商鞅之法,改帝王之制,除井田,民得卖买,富者田连阡陌,贫者无立锥之地。……一岁屯戍,一岁力役,三十倍于古;田租口赋,盐铁之利,二十倍于古。或耕豪民之田,见税什五。故贫民常衣牛马之衣,而食犬彘之食。……汉兴,循而未改。古井田法虽难卒(猝)行,宜少近古,限民名田,以澹不足,塞并兼之路。盐铁皆归于民。去奴婢,除专杀之威。薄赋敛,省徭役,以宽民力。然后可善治也。(《汉书·食货志》)

董仲舒对土地私有制造成的土地兼并、贫富悬殊和赋役繁重的批判,也是基于儒家的民本思想。儒家理想的土地制度是实行均田的井田制,但董仲舒认识到"古井田法"难以猝行,故提出了"限民名田"(对私人占有土地的数量加以限制)和"薄赋敛,省徭役,以宽民力"等改良措施。后来程颢在《论十事劄子》中也批判土地私有制造成的"富者跨州县而莫之止,贫者流离饿殍而莫之恤"(《程氏文集》卷一),此本于董仲舒。二程与张载都主张"正经界,复井田",至朱熹则说:"封建井田,乃圣王之制,公天下之法,岂敢以为不然!但在今日恐难下手。设使强做得成,亦恐意外别生弊病,反不如前,则难收拾耳。"(《朱子语类》卷一〇八)朱熹同董仲舒一样,从较现实的眼光看到井田不可复。朱熹主张"宜以口数占田,为立科限,民得耕种,不得买卖,以赡贫弱,以防兼并”(《朱文公文集》卷六十八《井田类说》)。显然,朱熹提出的改良措施也是本于董仲舒。朱熹强调“天下国家之大务,莫大于恤民,而恤民之实在省赋”(《朱文公文集》卷十一《庚子应诏封事》),他在任地方官期间提出“宽恤民力”“敦厚风俗”“长育人材”的施政纲领(《朱文公文集》卷九十九《知南康榜文》),当辛弃疾为闽宪问政时朱熹答曰“临民以宽,待士以礼,驭吏以严”(《朱子语类》卷一三二),这些也有董仲舒所谓“宽民力”的影响。

从以上八个方面足以说明董仲舒在中国儒学和文化史上占有重要地位,说其堪与孔子和朱熹比肩,并非虚言。当然,董仲舒的思想与“汉承秦制”的历史现实密切结合在一起,他的“独尊儒术”“屈民而伸君,屈君而伸天”、立“三纲”之名、提出“性三品”与“性善情恶”、讲“阴阳灾异”等思想,虽然在中国儒学和文化史上具有重要意义,但与现代社会已有很大的距离。然而,中国历史有“变”亦有“常”,“变”就是历史发展的阶段性,“常”就是历史发展的连续性。儒家思想亦有“变”有“常”,在中国历史上被认为是“常道”的观念,有的(如“三纲”之说)已不适应现代社会的发展,但也不能否认在儒家思想中仍有现代社会应该继承的具有普遍意义的“常道”。通过对董仲舒思想的分析,亦可看出崇尚道德与和谐、仁者爱人、以民为本是儒学一以贯之的最根本的价值理念,这也正是由孔子—董仲舒—朱熹所传承下来,我们在现代社会应该继承和发扬光大的“常道”。

(原载《河北学刊》2010 年第 4 期)

董仲舒对先秦儒学的继承和损益

《论语·为政》记载:“子张问:‘十世可知也?’子曰:‘殷因于夏礼,所损益可知也;周因于殷礼,所损益可知也。其或继周者,虽百世可知也。’”这里的“因”就是相因继承,可谓中国文化之“常”;而“损益”就是减损和增益,可谓中国文化之“变”。张岱年先生曾说:“惟用‘对理法’(按即辩证法),才能既有见于文化之整,亦有见于文化之分;既有见于文化之变,亦有见于文化之常;既有见于文化之异,亦有见于文化之同。”①在张先生所讲“整与分”“变与常”“异与同”的文化辩证法中,最重要的当属“变与常”。而“常”就是孔子所说的相“因”继承,“变”就是孔子所说的“损益”发展。

清代的史学家赵翼曾称“秦汉间为天地一大变局”(《廿二史札记》卷二)。这个“变局”从官制上说,就是从以前的“世卿世禄”改变为“布衣将相”之局;而其所以有这一官制的变化,根本的原因还在于政治制度从以前的“封建制”改变为君主集权的“郡县制”,此即所谓“周之废兴,与汉殊异……汉承秦制,改立郡县,主有专己之威,臣无百年之柄”(《后汉书·班彪列传》)。在这一变局中,汉代儒家对先秦儒学既有相因继承也有损益发展。董仲舒在汉代“为群儒首”,他的思想即体现了儒家文化之“变与常”的辩证法。由此来分析和评价董仲舒的思想,既可以肯定董仲舒在中国文化史上的重要地位,又可以为当今儒家文化的传承与弘扬提供丰富的文化资源和历史借鉴。

---

① 《张岱年全集》第一卷,河北人民出版社 1996 年版,第 248—249 页。

一、秦汉间的思想文化转型

“汉承秦制”，此“秦制”发端于战国中期的商鞅变法，故汉代的王充说“商鞅相孝公，为秦开帝业”（《论衡·书解》）。在商鞅变法的措施中有“集小乡邑聚为县，置令、丞，凡三十一县”（《史记·商君列传》，又《史记·秦本纪》作“四十一县”），此即在秦国普遍地实行了君主集权的县制。到了秦始皇统一天下，乃“分天下以为三十六郡”，把郡县制普及到全国，即所谓“海内为郡县，法令由一统”（《史记·秦始皇本纪》）。在此君主集权的郡县制下，法家的治国理念就是“以法为教，以吏为师”“任刑而不任德”。秦汉间的思想文化转型，虽然继承了“秦制”，但是到汉武帝时期也实现了儒家文化与“秦制”的整合，用儒家的以德治国、仁爱精神取代了法家思想在意识形态上的主导地位。

儒家文化与“秦制”的整合，在战国后期荀子的思想中已先发其声。荀子曾西游入秦，对其山川形势、百姓风俗、士人之“明通而公”、政事之“听决不留”给予了肯定，但批评其短处在于“无儒”（《荀子·强国》）。荀子提出“隆礼尊贤而王，重法爱民而霸”（《荀子·天论》），即已部分地吸收了法家的思想（他把“重法”置于“隆礼”之下，并把“重法”与“爱民”相结合，应是以儒家思想为基本而涵容了法家的思想因素）。当时秦国的强势已是不争的事实，以后由秦国统一天下也是一种历史的必然。王夫之曾说：“秦以私天下之心而罢侯置守，而天假其私以行其大公。”（《读通鉴论》卷一）所谓“大公”就是说秦的“罢侯置守”统一天下在客观上符合天心民意，具有历史进步的意义。然而，秦王朝专以刑罚治天下，很快就陷入了政治危机，以致秦祚短促，二世而亡，这也使秦汉间的以儒代法成为历史的必然。

汉初的大儒陆贾曾对刘邦说：“居马上得之，宁可以马上治之乎？且汤武逆取而以顺守之，文武并用，长久之术也。……乡（向）使秦已并天下，行仁义，法先圣，陛下安得而有之？”（《史记·陆贾列传》）这段话深深地打动了刘邦，使其改变了对儒学的轻鄙态度，乃致在他晚年途经曲阜时“以大牢祠孔子”，开启了帝王尊孔的先河。

汉文、景帝时期，中央政权受到同姓诸侯王的威胁，儒家的贾谊提出了“众建诸侯而少其力”（《新书·藩强》）的“强干弱枝”之策。这说明虽然“秦制”并不是儒家所理想的政治制度，但是汉代的儒家为了维护国家的统一，免于分裂和战乱，采取了拥护“大一统”的郡县制的立场。贾谊又总结秦二世而亡的历史教训，指出其速亡的原因在于“仁义不施，而攻守之势异也”（《新书·过秦上》）。

继陆贾和贾谊之后，董仲舒在《举贤良对策》中提出：

> 《春秋》大一统者，天地之常经，古今之通谊也。今师异道，人异论，百家殊方，指意不同，是以上亡（无）以持一统；法制数变，下不知所守。臣愚以为诸不在六艺之科、孔子之术者，皆绝其道，勿使并进。（《汉书·董仲舒传》）

以《春秋》经的权威，高度肯定了“大一统”，这符合孔子所说的“天下有道，则礼乐征伐自天子出”（《论语·季氏》），但是孔子的“吾从周”仍是肯定了周朝的封建制，而董仲舒的“大一统”则已是对“汉承秦制”的郡县制的肯定。汉武帝采纳董仲舒的建议，“卓然罢黜百家，表章六经”（《汉书·武帝纪》），使儒学成为“独尊”的国家意识形态，由此完成了“汉承秦制”与儒家文化的整合，这为以后两千年的以儒家文化为主导的中国文化发展奠定了基础。如余敦康先生所说：“中国文化作为一种实体性的存在，一种与整个民族的生活方式紧密相连的文化模型，不是在先秦而是在汉代才最终形成的。”①

秦汉间的以儒代法，最根本的就是以儒家的以德治国、仁爱精神取代了法家的“以法为教，以吏为师”。陆贾劝说刘邦要“行仁义，法先圣”，贾谊指出秦之速亡在于“仁义不施，而攻守之势异也”，这已突显了儒家的核心价值在于“行仁义”。董仲舒在《举贤良对策》中进一步指出：“及至后世，淫佚衰微，不能统理群生，诸侯背畔，残贼良民以争壤土，废德教而任刑罚。”“王者承天意以从事，故任德教而不任刑。刑者不可任以治世，犹阴之不可任以成

① 余敦康：《魏晋玄学史》，北京大学出版社2004年版，第401页。

岁也。”(《汉书·董仲舒传》)这里的“废德教而任刑罚”和“任德教而不任刑”,正是儒法两家在治国理念上的根本分歧,而“任德教”“行仁义”也正是汉儒所要传承和弘扬的先秦儒家的核心价值观。

与先秦儒家所不同者,汉代的儒、道两家都已把“阴阳五行”的模式纳入到他们的思想体系中(如《淮南子》和《春秋繁露》等都是如此)。中国哲学的普遍架构是“推天道以明人事”,董仲舒的“明人事”就是以天道的“阴阳五行”为理论根据。他在《举贤良对策》中说:

> 天道之大者在阴阳。阳为德,阴为刑;刑主杀而德主生。是故阳常居大夏,而以生育养长为事;阴常居大冬,而积于空虚不用之处。以此见天之任德不任刑也。……为政而任刑,不顺于天,故先王莫之肯为也。(《汉书·董仲舒传》)

“阳为德,阴为刑”的思想在先秦时期已见于黄老学派和阴阳五行家的著作(参见马王堆帛书《黄帝四经》和《管子》书中的《四时》《五行》等),董仲舒所赋予其新的意义就是更加强调了“阳德”的主导地位。“刑者德之辅,阴者阳之助”(《春秋繁露·天辨在人》),董仲舒的“任德不任刑”实即主张“德主刑辅”,这符合儒家经书中主张的“明德慎罚”(《尚书·康诰》)。董仲舒为此提供的“天道”根据就是“阳常居实位而行于盛,阴常居空位而行于末……此皆天之近阳而远阴,大德而小刑也”(《春秋繁露·阳尊阴卑》)。他又说:“计其多少之分,则暖暑居百,而清寒居一,德教之与刑罚犹此也。”(《春秋繁露·基义》)按照这种说法,刑罚在王道中只占百分之一的比例。虽然以后的历代君主不免以“霸王道杂之”,但是“德主刑辅”毕竟成为中国文化治国理政的主流。

董仲舒在《举贤良对策》中首次提出了“五常”概念,他说:“夫仁、谊(义)、礼、知、信五常之道,王者所当修饬也。”(《汉书·董仲舒传》)先秦儒家有“仁、义、礼、智”四德之说,董仲舒加之以“信”而成为“五常”。“五常”概念的提出是要把儒家的道德条目与“五行”(以及四时、四方和五官等)相配,如董仲舒所说:“东方者木,农之本,司农尚仁”;“南方者火也,本朝,司马尚智”;“中央者土,君官也,司营尚信”;“西方者金,大理,司徒也,司徒尚义”;“北方者水,执法,司寇也,司寇尚礼”(《春秋繁露·五行相生》),这是“五常”与“五行”相配的一种最初配法,其中的木配仁、金配义与后来的配法相一致,火配智、水配礼不见于后儒之说,而在土配信还是配智的问题上则一直存在着分歧①。尽管有此不同,将“五常”配入“五行”图式,乃致后来又将其纳入到《周易》的卦气说并与“元、亨、利、贞”相配,这一延续了两千年而影响深远的世界图式是从董仲舒发其端的。

“五常”中最重要的是“仁义”,而“仁”又是儒家最高的统率诸德目的范畴。董仲舒在《春秋繁露·仁义法》中说:

> 仁之法在爱人……质于爱民以下,至于鸟兽昆虫莫不爱,不爱,奚足谓仁!仁者,爱人之名也……故王者爱及四夷,霸者爱及诸侯,安者爱及封内,危者爱及旁侧,亡者爱及独身。独身者,虽立天子诸侯之位,一夫之人耳,无臣民之用矣,如此者,莫之亡而自亡也。

董仲舒对“仁”解说,符合先秦儒家的“仁者爱人”和“仁民爱物”思想,并赋予了“仁”以行王道的政治意义。“樊迟问仁,子曰:‘爱人。’”(《论语·颜渊》)此“爱人”就是“泛爱众”或“爱类”,亦即爱人类所有的人(《吕氏春秋·爱类》云:“仁于他物,不仁于人,不得为仁。不仁于他物,独仁于人,犹若为仁。仁也者,仁乎其类者也”)。董仲舒以“爱人”言“仁”,并且说“王者爱及四夷”,正是先秦儒家的仁之“爱人”即“爱类”的本义。他又说“质于爱民以下,至于鸟兽昆虫莫不爱”,这也就是先秦儒家的“仁民爱物”思想。唐代的韩愈曾说“博爱之谓仁”(《韩昌黎集·原道》),而“博爱”一词已先见于《孝经》所谓“先之以博爱,而民莫遗其亲”,董仲舒也有云“忠信而博爱”(《春秋繁露·深察名号》),“先之以博爱,教以仁也”(《春秋繁露·为人者天》)。以“博爱”解说“仁”,符合“仁”之本义。如后来康有为在《论语注·颜渊》中说:“仁者无不爱,而爱同类之人为先。……盖博爱之谓仁。孔子言仁万殊,

① 参见拙文《“五行”与“五常”的配法》,载《燕京学报》新28期,2010年5月。

而此以‘爱人’言仁,实为仁之本义也。”

董仲舒说:“以仁安人,以义正我……仁之法在爱人,不在爱我;义之法在正我,不在正人。”(《春秋繁露·仁义法》)这种“仁义—人我”的区分,不同于孟子所说的“仁,人心也;义,人路也”(《孟子·告子上》),其原因在于孟子所讲的“仁义”更具有人之普遍的道德意义,而董仲舒所讲的“仁义”则已着眼于王者如何施行道德教化的政治意义。这从“王者爱及四夷”云云已可看出来,故而“仁之法在爱人”“义之法在正我”,可以说这首先是对“汉承秦制”的最高统治者提出的道德要求。董仲舒在《举贤良对策》中说:“《春秋》深探其本,而反自贵者始。故为人君者,正心以正朝廷,正朝廷以正百官,正百官以正万民,正万民以正四方。”(《汉书·董仲舒传》)君王的“正心”首先是要有“爱人”之心,而“正朝廷”等首先在于君王之“正我”。董仲舒说:“君命顺,则民有顺命;君命逆,则民有逆命。”(《春秋繁露·为人者天》)这符合孔子所说的“政者,正也。子帅以正,孰敢不正”(《论语·颜渊》),也符合孟子所说的“君仁莫不仁,君义莫不义,君正莫不正,一正君而国定矣”(《孟子·离娄上》),只不过在汉代君主集权的制度下“君正”具有了更加重要的意义。

董仲舒将“仁义法”与“治民”和“治身”紧密联系,他引“孔子谓冉子曰:治民者,先富之而后加教。(孔子)语樊迟曰:治身者,先难后获”,以此说明“治身之与治民所先后者不同焉矣”。又说:“先饮食而后教诲,谓治人也”,这是讲“治民”要先富后教,与“仁之法在爱人”相联系;又说:“先其事,后其食,谓治身也”(《春秋繁露·仁义法》),这是讲治民者首先要先“治身”,与“义之法在正我”相联系。从“仁义法”引申出“治民”的先富后教,这也符合孟子的从“不忍人之心”引申出“不忍人之政”(《孟子·公孙丑上》)。不同的是,孟子的“仁政”是主张“正经界”“复井田”,而汉代则已是“秦制”所延续下来的土地可以买卖的私有制。董仲舒认为“古井田法”难以猝行,故提出了“限民名田”(对私人占有土地的数量加以限制)和“薄赋敛,省徭役,以宽民力”(《汉书·食货志》)等改良措施。虽然这里有着历史阶段的不同,但是董仲舒的“治民”思想仍可谓符合先秦儒家所主张施行的“仁政”精神。

二、董仲舒的人性论

中国哲学的普遍架构是“推天道以明人事”，而人性论正是连接“天道”与“人道”的枢纽。董仲舒的人性论介于孟子的性善论与荀子的性恶论之间，在中国哲学史上具有重要的意义。他说：“故明于情性，乃可与论为政，不然，虽劳无功。”（《春秋繁露·正贯》）可见，他的人性论更加着眼于君主之为政的教化意义，这也是他主张“任德教而不任刑罚”的重要理论基础。

董仲舒说：“名性不以上，不以下，以其中名之。”（《春秋繁露·深察名号》）“圣人之性，不可名性；斗筲之性，又不可以名性。名性者，中民之性也。”（《春秋繁露·实性》）虽然董仲舒说只有“中民之性”才可称为“性”，但他实际上已把人性分为“圣人之性”“斗筲之性”和“中民之性”。可以说，董仲舒首发“性三品”之说。此说不仅在汉代有重要影响，而且一直延续到唐代（如韩愈的《原性》）和宋初（如李觏的早期之说）[①]，成为一千多年儒家讲道德教化和主张德主刑辅的人性论根据。

董仲舒从“中民之性”论人性，而不同意孟子的性善论。他说：

> 今世暗于性，言之者不同。胡不试反性之名？性之名，非生与？如其生之自然之资，谓之性。性者，质也。诘性之质于善之名，能中之与？既不能中矣，而尚谓之质善何哉？（《春秋繁露·深察名号》）

董仲舒把“性”的含义界定为人的生而即有的“自然之资”或自然之“质”，这一点近于告子所说的“生之谓性”。董仲舒认为，人的“自然之资”经过圣王

---

① 韩愈说：“性之品有上中下三：上焉者，善焉而已矣；中焉者，可导而上下也；下焉者，恶焉而已矣。”（《韩昌黎集·原性》）李觏说：“古之言性者四：孟子谓之皆善，荀卿谓之皆恶，扬雄谓之善恶混，韩退之谓性之品三：上焉者善也，中焉者善恶混也，下焉者恶而已矣。今观退之之辩，诚为得也，孟子岂能专之？”（《李觏集》卷二《礼论六》）按：李觏的《礼论》作于他24岁时，在他30岁以后则因反对“圣人以道强人”或“违天而病人”之说，逐渐走向了人之普遍的情善乃至性善论。参见拙文《李觏的性情论及其与郭店楚简的比较》，载《抚州师专学报》2002年第4期。

的教化才可以成为善，但性本身不是善："性者，天质之朴也；善者，王教之化也。"(《春秋繁露·实性》)这近于荀子所说的"性者，本始材朴也；伪者，文理隆盛也"(《荀子·礼论》)。董仲舒的人性论似乎与荀子的性恶论更为接近，故而刘向曾有"汉兴，江都相董仲舒亦大儒，作书美孙(荀)卿"(《叙录》)之说。对此，我们应作出进一步的分析。

荀子说："故枸木必将待檃栝蒸矫然后直，钝金必将待砻厉然后利；今人之性恶，必将待师法然后正，得礼义然后治。"(《荀子·性恶》)此说有如告子的"将戕贼杞柳而以为桮棬，则亦将戕贼人以为仁义"，使儒家的仁义道德失去了(而且是违逆了)天然合理性，故而孟子批评这是"率天下之人而祸仁义"(《孟子·告子上》)。相反，荀子则对孟子的性善说提出批评："性善则去圣王，息礼义矣。性恶则与圣王，贵礼义矣。故檃栝之生，为枸木也；绳墨之起，为不直也；立君上，明礼义，为性恶也。"(《荀子·性恶》)可见，荀子的性恶论更加强调了"与圣王""立君上"的必要，这是与战国后期君主制的更加趋向集权相适应的。

董仲舒说："民受未能善之性于天，而退受成性之教于王，王承天意以成民之性为任者也。今案其真质而谓民性已善者，是失天意而去王任也。万民之性苟已善，则王者受命尚何任也?"(《春秋繁露·深察名号》)这里强调了由王者教化而"成民之性"的必要，是与荀子的倾向相同的。但是二者的不同在于，荀子的"性"与"伪"是逆向对立的关系，"从人之性，顺人之情，必出于争夺……故必将有师法之化、礼义之道，然后出于辞让，合于文理而归于治"(《荀子·性恶》)。而董仲舒的"性"与"善"是顺向发展的关系，如他所比喻："善如米，性如禾。禾虽出米，而禾未可谓米也。"(《春秋繁露·实性》)"茧有丝，而茧非丝也。卵有雏，而卵非雏也。"(《春秋繁露·深察名号》)"性"虽然不可称为"善"，但可以"出善"。因此，董仲舒一方面否认"性善"，另一方面又承认人性有"善质"或"善端"。他说：

> 天生民，性有善质而未能善，于是为之立王以善之，此天意也。民受未能善之性于天，而退受成性之教于王。王承天意，以成民之性为任者也。(同上)

性有善端，动之爱父母，善于禽兽，则谓之善，此孟子之善。循三纲五纪，通八端之理，忠信而博爱，敦厚而好礼，乃可谓善，此圣人之善也。(《春秋繁露·深察名号》)

董仲舒所说的性有“善质”或“善端”，近同于孟子所说的恻隐之心等“四端”。孟子说：“凡有四端于我者，知皆扩而充之矣，若火之始然，泉之始达。苟能充之，足以保四海；苟不充之，不足以事父母。”(《孟子·公孙丑上》)在孟子的思想中，人皆有“四端”就是人之“性善”，但若不扩而充之，则“不足以事父母”。由此说来，“四端”还不是充足的“善”。而董仲舒认为，只有充足的“善”，即只有“循三纲五纪，通八端之理，忠信而博爱，敦厚而好礼”，才可以称为“善”。孟子的“扩而充之”，是靠道德主体的“存其心，养其性”的自我修养。而董仲舒强调，人性的“善质”或“善端”只有经过王者的教化才能成为善、称为善。董仲舒的“善质”或“善端”说，一方面强调了王者教化的必要性，另一方面也为其“任德教而不任刑罚”的主张提供了人性论的依据。

董仲舒还说：“人之诚有贪有仁，仁、贪之气两在于身。身之名取诸天，天两有阴阳之施，身亦两有贪、仁之性。”(《春秋繁露·深察名号》)“仁”是善，出于阳；“贪”是恶，出于阴；人性有此“贪、仁”两个方面。董仲舒还以阴阳论人的“性情”，他说：“天地之所生，谓之性情。性情相与为一瞑，情亦性也。谓性已善，奈其情何？……身之有性情也，若天之有阴阳也。言人之质而无其情，犹言天之阳而无其阴也。”(同上)依此说，他所谓“性”有广义和狭义之分：广义的性包含情在内(“情亦性也”)，是指人有“贪、仁之性”；狭义的性，与情相对，性生于阳，为仁、为善，情生于阴，为贪、为恶。后一说可概括为“性善情恶”。董仲舒在《举贤良对策》中说：“质朴之谓性，性非教化不成；人欲之谓情，情非度制不节。”(《汉书·董仲舒传》)依此说，董仲舒的性情论又可概括为“性为质朴，情有贪欲”。

董仲舒的“性善情恶”说被《孝经纬·钩命决》和《白虎通义》所采，即谓：“情生于阴，欲以时念也；性生于阳，以就理也。阳气者仁，阴气者贪，故情有利欲，性有仁也。”此说也进入了许慎的《说文解字》，即谓：“情，人之阴气，有欲者。”“性，人之阳气，性善者也。”与此说不同的则有王充认为“情、性同出于阴阳”(《论衡·本性》),刘向、荀悦认为“性情相应,性不独善,情不独恶”(《申鉴·杂言下》)。这种关于“性”“情”的讨论,对后来的玄学家和理学家也有重要影响。如王弼主张“性其情”乃能得“情之正”(皇侃《论语集解义疏》卷九引王弼《论语释疑》)。胡瑗说:“盖性者天生之质,仁义礼智信五常之道,无不备具,故禀之为正性。喜怒哀乐爱恶欲七者之来,皆由诱于外,则情见于内,故流之为邪情。唯圣人则能使万物得其利,而不失其正者,是能性其情……小人则反是,故以情而乱其性……”(《周易口义》卷一)程颐继此也有云:“形既生矣,外物触其形而动于中矣……情既炽而益荡,其性凿矣。是故觉者约其情始合于中,正其心,养其性,故曰性其情。愚者则不知制之,纵其情而至于邪僻,梏其性而亡之,故曰情其性。”(《程氏文集·颜子所好何学论》)“性其情”是主张以德性来主导和节制情感或情欲,这也是先秦儒家的本义,与佛教主张的“灭情复性”有所不同。

董仲舒的“善质”说,虽然强调了圣王教化的必要性,但仍可说是倾向于性善论的。他以“阴阳”论证人有“贪、仁之性”,因为在他的思想中“阳”占主导的地位,所以也仍可说“善”或“善质”占人性的主导地位。这些都成为董仲舒主张“任德而不任刑”或“德主刑辅”的人性论根据。

三、三纲、灾异与民本、和谐

儒家文化要实现与“汉承秦制”的整合,必然要与时俱进,一方面继承先秦儒学的“常道”,另一方面要在理论上作出一定的调整、妥协和损益,部分地吸收道、法、墨、名、阴阳等家的思想。其中,如何分析和评价“三纲”是个有争议和讨论的问题。

关于“三纲”的争论,可参看拙文《对“三纲”之本义的辨析与评价——与方朝晖教授商榷》(《天津社会科学》2012 年 1 期)和我与方朝晖的《三纲之辩》(2013 年 2 月 25 日《光明日报·国学版》)。其中,争论的焦点在于:1.“三纲”之说始于何时,方朝晖认为“三纲”是先秦儒家所固有的,而我认为“三纲”是汉儒为适应“汉承秦制”而作出的损益,是儒家文化之“变”而非“常”。如张岱年先生所说:“‘三纲’之说,始于汉代。……《韩非子》书的

《忠孝》篇说:‘臣事君,子事父,妻事夫,三者顺则天下治,三者逆则天下乱,此天下之常道也。’……《忠孝》篇强调臣对君、子对父、妻对夫的片面义务,可以说是三纲观念的前驱。”[①]2. 方朝晖认为“三纲”就是“服从大局”,“小我”服从“大我”,具有古今通用甚至“全世界通用”的普遍意义,而我认为董仲舒以“阳尊阴卑”论证了臣对君、子对父、妇对夫的绝对服从,即所谓“上善而下恶”“善皆归于君,恶皆归于臣”“臣不奉君命,虽善,以叛言”,这就同于韩非子所谓“人主虽不肖,臣不敢侵也”。“三纲”在中国古代有其一定的历史意义,但在现代民主社会已无现实意义;相反,批判“三纲”是有其现实意义的[②]。

董仲舒说:“屈民而伸君,屈君而伸天,《春秋》之大义也。”(《春秋繁露·玉杯》)这里的“屈民而伸君”正是“三纲”之说的要旨,但是先秦儒家并无此说,而儒家所尊奉的经典亦无此“大义”。相反,儒家经典讲:“民可近,不可下。民惟邦本,本固邦宁。”(《尚书·五子之歌》)“天视自我民视,天听自我民听。”“民之所欲,天必从之。”(《尚书·泰誓》)“所谓道,忠于民而信于神也。……夫民,神之主也,是以圣王先成民而后致力于神。”(《左传》桓公六年)“国将兴,听于民;将亡,听于神。”(《左传》庄公三十二年)孟子说:“民为贵,社稷次之,君为轻。”(《孟子·尽心下》)荀子说:“天之生民,非为君也;天之立君,以为民也。”(《荀子·大略》)这些都可以说是“伸民”的,而董仲舒提出“屈民而伸君”,只能说是汉儒为了适应“汉承秦制”而加强君主集权的一种“变”。

对于君主的错误,孔子说:“所谓大臣者,以道事君,不可则止。”(《论语·先进》)“勿欺也,而犯之。”(《论语·宪问》)子思说:“恒称其君之恶者,可谓忠臣矣。”(郭店楚简《鲁穆公问子思》)孟子说:“惟大人为能格君心之非。”(《孟子·离娄上》)荀子说:“从道不从君,从义不从父,人之大行也。”

---

① 张岱年:《中国伦理思想研究》,上海人民出版社 1989 年版,第 149—150 页。

② 张岱年先生曾说:“辛亥革命打破了君为臣纲,五四运动批判了父权和夫权,但是旧思想仍有一定影响。个人崇拜实际上是变相的君为臣纲。家长制作风、重男轻女的观念尚待消除。”见《张岱年全集》第 6 卷,河北人民出版社 1996 年版,第 223—224 页。冯契先生也曾说:“个人崇拜就是变相的家长制,变相的君为臣纲。”见冯契:《人的自由和真善美》,华东师范大学出版社 1996 年版,第 234 页。

(《荀子·子道》)然而,在汉代君主集权“大一统”的政治环境下,汉儒已经没有了先秦儒家敢于对君主犯颜直谏、“格君心之非”、“从道不从君”的条件,取而代之的就是“屈君而伸天”,要用“天神”的权威和“灾异”“谴告”来儆戒人君,使其感到“天人相与之际甚可畏也”(《汉书·董仲舒传》),借“天意”来节制君权。其意义亦正如苏舆所谓:“夫灾异之说,委曲傅会如此,在先哲非不知其然也,然而尊君之义已定,以民臣折之,则嫌于不顺,以天临之,则不嫌于逆,要在儆戒人主而已。”(《春秋繁露义证·必仁且智》)因为“三纲”已立,“尊君之义已定”,所以汉儒不得已而讲“灾异”“谴告”,这是汉儒对先秦儒家思想的一种“增益”,而其所“减损”掉的就是先秦儒家敢于对君主“勿欺也,而犯之”以及荀子所谓“天行有常,不为尧存,不为桀亡”(《荀子·天论》)的思想。

董仲舒虽然立“三纲”,讲“灾异”,但是也仍继承了先秦儒家“以民为本”的思想。如他所说:“天之生民,非为王也;而天立王,以为民也。故其德足以安乐民者,天予之;其恶足以贼害民者,天夺之。”(《春秋繁露·尧舜不擅移汤武不专杀》)“以民为本”就是以人民为国家、社会的价值主体,虽然君王在政治制度上居于最高权力的地位,但是君王毕竟是“为民”而设的。因为“民之所欲,天必从之”,所以君王“其德足以安乐民者,天予之;其恶足以贼害民者,天夺之”。在董仲舒的思想中,“伸天”的最终目的还是要“伸民”。“屈民”与“伸民”在董仲舒的思想中结合在一起,“屈民”是汉儒为了适应“汉承秦制”的一种“变”,而“伸民”则是汉儒仍继承了先秦儒家的“常道”。“屈民”与“伸民”的矛盾,是中国历史在君主制下不得不经历的一个历史阶段;而只有在民主制度下的“伸民权”,才能把“以民为本”真正落实到中国的政治和社会生活中。

在董仲舒的世界观中,“中正和谐”是世界之本然的、理想的状态,这也正体现了儒家所追求的社会理想。董仲舒说:

> 中者,天地之所终始也,而和者,天地之所生成也。夫德莫大于和,而道莫正于中。……中之所为,而必就于和,故曰和其要也。和者,天之正也,阴阳之平也,其气最良,物之所生也。……天地之道,虽有不和

> 者,必归之于和,而所为有功;虽有不中者,必止之于中,而所为不失。(《春秋繁露·循天之道》)

崇尚和谐本是儒家"祖述尧舜"以来的"常道",如《尚书·尧典》在讲帝尧"克明俊德,以亲九族;九族既睦,平章百姓;百姓昭明,协和万邦"之后说"黎民于变时雍","雍"即和也,儒家的修、齐、治、平,最终所要达到的理想就是社会的普遍和谐。《中庸》说:"喜怒哀乐之未发谓之中,发而皆中节谓之和。中也者,天下之大本也。和也者,天下之达道也。致中和,天地位焉,万物育焉。"此即把"中正和谐"提升到"天人一理"的高度。董仲舒承此而提出"夫德莫大于和,而道莫正于中……天地之道,虽有不和者,必归之于和……",这同于宋代的张载以"太虚"(气之本然的状态)为"太和",并且说"有象斯有对,对必反其为;有反斯有仇,仇必和而解"(《正蒙·太和》),"中正然后贯天下之道"(《正蒙·中正》)。由此亦可见先秦儒家、汉儒和宋儒对于"中正和谐"有着一以贯之的共同理想和信念。

综上所述,董仲舒在中国文化史上占有重要的地位,他在秦汉间的大变局中与时俱进,继承了先秦儒学的"常道",如崇尚道德、仁爱精神、以民为本、和谐社会等,同时也有所"损益",实现了儒家文化与"汉承秦制"的整合。这为我们传承和弘扬儒家文化的优秀传统,并且使之与当代社会相适应,与现代文明相协调,作出创造性的诠释和创新性的发展,提供了丰富的文化资源和历史借鉴。

(原载《衡水学院学报》2015 年第 3 期)

河间献王刘德的几个突出贡献

河北是儒家文化的重要传承地,历史上很多著名的大儒都与这片土地有着深厚渊源。我们常说,燕赵多慷慨悲歌之士;实际上,燕赵也多好学深思、通经致用的大儒,如荀子、河间献王刘德、董仲舒、孔颖达、邵雍、孙奇逢、颜元,等等,在现代也出现了李大钊、张申府、张岱年等重要思想家。在这里,我要特别表彰我们沧州的河间献王刘德,以及出生于献县的张申府、张岱年两位先生。

《史记·五宗世家》说:河间献王刘德,"好儒学,被服造次必于儒者。山东诸儒多从之游。"《汉书·河间献王传》更说他"修学好古,实事求是"。我认为,河间献王有几个突出的贡献:

第一,崇尚儒学,居仁由义。所谓"被服造次必于儒者",也就是孟子说的"居仁由义"的意思。刘德之所以称为"献王",是因为他"身端行治,温仁恭俭,笃敬爱下,明知深察,惠于鳏寡""聪明睿智曰献"。因此,他不仅是个皇子、藩王,而且更是一个大儒。当时的诸侯王"率多骄淫失道""沉溺放恣",只有献王刘德"大雅,卓尔不群"(《汉书·河间献王赞》)。后来,司马光又评论:"唯献王厉节治身,爱古博雅……不喜浮辩之书而乐正道,知之明而信之笃,守之纯而行之勤。"(《传家集·河间献王传》)这样的大儒在"王侯贵人"中真如司马光所说是"百无一二",甚至可以说是"绝无仅有"!

第二,对儒家经学的重要贡献。《汉书·河间献王传》说:河间献王刘德"从民得善书,必为好写与之,留其真,加金帛赐以招之。由是四方道术之人不远千里,或有先祖旧书,多奉以奏献王者,故得书多,与汉朝等。……献王所得书皆古文先秦旧书,《周官》《尚书》《礼》《礼记》《孟子》《老子》之属,皆经传说记,七十子之徒所论。其学举六艺,立《毛氏诗》《左氏春秋》博士。修礼乐,被服儒术,造次必于儒者。山东诸儒多从而游。”

现传的“五经”或“十三经”中,《诗经》只传下来《毛诗》,《春秋》三传中学术意义最大的是《左传》,《礼经》之三礼中讲官制礼典最完备的是《周官》。这三部重要的经典,都是出自献王所献。司马光说:河间献王“专以圣人法度遗落为忧,聚残补缺,校实取正,得《周官》《左氏春秋》《毛氏诗》而立之。《周礼》者周公之大典,毛氏言《诗》最密,《左氏》与《春秋》为表里,三者不出,六艺不明。噫!微献王,则六艺其遂曀乎!故其功烈至今赖之。”(《传家集·河间献王赞》)这样的高度评价应是符合经学发展之史实的。

河间献王还非常重视“礼乐”教化。《汉书·河间献王传》说:“武帝时,献王来朝,献雅乐。”《礼乐志》记载:“河间献王采礼乐古事,稍稍增辑,至五百余篇。”“河间献王有雅材,亦以为治道非礼乐不成,因献所集雅乐。”“河间献王聘求幽隐,修兴雅乐以助化。时,大儒公孙弘、董仲舒等皆以为音中正雅,立之大乐。”“河间区区,小国藩臣,以好学修古,能有所存,民到于今称之。”《艺文志》也记载:“武帝时,河间献王好儒,与毛生等共采《周官》及诸子言乐事者,以作《乐记》,献八佾之舞。”现儒家的“六经”中独缺《乐经》,而河间献王所采的“礼乐古事”“音中正雅”,《乐记》“五百余篇”没有传下来,是经学史上的一个大遗憾。

第三,“实事求是”的优良学风。所谓“实事求是”,也就是“事惟其实,理求其是”(宋范处义《诗补传·篇目》)。刘向《说苑·建本》记载,河间献王曰:“汤称学圣王之道者,譬如日焉;静居独思,譬如火焉。夫舍学圣王之道,若舍日之光,何乃独思火之明也,可以见小耳,未可用大知。惟学问可以广明德慧也。”这种“修学好古,实事求是”的学风,不是仅靠“静居独思”所得,而是“惟学问可以广明德慧”,这种“学问”也就是“事惟其实,理求其是”的实学。“实事求是”的学风,不仅表现在河间献王治经学的“聚残补缺,校实取正”“不喜浮辩之书而乐正道,知之明而信之笃”,而且更表现在河间献王对儒家仁义之说的“守之纯而行之勤”“身端行治,温仁恭俭,笃敬爱下,明知深察,惠于鳏寡”。

第四,以民为本,“仁昭而义立,德博而化广”的为政之道。《说苑·君道》记载,河间献王曰:“尧存心于天下,加志于穷民,痛万姓之罹罪,忧众生之不遂也。有一民饥,则曰此我饥之也;有一人寒,则曰此我寒之也;一民有罪,则曰此我陷之也。仁昭而义立,德博而化广,故不赏而民劝,不罚而民治。先恕而后教,是尧道也。”“禹称民无食,则我不能使也;功成而不利于人,则我不能劝也;故疏河以导之,凿江通于九派,洒五湖而定东海,民亦劳矣,然而不怨者,利归于民也。”《说苑·建本》也记载,河间献王曰:“管子称‘仓廪实,知礼节;衣食足,知荣辱。’夫谷者,国家所以昌炽,士女所以姣好,礼义所以行,而人心所以安也。《尚书》‘五福’以富为始,子贡问为政,孔子曰:富之,既富乃教之也。此治国之本也。”河间献王的为政之道,就是孔子所说的“因民之所利而利之”,先“富”而后“教”。河间献王讲的“先恕而后教”(按:此处的“恕”就是《孟子·离娄上》所讲的“得其民有道:得其心,斯得民矣。得其心有道:所欲,与之聚之;所恶,勿施尔也。”亦《韩诗外传》卷三所讲的“己恶饥寒焉,则知天下之欲衣食也;己恶劳苦焉,则知天下之欲安逸也;己恶衰乏焉,则知天下之欲富足也。知此三者,圣王之所以不降席而匡天下。故君子之道,忠恕而已矣”),“功成而不利于人,则我不能劝也”,务必使“利归于民”,这对于当今的为政者深具现实警戒意义。

河北有着悠久、深厚的儒学传统,为中国文化的发展做出了重要贡献。在近现代,在河间献王的故地也出生了张申府、张岱年两位重要的哲学家、思想家,我认为在他们身上也传承和弘扬了实事求是、以民为本的优秀传统。如张申府先生提出“大客观”的思想,主张把“仁”之善与“科学法”之求真结合起来。张岱年先生继其兄提出“三流合一”之后又明确主张把中、西、马哲学的“唯物、理想、解析”综合于一,建构一个能使中华民族得到解放和复兴的“中国所需要”的哲学体系,认为哲学家必须有“求真之诚”,将《易传》所谓“修辞立其诚”作为修身治学的根本宗旨。在河北师范大学设有“张申府张岱年研究中心”,而河北师范大学亦有“怀天下,求真知”的校训。我认为,这些都可以说是传承和弘扬了中山献王的优秀学风传统。

(原载《河北儒学》2016 年第 1 期)

“五行”与“五常”的配法

一

《四库全书总目提要·易类序》云:“《易》之为书,推天道以明人事者也。”其实,不仅《周易》如此,中国传统哲学的普遍架构就是“推天道以明人事”。王国维曾以是否讲“性与天道”来界定“哲学”,有谓:“孔子教人,言道德,言政治,而无一语及于哲学。……儒家之有哲学,自《易》之《系辞》《说卦》二传及《中庸》始。”[1]又谓:《中庸》之讲“哲学”是受到老子、墨子的影响。老子的道德政治原理是主张“虚”与“静”,“今执老子而问以人何以当虚当静,则彼将应之曰:天道如是,故人道不可不如是”;墨子的道德政治原理是主张“爱”与“利”,“今试执墨子而问以人何以当爱当利,则彼将应之曰:天道如是,故人道不可不如是”;孔子的道德政治原理是主张“仁”与“义”,“今试问孔子以人何以当仁当义,孔子固将由人事上解释之。……若子思则生老子、墨子后,比较他家之说,而惧乃祖之教之无根据也,遂进而说哲学以固孔子道德政治之说。今使问子思以人何以当诚其身,则彼将应之曰:天道如是,故人道不可不如是……其所以为此说者,岂有他哉,亦欲以防御孔子之

① 《王国维学术经典集》,江西人民出版社 1997 年版,第 124 页。按:王国维对孔子不言“哲学”的判断并不合适,实际上正是孔子奠定了中国哲学重视现实人生道德的“思想范式”,西方哲学家雅斯贝尔斯在 1957 年出版的《大哲学家》一书中即把孔子作为中国哲学“思想范式的创造者”,而把老子列入“原创性的形而上学家”。

说,以敌二氏而已”[1]。王国维在这里说的老子、墨子和《中庸》都是讲“天道如是,故人道不可不如是”,此即“推天道以明人事”,将“天道”作为“人道”或“人事”应当如何的根据。在老子、墨子、《易传》和《中庸》之后,这成为中国传统哲学的普遍模式。

儒家的道德政治原理在汉代以后主要讲“三纲五常”,而先秦儒家还没有“三纲五常”的说法。孔子虽然说“仁”说“义”,但《论语》中并没有将“仁”与“义”并举的记载(“仁”“义”并举始于《老子》和《墨子》)。在孔、孟之间,儒家有“仁、义、礼、智、圣”的“五行”说,此即20世纪末出土郭店竹简《五行》篇的思想[2]。但孟子主要讲“仁、义、礼、智”四德,在孟子思想流行后,《五行》篇的说法就逐渐消歇了。汉儒在“仁、义、礼、智”四德之后加上了“信”,遂有“五常”之说。而“五常”之成立,实是因为汉儒的宇宙观吸收了“木、火、土、金、水”的五行说。

汉儒的五行说有儒家经典的源头。在《尚书·甘誓》中就有:“有扈氏威侮五行,怠弃三正,天用剿绝其命。”明确标明“五行”为水、火、木、金、土的是《尚书·洪范》:“五行,一曰水,二曰火,三曰木,四曰金,五曰土。”学术界流行的一种看法认为,“阴阳”与“五行”有两个源头,即《周易》讲“阴阳”,而《洪范》讲“五行”。实际上,《洪范》中亦有“雨、旸、燠、寒、风”的五“庶征”。此五“庶征”在春秋时期发展成为“六气”说(《左传·昭公元年》谓“六气曰:阴、阳、风、雨、晦、明也”)。“六气”与“五行”相对待,即《国语·周语下》所云:“天六地五(韦昭注:‘天有六气,谓阴、阳、风、雨、晦、明也;地有五行,金、木、水、火、土也’),数之常也,经之以天,纬之以地,经纬不爽,文之象也。”《左传·昭公二十五年》亦云:“则天之明,因地之性,生其六气,用其五行。”春秋时期还有“三辰五行”说,如《国语·鲁语上》云:“及天之三辰(日、月、星),民所以瞻仰也;及地之五行,所以生殖也。”《左传·昭公三十二年》云:“天有三辰,地有五行,体有左右,各有妃耦。”从《尚书·洪范》将“五行”与

---

① 《王国维学术经典集》,第125页。

② 竹简《五行》篇的写作年代在“孔孟之间”,而马王堆帛书《五行》篇则在孟子之后。参见拙文《从竹简〈五行〉到帛书〈五行〉》,载《郭店楚简国际学术讨论会论文集》,湖北人民出版社2000年版。

“庶征”分属不同的范畴，以及春秋时期的“六气五行”说和“三辰五行”说看，早期的五行说只是指地上的五种主要材质，而没有包括天上的“庶征”“六气”和“三辰”等。这也就是“五行”中没有“气”或“风”，而不同于古希腊的四元素（土、水、火、气）和古印度的“四大”（地、水、火、风）的原因。在中国传统哲学中，寒暖之“气”或来自不同方向的“风”，即用“阴阳”来表示。《洪范》的“庶征”和春秋时期的“六气”，可谓气之“阴阳”说的早期形态。春秋时期已比较流行“阴阳”说，至战国时期“一阴一阳”成为“天道”。“庶征”和“六气”可谓“天象”，在“一阴一阳”成为“天道”之后，“庶征”和“六气”就不是重要的范畴了。

老子和庄子“推天道以明人事”，他们都讲“阴阳”而不言“五行”。《庄子》之书包括内、外、杂篇，洋洋近十万言，惟有一处言及“五行”，见于杂篇的《说剑》，学术界一致认为，此篇非庄子及其后学的作品，而是“战国策士游谈”，如罗根泽《诸子考索》谓：“这明是纵横家托之庄子而造出故事，编《庄子》书的只见是庄子的故事，遂拉来了。”[①]《说剑》云：“天子之剑……制以五行，论以刑德，开以阴阳，持以春夏，行以秋冬。”观此可知，这必是采纳了战国中后期阴阳五行家的思想。

《中庸》和《孟子》讲“义理之天”，其中有“仁、义、礼、智、圣”五行说的痕迹[②]，而不讲“阴阳”，更不讲“木、火、土、金、水”的五行说。儒家的“阴阳”说大成于《易传》，即谓“一阴一阳之谓道”，“阴阳不测之谓神”（《系辞上》），“立天之道曰阴与阳，立地之道曰柔与刚，立人之道曰仁与义”（《说卦》）。《易传》不讲“五行”，其所谓“天一地二，天三地四，天五地六，天七地八，天九地十”（《系辞上》），只是讲“大衍之数”的“阳奇阴偶”（与春秋时期的“天六地五”说不同），至汉儒始将一至五说成五行之生数，二至六说成五行之成数[③]。

---

① 参见陈鼓应：《庄子今注今译》，中华书局 1983 年版，第 805 页。

② 参见庞朴：《帛书五行篇研究》，齐鲁书社 1988 年版，第 140—141 页。

③ 孔颖达《礼记正义·月令》疏引郑玄注：“天一生水于北，地二生火于南，天三生木于东，地四生金于西，天五生土于中。阳无耦，阴无配，未得相成。地六成水于北，与天一并；天七成火于南，与地二并；地八成木于东，与天三并；天九成金于西，与地四并；地十成土于中，与天五并也。”

儒家的易学讲五行说，从现有文献看，首见于马王堆帛书的《要》篇。其云：

> 《易》有天道焉，而不可以日月星辰尽称也，故为之以阴阳；有地道焉，不可以水火金土木尽称也，故律之以柔刚；有人道焉，不可以父子君臣夫妇尽称也，故为之以上下；有四时之变焉，不可以万物尽称也，故为之以八卦。

帛书《要》篇的写作年代难以确定，从这段话的内容看，它当写于《说卦》的“立天之道曰阴与阳，立地之道曰柔与刚，立人之道曰仁与义”和《系辞上》的“易有太极，是生两仪，两仪生四象，四象生八卦”之后。文中讲“天道”而言及“日月星辰”，讲“地道”而言及“水火金土木”，这又沿用了春秋时期的“三辰五行”说。

将“五行”真正纳入“阴阳”气论的思想体系，是由战国中后期的阴阳五行家来完成的。《管子·四时》篇云：

> 唯圣人知四时，不知四时乃失国之基。……是故阴阳者天地之大理也，四时者阴阳之大经也，刑德者四时之合也。刑德合于时则生福，诡则生祸。

阴阳五行家的思想特点就是“序四时之大顺”（《史记·太史公自序》），其以“阴阳”为天地之“大理”，以“四时”为阴阳之“大经”，并且将君主政令的“刑德”合于四时（“德始于春，长于夏，刑始于秋，流于冬”），此即“圣王务时而寄政”，如果刑德合于四时便生福，不合于四时便生祸（天人感应）。《四时》篇又云：

> 然则春夏秋冬将何行？东方曰星，其时曰春，其气曰风，风生木与骨……南方曰日，其时曰夏，其气曰阳，阳生火与气……中央曰土，土德实辅四时入出，以风雨节土益力，土生皮肌肤……西方曰辰，其时曰秋，

> 其气曰阴，阴生金与甲……北方曰月，其时曰冬，其气曰寒，寒生水与血……

这是阴阳五行家较早配成的一个世界图式，在这个图式中明确提出了“五行”是气之所生，并且把它们配在四方、四时①：木配东、春，火配南、夏，土配中央，金配西、秋，水配北、冬。这种配法就是把四时的更替（所谓“阴阳消息”）同木、火、土、金、水“五行相生”的顺序联系在一起。《管子·五行》篇亦云：

> 通乎阳气所以事天也……通乎阴气所以事地也……人与天调，然后天地之美生。日至睹甲子木行御……七十二日而毕（尹知章注：春当九十日，而今七十二日而毕者，则季月十八日属土位故也）。睹丙子火行御……七十二日而毕。睹戊子土行御……七十二日而毕。睹庚子金行御……七十二日而毕。睹壬子水行御……七十二日而毕。

这也是把“五行”分配于四时，它们各分管一年的七十二日（每季的后十八日属于土行御，即《四时》篇所谓“土德实辅四时入出”）。《管子·侈靡》篇亦云：“天地精气有五，不必为沮。”尹知章注：“谓五行之时也，其时之气不能必，则为沮败也。”在这里，“五行”不仅配在四时，而且成为天地间的五种“精气”了。

将阴阳、五行与四方、四时以及五色、五音、五味、五脏、五帝等相配，这种思想大成于《吕氏春秋》的《十二纪》。秦以后，汉儒把《十二纪》编入《礼记》，称为《月令》。因而，阴阳五行家的思想被汉儒广泛吸收。在《吕氏春秋·应同》篇有云：黄帝之时“土气胜”，禹之时“木气胜”，汤之时“金气胜”，文王之时“火气胜”，“代火者必将水，天且先见水气胜……水气至而不知，数备将徙于土。”这就是阴阳五行家邹衍的“五行相胜”历史观，在秦汉时期此说大行于世。因为汉儒吸收了阴阳五行家的思想，“天道如是”，故人道的

---

① 将四时与四方相联系的思想起源很早，这与中国所处北半球温带季风气候的地理位置有关。参见拙著《中国气论探源与发微》，中国社会科学出版社1990年版，第25—27页。

“仁义礼智”四德便发展成为“五常”。

二

《汉书·五行志》云:“董仲舒治《公羊春秋》,始推阴阳,为儒者宗。”这里所谓“推阴阳”,即讲天人感应、阴阳灾异,实际上不仅是“阴阳”,而且是以五行推阴阳灾异。在董仲舒的思想中,阴阳、五行是“天”之下属的概念。“天者,百神之君也,王者之所最尊也。”(《春秋繁露·郊义》)“唯天子受命于天,天下受命于天子。”(《春秋繁露·为人者天》)这一神学意义的“天”,一是讲君权神授,“屈民而伸君”,具有巩固、维护君权的意义;二是要使皇帝有所“敬畏”,“屈君而伸天”,借天意以节制君权。

董仲舒吸收了阴阳五行家的思想,以阳为德,阴为刑,“刑者德之辅,阴者阳之助也”(《春秋繁露·天辨在人》)。因为“阳常居实位而行于盛,阴常居空位而行于末”,这就体现了天之“贵阳而贱阴”“大德而小刑”(《春秋繁露·阳尊阴卑》),所以王者承天意,就要“任德不任刑”。董仲舒又从“阳尊阴卑”而推出“三纲”之说:“君臣、父子、夫妇之义,皆取诸阴阳之道。君为阳,臣为阴;父为阳,子为阴;夫为阳,妻为阴。”此即“王道之三纲,可求于天”(《春秋繁露·基义》)。董仲舒也把“五行”与四方、四时相配,他说:

> 天有五行……木生火,火生土,土生金,金生水,水生木,此其父子也。……木居东方而主春气,火居南方而主夏气,金居西方而主秋气,水居北方而主冬气……土居中央,为之天润……五行而四时者,土兼之也。(《春秋繁露·五行之义》)

因为“五行相生”的关系犹如“父子”,所以董仲舒说:“五行者,乃孝子忠臣之行也。”(同上)

董仲舒在《举贤良对策》中提出“五常”之说:“夫仁、谊(义)、礼、知(智)、信五常之道,王者所当修饬也;五者修饬,故受天之晁,而享鬼神之灵,德施于方外,延及群生也。”(《汉书·董仲舒传》)在《春秋繁露·五行相生》

篇，董仲舒将五行与五官、五常相配，即：

> 东方者木，农之本，司农尚仁……
> 南方者火也，本朝，司马尚智……
> 中央者土，君官也，司营尚信……
> 西方者金，大理，司徒也，司徒尚义……
> 北方者水，执法，司寇也，司寇尚礼……

在五行系统中配以王官，前已见于《管子·五行》篇，谓：“春者土师也（尹注：土师即司空也），夏者司徒也，秋者司马也，冬者李也（尹注：李，狱官也）。”此与董仲舒的配法相较，只有“北方司寇”相同。古文经学的《周礼》是以天官为冢宰，地官为司徒，春官为宗伯，夏官为司马，秋官为司寇，冬官为司空。此与董仲舒的配法也很不相同。特别是，董仲舒将五行与五常相配，木配仁，火配智，土配信，金配义，水配礼，这种配法只有木配仁、金配义与后来的配法相一致，火配智、水配礼不见于后儒之说，而在土配信还是配智的问题上则一直存在着分歧。

因为五行说流行于汉代，所以它被汉代的易学所吸收也成为自然而然的事。在《史记·太史公自序》中，司马迁已说：“《易》著天地、阴阳、四时、五行，故长于变。”在西汉中期京房的《京氏易传》中有云：“八卦分阴阳，六位配五行。”这是将五行与八卦的六个爻位相配。又云：“《易》者包备有无……生吉凶之义，始于五行，终于八卦。从无入有，见灾于星辰也；从有入无，见象于阴阳也。”这是把从五行推阴阳灾异的思想引入了《周易》体系。学术界一般认为，“以五行说解《周易》，始于汉易京房”①。

至西汉后期，《易纬·乾凿度》在“四正四维”的卦气图式②中配入五行，并将五行与五常相配。其云：

---

① 参见朱伯崑：《易学哲学史》（上册），北京大学出版社1986年版，第129—130页。

② 以震、离、兑、坎为四正卦，分列于东、南、西、北，以乾、坤、巽、艮为四维卦，分列于西北、西南、东南、东北，表示一年节气的变化，此“卦气”说源于《易传·说卦》的“万物出乎震……成言乎艮”，而汉代的孟喜、京房发挥之。

八卦之序成立，则五气变形。故人生而应八卦之体，得五气以为五常，仁、义、礼、智、信是也。夫万物始出乎震，震东方之卦也，阳气始生，受形之道也，故东方为仁。成于离，离南方之卦也，阳得正于上，阴得正于下，尊卑之象定，礼之序也，故南方为礼。入于兑，兑西方之卦也，阴用事，而万物得其宜，义之理也，故西方为义。渐于坎，坎北方之卦也，阴气形盛，阳气含闭，信之类也，故北方为信。夫四方之义，皆统于中央，故乾、坤、艮、巽，位在四维，中央所以绳四方行也，智之决也，故中央为智。故道兴于仁，立于礼，理于义，定于信，成于智。五者道德之分，天人之际也。①

这就是把五行配四正卦，木配震在东、为春，火配离在南、为夏，金配兑在西、为秋，水配坎在北、为冬，中央不配卦则为土；进而将五常配入这一系统，震、木为仁，离、火为礼，兑、金为义，坎、水为信，中央之土为智。五常出自五行，此为“道德之分，天人之际”的根本原理。与董仲舒不同的是，《乾凿度》以火、南为礼，而董仲舒以火、南为智；《乾凿度》以水、北为信，而董仲舒以水、北为礼；《乾凿度》以土、中为智，而董仲舒以土、中为信。二者相同的是都以木、东为仁，金、西为义。

《孝经纬·援神契》有“五脏象五行”之说，其中也配入了五常。其云：“肝仁故目视，肺义故鼻候，心礼故耳司，肾信故窍泻，脾智故口诲。”宋均注：“肝气清，象木；肺气理，象金；心气烈，象火；肾气浊，象水；脾气浑，象土。”②虽然加入了“五脏”，但木为仁，火为礼，金为义，水为信，土为智，与《乾凿度》的配法是相同的。除此之外，《孝经纬》（又作《孝经说》）和《诗纬》也有同样的配法，如《孝经纬》云：“性者生之质，若木性则仁，金性则义，火性则礼，水性则信，土性则知（智）。”③《诗纬》云：“木神则仁，金神则义，火神则礼，水神则信，土神则智。”④

---

① ［日］安居香山、中村璋八辑：《纬书集成》，河北人民出版社1994年版，第10页。

② 同上书，第990页。

③ 同上书，第1057页。

④ 同上书，第486页。

在纬书中，五行与五常的配法并不完全一致。如《春秋纬·元命苞》云：

肝仁，肺义，心礼，肾智，脾信。肝所以仁者何？肝，木之精，仁者好生，东方者阳也，万物始生，故肝象木，色青而有柔。肺所以义者何？肺，金之精，义者断决，西方杀成万物，故肺象金，色白而有刚。心所以礼者何？心者，火之精，南方尊阳在上，卑阴在下，礼有尊卑，故心象火，色赤而光。肾所以智者何？肾，水之精，智者进而不止，无所疑惑，水亦进而不惑，故肾象水，色黑水阴，故肾双。脾所以信者何？脾，土之精，土主信，任养万物，为之象生物无所私，信之至，故脾象土，色黄。①

《元命苞》以肾、水主智，以脾、土主信（此配法又见于《乐纬·动声仪》），这是与《援神契》以及《乾凿度》《诗纬》的配法不同的。又，《易纬·乾坤凿度》云：“木仁，火礼，土信，水智，金义。”此配法同于《元命苞》，而异于《乾凿度》。《乾坤凿度》又引《万名经》曰：“水土兼智信，木火兼仁惠。”②其中“水土兼智信”似是要折衷当时不同的配法。因为在水、土与智、信如何相配的问题上一直存在着分歧，所以后来取折衷说者常引用“水土兼智信”。

西汉末期，扬雄的《太玄》也将五行与五常相配，其《太玄数》云：

三八为木，为东方，为春……性仁……。四九为金，为西方，为秋……性谊（义）……。二七为火，为南方，为夏……性礼……。一六为水，为北方，为冬……性智……。五五为土，为中央，为四维……性信……

这里所谓“三八为木”“四九为金”“二七为火”“一六为水”“五五为土”，即五行生成之数的思想。扬雄以水性为智，土性为信，这种配法同于《元命苞》，而异于《乾凿度》。

与扬雄同时的刘歆在《三统历》中将五声“协之五行”，并配以五常和五事（“貌、言、视、听、思”，见《尚书·洪范》）。《汉书·律历志》载其说：

① ［日］安居香山、中村璋八辑：《纬书集成》，河北人民出版社1994年版，第628页。

② 同上书，第92页。

声者，宫、商、角、徵、羽也。……协之五行，则角为木，五常为仁，五事为貌；商为金，为义，为言；徵为火，为礼，为视；羽为水，为智，为听；宫为土，为信，为思。

刘歆的这种配法也是以水为智，以土为信，与《元命苞》的配法相同，而异于《乾凿度》。

东汉章帝时，诏诸儒在白虎观"讲议《五经》同异""帝亲称制临决"(《后汉书·章帝纪》)，班固奉命将议定的条文编成《白虎通义》。在这部钦定的国家法典中有"三纲六纪"条："三纲者何谓也？谓君臣、父子、夫妇也。""六纪者，谓诸父、兄弟、族人、诸舅、师长、朋友也。"其中引用《礼纬·含文嘉》曰："君为臣纲，父为子纲，夫为妻纲。""三纲六纪"合称为"纲纪"，"大者为纲，小者为纪，所以张理上下，整齐人道也"。《白虎通义》又谓："人皆有五常之性，有亲爱之心，是以纲纪为化，若罗网之有纪纲而万目张也。"这是把"五常之性"作为"纲纪"得以贯彻的基础。而"五常之性"的来源，《白虎通义》在"性情"条说："人生而应八卦之体，得五气以为常，仁、义、礼、智、信是也。"这是引用了《易纬·乾凿度》的话。《白虎通义》又讲五脏与五常的关系，其中一大段话是引自《乐纬·动声仪》，同于《春秋纬·元命苞》，即以肾、水为智，以脾、土为信，而与《乾凿度》的以水为信、以土为智是不同的。

五行与五常的不同配法，反映在对儒家经典的注疏中。如《礼记·中庸》云："天命之谓性，率性之谓道，修道之谓教。"汉末的郑玄注："天命，谓天所命生人者也，是谓性命。木神则仁，金神则义，火神则礼，水神则信，土神则知(智)。"郑玄是以水神为信，土神为智，此说同于《乾凿度》，而不同于《元命苞》以及扬雄、刘歆和《白虎通义》。郑玄之说在南北朝时期有较大影响，皇侃的《论语集解义疏》解释"五常"即采其说："五常谓仁、义、礼、智、信也，就五行而论，则木为仁，火为礼，金为义，水为信，土为智。"(《论语集解义疏·为政》)唐代孔颖达的《礼记正义》为郑玄注作疏，亦引皇侃之说①：

① 《隋书·经籍志》著录皇侃作有《礼记讲疏》九十九卷、《礼记义疏》四十八卷，并已佚。

> 云“木神则仁”者，皇氏云：东方春，春主施生，仁亦主施生。云“金神则义”者，秋为金，金主严杀，义亦果敢断决也。云“火神则礼”者，夏为火，火主照物而有分别，礼亦主分别。云“水神则信”者，冬主闭藏，充实不虚，水有内明，不欺于物，信亦不虚诈也。云“土神则知”者，金、木、水、火，土无所不载，土所含义者多，知（智）亦所含者众，故云“土神则知”。（《礼记正义·中庸》）

孔颖达在这里肯定了水信、土智之说，但是在《礼记正义·王制》中他又引庾蔚云：“木神仁，金神义，火神礼，水神知（智），土神信，是五德也。”由此可以看出，水信、土智还是水智、土信的问题从汉代延至唐代一直没有得到解决。

这一分歧也反映在对《周易》的“乾”之四德即“元亨利贞”的解释上。《易传·文言》云：

> 元者善之长也，亨者嘉之会也，利者义之和也，贞者事之干也。君子体仁足以长人，嘉会足以合礼，利物足以合义，贞固足以干事。

在这段话中，“元”可配仁，“亨”可配礼，“利”可配义是清楚的，但“贞”是配智还是配信并不明确①。汉代以来，“元亨利贞”亦与四时相配，如孔颖达《周易正义》引“庄氏之意”云：

> 以此四句明天之德也，而配四时。元是物始，于时配春，春为发生，故下云“体仁”，仁则春也。亨是通畅万物，于时配夏，故下云“合礼”，礼则夏也。利为和义，于时配秋，秋既物成，各合其宜。贞为事干，于时配冬，冬既收藏，事皆干了也。于五行之气，唯少土也。土则分王四季，四气之行，非土不载，故不言也。……施于王事言之，元则仁也，亨则礼

① 事实上，《易传·文言》的这段话源自《左传·襄公九年》所载穆姜筮之，遇“艮之随”，她说：“元，体之长也；亨，嘉之会也；利，义之和也；贞，事之干也。体仁足以长人，嘉德足以合礼，利物足以和义，贞固足以干事。”她在当时不可能已有“仁义礼智”四德或“仁义礼智信”五常的思想，更不可能将“元亨利贞”与五行、四时相配。

> 也，利则义也，贞则信也。不论智者，行此四事，并须资于知，且《乾凿度》云“水土二行，兼信与知也”，故略而不言也。

“元亨利贞”既与四时相配，则其同“五行之气”运于四时相合。元配春，亨配夏，利配秋，贞配冬，即相当于木、火、金、水与四时相配。在“元亨利贞”中“唯少土也”，孔颖达用“土则分王四季，四气之行，非土不载”来解释。他以贞为信，即相当于以水为信。这样，“元亨利贞”不言土，也就是“不论智”，其原因又在于仁、礼、义、信都必须“资于知”。

唐代的李鼎祚在《周易集解》中引隋代经学家何妥对“元亨利贞”的解释：

> 此明圣人则天合五常也。……贞，信也。君子坚贞正可以委任于事，故《论语》曰“敬事而信”，故干事而配信也。

何妥以贞为信，与《周易正义》的配法相同。他举出《论语》的“敬事而信”，不失为贞配信之说提供了一个较强的理由。但李鼎祚在引其说之后便反驳之：

> 案此释非也。……贞为事干，以配于智，主冬藏，北方水也。故孔子曰“仁者乐山，智者乐水”，则智之明证矣。不言信者，信主土，而统属于君。……土居中宫，分王四季，亦由人君无为皇极而奄有天下。水火金木，非土不载；仁义礼智，非君不弘信。既统属于君，故先言乾，而后不言信，明矣。

李鼎祚以贞配智，“主冬藏，北方水也”，他引孔子所说“智者乐水”，似比何妥之说有了更强的理由。贞、水配智，则土即为信。“水火金木，非土不载”，与孔颖达说相同；“仁义礼智，非君不弘信”，在形式上也与孔说相同，但内容上“智”与“信”互易。

宋代的理学家主要讲“性即理也”，但其开山周敦颐亦从五行推出“五性”。如《太极图说》云:“阳变阴合,而生水、火、木、金、土,五气顺布,四时行焉。……五行之生也,各一其性。……惟人也,得其秀而最灵,形既生矣,神发知矣,五性感动而善恶分,万事出矣。”按:“五气顺布,四时行焉”,此同于汉代的卦气说。“五性”即五常之性,其来源于五行。周敦颐的《通书》云:“诚,五常之本,百行之源也。”朱熹的《通书解》云:“五常,仁义礼智信,五行之性也。”《通书》又云:“乾道变化,各正性命,诚斯立焉。元、亨,诚之通;利、贞,诚之复。”观此可知,在周敦颐的思想中,“乾”之四德也是与五行、四时相配。至于五常如何与“元亨利贞”及五行相配,周敦颐的书中略而未讲。

张载的《横渠易说》解释“乾”之四德,谓:“仁统天下之善,礼嘉天下之会,义公天下之利,信一天下之动。”这显然是以贞配信,同于孔颖达的《周易正义》。

程颐在《程氏易传》中解释了“乾”之四德,谓:“四德之元,犹五常之仁,偏言则一事,专言则包四者。”“推乾之道,施于人事。……体法于乾之仁,乃为君长之道,足以长人也。体仁,体元也。……得会通之嘉,乃合于礼也。……和于义乃能利物。……贞(一作正)固所以能干事也。”在这里,程颐明确提出了元、仁可以“包四者”,此“四者”即是“元亨利贞”,亦可谓“仁义礼智(信)”。程颐又云:“仁、义、礼、智、信五者,性也。仁者,全体;四者,四支。仁,体也;义,宜也;礼,别也;智,知也;信,实也。”(《程氏遗书》卷二上)他并没有明确地讲“贞”是配“智”还是配“信”。

朱熹继承程颐的元、仁“包四者”之说,而又明确地讲:“仁义礼智,便是元亨利贞。”“仁木,义金,礼火,智水,信土。”(《朱子语类》卷六)也就是说,朱熹是以贞、水配智,以土配信。在朱熹的著作中,对此有很多论述,如其《仁说》云:

> 盖天地之心,其德有四,曰元亨利贞,而元无不统;其运行焉,则为春夏秋冬之序,而春生之气无所不通。故人之为心,其德亦有四,曰仁、义、礼、智,而仁无不包;其发用焉,则为爱、恭、宜、别之情,而恻隐之心无所不贯。(《朱文公文集》卷六十七)

朱熹在《答方宾王(三)》中说:

> 盖人之性皆出于天,而天之气化,必以五行为用。故仁义礼智信之性,即水火金木土之理也。木仁,金义,火礼,水智,各有所主,独土无位而为四行之实,故信亦无位而为四德之实也。(《朱文公文集》卷五十六)

朱熹在《论语或问》中说:

> 人禀五行之秀以生,故其为心也,未发则具仁义礼智信之性,以为之体;已发则有恻隐、羞恶、恭敬、是非、诚实之情,以为之用。盖木神曰仁,则爱之理也,而其发为恻隐;火神曰礼,则敬之理也,而其发为恭敬;金神曰义,则宜之理也,而其发为羞恶;水神曰智,则别之理也,而其发为是非;土神曰信,则实有之理也,而其发为忠信。是皆天理之固然,人心之所以为妙也。(《四书或问》卷六)

在这里,郑玄、孔颖达所谓"水神则信,土神则智",已被更改为"水神曰智","土神曰信"。朱熹在《周易本义》中解释"乾"之四德:

> 元者,生物之始。天地之德,莫先于此,故于时为春,于人则为仁,而众善之长也。亨者,生物之通。物至于此,莫不嘉美,故于时为夏,于人则为礼,而众美之会也。利者,生物之遂。物各得宜,不相妨害,故于时为秋,于人则为义,而得其分之和。贞者,生物之成。实理具备,随在各足,故于时为冬,于人则为智,而为众事之干。……贞固者,知正之所在而固守之,所谓"知而弗去"者也,故足以为事之干。

朱熹明确地以贞配智,此同于李鼎祚。其理由不是"智者乐水",而是孟子所谓"智之实,知斯二者(仁义)弗去是也"(《孟子·离娄上》),因为"知正之所在而固守之",所以"贞固足以干事"。

朱熹之后,因为程朱理学被奉为儒学正统,故元、明、清诸儒大多同于朱熹的以贞、水配智,以土配信。但如清中期的程廷祚所说:“贞之配智,终未有定论也。”他引明代的“承庵姚氏”①曰:“贞者,此理之正当也。此理正当,自然诚实而完固。故下‘贞固’二字,不必以智字解。”程廷祚对姚氏之说有所肯定,谓:“朱子解‘贞固’为‘知正之所在而固守之’,而以孟子之‘知而弗去’为证。然孟子自论智之实耳。以《易》论之,所重在贞,而尤在于固,若增加‘知’字,则‘固’字反不见其可重。即孟子所重,亦在弗去,特因论智之实,故不得不言知。疑《易》非彼之比也。姚氏言若有理,存之。”(《大易择言》卷一)

程廷祚不知道,在明清之际更有王夫之提出了与朱熹不同的配法。王夫之的《周易内传》解释“乾”之四德云:

> 元、亨、利、贞者,乾之德,天道也。君子则为仁、义、礼、信,人道也。……“贞固”者,体天之正而持之固,心有主而事无不成,所谓“信以成之”也。

王夫之是以贞配信,其所谓“体天之正而持之固”略同于朱熹所谓“知正之所在而固守之”,但朱熹以“知而弗去”为理由而配以智,王夫之则以“信以成之”(《论语·卫灵公》)为理由而配以信。不仅如此,王夫之否认《易传》的“天一地二……天九地十”是讲五行生成之数,认为此“乃战国技术之士私智穿凿之所为”(《周易内传》卷五)。他又说:

> 时自四也,行自五也,恶用截鹤补凫以必出于一辙哉!《易》称“元亨利贞”,配木火金土而水不与,则四序之应,虽遗一土,亦何嫌乎!(《思问录·外篇》)

这就是说,王夫之否认四时与五行有对应的关系,讲四时之序可以不言土;

① “承庵姚氏”即姚舜牧,号承庵,明万历元年举人,著有《易经疑问》《四书疑问》《五经疑问》等。

更新奇者,他认为"乾"之四德的"贞"是与"土"而非"水"相配。如其《周易外传》所说:

"贞"者,事之干也,信也。于时为冬,于化为藏,于行为土,于德为实,皆信也。然则四德何以不言智乎?《彖》云"大明终始,六位时成",则言智也。今夫水,火资之以能熟,木资之以能生,金资之以能莹,土资之以能浃。是故夫智,仁资以知爱之真,礼资以知敬之节,义资以知制之宜,信资以知诚之实,故行乎四德之中,而彻乎六位之终始。……是智统四德,而遍历其位;故曰"时成"。(《周易外传》卷一)

王夫之的"智统四德"说同于孔颖达的"不论智者,行此四事,并须资于知",但他以贞、信配土,以智配水,则又不同于前述任何一种配法。在《思问录·外篇》,当王夫之讲到"《易》称'元亨利贞',配木火金土而水不与"时,自注云:"贞土德,非水德,详《周易外传》。"可见他的这一思想是前后一贯的。

综上所述,关于五行及"元亨利贞"与五常的配法,大致可分为四种:

其一是以木、春配仁,火、夏配智,金、秋配义,水、冬配礼,土配信,此为董仲舒之说。

其二是以木、春、元配仁,火、夏、亨配礼,金、秋、利配义,水、冬、贞配信,土配智,为此说者有《易纬·乾凿度》《孝经纬》《诗纬》、郑玄、皇侃、何妥、孔颖达、张载等。

其三与其二大同,而相异者在于以水、冬、贞配智,以土配信,为此说者有《春秋纬·元命苞》《乐纬·动声仪》、扬雄、刘歆、《白虎通义》、庾蔚、李鼎祚、朱熹等。

其四是以土、冬、贞配信,以水配智,王夫之持此说。

以上四种不同配法中,第二和第三种可谓旗鼓相当的两大主流,因为五行与四时及"元亨利贞"有统一的配法,故其分歧只在于水、贞和土哪个配智,哪个配信;这种分歧之所以"终未有定论",是因为《易传·文言》讲"贞者事之干""贞固足以干事",据此难以确定"贞"是配智还是配信。第一种只有董仲舒持之,这是一种初起的、不成熟的配法①。第四种只有王夫之持之,其特点是打破了"元亨利贞"与五行的常规配序,即不是以水、贞相配,而是土、贞相配。

三

先秦儒学奠定了中国传统哲学重视现世人生道德的价值取向,也奠定了中国传统哲学"推天道以明人事"的普遍架构。汉代儒学循此而发展,吸收阴阳五行家以及道家、法家的思想,并与秦汉政治制度相结合,其主要思想特点就是从"阴阳五行"推出"三纲五常",亦即从"阳尊阴卑"推出"君为臣纲,父为子纲,夫为妻纲",又从"五行相生"推出"仁、义、礼、智、信"。在汉儒看来,因为"三纲五常"出自"天道",所以它们就具有了绝对化、神圣化的意义。这一思想之影响深远,由汉至清而持续不绝,直到中国近代才发生变化。

孔子在回答子张问"十世可知也"时说:"殷因于夏礼,所损益可知也;周因于殷礼,所损益可知也;其或继周者,虽百世可知也。"(《论语·为政》)董仲舒在《举贤良对策》中引用了这段话,并申论说:

> 王者有改制之名,亡(无)变道之实。然夏上忠,殷上敬,周上文者,所继之救,当用此也。……此言百王之用,以此三者矣。夏因于虞,而独不言所损益者,其道如一而所上同也。道之大原出于天,天不变,道亦不变,是以禹继舜,舜继尧,三圣相受而守一道,亡救弊之政也,故不言其所损益也。由是观之,继治世者其道同,继乱世者其道变。今汉继大乱之后,若宜少损周之文致,用夏之忠者。(《汉书·董仲舒传》)

可能是因为当时"三纲"与"五常"之名初立,尚未流行,故董仲舒在讲"天不

① 董仲舒精于《春秋》公羊学,他将火、夏配智,水、冬配礼,显然还没有把《周易》的"元亨利贞"配入五行、四时系统。若火、夏配亨,水、冬配贞,据《易传·文言》"亨者嘉之会也""嘉会足以合礼",则火、夏、亨必配礼,而不能配智。

变，道亦不变”时，还没有把“三圣相受”、三代相“因”之道直接说成“三纲五常”。

在董仲舒之后，特别是在《白虎通义》之后，“三纲”与“五常”之说不仅流行，而且成为钦定的国家法典的核心内容。从现有文献看，将“三纲”与“五常”连言，首见于东汉经学家马融对《论语》的注释。何晏《论语集解》在解释“殷因于夏礼，所损益可知也……”一段话时引马融曰：“所‘因’，谓三纲五常也；所‘损益’，谓文质三统也。”此可见在东汉中后期，“三纲”与“五常”合为一说（即所谓“纲常”），它被视为华夏文化相“因”而不可变革的“常道”，其所“损益”者不过是“文质再而复，正朔三而改”，如董仲舒所说“王者有改制之名，无变道之实”。

马融之说在后来的《论语》注疏中一直被肯定。如皇侃的《论语集解义疏》说：

> 马融云“所因，谓三纲五常”者，此是周所因于殷，殷所因于夏之事也。三纲谓夫妇、父子、君臣也。三事为人生之纲领，故云三纲也。五常谓仁义礼智信也，就五行而论，则木为仁，火为礼，金为义，水为信，土为智。人禀此五常而生，则备有仁义礼智信之性也。……此五者是人性之恒，不可暂舍，故谓五常也。虽复时移世易，事历今古，而三纲五常之道不可变革，故世世相因，百代仍袭也。

所谓“三纲五常之道不可变革”，这成为儒家思想的一个教条、一种定式。北宋初年，邢昺奉诏作《论语注疏》，亦引马融之说，疏云：“三纲五常不可变革，故因之也。”

朱熹的《论语集注》也同样引马融之说，注云：

> 三纲五常，礼之大体，三代相继，皆因之而不能变。其所损益，不过文章制度，小过不及之间。而其已然之迹，今皆可见。则自今以往，或有继周而王者，虽百世之远，所因所革亦不过此，岂但十世而已乎！

朱熹肯定"马氏注'所因谓三纲五常,损益谓质文三统',此说极好"(《朱子语类》卷二十四)。朱熹论"三纲五常"又有云:"三纲五常,亘古亘今不可易。""所因之礼是天做底,万世不可易;所损益之礼是人做底,故随时更变。"(同上)与汉代相比,朱熹所谓"天做底"已不是把"三纲五常"归于"阴阳五行",而是说其出于"天理"。他说:"宇宙之间,一理而已,天得之而为天,地得之而为地,而凡生于天地之间者又各得之以为性。其张之为三纲,其纪之为五常,盖皆此理之流行,无所适而不在。"(《朱文公文集》卷七十《读大纪》)虽然从汉学到宋学,在哲学理论上发生了很大变化,但从"天道"推出"三纲五常"不可变易,这一思维模式没有变化。

在《论语》注释史上,变化发生在中国近代。康有为在戊戌变法失败后,于流亡期间作有《论语注》,他对"殷因于夏礼"章注云:

> 《春秋》之义,有据乱世、升平世、太平世。子张受此义,故因三世而推问十世,欲知太平世之后如何也。孔子之道有三统三世,此盖藉三统以明三世,因推三世而及百世也。……人道进化皆有定位,自族制而为部落,而成国家,由国家而成大统。由独人而渐立酋长,由酋长而渐正君臣,由君主而渐为立宪,由立宪而渐为共和。……此为孔子微言,可与《春秋》三世、《礼运》大同之微旨合观,而见神圣及运世之远。

显然,康有为已不是"推天道以明人事"。他是用西方的社会进化论来诠释《春秋》公羊学的三世说,又将此"微言大义"移用到对《论语》的注释。在这里,"三纲五常不可变革"的思想已经被"君主制——君主立宪制——共和制"的进化论所取代。

然而,在康有为写《论语注》的同时期,张之洞在《劝学篇》中又引经据典,重申了"三纲五常不可变革"。他说:

> "君为臣纲,父为子纲,夫为妻纲",此《白虎通》引《礼纬》之说也。董子所谓"道之大原出于天,天不变,道亦不变"之义本之。《论语》"殷因于夏礼,周因于殷礼"注:"所因,谓三纲五常"。此《集解》马融之说

也,朱子《集注》引之。……圣人所以为圣人,中国所以为中国,实在于此。故知君臣之纲,则民权之说不可行也;知父子之纲,则父子同罪、免丧废祀之说不可行也;知夫妇之纲,则男女平权之说不可行也。(《劝学篇·明纲》)

张之洞不仅认为"三纲五常"在中国万世不可变革,甚至认为"三纲五常"也普遍适用于西方:"诚以天秩民彝,中、外大同。人君非此不能立国,人师非此不能立教。"(同上)张之洞所讲的"三纲五常",重在"明纲",旨在反对政治制度的变革。这在从戊戌变法到辛亥革命的历史进程中站在了革命潮流的对立面,而且在很大程度上用"三纲"遮蔽了"五常"。

辛亥革命之后,北洋军阀搞假共和,甚至君主复辟,保守派尊孔教而为之张目,致使五四"新青年"认为"孔教与帝制,有不可离散之因缘""吾人果欲于政治上采用共和立宪制,复欲于伦理上保守纲常阶级制……此绝对不可能之事"①。五四新文化运动主张以"民主"与"科学"救中国,反对儒家的"纲常阶级制",其进步意义是不可否认的;但将"三纲"与"五常"合而抨击之,对"纲常"没有作适当的分析,也有其历史的局限性②。

张岱年先生在20世纪30年代发表《道德之"变"与"常"》一文,他指出:"道德依时代而不同,随社会之物质基础之变化而变化;然在各时代之道德中,亦有一贯者在,由此而各时代之道德皆得名为道德。""旧道德中有虽旧而仍新者存:于此当明道德之'变'与'常'的辩证法。"③张先生所说的道德之"变",是指道德因社会经济基础的变革而有发展的阶段性、变革性;他所说的道德之"常",是指不同时代之道德中"亦有一贯者在",即道德发展的继承性、连续性。张先生说:"新道德乃旧道德之变革,亦旧道德之发展……新道德与旧道德之间是有连续性的,新道德非完全否定旧道德。""新旧道德之对待关系,亦对立而统一的,变革之而同时亦有所保持,且系发展之。"④这就

① 《陈独秀文选》,上海远东出版社1994年版,第49、34页。
② 参见拙文《儒学传统与五四传统》,载《哲学动态》2000年第9期。
③ 《张岱年全集》第一卷,河北人民出版社1996年版,第160页。
④ 同上书,第161、162页。

是"道德之'变'与'常'的辩证法"。在这里,讲道德之"变"是唯物史观的基本原理,但如果只讲"变"而不讲"常",则违背了辩证法[①]。

张岱年先生在晚年所作《中国伦理思想研究》一书中也讲道德的"变革性"与"继承性"。他说:"人类道德是随时代的变化而变化的,这是道德的变革性;而后一时代的道德是从前一时代演变而来的,前后之间也有一定的继承关系,这可谓道德的继承性。""马克思、恩格斯提出道德阶级性的理论,是伦理学史上的重大变革。但是,道德的阶级性并不排除道德的继承性。……中国古代思想家的道德学说对于中华民族的精神发展确实有过非常巨大的影响,是应该予以分析的,从而进行批判继承的。"[②]依此观点,他对"三纲五常"进行分析,认为对秦以后出现的"三纲"之说必须加以严肃的批判[③],而对"五常"则指出其在历史上"有一定的阶级性",但"也还有更根本的普遍意义",如"仁的根本意义是承认别人与自己是同类,在通常的情况下对于别人应有同情心;义的根本意义是尊重公共利益,不侵犯别人的利益;礼的根本意义是人与人的相互交往应遵守一定的规矩;智的根本意义是肯定'是非善恶'的区别;信的根本意义是对别人应遵守诺言"[④],对此普遍的根本意义是要继承的。

如果对"三纲五常"进行分析,就必须遵循道德之"变"与"常"的辩证法,而解构"天不变,道亦不变"的形而上学。我在《重视人伦,解构三纲》和《三说"为父绝君"》两篇文章中,主要从"三纲"之说的历史渊源,郭店竹简的《六德》篇主张"为父绝君"(当父丧与君丧同时发生时,为父穿丧服而不为君穿丧服),但《礼记·曾子问》却主张"君重亲轻""有君丧服于身,不敢

① 恩格斯在晚年讲到哲学发展的继承与变革,他说:"每一个时代的哲学作为分工的一个特定的领域,都具有由它的先驱者传给它而它便由以出发的特定的思想资料作为前提。……经济在这里并不重新创造出任何东西,但是它决定着现有思想资料的改变和进一步发展的方式,而且这一作用多半也是间接发生的……"针对一些人对唯物史观的"形而上学"理解,恩格斯说:"所有这些先生们所缺少的东西就是辩证法。"见《马克思恩格斯选集》第四卷,人民出版社 1972 年版,第 485—486 页。我认为,恩格斯在这里对哲学发展所讲的话,也适用于道德发展的辩证法。参见拙文《张岱年先生的两个重要理论贡献》,载《哲学动态》2007 年第 6 期。

② 张岱年:《中国伦理思想研究》,上海人民出版社 1989 年版,第 64、68—69 页。

③ 同上书,第 66、149—152 页。

④ 同上书,第 170—171 页。

私服”,以及历史上的“君父先后”之争,儒家经典中的人伦之道“造端乎夫妇”与“三纲”之说首重“君为臣纲”的分歧,来说明“三纲”之说是一种历史的建构,它应随着历史的发展(特别是政治制度的变革)而被解构和废止,在明清之际黄宗羲等人对“君为臣纲”已经进行了批判,唐甄对“男尊女卑”也进行了批判,这说明解构“三纲”是符合儒家思想和中国文化发展的逻辑的,代之而起的应是新型的家庭伦理、社会伦理和民主政治①。

在中国历史上,“三纲”与“五常”都被认为是出于“天道”,二者合称为“纲常”。如果解构“三纲”,而继承“五常”中的普遍意义,那么同时就要解构“天道”与人伦道德的联系。“三纲”之说是一种历史的建构,而非出于“阳尊阴卑”;“五常”之说也是一种历史的建构,而非出于“五行相生”。本文对“五行”与“五常”的不同配法的分析,就是要揭示其中的分歧或矛盾,解构“天道”与“五常”的联系,还其历史建构的真面目。当然,“五常”失去了“天道”的支撑,并不失去其现代的普遍意义,只不过这种普遍意义不是基于“天不变,道亦不变”的形而上学,而是基于道德之“变”与“常”的辩证法。对“三纲”的解构是如此,对“五常”的继承也是如此。

宋代哲学家张载曾经说:“大抵天道不可得而见,惟占之于民,人所悦则天必悦之,所恶则天必恶之,只为人心至公也,至众也。……大抵众所向者必是理也,理则天道存焉,故欲知天者,占之于人可也。”(《经学理窟·诗书》)观此可知,儒家虽然重视“天道”,但其根本精神是以人(民)为本的。在现代社会,解构了“天道”与“三纲五常”的联系,并不失儒家的以人(民)为本的根本精神。

就中国传统哲学的普遍架构是“推天道以明人事”而言,我认为,这种架构已经不适应现代哲学的发展②,但其中所蕴含的对天地万物和人的生活世

---

① 参见拙文《重视人伦,解构三纲》,载《学术月刊》2006年第9期;《三说“为父绝君”——兼论人伦之道“造端乎夫妇”》,载《全球化时代的儒家伦理》,清华大学出版社2007年版。

② “天道”(自然规律)与“人道”(价值原则、道德规范)虽然有一定的联系,但也有不同层级之分,故从自然规律不能直接推出价值原则、道德规范。张岱年先生的“一本多级”之论即谓:“宇宙事物之演化,有若干级之不同,各级有各级之特殊规律。简言之,物为一本,而生、社会、心等为数级,生心社会不违物之规律而又自有其规律。”对于各级之特殊规律而言,“有此特殊事物乃有此理,无此特殊事物即无此理。如未有生物则无生物之理,未有人类则无人伦之理。”见《张岱年全集》第一卷,河北人民出版社1996年版,第130、276页。

界之实在性的肯定，对人与自然相协调和崇尚道德、坚持在现实世界实现人生与社会理想的价值追求，这种哲学精神是要继承和发扬的。

（原载《燕京学报》新28期，2010年5月）

对“三纲”之本义的辨析与评价

——与方朝晖教授商榷

方朝晖教授最近发表《“三纲”真的是糟粕吗？——重新审视“三纲”的历史与现实意义》(载《天津社会科学》2011年第2期,以下简称“方文”)。我与方文观点有一些原则性的不同意见,故提出与方教授商榷。

一、关于“三纲”的本义

贺麟先生在1940年发表的《五伦观念的新检讨》一文中指出:

> 由五伦的相对关系,进展为三纲的绝对的关系。……五伦的关系是自然的、社会的、相对的……假如,君不尽君道,则臣自然就会(是)不尽臣道,也应该不尽臣道(闻诛一夫纣矣,未闻弑君也)。父子、夫妻关系也是如此。……故三纲说要补救相对关系的不安定,进而要求关系者一方绝对遵守其位分……所以三纲说的本质在于要求君不君,臣不可以不臣;父不父,子不可以不子;夫不夫,妇不可以不妇。换言之,三纲说要求臣、子、妇尽单方面的忠、孝、贞的绝对义务,以免陷入相对的循环报复,给价还价的不稳定的关系之中。①

① 贺麟:《文化与人生》,商务印书馆1996年版,第58—59页。

应该说，贺先生对从“五伦”到“三纲”的进展以及对“三纲说的本质”的论述是基本正确的。然而，方文对此提出异议，指出贺先生的说法“终究不合文献”，认为“提倡‘三纲’的汉儒从来就没有强调‘单方面的绝对’的义务”，“‘三纲’的本义绝不是无条件服从，而是指从大局出发，‘小我’服从‘大我’”。那么，此两说哪个更合历史文献的“本义”呢？

贺先生说：“三纲的明文，初见于汉人的《春秋繁露》及《白虎通义》等书，足见三纲说在西汉的时候才成立。”[①]方文对此观点也提出了异议，而说“董仲舒被公认为较早提倡三纲的人”，意谓在董仲舒之前就已有先秦儒家“更早”提倡三纲了。这种“较早”说，并非“被公认”；至于此说能否成立，我们下节再议。

从现有文献看，董仲舒就是最早提出“三纲”的人。令人不解的是，对于董仲舒的“三纲”之说，方文只引了一句“王道之三纲，可求于天”，然后就说：“这里显然只是说‘三纲’的道理合乎天理，并没有说君臣、父子、夫妇应该有绝对的等级关系。”应该指出，董仲舒所谓“王道之三纲，可求于天”，其具体内涵是“皆取诸阴阳之道”，即所谓：

> 阴者，阳之合；妻者，夫之合；子者，父之合；臣者，君之合。……君臣、父子、夫妇之义，皆取诸阴阳之道。君为阳，臣为阴；父为阳，子为阴；夫为阳，妻为阴。阴道无所独行，其始也不得专起，其终也不得分功。……阳之出也，常县（悬）于前而任事；阴之出也，常县于后而守空处。此见天之亲阳而疏阴，任德而不任刑也。……王道之三纲，可求于天。（《春秋繁露·基义》）

这里的“阴道无所独行……不得专起……不得分功”，阳之“常悬于前”，阴之“常悬于后”，“天之亲阳而疏阴”等等，就是所谓“阳尊阴卑”或“阳贵阴贱”的意思。董仲舒“推天道以明人事”，他从“阳尊阴卑”推出的“人事”之当然，有两方面的意义：其一是“任德不任刑”，其二就是“王道之三纲”。关于

① 同上书，第58页。

"任德不任刑",这是从秦之"任刑罚"到汉之"任德教"的一个重大转变(对此应予以高度评价)。而"王道之三纲",亦是董仲舒提出的一个新说。在董仲舒的思想中,"阳尊阴卑"应是绝对的。因此,在其"三纲"之说中,已经包含着"君臣、父子、夫妇应该有绝对的(尊卑)等级关系"。

《春秋繁露》中有《阳尊阴卑》篇,其云:

> 物随阳而出入,数随阳而终始;三王之正,随阳而更起。以此见之,贵阳而贱阴也。……丈夫虽贱皆为阳,妇人虽贵皆为阴。……上善而下恶,恶者受之,善者不受。土若地,义之至也。是故《春秋》君不名恶,臣不名善,善皆归于君,恶皆归于臣。臣之义比于地,故为人臣者,视地之事天也。为人子者,视土之事火也。……是故孝子之行,忠臣之义,皆法于地也。地事天也,犹下之事上也。……是故推天地之精,运阴阳之类,以别顺逆之理,安所加以不在?在上下,在大小,在强弱,在贤不肖,在善恶。恶之属尽为阴,善之属尽为阳。阳为德,阴为刑。……是故天以阴为权,以阳为经。……先经而后权,贵阳而贱阴也。

这段话同样是从"阳尊阴卑"推出"任德不任刑"和"三纲"两方面的意义。在这里,由"贵阳而贱阴"推出的"上下、大小、强弱、贤不肖、善恶"等等,显然具有"绝对的等级关系"。因为臣之事君、子之事父、妇之事夫"皆法于地也",而地之事天"犹下之事上""义之至也",且"上善而下恶","善皆归于君,恶皆归于臣",所以这里也表达了臣、子、妇要尽"单方面的绝对义务"。

董仲舒又说:

> 天子受命于天,诸侯受命于天子,子受命于父,臣妾受命于君,妻受命于夫。诸所受命者,其尊皆天也,虽谓受命于天亦可。……公侯不能奉天子之命,则名绝而不得就位……子不奉父命,则有伯讨之罪……臣不奉君命,虽善,以叛言……妻不奉夫之命,则绝……曰:不奉顺于天者,其罪如此。(《春秋繁露·顺命》)

“天子受命于天”，这是儒家自“祖述尧舜”以来的成说；而董仲舒为什么对此加以强调，我们也下节再议。这里需要指出的是，董仲舒把臣受命于君，子受命于父，妻受命于夫，赋予了“诸所受命者，其尊皆天”的绝对意义，且“臣不奉君命，虽善，以叛言”，这就使君臣、父子、夫妇之间具有了前者有绝对权威，而后者必须绝对服从的意义。

董仲舒的“三纲”之说因契合了秦以后君主集权（所谓“汉承秦制”①）的政治体制，故其被汉儒所重视。如刘向在《说苑·辨物》中说：

> 其在民则夫为阳而妇为阴，其在家则父为阳而子为阴，其在国则君为阳而臣为阴。故阳贵而阴贱，阳尊而阴卑，天之道也。

这显然是复述了“三纲”之说的本义。而在起于哀、平之际的纬书中则有“君为臣纲，父为子纲，夫为妻纲”（《礼纬·含文嘉》），“三纲之义，日为君，月为臣”（《春秋纬·感精符》），等等。

东汉章帝时诏诸儒在白虎观“讲议五经同异”“帝亲称制临决”（《后汉书·章帝纪》），班固奉命将议定的条文编成《白虎通义》。在这部钦定的国家法典中有云：

> 三纲者何谓也？谓君臣、父子、夫妇也。……故《含文嘉》曰：“君为臣纲，父为子纲，夫为妻纲。”……纲者，张也。纪者，理也。大者为纲，小者为纪。所以张理上下，整齐人道也。……若罗网之有纪纲而万目张也。（《白虎通义》卷八《三纲六纪》）
>
> 君臣者，何谓也？君，群也，群下之所归心也；臣者，繵坚也，厉志自坚固也。……父子者，何谓也？父者，矩也，以法度教子也；子者，孳也，孳孳无已也。……夫妇者，何谓也？夫者，扶也，以道扶接也；妇者，服也，以礼屈服也。（同上）

---

① 东汉时期的班彪说：“周之废兴，与汉殊异。……汉承秦制，改立郡县，主有专己之威，臣无百年之柄。”（《后汉书·班彪传》）

方文引述了上面两段话，而得出的结论是："在古人看来，所谓'以某某为纲'并不是指简单的服从与被服从的关系。""'纲'相当于鱼网之总绳，'以某某为纲'就是'以某某为重'的意思。……'三纲'实际上是指'从大局出发'的意思。用今天的话来说，'三纲'就是不把'小我'凌驾于'大我'之上，不把个人凌驾于组织之上。"在我看来，方文的结论是很成问题的。

第一，所谓"以某某为纲"，在"三纲"之说中就是"君为臣纲，父为子纲，夫为妻纲"（或者说"臣以君为纲，子以父为纲，妻以夫为纲"），这里既称为"纲"，而"大者为纲""若罗网之有纪纲而万目张也"，这当然不是指一种"简单的"关系，但这里是否有"服从与被服从的关系"呢？从作者所说"指从大局出发，'小我'服从'大我'"来看，这里显然有"服从与被服从的关系"。而且，从作者把"三纲"比附为"小我"与"大我"、"个人"与"组织"的关系看，这种"服从与被服从的关系"还应该是绝对的、不可改变或颠倒的。

第二，当方文把"三纲"比附为"小我"与"大我"、"个人"与"组织"的关系时，作者说："任何集体必须有最高决策者，也可以说争议的最后决策者。""在我们的现实生活中到处存在，普遍通行。比如，我们今天常说，作为领导集体中的一员，你可以对上级决策提出批评，或保留个人意见，但对于组织上已经形成的决定，在实践中没有擅自违背的权利。"这是方文把"三纲"绝对化，认为其不仅适用于古代而且也适用于现代，所作出的主要论证。然而，这里的混乱在于，作者混淆了不同的政治体制或组织形式。毫无疑义，在任何政治体制或组织形式中，都必须有最高决策者；但民主制所不同于君主制的，就在于它不仅有"下级服从上级"或"个人服从组织"，而且有"少数服从多数""多数亦须尊重少数"等原则。在"三纲"之说中，有"少数服从多数""多数亦须尊重少数"等原则吗？而且，在儒家学说中，是以臣民为"小我"，而以君主为"大我"或"大局"或"组织"吗？

方文在引述《白虎通义》论君臣关系的话后说："文中讲到'臣'并没有强调臣的义务是服从，而是说'厉志自坚固'"。其实，这只是一个方面的涵义。朱熹作《仪礼经传通解》引《白虎通义》云："君，群也，群下之所归也；臣，牵也，事君也，象屈服之形也。"东汉许慎作《说文解字》亦云："臣，牵也，事君者，象屈服之形。"可见，在汉代（乃至影响宋代）的"君为臣纲"之说中，也是强调了臣有“屈服”或“服从”之义务的。

关于“夫为妻纲”，《白虎通义》除了说“妇者，服也，以礼屈服也”，另有云：“妇人无爵何？阴卑无外事。是以有三从之义：未嫁从父，既嫁从夫，夫死从子。”（《白虎通义》卷一《妇人无爵》）这里的“三从之义”，当然也不“简单”，但它确实强调了妇女有绝对服从的义务。

《白虎通义》又有“士不得谏”条，谓：“士不得谏者，士贱，不得豫政事，故不得谏也。谋及之，得因尽其忠耳。”（《白虎通义》卷五）这与在民主体制下“你可以对上级决策提出批评，或保留个人意见”，实有霄壤之别！而方文将君主集权制下的“三纲”与民主制下的“下级服从上级”“个人服从组织”混为一谈，甚至认为“‘三纲’精神在今天人的现实生活中仍然随处可见，也是未来中国实现健全民主的条件之一”，其混乱与失误不免令人咋舌。

方文把臣民比附为“小我”，而把君主比附为“大我”或“大局”或“组织”，这里实际上也存在着对儒家学说的误解。这个问题与“三纲”之说始于何时的问题联系在一起。

二、“三纲”之说始于何时？

贺麟先生说：“三纲说在西汉的时候才成立。”张岱年先生在 1989 年出版的《中国伦理思想研究》一书中也指出：

> “三纲”之说，始于汉代。先秦时代儒家的代表人物孔子、孟子、荀子都未讲“三纲”。孔子讲过“君君、臣臣”；孟子讲过父子、君臣、夫妇、长幼、朋友等人伦；荀子讲过“君臣、父子、兄弟、夫妇……”。然而都没有提出所谓“三纲”。《韩非子》书的《忠孝》篇说：“臣事君，子事父，妻事夫，三者顺则天下治，三者逆则天下乱，此天下之常道也。”……《忠孝》篇强调臣对君、子对父、妻对夫的片面义务，可以说是三纲观念的前驱。①

① 张岱年：《中国伦理思想研究》，上海人民出版社 1989 年版，第 149—150 页。

张先生所说，与贺先生所说“由五伦的相对关系，进展为三纲的绝对的关系”是相一致的。张先生把《韩非子·忠孝》篇“强调臣对君、子对父、妻对夫的片面义务”，视为“三纲观念的前驱”，这也是近二三十年学术界的主流观点。然而方文认为，“三纲”之说“在孔子、孟子那里已非常清晰……‘三纲’这一术语虽然直到汉代才为人使用，但是‘三纲’所代表的思想是从孔子开始提倡的”。方文提出了与学术界主流观点不同之说，但却没有用史料来证明在孔、孟、荀等先秦儒家的思想中君臣、父子、夫妇已经是“绝对的关系”或“片面的义务”。

在方文第二节“‘三纲’思想产生的历史背景”中，作者所引用的史料，只有“世衰道微……孔子惧，作《春秋》……而乱臣贼子惧”是出于先秦时期的孟子所说，其余都是出于秦以后的文献。孟子所谓“孔子惧，作《春秋》”云云，就是孔、孟“非常清晰”地表达了“三纲”之说吗？而且，即使如后儒所说“《春秋》大旨，其可见者：诛乱臣，讨贼子，内中国，外夷狄，贵王贱伯而已”（《朱子语类》卷八十三），也没有清晰地说明孔子作《春秋》就是提倡“三纲”之说。

相反，方文第三节“儒家从来都反对‘无条件服从’”，其中引的都是先秦时期孔、孟、荀的史料。如引孔子说：“所谓大臣者，以道事君，不可则止。”（《论语·先进》）孟子说：“长君之恶，其罪小；逢君之恶，其罪大。”（《孟子·告子下》）荀子说：“逆命而利君谓之忠”（《荀子·臣道》），“从道不从君，从义不从父，人之大行也”（《荀子·子道》）。方文也注意到，在《孟子·万章下》的一段对话中，孟子提出“为臣者，有时可推翻君位，有时当离之而去”。然而，这里所说的孔、孟、荀等“都反对无条件服从”，符合从汉代才有的“三纲”之说吗？董仲舒所谓“臣妾受命于君……臣不奉君命，虽善，以叛言”，能说是“从道不从君”吗？在董仲舒的言论中，可曾表达了“为臣者，有时可推翻君位，有时当离之而去”的意思吗？汉儒所谓“臣，牵也，事君者，象屈服之形”，与孔子说的“所谓大臣者，以道事君，不可则止”没有歧义吗？事实上，方文第三节所引用的史料，正说明先秦儒家是主张“五伦的相对关系”，而汉代则“进展为三纲的绝对的关系”。

孔子不仅说“以道事君，不可则止”，而且说“勿欺也，而犯之”（《论语·

宪问》)。所谓“犯”,就是对君主的过错要敢于犯颜进行批评。子思说:“恒称其君之恶者,可谓忠臣矣。”(郭店楚简《鲁穆公问子思》)孟子说:“责难于君谓之恭,陈善闭邪谓之敬,‘吾君不能’谓之贼。”“人不足与适也,政不足间也,惟大人为能格君心之非。”(《孟子·离娄上》)荀子说:“以德覆君而化之,大忠也;以德调君而辅之,次忠也;以是谏非而怒之,下忠也。”“故谏争辅拂之人,社稷之臣也,国君之宝也……”(《荀子·臣道》)孟子和荀子都肯定了“汤武征伐”的合理性,即所谓“闻诛一夫纣矣,未闻弑君也”(《孟子·梁惠王下》),“汤武之诛桀纣也……若诛独夫”(《荀子·议兵》)。

与先秦儒家不同,韩非在《忠孝》篇提出“尧、舜、汤、武,或反君臣之义,乱后世之教者也”,此即反对儒家所肯定的尧舜禅让、汤武征伐。他提出“臣事君,子事父,妻事夫”的三“常道”,强调“人主虽不肖,臣不敢侵也”,这就使君臣、父子、夫妇之间成为绝对尊卑和主从的关系。韩非还提出:“事在四方,要在中央。圣人执要,四方来效。”(《韩非子·扬权》)此即“秦制”君主集权的组织原则,而三“常道”即后来的“三纲”,它是与君主集权制度相契合的。

《史记·韩非列传》说韩非之学“归本于黄老”,的确如此。提出“君臣易位谓之逆”,将君臣、父子、夫妇与“阳尊阴卑”相联系的,不是出于先秦儒家,而是本于黄老学派的《黄帝四经》①。正因为有黄老学派与先秦儒家的这一不同,所以在汉初景帝时发生了黄生与辕固生关于汤武是否“受命”的辩论。黄生说:“冠虽敝,必加于首;履虽新,必关于足。何者?上下之分也。今桀纣虽失道,然君上也;汤武虽圣,臣下也。夫主有失行,臣下不能正言匡过以尊天子,反因过而诛之,代立践南面,非弑而何也?”辕固生则说:“必若所云,是高帝代秦即天子之位,非邪?”于是景帝说:“食肉不食马肝,不为不知味;言学者无言汤武受命,不为愚。”此后,“学者莫敢明受命放杀者”(《史记·儒林列传》)。

① 马王堆帛书《黄帝四经》云:“凡论必以阴阳□大义……主阳臣阴,上阳下阴,男阳女阴,父阳子阴,兄阳弟阴,长阳少阴,贵阳贱阴,达阳穷阴。”(《称》)“君臣易位谓之逆……君臣当位谓之静……”(《经法·四度》)参见拙文《反思儒家文化的“常道”》,载《孔子研究》2011 年第 2 期。

如果了解了以上背景,就可以明确汉儒提出"三纲"之说,正是吸收了黄老学派和法家的思想因素,而与"汉承秦制"相契合。董仲舒说:"君臣、父子、夫妇之义,皆取诸阴阳之道。"这绝不是先秦儒家的观点,而是有取于黄老学派和法家之说。方文所谓"'三纲'思想产生的历史背景",不应归本于孔子"作《春秋》",而应从秦汉之际这一历史的"大变局"来理解①。

董仲舒是《春秋》公羊学家,此学派崛起于汉初,也是与"汉承秦制"相适应的。董仲舒说:"《春秋》之法:以人随君,以君随天。……故屈民而伸君,屈君而伸天,《春秋》之大义也。"(《春秋繁露·玉杯》)这里的"屈民而伸君",正是"三纲"之说的要旨;而"屈君而伸天",则是强调"天子受命于天",要用"天神"的权威和"阴阳灾异"来节制君权。

其实,"屈民而伸君"不一定就是《春秋》的本义。如《春秋左传》有云:

> 所谓道,忠于民而信于神也。上思利民,忠也;祝史正辞,信也。……夫民,神之主也,是以圣王先成民而后致力于神。(《桓公六年》)
>
> 国将兴,听于民;将亡,听于神。神,聪明正直而壹者也,依人而行。(《庄公三十二年》)

所谓"上思利民,忠也",就是君主首先要"忠于民",为民谋福利(后来孔子说"因民之所利而利之",见《论语·尧曰》)。民作为"神之主",治国者要"先成民而后致力于神","听于民"则国家兴,如果只是"听于神"则国家亡。这里没有"屈民而伸君,屈君而伸天(神)"的意思,相反倒有"屈神而伸民"的意思。汉代以后,"忠"只可说臣民对君要"忠",而不可说君对臣民要"忠"了②。

《汉书·五行志》说:"汉兴,承秦灭学之后,景、武之世,董仲舒治《公羊

① 清代史学家赵翼曾经说:"秦汉间为天地一大变局。"(《廿二史札记》卷二)这一"大变局"就是由秦以前"世卿世侯"的封建制变成了秦汉以后君主集权的郡县制。

② 《中庸》云:"忠信重禄,所以劝士也。"此所谓"忠信"即对君主的道德要求。朱熹《中庸章句》将此句解为"待之诚而养之厚",东汉经学家郑玄却将此句曲解为"(臣)有忠信者,(君)重其禄也"。

春秋》,始推阴阳,为儒者宗。”这里的“始推阴阳”就是开始讲“阴阳灾异”。先秦时期,孔、孟、荀都没有讲“阴阳灾异”,而突出讲“阴阳灾异”的是战国中后期的阴阳五行家。董仲舒的“始推阴阳”,就是吸收了阴阳五行家的思想因素,用天神之“谴告”来儆戒、节制君权。为什么孔、孟、荀不讲“阴阳灾异”,而董仲舒却大讲“阴阳灾异”?此中原因就在于孔、孟、荀没有“君为臣纲”的思想,他们可以直言不讳地说“以道事君,不可则止”“勿欺也,而犯之”“惟大人为能格君心之非”“从道不从君”;而董仲舒因为有了“君为臣纲”的思想,所以不得不“屈君而伸天”,用“天人相与之际甚可畏也”(《汉书·董仲舒传》)来使君主有所畏惧、儆戒,即借“天意”来谏争[1]。董仲舒说:

> 《春秋》深探其本,而反自贵者始。故为人君者,正心以正朝廷,正朝廷以正百官,正百官以正万民,正万民以正四方。四方正,远近莫敢不壹于正,而亡有邪气奸其间者。是以阴阳调而风雨时,群生和而万民殖……诸福之物,可致之祥,莫不毕至,而王道终矣。(同上)

方文断引了上面的话,但这与“三纲”没有直接关系。所谓“正心”,就是孟子说的“格君心之非”;而“正心以正朝廷”云云,就是孟子紧接着说的“君正莫不正,一正君而国定矣”。但这里的区别在于,孟子说“惟大人为能格君心之非”,而董仲舒说的“正心”不是靠“大人”(大儒)来正君心,而是靠《春秋》的“一元之意”“视大始而欲正本”来正。所谓“可致之祥”,就是作为“灾异”反面的“祥瑞”;而如果君心不正,就会出现“邪气”(灾异)的“谴告”。之所以有这样的区别,其原因就在于有无“君为臣纲”的思想;而这一思想产生的根源,又在于董仲舒处在“君为臣纲”的制度下。在这一制度下,言灾异也不免有风险,董仲舒本人就因言“辽东高庙灾”,“有刺讥”,被汉武帝下狱,“当死,诏赦之,于是董仲舒竟不敢复言灾异”(《史记·儒林列传》)。董仲舒的

① 苏舆《春秋繁露义证》卷八《必仁且智》云:“夫灾异之说,委曲傅会如此,在先哲非不知其然也,然而尊君之义已定,以民臣折之,则嫌于不顺,以天临之,则不嫌于逆,要在儆戒人主而已。”此借“天意”以儆戒人主,成为汉代以后儒家谏争的主要方式,虽宋代的程朱亦不能免。参加拙文《程朱的“格君心之非”思想》,载《中国社会科学院研究生院学报》2006 年第 1 期。

弟子眭弘没有其先师幸运，他因言灾异，被认为“妖言惑众，大逆不道”而伏诛(《汉书·眭弘传》)。

在君主制下(无论秦以前的封建制还是秦以后的郡县制，二者都是君主制，前者是地方分权的君主制，后者是中央集权的君主制)，虽然君主是“最高决策者”，但儒家并不以臣民为“小我”，也不以君主为“大我”或“大局”或“组织”。孔子说“以道事君，不可则止”“因民之所利而利之”，孟子说“道二:仁与不仁而已矣”(《孟子·离娄上》)，“民为贵，社稷次之，君为轻”(《孟子·尽心下》)，荀子说“天之生民，非为君也;天之立君，以为民也”(《荀子·大略》)。可见，先秦儒家是服从于仁道，以人民为“大我”，以为民、利民为宗旨或“大局”。如果从“个人”与“组织”的关系而言，那么君主也是“个人”，而社稷(国家政权)就是“组织”。孟子说“社稷次之，君为轻……诸侯危社稷，则变置”，贵戚之卿“君有大过则谏，反复之而不听则易位”(《孟子·万章下》)，此即君主要服从于社稷。

汉儒虽然有了“君为臣纲”的思想，但也仍继承了先秦儒家的崇尚仁道、以民为本的思想。如果“三纲”就是“从大局出发，‘小我’服从‘大我’”，那么董仲舒只立“三纲”或只言“屈民而伸君”就已足矣，他何必又讲“屈君而伸天”和“阴阳灾异”呢？董仲舒说：

> 仁之美者在于天。天，仁也。天覆育万物，既化而生之，有养而成之，事功无已，终而复始，凡举归之以奉人。察于天之意，无穷极之仁也。(《春秋繁露·王道通三》)
>
> 为人者天也，人之(人)本于天，天亦人之曾祖父也。(《春秋繁露·为人者天》)
>
> 天者，百神之大君也。……天子者，则天之子也。以身度天，独何为不欲其子之有子礼也！(《春秋繁露·郊语》)
>
> 凡灾异之本，尽生于国家之失。国家之失乃始萌芽，而天出灾害以谴告之;谴告之而不知变，乃见怪异以惊骇之;惊骇之尚不知畏恐，其殃咎乃至。以此见天意之仁，而不欲陷人也。(《春秋繁露·必仁且智》)

观此可知,董仲舒所谓“天”,虽然是“百神之大君”,但亦是人类的祖宗(曾祖父),他对人类充满了仁爱之心(《春秋繁露·必仁且智》:“仁者所爱人类也,智者所以除其害也”),而君主(天子)只是这个大家庭中的“天之子”而已。所谓“灾异”就是天对君主之过失的警告,“灾害”是初级警告,“怪异”是严重警告,如果在严重警告之后仍不悔改,那他就有殃咎而败亡了,这正体现了“天意之仁”。董仲舒又说:

> 且天之生民,非为王也;而天立王,以为民也。故其德足以安乐民者,天予之;其恶足以贼害民者,天夺之。(《春秋繁露·尧舜不擅移汤武不专杀》)

这是复述了荀子之说,而又加上天对君主的赏罚予夺。可见,董仲舒之所以“屈君而伸天”,其本义也是要使君主服从于仁道,人民是“大我”,为民、安乐民是“大局”,君主之“个人”要服从于人类大家庭这个“组织”。此义不是“三纲”所能具有的。如果董仲舒只立“三纲”,只讲“屈民而伸君”,那他只是法家而已。正因为汉儒及其以后的儒家仍继承了先秦儒家的崇尚仁道、以民为本的思想,所以他们才仍是儒家。

三、如何从历史与现实评价“三纲”?

贺麟先生在《五伦观念的新检讨》一文中认为“五伦”观念有四个要素,即:“(一)注重人与人的关系;(二)维系人与人之间的正常永久关系;(三)以等差之爱为本而善推之;(四)以常德为准而皆尽单方面之爱或单方面的义务。”[①]其中第四个要素就是指从“五伦”进展到“三纲”。对于这一进展的历史意义,贺先生有如下评价:

> 五伦说只是将人与人的关系,方便分为五种,此说注重人生、社会

① 贺麟:《文化与人生》,商务印书馆1996年版,第62页。

和等差之爱的伦理学说,并无传统或正统礼教的权威性与束缚性。儒家本来是与诸子争鸣的一个学派,其进而被崇奉为独尊的中国人的传统礼教,我揣想,应起源于三纲说正式成立的时候。……三纲说在西汉的时候才成立。儒教正式成为中国的礼教也起源于西汉。而中国真正成为大一统的国家,也自西汉开始。西汉既然是有组织的伟大帝国,所以需要一个伟大的有组织的礼教,一个伟大的有组织的伦理系统以奠定基础,于是将五伦观念发挥为更严密更有力量的三纲说,及以三纲说为核心的礼教,这样,儒教便应运而生了(儒教之成为中国的礼教,实有其本身的理论上的优胜条件,汉武帝之崇儒术罢百家,只是儒教成为礼教的偶然机缘,而非根本原因)。[①]

我对以上历史评价并不完全赞同。其一,中国真正成为大一统的国家,并不自西汉开始,而是始于秦帝国,即所谓“海内为郡县,法令由一统”“今皇帝并有天下,别黑白而定一尊”(《史记·秦始皇本纪》)。其二,“三纲”之说的前驱,如张岱年先生所说,在法家韩非的《忠孝》篇中就已经有了。其三,儒教作为“一个伟大的有组织的伦理系统”,其能得到汉初统治者的尊重,乃至在武帝时期“独尊儒术,罢黜百家”,其“理论上的优胜条件”不仅在于有“三纲”,而更主要在于它主张“行仁义”“任德教”,从而能使汉王朝得以相对的长治久安,不致如秦二世而亡。此即如陆贾劝说汉高祖时所说:“居马上得之,宁可以马上治之乎?……乡使秦已并天下,行仁义,法先圣,陛下安得而有之?”(《史记·陆贾列传》)又如贾谊总结秦速亡的教训在于“仁义不施,而攻守之势异也”(《新书·过秦上》)。董仲舒在《举贤良对策》中并没有提出“三纲”,而是更强调“王者承天意以从事,故任德教而不任刑”“夫仁、谊(义)、礼、知(智)、信五常之道,王者所当修饬也。五者修饬,故受天之佑……”(《汉书·董仲舒传》)。因此,与其说“三纲”是儒家礼教的核心,不如说仁义德教更是儒家礼教的根本。

贺麟先生在对“三纲”作了历史评价之后,又说:“据我们现在看来,站在

① 贺麟:《文化与人生》,商务印书馆1996年版,第57—58页。

自由解放的思想运动的立场去攻击三纲,说三纲如何束缚个性,阻碍进步,如何不合理,不合时代需要等等,都是很自然的事。”[1]我对此说是赞同的。但贺先生又说:“要用哲学的观点,站在客观的文化思想史的立场,去说明三纲说发生的必然性及其真意义所在,就比较困难了。”于是,贺先生指出:

> 第一,由五伦的相对关系,进展为三纲的绝对的关系……
>
> 第二,由五伦进展为三纲包含有由五常之伦进展为五常之德的过程。……自从三纲说兴起后,五常作为五常伦解之意渐渐被取消,作为五常德解之意渐次通行。所谓常德就是行为所止的极限,就是柏拉图的理念或范型。也就是康德所谓人应不顾一切经验中的偶然情况,而加以绝对遵守奉行的道德律或无上命令。……“谊”和“道”就是纯道德规范,柏拉图式的纯道德理念。换言之,先秦的五伦说注重人对人的关系,而西汉的三纲说则将人对人的关系转变为人对理、人对位分、人对常德的单方面的绝对的关系。故三纲说当然比五伦说来得深刻而有力量。举实例来说,三纲说认君为臣纲,是说君这个共相,君之理是为臣这个职位的纲纪……
>
> 三纲就是把“道德本身就是目的而不是手段”“道德即道德自身的报酬”等伦理识度,加以权威化、制度化,而成为礼教的信条。……所不同者,三纲的真精神,为礼教的桎梏、权威的强制所掩蔽,未曾受过启蒙运动的净化,不是纯基于意志的自由,出于真情之不得已罢了。[2]

我对以上“用哲学的观点”所作出的评价也不完全赞同。其一,儒家的所谓“常德”或“常道”应具有崇尚道德、以民为本、仁爱精神、忠恕之道、和谐社会等内涵[3],因此,它不是“柏拉图式的纯道德理念”。其二,在先秦儒家的道德学说中,本有道德的“绝对命令”的思想。如孔子说:“朝闻道,夕死可矣!”(《论语·里仁》)“志士仁人,无求生以害仁,有杀身以成仁。”(《论语·

---

① 贺麟:《文化与人生》,商务印书馆1996年版,第58页。

② 同上书,第58、59—60、61—62页。

③ 参见拙文《反思儒家文化的“常道”》,载《孔子研究》2011年第2期。

卫灵公》)孟子说:“尊德乐义……故士穷不失义,达不离道。”(《孟子·尽心上》)“生亦我所欲也,义亦我所欲也,二者不可得兼,舍生而取义者也。”(《孟子·告子上》)孟子和荀子都说:“行一不义,杀一不辜,而得天下,皆不为也。”(《孟子·公孙丑上》《荀子·王霸》)这些论述以及“孔颜之乐”的精神,已经包含着“道德本身就是目的而不是手段”“道德即道德自身的报酬”等伦理识度,且其与“仁者爱人”“人是目的”的思想是相统一的,因此,儒家所奉行的“道德律”或“绝对命令”不待汉代出现“三纲”而有之。其三,秦以后的儒家虽然有“君之理”或以“尊君”为共相的思想,但他们对个体之君从来都是依其具体的德行(所谓“经验中的偶然情景”)而作出不同的评价或采取相应的方式,因此,“君之理”并没有使儒家放弃对“君君”(即君主要有符合君主之名分的德行)的要求,也没有限制儒家对不同的君主采取不同的“尊君”方式,当然更没能避免一些“野心家”打着“天命”的旗号而篡夺君位、改朝换代。其四,儒家之尊君是出于“理”之必然,所谓“君臣之义无所逃于天地之间”是也,因此,它不像“为仁由己”那样是出于“意志的自由”,而“意志的自由”正是康德道德学说的“拱心石”,故而“三纲的真精神”与康德的道德律令有着根本的差异。

方文否认“三纲”有单方面的绝对义务,从而不会有关于“绝对命令”的评价。方文是从“历史与现实意义”的角度对“三纲”予以重新审视,作者说:

> 我们既然承认在中国古代社会条件下,并不存在建立一个民主国家的可能性,君主制不仅是那个时代或那样社会条件下全世界通用的模式,而且更重要的是,它代表了那个时代维护社会秩序、确保社会安宁、促进生产力发展和人民生活水平提高最有效的制度保障,那么,“尊王”和“三纲”的合理性和现实意义就昭然若揭。

对于上面这段话,我有一半赞成。正如恩格斯所说:“在(中世纪)这种普遍的混乱状态中,王权是进步的因素,这一点是十分清楚的。王权在混乱中代表着秩序,代表着正在形成的民族(Nation)而与分裂成叛乱的各附庸国的状态对抗。”①王夫之也曾说：“秦以私天下之心而罢侯置守，而天假其私以行其大公。”（《读通鉴论》卷一）所谓“大公”就是说它有利于社会的稳定和人民的生产与生活。因为君主集权在当时的历史条件下是“进步的因素”，所以汉儒与时俱进，立“三纲”之说，实现了儒家学说与秦汉制度的整合，这也是有“合理性”而应予以肯定评价的。然而，君主制亦有其不能克服的弊病，虽然儒家的仁义道德可以延长一个王朝兴衰存亡的周期，但君主制终究要走向腐败，从而引发社会动荡，乃致中国历史不断出现“分久必合，合久必分”、一治一乱、改朝换代的循环。因此，说君主制可以“确保社会安宁、促进生产力发展和人民生活水平提高”只是相对的，当它走向腐败时，它就成为天下的祸害。故而王夫之又曾说：“生民以来未有之祸，秦开之而宋成之也。是故秦私天下而力克举，宋私天下而力自诎。”（《黄书·古仪》）“圣人坚揽定趾以救天地之祸，非大反孤秦、陋宋之为不得延……”（《黄书·宰制》）

方文所说“在中国古代社会条件下”，应即指在中国古代一定的生产力和生产关系等因素的条件下，而现代社会已大不同于古代社会。令人不解的是，我们承认在中国古代社会条件下君主制可以是进步的因素，这只能说明“尊王”和“三纲”在中国古代社会有其“历史意义”，可为什么又说它在现代社会的“现实意义”也昭然若揭了呢？

方文说：“‘三纲’思想和具体的政治制度还不是一回事，它仅仅代表人们对于现实关系所应取的态度或立场。”这里的“仅仅”二字，把“三纲”思想的具体内涵以及它所适应的具体历史条件都“抽象”掉了，而只剩下“人们对于现实关系所应取的态度或立场”。所谓“现实关系”当然应包含着“现实”中的具体条件，如果说“三纲”思想只是说人们的政治态度或立场要适应现实中的具体条件，那么法家所谓“当时而立法，因事而制礼”（《商君书·更法》）已经将此表达得再清楚不过了，何待有“三纲”？事实上，法家正是据此而“变法”。改封建而为郡县，实现“要在中央”的君主集权，正是法家在秦国“变法”的重要内容，而“三纲”思想也就是要适应“汉承秦制”的现实。

方文说：“在今天所有的组织、机构里，在我们的学校、公司或企业里，处

① 《马克思恩格斯全集》第二十一卷，人民出版社1965年版，第453页。

处可以看到‘三纲’的精神。”甚至美国的希拉里败选后担任奥巴马政府的国务卿，也“正是‘三纲’精神的现代翻版。”如果真是这样的话，方文所说“在中国古代社会条件下，并不存在建立一个民主国家的可能性”，岂不成了废话？

正因为方文混淆了君主制与民主制的不同，把“三纲”思想“抽象”为仅仅是“对于现实关系所应取的态度”或“只是从大局出发”，所以“三纲”就成为古今通用、“全世界通用的模式”。然而，在今天的组织、机构里，还适用“三纲”的本义所说“事君者，象屈服之形”“士贱，不得豫政事”吗？当希拉里参加竞选，然后又担任国务卿时，她能信奉“妇者，服也，以礼屈服”和“妇人无爵……阴卑无外事”的“三从之义”吗？

方文把中国近代、特别是五四新文化运动以来对“三纲”的批判，视为“中国文化价值的空前沦丧，即中国人日益沉浸于对民主、人权、自由等西方价值观的崇拜中，而不知为何数千年来真正推动中华民族前进的价值是什么……”而这又是“被一些脱离历史文化背景的抽象概念误导的结果”。然而事实上，方文之所以认为“三纲”思想古今通用、“全世界通用”，正是因为它把“三纲”变成了“脱离历史文化背景的抽象概念”。

如果要讲批判君主制、批判“三纲”的历史文化背景的话，应该说它不始于中国近代。远在东汉末年，仲长统就已认识到君主世袭制的“家天下”政权必然走向政治腐败：在经过群雄竞争、一个王朝的兴起和稳定之后：

> 彼后嗣之愚主，见天下莫敢与之违……君臣宣淫，上下同恶。……信任亲爱者，尽佞谄容说之人也；宠贵隆丰者，尽后妃姬妾之家也。使饿狼守庖厨，饥虎牧牢豚，遂至熬天下之脂膏，斫生人之骨髓，怨毒无聊，祸乱并起，中国扰攘，四夷侵叛，土崩瓦解，一朝而去。（《后汉书·仲长统传》）

这正是西汉末年和东汉末年的情况。在仲长统看来，新旧王朝的更替，所谓“存亡以之迭代，政（治）乱从此周复”，乃是“天道常然之大数”。当改朝换代之时，社会便处于极其痛苦惨烈的“大难”之中。仲长统说：

> 昔春秋之时,周氏之乱世也。逮乎战国,则又甚矣。秦政乘并兼之势,放虎狼之心,屠裂天下,吞食生人,暴虐不已,以招楚、汉用兵之苦,甚于战国之时也。汉二百年而遭王莽之乱,计其残夷灭亡之数,又复倍乎秦、项矣。以及今日,名都空而不居,百里绝而无民者,不可胜数,此则又甚于亡新之时也。悲夫!不及五百年大难三起,中间之乱尚不数焉。变而弥猜,下而加酷,推此以往,可及于尽矣。嗟乎!不知来世圣人救此之道将何用也?又不知天若穷此之数欲何至邪?(《后汉书·仲长统传》)

仲长统不知道用什么样的政治体制来"救此之道",也不知道这种治乱循环、存亡迭代要经过多长的时间才能穷尽,但他对君主制的弊病及其祸害的批判已经够深刻的!

"中国扰攘,四夷侵叛,土崩瓦解,一朝而去",至宋则亡于元,至明则亡于清,这对于中国士人是绝大的刺激。于是,宋元之际有邓牧的《伯牙琴》,明清之际有黄宗羲的《明夷待访录》,我对此两书的论述已多①,在此不再赘述。吕留良在《四书讲义》中说:

> 秦汉以后,许多制度……本心却绝是一个自私自利,惟恐失却此家当。……此朱子谓"自汉以来二千余年二帝三王之道未尝一日行于天下"者是也。
>
> 三代以后……尊君卑臣,相去悬绝。故其治也,以威力相摄。及其不能摄也,则篡弑随之。直弄成一个私心自利世界……
>
> 此一伦不正,上体骄而下志污。欲求三代之治,未易得也。②

他要正君臣之伦,就是要改变"君为臣纲"。唐甄也激切地批判"自秦以来,凡为帝王者皆贼也"(《潜书·室语》)。他提出"抑尊",除了批判"君尊臣卑"之外,尤其反对"男尊女卑"。他说:"盖今学之不讲,人伦不明;人伦不

---

① 参见拙文《从民本走向民主的开端》,载《华东师范大学学报》2006年第2期。

② 转引自钱穆《中国近三百年学术史》,商务印书馆1997年版,第88、90、91页。

明，莫甚于夫妻矣。”他主张夫妻之间要相互尊敬与和谐，“敬且和，夫妇之伦乃尽”（《潜书·内伦》），恕道要“行之自妻始”“不恕于妻而能恕人，吾不信也”（《潜书·夫妇》）。这就是主张以男女平等改变“夫为妻纲”。

如果了解了以上历史文化背景，就可知中国近代批判君主制、批判“三纲”，经由戊戌变法而至辛亥革命，建立民主共和国，不仅是学习了西方文化的民主、自由、人权，而且也符合中国文化、儒家思想从民本走向民主的发展逻辑。若将此视为“中国文化价值的空前沦丧”，则正因其不知中国文化、儒家思想的核心价值或“常道”不在于“三纲”，而在于崇尚道德、以民为本、仁爱精神、忠恕之道、和谐社会；“数千年来真正推动中华民族前进的价值”也不在“三纲”，如张岱年先生所说，在于“自强不息”“厚德载物”的中华精神①。

当戊戌变法失败而民主革命的风潮涌动时，张之洞欲“绝康、梁以谢天下”，他在《劝学篇·明纲》中说：

> “君为臣纲，父为子纲，夫为妻纲”……圣人所以为圣人，中国所以为中国，实在于此。故知君臣之纲，则民权之说不可行也；知父子之纲，则父子同罪、免丧废祀之说不可行也；知夫妇之纲，则男女平权之说不可行也。

如果明确“三纲”之说始于西汉，则“圣人所以为圣人，中国所以为中国”绝不在“三纲”。张之洞说的并不全误，如他说“知君臣之纲，则民权之说不可行也……知夫妇之纲，则男女平权之说不可行也”，虽然他反对民权、男女平权是错误的，但“三纲”与民权或民主不可两立应是正确的。方文把“三纲”视为“中国未来建立健全民主制度的前提条件之一”，可谓不知“三纲”为何物，而其所谓“建立健全民主制度”是何指，亦十分令人怀疑。

我只承认“三纲”有其一定的历史意义，而否认它至今仍有“现实意义”。相反，我认为批判“三纲”仍有其现实意义。在经历了“文革”时期的“个人

① 参见《张岱年全集》第六卷，河北人民出版社1996年版，第223—224页。

崇拜”“无产阶级专政下的继续革命”之后，邓小平指出：“没有民主就没有社会主义，就没有社会主义的现代化。”①冯契先生说：

> 由于道德与政治关系密切，马克思主义者产生过分强调阶级性的倾向，对旧道德作了许多“左”的批判，结果还是搞个人崇拜。个人崇拜就是变相的家长制，变相的君为臣纲。仅这点就可以说明社会伦理观念和习惯势力的顽强。②

张岱年先生在1986年发表的《文化传统与民族精神》一文中提出“‘自强不息’‘厚德载物’是中国文化的基本精神”。也正是在此文中，他说：

> 儒学宣扬的三纲之说，确实是阻碍社会进步的沉重枷锁。但是，历史究竟前进了，辛亥革命打破了君为臣纲，五四运动批判了父权和夫权，但是旧思想仍有一定影响。个人崇拜实际上是变相的君为臣纲。家长制作风、重男轻女的观念尚待消除。③

我认为，邓小平和两位当代著名哲学家说的话，是有其现实意义的。

（原载《天津社会科学》2012年第1期）

---

① 《邓小平文选》(1975—1982)，人民出版社1983年版，第154页。

② 冯契：《人的自由和真善美》，华东师范大学出版社1996年版，第234页。

③ 《张岱年全集》第六卷，河北人民出版社1996年版，第222页。

范仲淹与宋代儒学的复兴

钱穆先生论两宋学术云:“宋学精神,厥有两端:一曰革新政令,二曰创通经义,而精神之所寄则在书院。革新政令,其事至荆公而止;创通经义,其业至晦庵而遂。而书院讲学,则其风至明末之东林而始竭。”[①]此处所说的“两端”,亦有体有用,即以“经义”为体,以“政令”为用;“书院”者,即教授此“明体达用”之学也。《宋元学案》托始于“安定学案”,安定(胡瑗)“以明体达用之学授诸生”,“其教人之法,科条纤悉具备,立经义、治事二斋”。其“经义”即体也,其“治事”则用也。此种治学精神的确立,以及宋代“书院”的兴起,实是本之于范仲淹。宋学精神中的“革新政令”,其事至荆公(王安石)而止,其始则亦是创自范仲淹。由范仲淹倡导、推行的庆历新政,是王安石熙宁变法的先河;而庆历新政的改革科举、兴办学校,则使儒学得以复兴,成就了宋元明时期的新儒学。范仲淹实为宋代复兴儒学的第一人。

一

范仲淹具有鲜明的民本意识,这与其青少年时期的经历有关。据《范文正公集·年谱》,他两岁丧父,从母在朱姓家中长大,21 岁始寄居长山醴泉寺(今山东邹平县南)苦学,在此之前可能因贫寒而无缘于读书,当他 27 岁登进士第时,仍是“长白一寒儒”。这种经历使他深知民间疾苦、社会利病。他

---

① 钱穆:《中国近三百年学术史》,商务印书馆 1997 年版,第 7 页。

“少有大节”“慨然有志于天下”(欧阳修《范公神道碑铭并序》),在进入仕途后,始终“忧其君”“忧其民”,而“忧其君”也是忧君主不能“进贤授能”,为民行善政。

“民”在范仲淹的思想中,就是士、农、工、商“四民”。在他所作的《四民诗》(《范文正公集》卷一)中,他对农(“制度非唐虞,赋敛由呼吸。伤哉田桑人,常悲大弦急。一夫耕几垄,游堕如云集。一蚕吐几丝,罗绮如山入”)、工(“可甚佛老徒,不取慈俭书,竭我百家产,崇尔一室居”)、商(“桑柘不成林,荆棘有余春。吾商则何罪,君子耻为邻”)在当时所受的压迫、所处的窘境,给予了深深的理解和同情(流传较广、童稚能诵的《江上渔者》:“江上往来人,但爱鲈鱼美,君看一叶舟,出没风波里。”也是他“忧其民”的心怀袒露)。他所希望的是进行改革:“琴瑟愿更张,使我歌良辰。”

作为“四民”之一的“士”,是范仲淹自身所处的一个阶层。他认为“士”在社会中所应得到的待遇是:“前王诏多士,咸以德为先,道从仁义广,名由忠孝全。美禄报尔功,好爵縻尔贤,黜陟金鉴下,昭昭媸与妍。”也就是说,君主要以仁义忠孝、贤能功绩为标准而授予“士”之爵禄,“进贤授能”,与君主“共理天下”。但是,当时的境况却是:“此道日以疏,善恶何茫然”,也就是说,自秦汉以来,儒家之“道”日益荒疏,善恶失去准衡,“士”之升迁黜陟不是以仁义忠孝、贤能功绩为标准。虽然“君子不斥怨,归诸命与天”,但是“术者乘其隙,异端千万惑”,由此造成了士风与吏治的败坏:“学者忽其本,仕者浮于职。节义为空言,功名思苟得。天下无所劝,赏罚几乎息。”这种境况给儒学带来的危害是:“裨灶方激扬,孔子甘寂默。六经无光辉,反如日月蚀。”这里的“裨灶”(春秋时期郑国言“阴阳灾异”者,子产以“天道远,人道迩”批判之)是喻指佛老。范仲淹在此所说的佛老“激扬”、孔学“寂默”,“六经无光辉”,也正是稍后王安石与张文定公的那段问答所反映的情况:“一日[荆公]问张文定公曰:‘孔子去世百年生孟子,亚圣后绝无人,何也?’……文定曰:‘儒门淡薄,收拾不住,皆归释氏焉。’公欣然叹服。”(宗杲《宗门武库》)在佛老激扬、儒门淡薄的情况下,范仲淹发出了复兴儒学的呼声:“大道岂复兴,此弊何时抑。”尽管是“昔多松柏心,今皆桃李色”,但是“愿言造物者,回此天地力”。范仲淹的庆历新政,就是要担当“造物者”之功,“回此天地力”,复兴儒学。

在范仲淹的思想中,民本、士风、吏治与复兴儒学是密切结合在一起的。要使“琴瑟更张”,百姓歌咏“良辰”,就必须端正士风,整顿吏治;而要整顿吏治,“举县令,择郡守”,又必须“慎选举”,即改革科举考试的方法,不是以词赋、墨义(记诵经书章句)来取士,而是据经旨、策论来选拔真正的人才,“取以经济之士”(范仲淹所谓“经济”,即是本之于儒家的经旨、经义而经世济民);而“取以经济之士”,又必须“敦教育”,即兴办学校,“教以经济之业”,授以“明体达用之学”。这种“明体达用之学”,已经不是“学者失其本”的“泛滥词章”,也不是“功名思苟得”的进士场屋之学,而是能够认明儒家之经旨而经世济民之学;它所培养出来的“士”,虽然须通过科举考试而进入仕途,但他们的目的不是为了考取“功名”、达身“富贵”(《范文正公集》卷二《鄱阳酬泉州曹使君见寄》:“吾生岂不幸,所禀多刚肠。身甘一枝巢,心苦千仞翔。志意苟天命,富贵非我望”),而是为了把儒家之道“举而措之天下,能润泽斯民”。这种儒家之“士”即孔门弟子曾参所谓“仁以为己任”者,他们把个人的祸福得失置之度外,“不以物喜,不以己悲”,仕途的顺逆沉浮不能改变其志向,故“居庙堂之高,则忧其民;处江湖之远,则忧其君”(《范文正公集》卷七《岳阳楼记》),他们将此作为自身的终极关怀、内在价值,因此,他们虽然“进亦忧,退亦忧”,但仍不失为“道义之乐”(《范文正公集·年谱》)。这种“明体达用之学”,就是宋代所复兴的新儒学。

二

“宋初三先生”即胡瑗、孙复和石介,先后游仲淹之门,他们受范仲淹的激励、延聘和推荐,将其复兴儒学的精神付诸治学和讲学之中。天圣三年(1025),范仲淹在《奏上时务书》(《范文正公集》卷七)中已提出了“救文弊”“重三馆之选”。两年之后,他又在《上执政书》(《范文正公集》卷八)中明确提出了“慎选举,敦教育”“呈试之日,先策论以观其大要,次诗赋以观其全才”“深思治本,渐隆古道,先于都督之郡,复其学校之制”。此时他正在南京应天府(今河南商丘)掌府学,“常宿学中,训督学者,皆有法度”(《年谱》),

“明体达用”的教学之法在此时当已有其雏形。《年谱》引《东轩笔录》云：

> 公在睢阳(按南宋时金改“南京”为睢阳)掌学,有孙秀才者,索游上谒公,赠钱一千。明年孙生复谒公,又赠一千,因问:“何为汲汲于道路?”孙生戚然动色曰:“母老无以养,若日得百钱,则甘旨足矣。”公曰:“吾观子辞气非乞客,二年仆仆所得几何,而废学多矣。吾今补子为学职,月可得三千以供养,子能安于学乎?”孙生大喜。于是,授以《春秋》,而孙生荐学不舍昼夜,行复修谨,公甚爱之。明年公去睢阳,孙亦辞归。后十年间,泰山下有孙明复先生,以《春秋》教授学者,道德高迈,朝廷召至,乃昔日索游孙秀才也。(又见《宋元学案·泰山学案》附录)

这一段范仲淹与孙复的因缘际会,实乃宋代儒学复兴的一个重要契机。范仲淹对索游的“孙秀才”给予同情、帮助,补以学职,授以《春秋》,激励他“安于学”,这与范仲淹因自身的苦学经历而同情“寒儒”很有关系。《宋元学案·泰山学案》载:孙复“四举开封府籍,进士不第,退居泰山,学《春秋》,著《尊王发微》十二篇”。孙复在睢阳两次上谒范仲淹,当即孙复四举而进士不第之时,他在泰山“学《春秋》”,当始于范仲淹在睢阳“授以《春秋》”。孙复不负范仲淹所望,在泰山苦学十年,成为复兴儒学的“宋初三先生”之一。

《宋元学案·安定学案》载:胡瑗“七岁善属文,十三通五经,即以圣贤自期许。……家贫无以自给,往泰山与孙明复、石守道同学”。他生于宋太宗淳化四年(993),十三岁时是公元1006年,而孙复离开睢阳时是宋仁宗天圣六年(1028),也就是说,在胡瑗十三岁“通五经”之后,又经历了二十多年的贫困坎坷,然后往泰山与孙复、石介同学。《安定学案》载其在泰山苦学的情况:“攻苦食淡,终夜不寝,一坐十年不归。得家书,见上有‘平安’二字,即投之涧中,不复展,恐扰心也。”在此期间,“宋初三先生”相互砥砺,而范仲淹的“慎选举,敦教育”的思想当通过孙复而传达给了胡瑗、石介。

景祐二年(1035),范仲淹在苏州,奏请立郡学,并且首先把自己所得南园之地建为“义学”,希望“天下之士咸教育于此”“既成或以为太广,公曰:‘吾恐异时患其隘耳。’”此年,范仲淹聘胡瑗“为苏州教授,诸子从学焉”,同时亦给孙复写信,希望他到苏州"讲贯经籍,教育人材"(《年谱》)。此年末,范仲淹召还判国子监,朝廷更定雅乐,诏求知音,范仲淹推荐胡瑗,"以白衣对崇政殿,授试秘书省校书郎"(《安定学案》)。此时,胡瑗四十二岁,经范仲淹的推荐,从"白衣"被授以学官之职。

康定二年(1041),范仲淹为陕西经略安抚副使,在戎马倥偬中,他写有《举张问、孙复状》,说孙复"素负词业、经术,今退隐泰山,著书不仕,心通圣奥,迹在穷谷",希望朝廷"赐召试,特加甄奖"(《范文正公集》卷十八)。同年,张载来谒,即《宋史·张载传》所云:张载"少喜谈兵,至欲结客取洮西之地,年二十一,以书谒范仲淹,一见知其远器,乃警之曰:'儒者自有名教可乐,何事于兵!'因劝读《中庸》"。这也就是《宋元学案》序录所说"导横渠以入圣人之室,尤为有功"。

庆历二年(1042),朝廷依范仲淹、富弼的推荐,"以处士孙复为国子监直讲"(《年谱·补遗》),此时孙复五十岁,距其离开睢阳已经十四年了。又据《宋元学案·泰山学案》:石介既为学官,"作《明隐篇》,以语于朝,……于是范文正、富文忠皆言先生有经术,宜在朝廷,除国子监直讲"。孙复被授以学官,与石介在朝廷中的宣传也有关。

庆历三、四年,即庆历新政推行之时,规定科举考试"进士:先策论而后诗赋""诸科:经旨通者为优等,墨义通者为次等""使人不专辞藻,必明理道"(《范文正公集·政府奏议》卷上《答手诏条陈十事》),在京师建立太学,诏令各州县皆立学,范仲淹于此间写有《奏为荐胡瑗、李觏充学官》,其中讲:胡瑗"志穷坟典,力行礼义,见在湖州郡学教授,聚徒百余人,不惟讲论经旨,著撰词业,而常教以孝悌,习以礼法,人人向善,闾里叹伏,此实助陛下之声教,为一代美事"(《范文正公集·政府奏议》卷下)。亦在此时,"天子诏下苏、湖取其法,著为令。于太学召[胡瑗]为诸王宫教授,辞疾不行……"(《安定学案》)

庆历年间,孙复、石介并为国子监直讲,而胡瑗的教学之法也被朝廷所肯定和推广,胡瑗亦被召为诸王宫教授。"宋初三先生"与庆历新政的关系,于此得到充分显现。随着庆历新政的夭折,石介被迫害至死,孙复亦遭诬陷被罢贬。后来,孙复得以复职,"稍迁殿中丞,年六十六卒"(《泰山学案》)。

胡瑗则在皇祐二年(1050)再次被召,参与“作乐事”,受到朝廷的嘉奖。嘉祐元年(1056),胡瑗“擢太子中允、天章阁侍讲,仍专管句太学。四方之士归之,至庠序不能容,旁拓军居以广之。既而疾作,以太常博士致仕。东归之日,弟子祖帐,百里不绝,时以为荣。”(《安定学案》)虽然庆历新政夭折了,但其“慎选举,敦教育”的思想因胡瑗的执掌太学而得以延续和光大,并且形成与荆公新学相抗衡的一股势力。《安定学案》载:

> 是时礼部所得士,先生弟子,十常居四五,随才高下而修饰之。人遇之虽不识,皆知为先生弟子也。在湖学时,福堂刘彝往从之,称为高弟。后熙宁二年,神宗问曰:“胡瑗与王安石孰优?”对曰:“臣师胡瑗以道德仁义教东南诸生,时王安石方在场屋中,修进士业。臣闻圣人之道有体、有用、有文。君臣父子、仁义礼乐,历世不可变者,其体也;诗书史传子集,垂法后世者,其文也;举而措之天下,能润泽斯民,归于皇极者,其用也。国家累朝取士,不以体用为本,而尚声律浮华之词,是以风俗偷薄。臣师当宝元、明道之间,尤病其失,遂以明体达用之学授诸生,夙夜勤瘁,二十余年专切学校,始于苏湖,终于太学。出其门者,无虑数千余人。故今学者明夫圣人体用,以为政教之本,皆臣师之功,非安石比也。

熙宁变法时,胡瑗的弟子在朝中“十常居四五”,这是一股与荆公新学相抗衡的势力,故而宋神宗有“胡瑗与王安石孰优”之问。刘彝把胡瑗的“明体达用之学”表达得十分清楚,说胡瑗的教授学者之功非王安石可比,这也是事实;但说“今学者明夫圣人体用,以为政教之本,皆臣师之功”,却未免尊其师而忽略了范仲淹的重要作用。胡瑗“专切学校,始于苏湖”,其在苏州讲学即在明道(按实为景祐)年间,在湖州讲学即在宝元年间。而天圣三年(1025),即胡瑗在苏州讲学的十年之前,范仲淹就已在《奏上时务书》中提出了“救文弊”的思想,指出“文章之薄,则为君子之忧;风化其坏,则为来者之资”,批评当时“修辞者不求大才,明经者不问大旨,师道既废,文风益浇”,并且强调“其源未澄,欲波之清,臣未之信也”。两年之后,范仲淹在《上执政书》中提出“慎选举，敦教育”的思想，主张“深思治本，渐隆古道”，期以行之数年而使“士风丕变”。又三年之后，范仲淹在《上时相议制举书》中提出“宗经则道大，道大则才大，才大则功大”，主张通过改革科举而“使天下贤俊，翕然修经济之业，以教化为心，趋圣人之门，成王佐之器”（《范文正公集》卷九）。又五年之后，范仲淹在苏州立郡学，胡瑗始应聘而专切于学校。刘彝所说“国家累朝取士，不以体用为本，而尚声律浮华之词，是以风俗偷薄”，胡瑗“尤病其失”，实际上，范仲淹“尤病其失”比胡瑗早十年；胡瑗“以明体达用之学授诸生”，这是本于范仲淹的“敦教育”思想；“今学者明夫圣人体用，以为政教之本”，这除了胡瑗的教授之功外，还应归功于范仲淹的首倡敦教育、立郡学；若无范仲淹的延聘和推荐，胡瑗也不可能“始于苏湖，终于太学”，成一时教育之盛事。

三

由于范仲淹和“宋初三先生”等人的共同努力，庆历新政确立了“明体达用之学”，成就了儒学的复兴之势。范仲淹说“大道岂复兴，此弊何时抑”，当时思想文化上的“弊”就是儒门淡薄，佛老激扬。儒门之所以淡薄，是因为朝廷以词赋、墨义取士，致使“学者忽其本”“功名思苟得”；而佛老激扬，则是因为“术者乘其隙，异端千万惑”。要抑止佛老，就必须使学者“明体达用”，把儒学从声律浮华之词、场屋功名之学中拯救出来。

欧阳修于庆历二年（1042）作有《本论》，提出“佛所以为吾患者，乘其阙废之时而来，此其受患之本也”，排佛“莫若修其本以胜之”，“礼义者，胜佛之本也”（《居士集》卷十七）。庆历新政确立儒者的“明体达用之学”，即是从“本”上复兴儒学，抑止佛老。孙复作有《儒辱》一文，认为“佛老之徒横于中国”，是“儒者之辱”。他在《与范天章书》中说：“国家踵隋唐之制，专以词赋取人，故天下之士皆致力于声病对偶之间。探索圣贤之阃奥者，百无一二。而非挺然特出、不徇世俗之士，孰克舍彼而取此。”（见《泰山学案》，按范仲淹于景祐二年冬为天章阁待制，《与范天章书》是孙复与范仲淹往来书信之一）。石介也“尝患文章之弊，佛老为蠹，著《怪说》三篇及《中国论》，言去此三者,乃可以有为”(见《泰山学案》,“三者”即文章之弊与佛老)。钱穆先生就此指出:明体达用之学“正宋儒所以自立其学,以异于进士场屋之声律,与夫山林释老之独善其身而已者也”“盖自唐以来之所谓学者,非进士场屋之业,则释、道山林之趣,至是而始有意于为生民建政教之大本,而先树其体于我躬,必学术明而后人才出,题意深长,非偶然也”①。

“明体达用之学”不同于进士场屋之学,其意义又可解析为二:

其一,“明体达用之学”虽然是为政教立本,但因其不是为了功名之苟得,所以它亦有相对独立于科举、政教的性质。也就是说,它的价值不必非要通过科举、进入仕途、入帝王之“彀”中才能实现,它自身亦有“道义之乐”的内在价值。这一点在科举制度下实非常重要,因为国家官僚机构的职位有限,科举取士毕竟只能考取士阶层中的极少数,而绝大多数士人免不了终身是一寒儒、白衣、处士。以往的儒门之所以淡薄,正是因为科举竞争的激烈,使“修辞者不求大才,明经者不问大旨”,当功名之心磨练得淡泊之后,就免不了归佛入老,闲适山林。“明体达用之学”要将儒家之道“举而措之天下,能润泽斯民”,此其所以不同于佛老;同时,它也为未能进入仕途或从仕途遭贬的士人提供了一种能够安身立命、自有“道义之乐”的思想境界,此其所以把广大士人从佛老吸引到儒门。宋明新儒学就是以此来排斥佛老,“收拾”人才。

范仲淹虽然27岁登进士第,但他不图富贵,“不以物喜,不以己悲”“先天下之忧而忧,后天下之乐而乐”“居庙堂之高则忧其民,处江湖之远则忧其君”。当其晚年,子弟要为他“治第洛阳,树园圃,以为逸老之地”,他说:“人苟有道义之乐,形骸可外,况居室乎!”(《年谱》)这正是宋明新儒学为广大士人提供的一种不同于佛老的思想境界。范仲淹在《岳阳楼记》中说“予尝求古仁人之心,或异二者之为”,此“二者”即“登斯楼也,则有去国怀乡,忧谗畏讥,满目萧然,感极而悲者”,以及“有心旷神怡,宠辱偕忘,把酒临风,其喜洋洋者”。这“二者”或感人生际遇之悲,或喜心契自然之乐,实是喻指佛老。宋明新儒学开出了一种有异“二者”的思想境界。

---

① 钱穆:《中国近三百年学术史》,商务印书馆1997年版,第3页。

孙复四举而进士不第,受范仲淹的激励而"安于学",至庆历二年他50岁时才以处士为国子监直讲,他也正是其所谓"挺然特出、不徇世俗之士"。石介既为学官,作《明隐篇》,以语于朝曰:

> 孙明复先生,畜周孔之道,非独善一身,而兼利天下者也。四举而不得一官,筑居泰山之阳,聚徒著书,种竹树桑,盖有所待也。古之贤人有隐者,皆避乱世而隐者也。彼所谓隐者,有匹夫之志,守硁硁之节之所为也,圣人之所不与也。先生非隐者也。(《宋元学案·泰山学案》)

于是范仲淹、富弼推荐孙复"有经术,宜在朝廷"。庆历新政改革科举,意在鼓励孙复这样的学人,把其中的佼佼者选拔到朝廷的大臣和郡守队伍中,但这样的学人只是"宜"在朝廷,其中的大多数仍免不了"有所待也"。因此,确立"道义之乐"的内在价值,对于这些士人是非常重要的。他们虽然没有进入仕途,但不是传统意义上的"隐者",而是"探索圣贤之阃奥"、忧国忧民而又有"道义之乐"的儒家之士。

二程早年受学于周敦颐,"每令寻颜子、仲尼乐处,所乐何事"(《河南程氏遗书》卷二上)。周敦颐后来被尊为理学之开山,他让二程所寻的"孔颜乐处"就是一种"道义之乐"的思想境界。

程颐"始冠,游太学",胡瑗以《颜子所好何学论》试诸生,得程颐之作,"大惊异之,即请相见,遂以先生为学职"。程颐在此论中说:"颜子所独好者,何也?学以至圣人之道也。……凡学之道,正其心,养其性而已。中正而诚,则圣矣。"(《河南程氏文集》卷八)程颐体会出,要得到"孔颜乐处",就必须"正其心,养其性",具有"中正而诚"的思想境界。注重心性修养并且开掘儒家的心性理论,这是庆历新政为宋明新儒学启示的一个发展方向(范仲淹劝张载读《中庸》,说"儒者自有名教可乐",《范文正公集》卷二十有《省试自诚而明谓之性赋》,亦是启示这一方向)。《安定学案》载黄百家案:胡瑗对程颐"知契独深","伊川之敬礼先生亦至,于濂溪虽尝从学,往往字之曰茂叔,于先生,非安定先生不称也"。程颐敬礼胡瑗,而胡瑗曾与孙复、石介同学,此所以《宋元学案》"托始于安定、泰山者,其意远有端绪"(《宋元学案》

序录)。

其二,“明体达用之学”不同于科举场屋之学,从经学发展的意义上说,就是贬斥“墨义”(汉唐章句注疏之经学),而直接领会儒家的经旨、经义,从而开辟了经学历史的“变古时代”。范仲淹“泛通六经,长于《易》”(《宋史·范仲淹传》)。其所谓“泛通”,就是领会六经之大旨、大义,而不是矻矻于经书的章句训诂。他著有《易义》一篇,解释了乾、咸、恒、遁等二十七卦的卦义,另有《四德说》《穷神知化赋》《乾为金赋》《易兼三材赋》《天道益谦赋》《水火不相入而相资赋》,等等。其易学著作以义、说、赋的形式写出,这也很见范仲淹的学风特色。在《易兼三材赋》中,他说:

> 昔者有圣人之生,建大易之旨,观天之道,察地之纪,取人于斯,成卦于彼,将以尽变化云为之义,将以存洁静精微之理。(《范文正公集·别集》卷三)

他所注重的就是“大易之旨”,认为《易经》兼天、地、人三材之“道”,包含了“变化云为之义”“洁静精微之理”。“旨”“道”“义”“理”,这是范仲淹易学著作的几个关键词。在《天道益谦赋》中,他说:

> 士有探造化之真筌,察盈虚于上天,虽秉阳之功不宰,而益谦之道昭宣,万物仰生,否者由斯而泰矣。……原夫杳杳天枢,恢恢神造,损有余而必信,补不足而可考。是故君子法而为政,敦称物平施之心;圣人象以养民,行哀多益寡之道。……究至理之本,贵必始之于贱,益乃生之于损。既人事之在斯,又天道之奚远。高者抑而下者,举一气无私;往者屈而来者,伸万灵何遁。……我后上德不矜,至仁博施,实兆民之是赖,无一物之不遂。贵退让而黜骄盈,得天道益谦之义。(《范文正公集·别集》卷三)

范仲淹从《易经》所讲的“造化之真筌”中,领会出“天道益谦之义”。在他看来,“天道”与“人事”是相通的,天道的“损有余而补不足”,圣人君子效而法之,就应该在为政、养民中“称物平施”“裒多益寡”。这反映了他的民本思想和社会改革意识。他希望君主能够认识“贵必始之于贱,益乃生之于损”的道理,从而“上德不矜,至仁博施”。在他所作的《君以民为体赋》中,他也强调君主应该“每视民而如子,复使臣而以礼,故能以六合而为家,齐万物于一体”(《范文正公集·别集》卷三)。

范仲淹还作有《老子犹龙赋》《圣人抱一为天下式赋》等,在他晚年还作有一篇《十六罗汉因果识见颂序》,记其在陕西任宣抚使时,偶得佛书《因果识见颂》,“其字皆古隶书,乃藏经所未录”,此书“直指死生之源,深陈心性之法”,读后“胸臆豁然”(《范文正公集·别集》卷四)。这表明在范仲淹的思想中也有吸收佛老因素的倾向。

从经学史上说,范仲淹所讲的经旨、经义算不上有什么地位,即使是“宋初三先生”也只是初启了一个方向。这个方向就是庆历新政的“慎选举,敦教育”所确立的方向,它改变了“修辞者不求大才,明经者不问大旨”的学风,将认明“经旨”“理道”置于“墨义”“辞藻”之上,从而开辟了经学历史的“变古时代”。王应麟说:

> 自汉儒至于庆历间,谈经者守训故而不凿。《七经小传》出而稍尚新奇矣,至《三经义》行,视汉儒之学若土梗。(《困学纪闻》卷八《经说》)

《七经小传》作于刘敞,他于庆历六年中进士,其书一反汉唐章句注疏之学,多以己意而论断经义,后来朱熹曾评论“《七经小传》甚好”。刘敞的学风当正是庆历新政对学人发生影响的反映。王安石继范仲淹之后,批评科举考试“策进士则但以章句声病,苟尚文辞,类皆小能者为之;策经学者徒以记问为能,不责大义,类皆蒙鄙者能之”(《王安石全集》卷六十九《取材》),熙宁变法时“罢诗赋及明经诸科,以经义、策论试进士”,并把《三经新义》颁布于学官。至此,“视汉儒之学若土梗”,这一重大转变应该溯源于庆历新政。皮锡瑞在《经学历史》中将庆历以后称为“经学变古时代”,他据王应麟所说,“经学自汉至宋初未尝大变,至庆历始一大变也”;又引陆游说,“唐及国初,学者不敢议孔安国、郑康成,况圣人乎？自庆历后,诸儒发明经旨,非前人之所及……”①。这一重大转变始自庆历新政,“诸儒发明经旨”即钱穆先生所说宋学之“创通经义”“其事至晦庵而遂”,朱熹成为宋代经学和理学的集大成者。

四

“明体达用之学”既为政教立本,又有相对独立于科举、政教的性质,则其精神所寄必在于学校。范仲淹对此有明确的认识,他的一生也对此付出尤多,堪称一位伟大的教育家。

范仲淹21岁寄居长白僧舍苦学两年,这相当于他的大学预备班;此后在南都学舍苦学五年,完成了他“大通六经之旨”的学业(《年谱》)。这种经历使他以后极其重视兴办学校,罗致教授,培养人才,而庆历新政首先侧重的“举县令,择郡守”又必须以“慎选举,敦教育”为本源。范仲淹登进士第后,调广德军(今安徽广德县)任司理参军,“初广德人未知学,公得名士三人为之师,于是郡人之擢进士第者相继于时”(《年谱》),以后徽学的兴盛,范仲淹与有功焉。天圣五年(1027),范仲淹执掌南都府学,“常宿学中,训督学者,皆有法度”,在此写有《代人奏乞王洙充南京讲书状》,指出“致治天下,必先崇学校,立师资,聚群材,陈正道”(《范文正公集》卷十八)。景祐二年(1035),范仲淹在苏州奏请立郡学,并将所得南园之地辟为学校,聘胡瑗为教授,由是而有苏湖之法。苏州有郡学,自范仲淹始;东南学术之盛,亦自苏州建学始。景祐三年,范仲淹知饶州(今江西鄱阳),在此建郡学,“生徒浸盛”,邀李觏到此讲学。景祐四年,范仲淹徙知润州(今江苏镇江),又在此建郡学,再邀李觏。宝元元年(1038),范仲淹徙知越州(今浙江绍兴),李觏应招到越州讲学。庆历三、四年,推行庆历新政,在京师立太学,诏各州县皆立学,取苏湖之法著为令,奏请胡瑗、李觏入太学。庆历五年(1045),范仲淹知邠州(今陕西邠县),在此作《邠州建学记》云:“国家之患莫大于乏人。……

① 皮锡瑞:《经学历史》,中华书局1959年版,第220页。

庠序可不兴乎？庠序者，俊乂所由出焉。”（《范文正公集》卷七）皇祐元年（1049），范仲淹知杭州，两次推荐李觏入太学，李觏被授为太学助教，后嘉祐四年（1059），胡瑗以病告假，李觏入京管勾太学。

范仲淹在仕途中数进数退，所经之地有安徽、河南、江苏、江西、浙江、陕西、甘肃、山西、山东等省份。他在南都，亲掌府学；居庙堂之高，则在京师立太学；处江湖之远，则每到一地，必建学兴教，“立师资，聚群材，陈正道”。宋学精神之所寄在书院，范仲淹对于宋代书院的兴起有开创奠基之功。

（原载《哲学研究》2003 年第 10 期）

庆历新政与熙宁变法

——兼论二程洛学与两次“革新政令”的关系

钱穆先生曾指出：“宋学精神，厥有两端：一曰革新政令，二曰创通经义，而精神之所寄则在书院。革新政令，其事至荆公而止；创通经义，其业至晦庵而遂。而书院讲学，则其风至明末之东林而始竭。”[①]就此“两端”及其精神所寄在“书院”而言，宋学精神的开创者应当之无愧地归于范仲淹[②]。由范仲淹倡导、推行的庆历新政，不仅是王安石熙宁变法的先河，而且由于庆历新政与熙宁变法正反两方面的作用，确定了二程洛学的发展方向。这一革新政令和学术思想的转变，对于宋代的“世道升降”“治体得失”具有重要的意义。

一

范仲淹字希文，生于宋太宗端拱二年(989)，两岁时丧父，母贫无所依，改嫁朱氏，仲淹从姓朱，至29岁始复范姓。他21岁时寄居在长山醴泉寺(今山东邹平县南)刻苦读书，23岁时询知身世来历，感愤自立，佩琴剑径趋南都(今河南商丘)。在南都学舍苦学五年，“大通六经之旨，为文章论说，必本于仁义孝悌忠信”(《范文正公集·年谱》)。宋真宗祥符八年(1015)，范仲淹27岁时登进士第，由此开始了他的仕途生涯。

---

① 钱穆：《中国近三百年学术史》，商务印书馆1997年版，第7页。

② 参见拙文《范仲淹与宋代儒学的复兴》，载《哲学研究》2003年第10期。

欧阳修在《范公神道碑铭并序》中说："公少有大节，于富贵贫贱，毁誉欢戚，不一动其心，而慨然有志于天下。"（《居士集》卷二十）朱熹也曾说："且如一个范文正公，自做秀才时便以天下为己任，无一事不理会过。一旦仁宗大用之，便做出许多事业。"（《朱子语类》卷一百二十九）

宋仁宗天圣三年(1025)，范仲淹在《奏上时务书》(《范文正公集》卷七)中首次提出他的改革思想。其中首言"救文弊"，次言"复武举"，复次所言有"重三馆之选，赏直谏之臣，及革赏延之弊"，等等。他强调"先王建官，共理天下，必以贤俊授任，不以爵禄为恩"，朝廷应以科举取士，革除将官职"赏延"给大臣子弟的弊端。"革赏延之弊"，意在为士人通过科举而进入权力机构提供更多的机会。他指出当时由于科举竞争的激烈，败坏了士人的学风：

> 修辞者不求大才，明经者不问大旨，师道既废，文风益浇，诏令虽繁，何以戒劝？士无廉让，职此之由，其源未澄，欲波之清，臣未之信也。傥国家不思改作，因循其弊，官乱于上，风坏于下，恐非国家之福也。

范仲淹是把士人的学风，即士人是否能够继承儒家的"师道"，认明儒经之大旨，掌握治世之大才，作为国家的治乱之源；而此源头的澄清，又在于国家取士制度的改革和吏治的清明。这一精神一直贯彻到庆历新政中，可以说是庆历新政的灵魂之所在。职此之故，庆历新政不仅关乎宋代的"革新政令"，而且更关乎宋代的"创通经义"。

天圣五年，范仲淹执掌南都府学，在此写下一万余言的《上执政书》(《范文正公集》卷八)，系统地提出了他的改革思想。他指出当时的宋朝已处于"泰极者否"的形势，只有"变"，才能"通"而"久"。在此形势下，必须"固邦本，厚民力，重名器，备戎狄，杜奸雄，明国听"。"固邦本者，在乎举县令，择郡守，以救民之弊也；厚民力者，在乎复游散，去冗僭，以阜时之财也；重名器者，在乎慎选举，敦教育，使代不乏材也；备戎狄者，在乎育将材，实边郡，使夷不乱华也；杜奸雄者，在乎朝廷无过，生灵无怨，以绝乱之阶也；明国听者，在乎保直臣，斥佞人，以致君于有道也。"

在这里，范仲淹所强调的"变"，是把吏治的澄清("举县令，择郡守")放在首位。他深切地认识到,当时的县令郡守"多非清识之士","衰老者为子孙之计,则志在苞苴,动皆徇己;少壮者耻州县之职,则政多苟且,举必近名。故一邑之间,簿书不精,吏胥不畏,徭役不均,刑罚不中,民利不作,民害不去,鳏寡不恤,游惰不禁,播艺不增,孝悌不劝。以一邑观之,则四方县政如此者十有七八焉,而望王道之兴,不亦难乎!"吏治的腐败如此严重,故改革应从吏治开始。

郡县之守得其才,则可"复游散,去冗僭"。范仲淹说:"盖古者四民,秦汉之下,兵及缁黄共六民矣。"此"六民"中的冗兵和僧尼道士就在游散、冗僭之列,他主张限制僧徒的发展,对于僧庙道观,"止可完旧,勿许创新,斯亦与民阜财之端也"。

范仲淹所强调的"变",虽然把整饬吏治放在首位,但他知道"举择令长,久则乏人",因此,吏治之源还在于"慎选举,敦教育"。他说:"用而不择贤,孰进焉?择而不教贤,孰继焉?宜乎慎选举之方,则政无虚授;敦教育之道,则代不乏人。"所谓"慎选举",就是改革科举以诗赋为先的考试方式,"先策论以观其大要,次诗赋以观其全才,以大要定其去留,以全才升其等级,有讲贯者,别加考试"。所谓"敦教育",就是在地方普遍建立郡学,"深思治本,渐隆古道,先于都督之郡,复其学校之制,约《周官》之法,兴阙里之俗,辟文学掾以专其事,敦之以诗书礼乐,辨之以文行忠信"。这样行之数年,可望"士风丕变",此乃"择才之本、致理之基也"。范仲淹的改革思想,实际上是把敦教育、设郡学作为基本,宋代学术之兴,根源于此。

《上执政书》中的"育将材,实边郡",重申了《奏上时务书》中"复武举"的主张。而"保直臣,斥佞人",则再次强调了《奏上时务书》中所说:君主应该"赏直谏之臣""舍一心之私,从万人之望""不以谤议为嫌,当以治乱为意""用人之议,不以远大为迂说,不以浅末为急务""奸邪之凶,甚于夷狄之患"。这些对君主进行告诫的话,可谓有先见之明——以后庆历新政的夭折正是由于君主没有听从这些告诫。

天圣六年,范仲淹经丞相晏殊的推荐,被授以秘阁校理,这是他第一次从地方进入中央权力机构。但仅及一年,范仲淹两次上疏,触犯了皇太后,被贬为河中府通判。

天圣八年，范仲淹在写给晏殊的《上时相议制举书》(《范文正公集》卷九)中进一步阐述了他的“慎选举，敦教育”思想。他说：

> 夫善国者，莫先育材；育材之方，莫先劝学；劝学之要，莫尚宗经。宗经则道大，道大则才大，才大则功大。……故俊哲之人，入乎六经，则能服法度之言，察安危之几，陈得失之鉴，析是非之辩，明天下之制，尽万物之情。使斯人之徒，辅成王道，复何求哉？至于扣诸子，猎群史，所以观异同，质成败，非求道于斯也。

宗经、劝学、育才，此即范仲淹的教育为本思想。至于科举考试，他主张：“先之以六经，次之以正史，该之以方略，济之以时务。使天下贤俊，翕然修经济之业，以教化为心，趋圣人之门，成王佐之器。”

明道二年(1033)，章献太后崩，宋仁宗始亲政。范仲淹被召赴阙，除右司谏。太后有遗诰，以杨太妃为皇太后，参决国事。范仲淹亟上疏言“太后母号也，未尝因保育而代立者，今一太后崩，又立一太后，天下且疑陛下不可一日无母后之助也”，遂罢其册命。是年，范仲淹出使江淮一带赈灾，“使还，会郭皇后废”，范仲淹“率谏官御史伏阁争，不能得”，于是第二次被贬归地方，先知睦州，又徙苏州。

景祐二年(1035)，范仲淹在苏州，奏请立郡学。当时胡瑗“以经术教授吴中”，范仲淹“爱而敬之，聘为苏州教授，诸子从学焉”(《宋元学案·安定学案》)。是年冬十月，范仲淹除尚书礼部员外郎、天章阁待制，召还判国子监。时朝廷更定雅乐，诏求知音，范仲淹推荐胡瑗，“以白衣对崇政殿，授试秘书省校书郎”(同上)。范仲淹进除吏部员外郎，权知开封府。“公决事如神，京邑肃然称治，都下谣曰：朝廷无忧有范君，京师无事有希文。”(《年谱》)

景祐三年，范仲淹与仁宗论建都事，略谓洛阳险固，宜以将有朝陵为名，渐营储备，“太平则居东京通济之地，以便天下；急难则居西洛险固之宅，以守中原。”仁宗将迁都事与丞相吕夷简议，吕称范仲淹“迂阔，务名无实”。范仲淹闻之又上《帝王好尚论》及《百官图》等，大抵讥指时政，意在丞相。吕夷简大怒,斥范仲淹"越职言事,荐引朋党,离间君臣"。范仲淹遂第三次被贬归地方,知饶州,又徙润州和越州。《年谱》载:"自公贬而朋党之论起,朝士牵连,出语及公者,皆指为党人。"

宝元元年(1038),西夏赵元昊称帝,范仲淹预见的"边患"成为现实。康定二年(1041),朝廷用韩琦之言,恢复范仲淹的天章阁待制,知永兴军,又改陕西都转运使。七月,范仲淹除龙图阁直学士,与韩琦并为陕西经略安抚副使。八月,兼知延州,部署攻防,"贼不敢犯",谓"今小范老子腹中有数万甲兵"(《年谱》)。是年,张载来谒,因劝读《中庸》,"导横渠以入圣人之室"(《宋元学案·序录》)。

庆历三年(1042),范仲淹与韩琦经略陕甘,"边上谣曰:军中有一韩,西贼闻之心胆寒;军中有一范,西贼闻之惊破胆。"(《年谱》)是年,赵元昊遣使乞和。谏官欧阳修等上疏,言范仲淹"有宰辅才,不宜局在兵府"。仁宗从其请,授范仲淹枢密副使、右谏议大夫,复除参知政事,范仲淹由此进入了中央核心领导层,并与韩琦、富弼、欧阳修等人形成一股推动改革的势力。范仲淹"每进见,必以太平责之"。仁宗"赐手诏,趣使条天下事,又开天章阁,召见赐坐,授以纸笔,使疏于前,公惶恐避席,始退而条列时所宜先者十数事,上之"(《范公神道碑铭并序》)。此次上疏即《范文正公集·政府奏议》所载《答手诏条陈十事》。"天子方信向仲淹,悉采用之,宜著令者,皆以诏书画一颁下,独府兵法,众以为不可而止。"(《宋史·范仲淹传》)这"十事"中的许多内容见诸当时朝廷的政令,史称"庆历新政"即指此也。

范仲淹的《答手诏条陈十事》,首先指出改革的必要性:

> 历代之政,久皆有弊,弊而不救,祸乱必生。……我国家革五代之乱,富有四海,垂八十年,纲纪制度日削月侵,官壅于下,民困于外,夷狄骄盛,寇盗横炽,不可不更张以救之。然则欲正其末,必端其本,欲清其流,必澄其源。

范仲淹的改革思想,有清醒的本末、源流意识。而他所条陈的"十事",则是他前几次上书举新政的继续和充实。这"十事"是:

一曰“明黜陟”，即严明对文武百官的“磨勘”（考核），根据其政绩实效而决定其是否升迁，如此则“因循者拘考绩之限，特达者加不次之赏”，改变“不问劳逸，贤不肖并进”的状况。

二曰“抑侥幸”，即严格限制把官职“赏延”给大臣子弟，“革滥赏，省冗官”，改变权贵子弟“充塞铨曹，与孤寒争路”的状况。

三曰“精贡举”，即前书所谓“慎选举，敦教育”。范仲淹指出：当时科举“专以辞赋取进士，以墨义取诸科，士皆舍大方而移小道，虽济济盈庭，求有才有识者，十无一二”，救此之弊“在乎教以经济之业，取以经济之才”。他奏请各州郡有学校处，“举通经有道之士，专于教授，务在兴行”，考试方法则“进士：先策论而后诗赋”，“诸科：经旨通者为优等，墨义通者为次等”，“使人不专辞藻，必明理道”，如此则“天下讲学必兴，浮薄知劝，最为至要”。范仲淹注重“经济”，将“辞藻”“墨义”（记诵经书章句）置于“经旨”“理道”之下，这对于宋代学风的转变起了关键的作用。当时胡瑗在湖州讲学，“以明体达用之学授诸生”，“天子诏下苏、湖取其法，著为令”（《宋元学案・安定学案》）。胡瑗教学之法的推广，即是庆历新政的产物。又据欧阳修《胡先生墓表》：“庆历四年，天子开天章阁，与大臣讲天下事，始慨然诏州县皆立学，于是建太学于京师，而有司请下湖州，取先生之法以为太学法，至今著为令。”（《居士集》卷二十五）宋代于京师建立太学，于各州县普遍建立学校，并且改革了科举考试的内容和评判的标准，自庆历新政始。

四曰“择官长”，即前书所谓“举县令，择郡守”，具体措施是：委托中书枢密院推选转运使提点刑狱十人、大藩知州十人，委托内外两制等机构各推举知州数人，诸路转运使提点刑狱各推举知州数人、知县县令数人，各州知州通判推举知县县令二人，“得前件所举之人，举主多者先次差补”。这近似于按候选人的提名票数来决定官职的任选。

五曰“均公田”，即授予郡县官吏以“职田”，“有不均者均之，有未给者给之，使其衣食得足，婚嫁丧葬之礼不废，然后可以责其廉节，督其善政，有不法者可废可诛，且使英俊之流乐于为郡为邑之任”。这近似于今所谓“高薪养廉”。

六曰“厚农桑”，即兴修农田水利，发展农业生产，诏令各州军吏民于每年之秋“言农桑之间可兴之利，可去之害，或合开河渠，或筑堤堰陂塘之类，并委本州军选官，计定工料，每岁于二月间兴役，半月而罢，仍具功绩闻奏”，并且将鼓励农业生产的可行措施制订出条例，颁发给诸路转运使和各知州知县。

七曰“修武备”，即逐渐恢复唐代的府兵制，“先于畿内并近辅州府，召募强壮之人，充京畿卫士，得五万人以助正兵，足为强盛。使三时务农，大省给赡之费；一时教战，自可防虞外患。……候京畿近辅召募卫兵已成次第，然后诸道效此渐可施行。”据《宋史·范仲淹传》，“独府兵法，众以为不可而止”。自宋太祖“杯酒释兵权”，“罢节侯，署文吏”，宋王朝一直是防内胜于攘外，虽自以为得计，但经承平数十年后，其“崇文卑武”之弊已十分严重，范仲淹远见卓识，求其“文武之道，协合为一”，然而“众以为不可而止”。两宋之亡于金、元，殆由此注定。

八曰“减徭役”，即合并县邑、保里等机构，裁撤其公人，凡所废之县、保，其公人归农，“但少徭役，人自耕作，可期富庶”。此可谓“精简机构”，减轻农民的负担。

九曰“覃恩信”，即在皇帝郊祭而大赦天下时，要切实使其“恩信”泽及下民，不能虚以应事，在大赦之后“钱谷司存，督责如旧……至于宽赋敛、减徭役、存恤孤贫、振举滞淹之事，未尝施行”；“天禧年以前天下欠负，不问有无侵欺盗用，并与除放”。此乃免除所欠国家的长期债务，推恩泽于百姓。

十曰“重命令”，即严明法令，凡违制枉法者，治以重罪。

范仲淹所陈“十事”，正本清源，针对时弊，期以拨乱反正，天下太平。但所行仅及一年，便因触犯了权贵阶层的利益，“任子恩薄，磨勘法密，侥幸者不便”，致使“谤毁浸盛，而朋党之论，滋不可解”（《年谱》）。党论兴则迫害起，国子监直讲石介因曾作《庆历圣德诗》，称颂范仲淹等人，而得罪枢密使夏竦，此时遭报复，被诬陷致死（《年谱》并参《宋元学案·泰山学案》）。范仲淹与富弼等“恐惧不敢自安于朝，皆请出按西北”。会边陲有警，于是以范仲淹为河东陕西宣抚使，“比去，攻者益急，仲淹亦自请罢政事”“其在中书所为亦稍稍沮罢”（《宋史·范仲淹传》）。就这样，随着范仲淹离开中央，庆历新政便夭折了。

庆历六年,范仲淹在邓州应友人之约,写成千古名篇《岳阳楼记》。其中有云:

不以物喜,不以己悲。居庙堂之高,则忧其民;处江湖之远,则忧其君。是进亦忧,退亦忧,然则何时而乐耶?其必曰:先天下之忧而忧,后天下之乐而乐乎!

《年谱》谓:此范仲淹"平日允蹈之言也";今亦可谓:此范仲淹矢志不移,数进数退,感慨之言也。

皇祐元年(1049),范仲淹徙知杭州,"子弟以公有退志,乘间请治第洛阳,树园圃,以为逸老之地"。范仲淹说:"人苟有道义之乐,形骸可外,况居室乎!"(《年谱》)

皇祐三年,范仲淹知青州,此时他已病重,仍上书言当时吏治的腐败:"……其间纵有良吏,百无一二……救之之术,莫若守宰得人,若守修政举,则天下自无事矣。"(《年谱》)

皇祐四年,范仲淹64岁,春正月徙知颍州,夏五月二十日至徐州薨。临终有《遗表》云:

臣闻生必尽忠,乃臣节之常守;没犹有恋,盖主恩之难忘。……伏念臣生而遂孤,少乃从学。游心儒术,决知圣道之可行;结绶仕涂,不信贱官之能屈。……预中枢之密,匆曾不获辞;参大政之几微,益难胜责。自念骤膺于宠遇,固当勉副于倚毗。然而,事久弊则人惮于更张,功未验则俗称于迂阔,以进贤授能为树党,以敦本抑末为近名,洎忝二华之行,愈增百种之谤……(《范文正公集》卷十六)

范仲淹临终回顾了一生从学入仕、数进数退的经历,特别是痛切地回顾了庆历新政的夭折,他至死还在"忧其君""忧其民",可谓"生亦忧,死亦忧"。然则,范仲淹岂无乐耶?其必曰:吾有"道义之乐"!

二

庆历新政是宋学的第一次“革新政令”,其以整饬吏治为首要,以砥砺士风、改革科举、兴办学校、认明经旨、培养人才为本源,兼及军事、经济等领域。其夭折的原因则在于,触犯了权贵阶层的利益,致使“谤毁浸盛”,“以远大为迂说”“以进贤授能为树党,以敦本抑末为近名”,在“朋党之论,滋不可解”,进而在罗织罪名、加以陷害的压力下,以范仲淹为首的改革势力退出了中央核心领导层。其成败得失,决定了以后宋学精神的发展。

庆历新政的成功处,是其扭转了宋代以词赋、墨义为先的学风,在各州县普遍建立了郡学,“经义”与“治事”并进,“明体达用之学”成为朝野士人共同的追求。但对“经义”的解释,以及对“明体达用”的理解,士人中存在着分歧。在范仲淹看来,经义与士风、吏治是一体的,认明经旨、“必明理道”“教以经济之业,取以经济之才”,其意趣所在首先就是澄清吏治,“固邦本者,在乎举县令,择郡守,以救民之弊也”,吏治得以澄清,才可以解决“徭役不均,刑罚不中,民利不作,民害不去,鳏寡不恤,游惰不禁,播艺不增,孝悌不劝”等问题。然而,正是由于庆历新政把整饬吏治放在首位,所以很快就激起了“谤毁浸盛”“攻者益急”,所谓“功未验则俗称于迂阔”“以远大为迂说”,其实,范仲淹并非“迂阔”而远于功利,而是范仲淹的改革直接触犯了权贵阶层的利益。有鉴于此,宋学的第二次“革新政令”就不免是“以浅末为急务”,即把经济、功利放在首位。

兹把侯外庐先生编制的王安石居相位推行变法的年历[①]摘次如下:

熙宁二年(公元1069年)二月,宋神宗以王安石为参知政事,议行新法。四月,遣使八人察诸路农田、水利、赋役。七月,立淮浙江湖六路均输法。九月,立青苗法。十一月,颁农田水利条约。

熙宁三年二月,韩琦请罢青苗法,安石求去,神宗慰留。安石谢表

① 侯外庐主编:《中国思想通史》第四卷(上册),人民出版社1959年版,第431—433页。

云:"论善俗之方,始欲徐徐而变革;思爱日之义,又将汲汲于施为。"五月,罢制置三司条例司归中书,新法悉归司农寺。十二月,立保甲法。

熙宁四年二月,罢诗赋及明经诸科,以经义、策论试进士。三月,遣使察奉行新法不职者。四月,司马光权判西京留台。六月,富弼坐革青苗法,徙判汝州。十月,罢差役法,行募役法。立选人及任子出官试法。立太学内外上舍法。

熙宁五年三月,置市易务于京师。五月,行保马法。八月,颁方田均税法。

熙宁六年三月,置经义局,修《诗》《书》《周礼》"三经义"。六月,置军器监。十一月,新法增吏禄所费……民不加赋而吏禄以给。

熙宁七年正月,军器监上所制兵械皆精利。四月,以旱权住方田、保甲。王安石罢相,知江宁府。十月,复方田、保甲。

熙宁八年二月,王安石复相。六月,颁《诗》《书》《周礼》"三经义"于学官。十一月,王安石以疾家居。

熙宁九年十月,王安石罢相,判江宁府。

由以上可知,王安石的熙宁变法是以经济、功利为先的,其"以爱日之义""汲汲于施为",按范仲淹对本末、源流的看法而衡之,的确是"以浅末为急务"。不过,熙宁变法也不失其有体有用。在科举考试的问题上,熙宁变法沿着庆历新政的方向,最终以经义、策论压倒了墨义、词赋,宋代的学风为之丕变。为了给新法提供其"体"即经义的依据,王安石修撰了《三经新义》,颁布于学官。与庆历新政一年之短命所不同的是,熙宁变法推行了七年以上。

对于熙宁变法在经济上的合理性及其功效,史家已多有所论;而其失败的原因,则多归于"旧党"的反对。但是,"旧党"的成分却较为复杂。在抵制新法的反对派中,首当其冲的有韩琦、富弼等庆历老臣,他们之反对新法,不能归于豪门权贵维护自己的利益,而当属朝臣中政见的不合。抵制新法最力,并且最终取王安石的相位而代之的是司马光,《宋元学案·荆公新学略》载《元城语录》云:"温公戒金陵用小人。金陵曰:'法行即逐之。'温公曰:'误矣!小人得路,岂可去也,他日将悔之。'"这是用人路线上的分歧,而且司马光对王安石的告诫后来也应验了,《荆公新学略》云:“初,吕惠卿为先生所知,骤引至执政,洎先生再相,苟可以中先生,无不为也。……[荆公]退居金陵,始悔恨为惠卿所误。”(《宋史·奸臣传》亦云:“惠卿既叛安石,凡可以害王氏者,无不为。”)在王安石所重用的推行变法的朝臣中,有居心叵测、寡廉鲜耻的奸佞小人,范仲淹所说“奸邪之凶,甚于夷狄之患”,这也是熙宁变法失败的一个原因。在“今之郡长,鲜克尽心”“其间纵有良吏,百无一二”这样的吏治状况下,王安石强力推行经济上的改革,免不了在地方上遇到梗阻,也免不了郡县之官假新法之名而徇私枉法,与民争利,盘剥百姓,搞得“纷纷扰扰,莫安其居”(《司马温公文集》卷十《与王介甫书》),这也更成为攻击新法的口实,而拥护者则处于不能因“枉法”而“废法”的守势。

三

与“荆公新学”在思想、学术上形成尖锐对立的是二程的洛学。程颐在《明道先生行状》中记述:

> 神宗素知先生名,召对之日,从容咨访……[先生]前后进说甚多,大要以正心窒欲、求贤育才为先。先生不饰辞辨,独以诚意感动人主。……所上章疏,子侄不可窥其藁。尝言:人主当防未萌之欲。……时王荆公安石日益信用,先生每进见,必为神宗陈君道以至诚仁爱为本,未尝及功利。神宗始疑其迂,而礼貌不衰。……荆公浸行其说,先生意多不合,事出必论列,数月之间,章数十上。尤极论者:辅臣不同心,小臣与大计,公论不行,青苗取息,卖祠部牒,差提举官多非其人及不经封驳,京东转运司剥民希宠不加黜责,兴利之臣日进,尚德之风浸衰等十余事。荆公与先生虽道不同,而尝谓先生忠信。先生每与论事,心平气和,荆公多为之动。而言路好直者,必欲力攻取胜,由是与言者为敌矣。(《河南程氏文集》卷十一)

这一段记述把洛学与荆公新学的关系概括得十分精要。兹把其内蕴的几层含义解读于下：

第一，二程洛学与荆公新学的分歧已非只是政见的不同，而是上升为“道不同”，宋学中“道学”与荆公新学以及后来永嘉功利之学的分歧，自程颢始。

第二，二程的思想与范仲淹的庆历新政有同亦有异，其所同者是都“以求贤育才为先”，所异者则是二程明确地把“格君心”即奉劝君主“正心窒欲”“以诚意感动人主”放在了更为根本的位置。这一点也为后来的朱熹、陆九渊所继承。朱熹说：“今日之事，第一且是劝得人主收拾身心，保惜精神，常以天下事为念，然后可以讲磨治道，渐次更张。如其不然便欲破去因循苟且之弊而奋然有为，决无此理。”（《朱文公文集》卷二十九《与赵尚书》）陆九渊也说：“古人所以不屑屑于间政适人，而必务有以格君心者，盖君心未格，则一邪黜，一邪登，一弊去，一弊兴，如循环然，何有穷已。及君心既格，则规模趋向有若燕越，邪正是非有若苍素，大明既升，群阴毕伏，是琐琐者，亦何足复污人牙颊哉？”（《陆九渊集》卷十《与李成之》）同程颢“前后进说甚多，大要以正心窒欲为先”一样，朱熹几次上封事也都是把奉劝君主“正心诚意”放在首位。宋孝宗淳熙十五年（公元 1188 年），朱熹再次进见，“是行也，有要之于路，以为正心诚意之论，上所厌闻，戒勿以为言，先生曰：吾生平所学，惟此四字，岂可隐默以欺吾君乎？”（《宋元学案·晦翁学案上》）

儒家对于“格君心”，除了“以诚意感动人主”之外，另一种方式就是以“天人灾异”儆戒君主，这一点即使在范仲淹、二程、朱熹等人的上书言事中也都不能免（虽然他们在哲学理论上并不真的认为“天”有意志）。但王安石强力推行新法，提出了“天变不足畏，祖宗不足法，人言不足恤”，这也大为反对派所诟病。《宋元学案·荆公新学略》载刘元城说：“金陵三不足之说……非独为赵氏祸，为万世祸。人主之势，天下无能敌者，人臣欲回之，必思有大于此者把揽之。今乃教之不畏天变，不法祖宗，不恤人言，则何事不可为也？”又载陈右司说：“阴阳灾异之说，虽儒者不可泥，亦不可全废。王介甫不用，若为政依之，是不畏天者也。”直到后来的王夫之，也仍认为王安石的“三不足”之说是“祸天下而得罪于名教”（《读通鉴论》卷二十九）。

第三，程颢劝说宋神宗“正心窒欲”，“人主当防未萌之欲”，“陈君道以至诚仁爱为本,未尝及功利”,这已经突出了宋明道学的“理欲之辨”“义利之辨”的思想。程颢之所以反对王安石的新法,除了“辅臣不同心,小臣与大计,公论不行”等原因外,最根本的则是王安石的新法使“兴利之臣日进,尚德之风浸衰”,这也就是说,道学与王安石新法的分歧是“理欲之辨”“义利之辨”的道义原则上的分歧。从这种意义上说,王安石新学的为害程度甚至超过了释老“异教之害”。二程说:

> 在今日,释氏却未消理会,大患者却是介甫之学。……如今日,却要先整顿介甫之学,坏了后生学者。(《河南程氏遗书》卷二上)
>
> 浮屠之术,最善化诱,故人多向之。然其术所以化众人也,故人亦有向有不向者。如介甫之学,它便只是去人主心术处加功,故今日靡然而同,无有异者,所谓一正君而国定也。此学极有害。以介甫才辩,遽施之学者,谁能出其右?始则且以利而从其说,久而遂安其学。今天下之新法害事处,但只消一日除了便没事。其学化革了人心,为害最甚,其如之何!故天下只是一个风,风如是,则靡然无不向也。(同上书卷二下)

二程排斥佛教,认为佛教“卒归乎自私自利之规模”(同上书卷十五)。王安石新学之害,之所以超过了释氏之害,是因为释氏只是以其术“化众人”,而王安石新学却是以功利动“人主心术”,君心一动,则天下“靡然而同”,此其“极有害”之一也。其二,以王安石之才辩,将功利之学“遽施之学者”,“其学化革了人心”,带坏了“后生学者”,带坏了天下风气,这不是随着新法的废止所能消除的,故其“为害最甚”,“整顿介甫之学”遂成为二程洛学的一大急务。

二程洛学与荆公新学的分歧,已超出了庆历新政与熙宁变法的分歧。范仲淹的庆历新政虽然有本末、源流之分,但范仲淹并不远于“功利”,也不排斥“人欲”。在范仲淹所作的《政在顺人心赋》中,他只是强调“在上者弗私其欲”,而明主施政“务材训农,皆因民之所利,布德行惠,常舍己以从人……上克承于天道,下弗违于民欲”(《范文正公集·别集》卷三)。在范仲淹临终所上的《遗表》中，他也希望君主"上承天心，下徇人欲，明慎刑赏而使之必当，精审号令而期于必行"。这种不排斥功利、人欲的思想，与李觏的思想有相同处（李觏说："利可言乎？曰：人非利不生，曷为不可言？欲可言乎？曰：欲者人之情，曷为不可言？言而不以礼，是贪与淫，罪矣。不贪不淫而曰不可言，无乃贼人之生，反人之情，世俗之不喜儒以此。"见《李觏集》卷二十九《原文》），而与宋明道学家所严持的"义利之辨"（程颐说："不独财利之利，凡有利心便不可。"见《河南程氏遗书》卷十六），所强调的"穷天理，灭人欲"并不合拍。到了明清时期，罗钦顺说："夫性必有欲，非人也，天也。既曰天矣，其可去乎？"（《困知记》三续）王夫之说："礼虽纯为天理之节文，而必寓于人欲以见。……于声色臭味，廓然见万物之公欲，而即为万物之公理。"（《读四书大全说》卷八）戴震批评"理欲之辨，适成忍而残杀之具"，他认为："道德之盛，使人之欲无不遂，人之情无不达，斯已矣。"（《孟子字义疏证》卷下）这些又是经过曲折之后而复归于宋学精神初创时期的范仲淹所谓"上承天心，下徇人欲"。

由于二程矫枉王安石的功利之学，所以程颢"每进见，必为神宗陈君道以至诚仁爱为本，未尝及功利"，亦因此，"神宗始疑其迂"。这种"疑其迂"，已经远远超过了庆历新政时期的"以远大为迂"。由于宋明道学家认定"格君心"是治世的"大根本"，此一"根本"不正，则无可"讲磨治道"，但"正心诚意之论，上所厌闻"，这种情况反激起道学家强调"吾生平所学，惟此四字"，而其他的政事得失则成为琐屑小事，因此，宋明道学对于治世之"实学"未免有所忽略，所谓"内圣强，外王弱"即指此也。宋明道学的这种倾向对于庆历新政时期的"明体达用之学"已经有所偏离。胡瑗在苏、湖讲学，按照范仲淹确立的"教以经济之业，取以经济之才"的教育方针，"科条纤悉具备，立经义、治事二斋……治事则一人各治一事，又兼摄一事，如治民以安其生，讲武以御其寇，堰水以利田，算历以明数是也"（《宋元学案·安定学案》）。胡瑗的"经义"之学，相当于今所谓素质教育；"治事"之学，则相当于今所谓专业教育。在宋明道学中，由于其"经义"即"体"的问题成为压倒一切的问题，而"义利之辨""未尝及功利"，则使其"治事"即"用"的问题成为不及务或不当务的问题。其流风所及，至宋元之际和明清之际，已成为士风的一大弊病。

周密在《癸辛杂识》中斥道学流弊:“凡治财赋者,则目为聚敛;开阃捍边者,则目为粗才;读书作文者,则目为玩物丧志;留心政事者,则目为俗吏……”后来黄宗羲把这几句话接过来,又加上了“一旦有大夫之忧,当报国之日,则蒙然张口如坐云雾,世道以是潦倒泥腐,遂使尚论者以为立功建业别是法门,而非儒者之所与也”(《南雷文定后集》卷三《赠编修弁玉吴君墓志铭》)。黄宗羲反对“离事功以言道德”,顾炎武亦主张“士当求实学,凡天文、地理、兵农、水火及一代典章之故,不可不熟究”(《亭林余集·三朝纪事阙文序》),由此而恢复了庆历时期的“治事”之学。

第四,二程洛学与荆公新学虽然“道不同”,但臣僚之间的关系最初并不是朋党敌对的关系。王安石肯定程颢的“忠信”,程颢“每与论事,心平气和,荆公多为之动”,只是由于“言路好直者,必欲力攻取胜”,新党遂“与言者为敌矣”。这一点也与庆历新政时期的朋党之争有相似之处。

《范文正公集·言行拾遗事录》卷一载:“公为参知政事日,欧阳修、余靖、蔡襄、王素为谏官,时谓之四谏,四人力引石介,执政从之。公独曰:‘介刚正天下所闻,然性亦好异,使为谏官,必以难行之事责人君,必行少咈其意则引裾折槛,叩头流血,无所不为。主上富春秋,无失德,朝廷政事亦自修举,安用如此谏官也。’诸公服其言而罢。”范仲淹肯定石介的“刚正”,但不喜其“好异”“以难行之事责人君”,这是为了避免激化矛盾。《宋元学案·泰山学案》载:庆历三年,吕夷简罢相,夏竦罢枢密使,范仲淹与富弼、韩琦、杜衍等同时执政,欧阳修、余靖、王素、蔡襄并为谏官,“[徂徕]先生喜曰,此盛事也,乃作《庆历圣德诗》,略曰:‘众贤之进,如茅斯拔;大奸之去,如距斯脱。’众贤指杜等,大奸斥竦也。泰山见之曰:‘子祸始此矣。’先生不自安,求出判濮州。”孙复知道石介的《庆历圣德诗》会激化范仲淹等人与吕夷简、夏竦之间的“党争”,故预见到石介会遭报复。

自从范仲淹于景祐三年遭罢贬,“朋党之论起,朝士牵连,出语及公者皆指为党人”,“士大夫持二人(范仲淹与吕夷简)曲直,交指为党”(《范文正公集·年谱》)。庆历四年,宋仁宗与执政论及朋党事,范仲淹说:“方以类聚,物以群分,自古以来邪正在朝,未尝不各为一党,不可禁也,在圣上鉴辨之耳。诚使君子相朋为善,其于国家何害?”(《年谱》)虽然范仲淹认为“朋党”

是正常的事,但党争一旦激化,则"君子之于小人,未能及其毫毛;而小人之于君子,其祸常大"(《朱子语类》卷一百八十九)。

熙宁变法时期,"言路好直者,必欲力攻取胜",遂使党争又行激化。"先生(程颢)言既不行,恳求外补……既而神宗手批,暴白同列之罪,独于先生无责……"(《明道先生行状》)后来程颢论及这段党争,说:"王介甫性狠愎,众人以为不可,则执之愈坚。……使众君子未与之敌,俟其势久自缓,委屈平章,尚有听从之理,则小人无隙以乘,其为害不至此之甚也。"(邵伯温《闻见前录》卷十五)由于"辅臣不同心",道德之士日退,趋利之臣日进,以致"小臣与大计,公论不行",这不仅加剧了新法之"害",而且加剧了党争之烈。熙宁新法被废止后,司马光执政,排除新党,而旧党中又有洛党、蜀党、朔党之争。宋哲宗亲政以后,章惇、蔡京等先后执政,把旧党都打入元祐党案,至南宋又转而为赵汝愚、朱熹等人的庆元党案,"此两宋治乱存亡之所关"(《宋元学案·元祐党案》),如朱熹所说:"小人谮君子,须加以朋党叛逆","如此则一网可打尽"(《朱子语类》卷一百二十九)。有了这两次党禁,诸君子被排斥在中央权力之外,此所以宋学精神中的"革新政令"至荆公而止。

吕中论庆历新政与熙宁变法的关系及其对宋代治乱得失的影响,颇为警切,值得深思:"自文正范公天章阁一疏不尽行,所以激而为熙宁之急政。……呜呼!使庆历之法尽行,则熙宁元祐之法不变;使文正之言得用,则安石之口可塞。今文正之志不尽行于庆历,安石之学乃尽用于熙丰。神宗锐然有为之志,不遇范仲淹而遇王安石,世道升降之会,治体得失之机,于是乎决矣。"(《范文正公集》附录《诸贤赞颂论疏》)

(原载《中州学刊》2004 年 1 期)

“庆历新政与熙宁变法”补说

我曾在《哲学研究》2003 年第 10 期发表《范仲淹与宋代儒学的复兴》，指出范仲淹实为开创“宋学精神”的第一人；又在《中州学刊》2004 年第 1 期发表《庆历新政与熙宁变法》，对于宋朝的这两次“革新政令”及其与二程洛学的关系进行了梳理。我认为，前一文对于确立范仲淹的历史地位是重要的，而后一文对于评价宋代的政治和学术思想的发展更为关键。遗憾的是，我在后一文中虽然提出了一个大致的看法，但论证实较粗疏，有时想起来不免汗颜。为弥补此遗憾，故对“庆历新政与熙宁变法”作一补说。因学力所限，粗疏之处仍在所难免，敬请宋学研究的大家不吝指正。

一

关于范仲淹的历史地位，我认为一直没有给予明确的、恰当的评价。这可从四个方面说。

其一，从传统的学术思想史上说，因《宋元学案》“托始于安定、泰山”，故范仲淹的历史地位被“宋初三先生”所掩。在《宋元学案》中，安定学案和泰山学案之后，即“宋初三先生”（胡瑗、孙复、石介）之后，才是高平（范仲淹）学案。这种误置，只是因为胡瑗在执掌太学时曾为程颐的老师，而胡瑗又曾与孙复、石介一同在泰山苦学。关于范仲淹与“宋初三先生”的关系，我在《范仲淹与宋代儒学的复兴》一文中已多所辩正，在此毋须繁赘，只补充一条史料，即朱熹在《三朝名臣言行录》卷十一所记：“文正公门下多延贤士，如胡瑗、孙复、石介、李觏之徒，与公从游，昼夜肄业……”观此可知，“宋初三先生”及李觏等只是在范仲淹门下“从游”“肄业”的贤士，如无范仲淹的激励孙复，授以《春秋》，又延聘和推荐胡瑗，“宋初三先生”是没有后来的学术地位的。

其二，从宋明理学史和哲学史上说，因朱熹把二程的“伊洛渊源”奉为宋学之正统，而二程早年曾从学于周敦颐，朱熹又正式把周敦颐奉为理学之开山，所以范仲淹的历史地位被周敦颐所掩。至今在中国哲学史上，范仲淹名不见“经传”，即使有之也是微乎其微。这固然与“中国哲学史”的学科范式有关，但在今日我们反思“中国哲学史”的学科范式或“合法性”时，如果不注重宋明理学史和哲学史同庆历新政之整饬吏治、砥砺士风、改革科举、兴办学校、认明经旨、确立“明体达用之学”的关系，那么范仲淹就仍与理学史和哲学史无与焉。我认为这是不正常的，也就是说，这不足以说明宋明理学和哲学同当时社会政治生活的关系，亦不能正确评价宋明理学和哲学的思想特质及其价值取向。

其三，从经学史和易学史上说，皮锡瑞的《经学历史》把庆历以后称为经学的“变古时代”，其引王应麟《困学纪闻》云：“自汉儒至于庆历间，谈经者守训诂而不凿。《七经小传》出而稍尚新奇矣，至《三经义》行，视汉儒之学若土梗。”①这里仍没有明确标出宋代经学的转变源自范仲淹发动的庆历新政。《七经小传》的作者刘敞于庆历六年中进士，他的学风正是庆历新政对学人发生影响的反映（刘敞《公是集》卷五《贺范龙图兼知延安》、卷二十四《闻范饶州移疾》、卷二十六《闻韩范移军泾原兼督关中四路》等，皆称颂范仲淹）。熙宁变法时“罢诗赋及明经诸科，以经义、策论试进士”，并把《三经义》颁布于学官，这不过是庆历新政改革科举（“先策论而后诗赋”“经旨通者为优等，墨义通者为次等”“使人不专辞藻，必明理道”）之流亚。《宋史·范仲淹传》云：“仲淹泛通六经，长于《易》。”但现今易学史著作鲜及范仲淹，而实际上他对于宋代易学的发展也起了重要的作用。如宋易图书学派的代表人物之一刘牧，在任饶州军事推官时以范仲淹为师（事见《王安石全集》卷九十七《刘

① 皮锡瑞：《经学历史》，中华书局1959年版，第220页。

君墓志铭并序》),范仲淹在经略陕西时“举刘牧、钱中孚等十七人,充陕西差遣”(《范文正公集·年谱补遗》),旋又推荐刘牧为兖州观察推官(《范文正公集》卷二有《送刘牧推官之兖州》),刘牧的易学著作为“《刘长民易》十五卷”,“仁宗时言数者皆宗之,庆历初吴秘献其书于朝,优诏奖之”(晁公武《郡斋读书志》卷一上)。

其四,从政治思想史上说,王安石及其熙宁变法曾长期蒙诟病,但近代以来国人祈向“富国强兵”,遂对王安石的评价有了转机。梁启超在《王安石传》中说:“若乃于三代下求完人,惟公庶足以当之。”又说:王安石之前“其能知治体、有改弦更张之志者,惟一范仲淹。论其志略,尚下荆公数等,然已信任不专,被间以去。”[①]这里已明显有了“扬王抑范”的倾向。在1949年后的史学研究中,因史家多引列宁所说“王安石是中国11世纪时的改革家”,所以对王安石及其熙宁变法都予以很高的评价,而范仲淹的历史地位则被王安石所掩[②]。实际上,所谓“王安石是中国11世纪时的改革家”并非列宁本人的观点,而是普列汉诺夫引为“论据”而反对列宁的,我对史学界相沿成习的这一误引已另写专文辩正[③]。在对宋代思想的评价中,一个无法回避的问题是:二程的洛学与王安石的新学呈尖锐对立之势(《程氏遗书》卷二上云:“在今日,释氏却未消理会,大患者却是介甫之学……如今日,却要先整顿介甫之学,坏了后生学者”)。如果“扬王抑范”,则熙宁变法之后宋学的主流(道学或理学)便成为一种历史的错谬;只有辩明庆历新政与熙宁变法的关系,指出熙宁变法“转向”的局限性,才能理解道学或理学是在庆历新政与熙宁变法正反两方面的作用下形成的。

二

关于庆历新政之后熙宁变法的“转向”,我在《庆历新政与熙宁变法》一

---

① 梁启超:《王安石传》,海南出版社2001年版,第22、42页。

② 如侯外庐先生主编《中国思想通史》第四卷有李觏思想(作为王安石的“先驱”)、王安石思想的专章,而范仲淹则湮没不闻。

③ 参见拙文《关于列宁评价王安石的一个误引》,载《光明日报》(史学版)2004年8月10日。

文中已略述其梗概。今主要补充者是王安石本人思想的“转向”。

王安石于庆历二年(1042)中进士,做了十多年的地方官,在嘉祐三年(1058)被召入朝,写了《上仁宗皇帝言事书》(见《王安石全集》卷三十九)。在此期间,范仲淹于庆历三、四年推行庆历新政,于皇祐四年(1052)徙知颍州时病逝于徐州。王安石作有《祭范颍州文》,其开始的两句是:“呜呼我公,一世之师。由初迄终,名节无疵。”关于庆历新政则说:“扶贤赞杰,乱冗除荒。官更于朝,士变于乡。百治具修,偷惰勉强。”(《王安石全集》卷八十五)同当时的许多文人贤士一样,王安石的思想本是在范仲淹及其庆历新政的影响下形成的。

王安石在《上仁宗皇帝言事书》中说:当时的形势是“顾内则不能无以社稷为忧,外则不能无惧于夷狄,天下之财力日以困穷,而风俗日以衰坏,四方有志之士,諰諰然常恐天下之久不安”。他认为,造成这种局面是因为“方今之法度,多不合乎先王之政”;而“法先王之政”应当“法其意”,这样“改易更革,不至乎倾骇天下之耳目,嚣天下之口”。他又指出,当时如欲“改易更革”,“其势必不能”,这是因为“方今天下之(人)才不足”。在吏治腐败的情况下,“朝廷每一令下,其意虽善,在位者犹不能推行,使膏泽加于民,而吏辄缘之为奸,以扰百姓”。因此,“方今之急,在于人才而已”。于是,他向宋仁宗提出对于人才要“教之、养之、取之、任之”,并且对于科举以诗赋和“讲说章句”取士以及授官之“恩泽子弟”也提出了批评。

王安石的《上仁宗皇帝言事书》写于庆历新政的十五年之后,他在书中提出的改革思路明显受到庆历新政的影响。这套思路也就是范仲淹所说,只有端正士风,整饬吏治,才可以解决“徭役不均,刑罚不中,民利不作,民害不去,鳏寡不恤,游惰不禁,播艺不增,孝悌不劝”(《范文正公集》卷八《上执政书》)等问题。然而,王安石在此书中也显露出以后熙宁变法的特殊性,即他在讲到吏禄、财利时所说:

> 臣于财利,固未尝学,然窃观前世治财之大略矣。盖因天下之利,以生天下之财;取天下之财,以供天下之费。自古治世,未尝以不足为天下之公患也。患在治财无其道耳。……诚能理财以其道,而通其变,

臣虽愚，固知增吏禄不足以伤经费也。

这段话并非《上仁宗皇帝言事书》中的重点，但在以后的熙宁变法中，“治财”或“理财”却成为核心、首要的问题。儒家思想一直注重“义利之辨”，庆历新政的思路可谓先义后利，而当熙宁变法把“财利”作为核心、首要的问题时，宋代的政治和学术便陷于激烈的争执、对抗之中。

熙宁元年(1068)，新即位的宋神宗问王安石：“当今治国之道，当以何为先?”王安石答：“以择术为始。”他所说的“择术”就是希望宋神宗“每事当以尧舜为法”(《续资治通鉴长编纪事本末》卷五十九)。在此后所上《本朝百年无事札子》中，王安石批评“本朝累世因循末俗之弊，而无亲友群臣之议……一切因任自然之理势，而精神之运有所不加，名实之间有所不察”，他奉劝宋神宗去因循之弊，作“大有为之君”。关于科举和吏治问题，王安石批评：

以诗赋记诵求天下之士，而无学校养成之法。以科名资历叙朝廷之位，而无官司课试之方。监司无检察之人，守将非选择之吏。转徙之亟，既难于考绩；而游谈之众，因得以乱真。交私养望者多得显官，独立营职者或见排沮。故上下偷惰取容而已。虽有能者在职，亦无以异于庸人。

此后，王安石又批评“农民坏于徭役”“兵士杂于疲老”，等等。再后才说到：“其于理财大抵无法，故虽俭约而民不富，虽忧勤而国不强。”(《王安石全集》卷四十一)在这里，科举和吏治问题仍被置于首位，而“理财”则居其末。

熙宁二年，王安石对宋神宗说：“臣所以来事陛下，固愿助陛下有所为。然天下风俗法度一切颓坏，在廷少善人君子，庸人则安常习故而无所知，奸人则恶直丑正而有所忌。……陛下诚欲用臣，恐不宜遽，谓宜先讲学，使于臣所学本末不疑，然后用之，庶几能粗有所成。”宋神宗问王安石：“不知卿所施设，以何为先?”王安石答：“变风俗，立法度，方今所急也。凡欲美风俗，在长君子，消小人，以礼义廉耻由君子出故也……”（《续资治通鉴长编纪事本末》卷五十九）在这里，王安石仍强调“风俗法度”的重要，并且劝宋神宗“诚欲用臣，恐不宜遽”。但就在此时，宋神宗擢用王安石为右谏议大夫、参知政事，熙宁变法即由此开始。

据侯外庐先生依《宋史·神宗本纪》和《续资治通鉴长编》编制的王安石居相位推行变法的年历[①]：熙宁二年二月，宋神宗以王安石为参知政事，设制置三司条例司，议行新法；四月，遣使八人察诸路农田、水利、赋役，八人为刘彝、谢卿材、侯叔献、程颢、卢秉、王汝翼、曾伉、王广廉；七月，立淮浙江湖六路均输法；九月，立常平给敛法，即青苗法；十一月，颁农田水利条约。如后来朱熹所评论：

> 新法之行，诸公实共谋之，虽明道先生不以为不是，盖那时也是合变时节。但后来人情汹汹，明道始劝之以不可做逆人情底事。及王氏排众议行之甚力，而诸公始退散。（《朱子语类》卷一三〇）

朱熹的这个评论符合实际情况。程颢在熙宁元年向宋神宗上《论王霸劄子》，其中说：“得天理之正，极人伦之至者，尧舜之道也；用其私心，依仁义之偏者，霸者之事也。……故诚心而王则王矣，假之而霸则霸矣，二者其道不同，在审其初而已。”（《程氏文集》卷一）程颢又上《论十事劄子》，就师傅、六官、经界、乡党、贡士、兵役、民食、四民、山泽、分数等十个方面提出具体的改革措施，“以为三代之法有必可施行之验”（同上）。在熙宁变法之初遣使视察诸路农田、水利、赋役的八人中，不仅有胡瑗门下高弟刘彝，而且有程颢。这正说明“新法之行，诸公实共谋之，虽明道先生不以为不是”。但此后颁布的新法首先是均输法，然后是青苗法，朝廷又往各路派出提举官（三司使）督促新法的执行，于是朝臣中始有“政见”之不同。

王安石在熙宁二年三月对宋神宗说：

---

① 侯外庐主编：《中国思想通史》第四卷（上册），人民出版社1959年版，第431—433页。

> 然今欲理财则须使能，天下但见朝廷以使能为先，而不以任贤为急；但见朝廷以理财为务，而于礼义教化之际有所未及。恐风俗坏，不胜其弊。陛下当深念国体，有先后缓急。(《续资治通鉴长编纪事本末》卷六十六)

显然，在颁布均输法和青苗法的前四个月，王安石还虑及“任贤”与“使能”“礼义教化”与“理财”的“国体”之“先后缓急”问题。但均输法和青苗法一出，立即遭到司马光、范纯仁、曾公亮、赵抃、富弼、韩琦等朝臣的反对，而王安石则“排众议行之甚力”，其思想也明确转为“以理财为方今先急”。

均输法主要是设发运使官，掌管东南六路的税敛、籴买、上贡物品等，“稍收轻重敛散之权，归之公上”，以缓解国家“财用窘急”的问题。青苗法则是由国家在春夏粮食未熟时借钱给农民，待收成后加十分之二的利息，随原有的夏秋两税还纳。这被认为是“散惠兴利”，抑制兼并，而“其实不过是朝廷按当时一般的利率来放高利贷”[①]。均输法一出，知谏院的范纯仁(范仲淹之子)就于熙宁二年八月奏请罢均输法，认为均输“将笼诸路杂货，渔夺商人毫末之利”，他批评王安石：“欲求近功，忘其旧学。舍尧舜知人安民之道，讲五伯富国强兵之术。尚法令则称商鞅，言财利则背孟轲。鄙老成为因循之人，弃公议为流俗之语。异己者指为不肖，合意者即谓贤能。”(《续资治通鉴纪事本末》卷五十八)苏辙也攻击均输法，谓“法术不正，吏缘为奸，掊克日深，民受其病”(《栾城集》卷三十五《制置三司条例司论事状》)。青苗法颁布后，宰相富弼称病辞职。司马光与吕惠卿争于朝：“平民举钱出息，尚能蚕食下户，况县官督责之威乎？”(《宋史·司马光传》)韩琦于熙宁三年二月谏止青苗法，说青苗法是“官放息钱，与初抑兼并、济困乏之意绝相违戾，欲民信服，不可得也。”(《续资治通鉴长编纪事本末》卷六十八)。宋神宗谓韩琦乃“真忠臣”，遂疑青苗法。王安石求去，神宗慰留。此后，王安石乃“汲汲于施为”，“持之益坚，人言不能入矣”。

① 参见蔡美彪等：《中国通史》第五册，人民出版社1978年版，第145—147页。

司马光在《乞罢条例司常平使者疏》中批评青苗法:“今县官乃自出息钱,以春秋贷民,民之富者皆不愿取,贫者乃欲得之。”提举官以多贷为有功,“故不问民之贫富,各随户等抑配与之”(即强行摊派),富者举债比贫者还多。州县官吏又恐贷出的钱和利息收不回来,“必令贫富相兼,共为保甲”。贫者得钱后,无力偿还,“吏督之急”则逃散四方,“富者不去则独偿数家所负”,这样下去会使“贫者既尽,富者亦贫”(《司马温公集》卷四十一)。他又在《与王介甫书》中批评王安石:“更立制置三司条例司,聚文章之士及晓财利之人,使之讲利”“又于其中不次用人,往往暴得美官,于是言利之人皆攘臂圜视,炫鬻争进,各斗智巧,以变更祖宗旧法”“谄谀之士于介甫当路之时,诚有顺适之快,一旦失势,必有卖介甫以自售者矣”(《司马温公集》卷六十)。因在均输法、青苗法的问题上发生争执,反对者争之日甚,而王安石却持之益坚,“诸公始退散”,王安石便更多地任用“晓财利之人”。于是,政见之不同,又引起用人路线的分歧。

程颢在均输法、青苗法颁布后便与新法“意多不合,事出必论列,数月之间,章数十上,尤极论者:辅臣不同心,小臣与大计,公论不行,青苗取息,卖祠部牒,差提举官多非其人及不经封驳,京东转运司剥民希宠不加黜责,兴利之臣日进,尚德之风浸衰等十余事”(《程氏文集》卷十一《明道先生行状》)。他在熙宁三年所上两道《谏新法疏》(《程氏文集》卷一)中说:“盖安危之本在乎人情,治乱之机系乎事始;众心睽乖则有言不信,万邦协合则所为必成;固不可以威力取强,语言必胜。”这就是指当时“辅臣不同心”,而王安石则强力予以推行。程颢又说:“近日所闻,尤为未便。伏见制置条例司疏驳大臣之奏,举劾不奉行之官,徒使中外物情,愈致惊骇,是乃举一偏而尽沮公议,因小事而先失众心。”推行新法的制置三司条例司要将反对新法的大臣治罪,致使朝臣间的矛盾更加激化。王安石任用的“晓财利之人”本来级别不高,由他们推行新法,压制反对派,此即“小臣与大计,公论不行”。程颢认为,在“辅弼大臣人各有心,睽戾不一致,国政异出,名分不正,中外人情交谓不可”的情况下,变法是难以达到“兴治”的效果的。他更指出,“设令由此侥幸,事有小成,而兴利之臣日进,尚德之风浸衰,尤非朝廷之福”。程颢反对新法,希望宋神宗“外汰使人之扰,亟推去息之仁",即他主张撤免扰乱地方的提举官,停止"取息"牟利的青苗法,代之以"去息"的仁政。

由均输法、青苗法引发的朝臣政见之争在熙宁三年发展成为新党与旧党之间的"党争"。这种党争本来是程颢所要避免的,所以他与王安石论事,"心平气和,荆公多为之动",但"言路好直者,必欲力攻取胜,由是(荆公)与言者为敌矣"(《程氏文集》卷十一《明道先生行状》)。程颢后来反省说:"新政之改,亦是吾党争之有太过,成就今日之事,涂炭天下,亦须两分其罪可也。当时天下,岌岌乎殆哉!……天祺(张载弟张戬)其日于中书大悖,缘是介父(安石)大怒,遂以死力争于上前,上为之一以听用,从此党分矣。"(《程氏遗书》卷二上)他又说:"王介甫性狠愎,众人以为不可,则执之愈坚。君子既去,所用皆小人,争为刻薄,故害天下益深。使众君子未与之敌,俟其势久自缓,委屈平章,尚有听从之理,则小人无隙以乘,其为害不至此之甚也。"(《邵氏闻见前录》卷十五)

程颢在熙宁三年上《谏新法疏》后即离朝外补,改差签书镇宁军节度判官。据侯外庐先生编制的熙宁变法年历:熙宁四年三月,遣使察奉行新法不职者;四月,司马光权判西京留台;六月,富弼坐革青苗法,徙判汝州;十月,罢差役法,行募役法。此年,在制定募役法的过程中,王安石向宋神宗说:

> 今所以未举事者,凡以财不足故。故臣以理财为方今先急。未暇理财而先举事,则事难济。臣固尝论天下事如弈棋,以下子先后当否为胜负。又论理财以农事为急,农以去其疾苦、抑兼并、便趣农为急。此臣所以汲汲于差役之法也。(《续资治通鉴长编》卷二二〇)

在"诸公始退散"之后,王安石终于明确地显露他的思想"转向",即熙宁变法是"以理财为方今先急"。这与他在此前所说"方今之急,在于人才而已""以择术为始""变风俗,立法度,方今所急也"是不同的。其实,宋神宗在熙宁元年就曾说:"当今理财最为急务,养兵备边,府库不可不丰,大臣共宜留意节用。"(《宋史全文》卷十一)王安石思想的"转向",可谓俯就、迎和了当朝君主的意志。此亦如南宋时吕中[①]所说:"夫安石初意不过欲变法耳,未敢言兴利也;迨青苗既行,始兴利也。"(《宋大事记讲义》卷一)

庆历新政与熙宁变法的根本不同就在于:庆历新政是以整饬吏治为首要,以砥砺士风、改革科举、兴办学校、认明经旨、培养人才为本源,兼及军事、经济等领域,而熙宁变法则转向为"以理财为方今先急"。这一转向不再是庆历新政所遭贬抑的"以远大为迂说",但按范仲淹对本末、源流的看法而衡之,却不免是"以浅末为急务"。熙宁变法之所以引发朝臣的政见之不同,进而又引发激烈的"党争",固然与儒家传统的"义利之辨"有关系,但宋代的政治现实也确实面临着士风、吏治与"理财"如何协调并进的问题。范仲淹在天圣五年(1027)的《上执政书》中就已深切地指出:

> 今之县令循例而授,多非清识之士。衰老者为子孙之计,则志在苞苴,动皆徇己;少壮者耻州县之职,则政多苟且,举必近名。故一邑之间,簿书不精,吏胥不畏,徭役不均,刑罚不中,民利不作,民害不去,鳏寡不恤,游惰不禁,播艺不增,孝悌不劝。以一邑观之,则四方县政如此者十有七八焉,而望王道之兴不亦难乎!

吏治腐败到如此地步,故范仲淹的改革思想首先是"举县令,择郡守,以救民之弊";欲求吏治之源的澄清,又必须"慎选举,敦教育,使代不乏材"。王安石在《上仁宗皇帝言事书》中也说:在吏治腐败的情况下,"朝廷每一令下,其意虽善,在位者犹不能推行,使膏泽加于民,而吏辄缘之为奸,以扰百姓",因此,"方今之急,在于人才而已"。这种见解有其深刻之处。而当熙宁变法汲汲于"财利"之时,"吏缘为奸,掊克日深,民受其病",推行青苗法的提举官以多贷为有功,不问民之贫富,强行"抑配",各级官吏则假新法之名而徇私舞弊,与民争利,盘剥百姓,搞得"纷纷扰扰,莫安其居",这也是熙宁变法失败

① 吕中,南宋淳祐时进士,教授肇庆府,除国史实录院检讨。上疏言当去小人之根,革赃吏之弊。迁国子监丞兼崇政殿说书。奏言:"人能正心,则事不足为;人君能正心,则事不足治。"理宗嘉纳之。年老告归,召为秘书郎。著有《宋大事记讲义》。参见《中国历史大辞典·宋史卷》,上海辞书出版社 1984 年版。

的一个原因。

熙宁变法的反对派依循儒家“义利之辨”的思维定势，对新法“争之有太过”，“言路好直者，必欲力攻取胜”，遂使王安石“与言者为敌矣”。熙宁、元丰年间，司马光等旧党全被贬离中央；宋神宗死后，司马光执政，又全面否定新法，排除新党；以至宋哲宗亲政后，新党中的章惇、蔡京等“小人”执政，把旧党全都打入元祐党案，“司马光以下，各以轻重议罪，布告天下”。这种激烈的“党争”耗散了宋代政治的“元气”，以致为害益深，“涂炭天下”；究其始而言之，“亦须两分其罪可也”。

《宋元学案·荆公新学略》载：熙宁变法时，“温公戒金陵用小人。金陵曰：‘法行即逐之。’温公曰：‘误矣！小人得路，岂可去也，他日将悔之。’”“初，吕惠卿为先生所知，骤引至执政，洎先生再相，苟可以中先生，无不为也。……[荆公]退居金陵，始悔恨为惠卿所误。”在王安石重用的新党人物中，有品行不端的“小人”，王安石本人就吃了这方面的亏。而章惇、蔡京等“小人”执政，则把北宋引向了灭亡。南宋时吕中认为，王安石用人不当，新党“愈变愈下”是北宋灭亡的一个原因。他说：

> （章惇、蔡京）此小人不足责，而引用小人自安石始。然安石之心与章子厚（惇）不同，章子厚之心与蔡京诸人不同。盖安石之法犹出于所学，章子厚之法将托安石以报私怨耳，至蔡京则又托绍述以奉人主（徽宗）之侈心耳。愈变愈下，所以致中原之祸也。（《宋大事记讲义》卷二十一）

观此可知，“任贤”与“使能”的“先后缓急”确实关乎“国体”之大事。范仲淹所说“奸邪之凶，甚于夷狄之患”（《范文正公集》卷七《奏上时务书》），程颢所说“兴利之臣日进，尚德之风浸衰，尤非朝廷之福”，可谓预卜了北宋的灭亡。

因熙宁变法而引发的党争“致中原之祸”，所以吕中颇为警切地评论庆历新政与熙宁变法对宋朝治乱得失的影响：“自范文正天章阁一疏不尽行，所以激而为熙宁之急政。吾观范文正之于庆历，亦犹王安石之于熙宁也。

……呜呼！使庆历之法尽行，则熙丰、元祐之法不变；使仲淹之言得用，则安石之口可塞。今仲淹之志不尽行于庆历，安石之学乃尽用于熙丰。神宗锐然有志，不遇范仲淹而遇王安石。世道升降之会，治体得失之几，于是乎决矣。"(《宋大事记讲义》卷一[①])也正是由此考虑，吕中说："先儒论宋朝人物，以范仲淹为第一。"(《宋大事记讲义》卷十)

三

钱穆先生说，宋学精神有"两端"，一为"革新政令"，二为"创通经义"，"大抵荆公新法以前，所重在政事；而新法以后，则所重尤在经术"，"其间区别，盖以洛学为枢机也"[②]。在宋学的发展中，之所以出现如此的变化，实是因为洛学受到了庆历新政和熙宁变法正反两方面的影响。

庆历新政为士人确立的致学方向就是"明体达用"，按胡瑗门下高弟刘彝所说："君臣父子、仁义礼乐，历世不可变者，其体也……举而措之天下，能润泽斯民，归于皇极者，其用也。"(《宋元学案・安定学案》)此"明体达用"又可谓之"内圣外王"。"内圣"者，即范仲淹所谓"必明理道"，"不以物喜，不以己悲"，不苟求功名富贵，心忧天下，而又怀有"道义之乐"(《范文正公集・年谱》)；"外王"者，即"一旦仁宗大用之，便做出许多事业"(朱熹评范仲淹，见《朱子语类》卷一二九)。范仲淹在《睢阳学舍书怀》中有云："瓢思颜子心还乐，琴遇钟君恨即销。"(《范文正公集》卷三)所谓"瓢思颜子心还乐"，即"内圣"的境界；所谓"琴遇钟君恨即销"，即一旦被朝廷所用，就可"举而措之天下，能润泽斯民"。此"明体达用"或"内圣外王"，正是宋代的新儒学之所以异于佛、道二教者。

《宋史・张载传》云："张载……少喜谈兵……年二十一岁，以书谒范仲淹。一见知其远器，乃警之曰：'儒者自有名教可乐，何事于兵！'因劝读《中庸》。"所谓"名教可乐"，也就是"道义之乐"的精神；"劝读《中庸》"，则指示

---

① 《范文正公集》附录《诸贤赞颂论疏》载此段引文误为"吕东莱"所说，我前作《庆历新政与熙宁变法》一文依之，现补正。

② 钱穆：《中国近三百年学术史》，商务印书馆1997年版，第5、6页。

了新儒学注重阐发“心性”理论的发展方向。

程颢和程颐早年受学于周敦颐(此时程颐十四五岁,约在公元 1048 年,即庆历新政的五年以后)。程颢后来回忆说:“昔受学于周茂叔,每令寻颜子仲尼乐处,所乐何事。”(《程氏遗书》卷二上)周敦颐教导二程所寻的“孔颜乐处”,也就是把“道义之乐”作为人生修养的目标。周敦颐在《通书·志学》篇说:士人要“志伊尹之所志,学颜子之所学”。伊尹之所志即是“外王”的志向,颜子之所学即是“内圣”的修养。

朱熹在《伊川先生年谱》中记载:“皇祐二年,[程颐]年十八,上书阙下,劝仁宗以王道为心,生灵为念,黜世俗之论,期非常之功,且乞召对,面陈所学。不报,闲游太学。”(《程氏遗书》附录)这段记载中的“皇祐二年”,可能是嘉祐二年之误①,此时程颐二十五岁。当时胡瑗主持太学,“尝以《颜子所好何学论》试诸生,得先生所试,大惊,即延见,处以学职”。程颐在《颜子所好何学论》中说:“颜子所独好者,何也? 学以至圣人之道也。……凡学之道,正其心,养其性而已。中正而诚,则圣矣。”(《程氏文集》卷八)程颐体会出,要寻得“孔颜乐处”,就必须“正其心,养其性”,通过心性修养而达到“中正而诚”的圣贤境界。

按嘉祐二年(1057),即在庆历新政的十三年之后,程颐写了《上仁宗皇帝书》(此比王安石的《上仁宗皇帝言事书》早两年)。他在书中说:

> 圣明之主,无不好闻直谏,博采刍荛,故视益明而听益聪,纪纲正而天下治;昏乱之主,无不恶闻过失,忽视正言,故视益蔽而听益塞,纪纲废而天下乱;治乱之因,未有不由是也。(《程氏文集》卷五)

这段对君主的劝戒,与范仲淹在《奏上时务书》中所说君主要“赏直谏之臣”“舍一心之私,从万人之望”是相同的。程颐又说:

---

① 程颐《上仁宗皇帝书》中有“父珦又蒙延赏,今为国子博士”,蔡方鹿据此认为此书作于“皇祐二年恐是嘉祐二年之误”,参见蔡著《程颢程颐与中国文化》,贵州人民出版社 1996 年版,第 19—20 页。又,欧阳修在《胡先生墓表》(《居士集》卷二十五)中说,庆历新政“后十余年,先生(胡瑗)始来居太学”。嘉祐二年(公元 1057 年)是在庆历新政的十三年之后,程颐此年二十五岁。

> 道必充于己，而后施以及人；是故道非大成，不苟于用。然亦有不私其身，应时而作者也。出处无常，惟义所在。(《程氏文集》卷五)

所谓“道必充于己”，也就是先要有“内圣”的修养，有此修养便能“不私其身”“惟义所在”；“而后施以及人”，也就是要达于“用”，将此道“举而措之天下，能润泽斯民”。程颐引《尚书》的“民惟邦本，本固邦宁”，认为“固本之道，在于安民；安民之道，在于足衣食”。而当时“国家财用，常恐不足”，为充财用则“急令诛求”于民，“竭民膏血”，使百姓“往往破产亡业，骨肉离散”。程颐从“民本”思想展开对当时政治的批判，由此批判而提出实行“王道”的主张。他说：“窃惟王道之本，仁也。臣观陛下之仁，尧舜之仁也。然而天下未治者，诚由有仁心而无仁政尔。”若要实行“仁政”，除了君主的“仁心”之外，还需有贤臣的辅佐，故他又说：“天下之治，由得贤也；天下不治，由失贤也。”接着，程颐批评“国家取士”的弊端：“明经之属，唯专念诵，不晓义理，尤无用也”；“唯进士科，以词赋声律为工，词赋之中非有治天下之道也”(同上)。在这篇《上仁宗皇帝书》中，明显可见庆历新政的影响。

治平二年(1065)，程颐写有《为家君应诏上英宗皇帝书》。此书仍强调了“民惟邦本”“保民之道，以食为本”，但更重要的是提出了治道的“本”与“用”之分：

> 今言当世之务者，必曰所先者：宽赋役也，劝农桑也，实仓廪也，备灾害也，修武备也，明教化也。此诚要务，然犹未知其本也。臣以为所尤先者三焉，请为陛下陈之。一曰立志，二曰责任，三曰求贤。……三者本也，制于事者用也。有其本，不患无其用。三者之中，复以立志为本，君志立而天下治矣。(同上)

这段话把君主的“立志”作为最根本的急务，其精神与程颢的《上殿劄子》相一致。程颢说：“君道之大……在乎君志先定，君志定而天下之治成矣。所谓定志者，一心诚意，择善而固执之也。……自知极于明，信道极于笃，任贤勿贰，去邪无疑，必期致世如三代之隆而后已也。”(《程氏文集》卷一)二程提出“君志定而天下之治成”，就是由君主之“内圣”而达于“外王”。有了君主的“内圣”，才能择宰相（“责任”）和大臣之贤；有了圣君、贤相和贤臣，亦即“有其本”，则“不患无其用”。反之，“顾三者不先，徒虚言尔”。二程的这一思想，有鉴于庆历新政的失败是由于“君志”不定；更重要的是，二程认识到只有“君志”先定，才能确立“致世如三代之隆”的改革方向。

程颢在熙宁元年所上《论王霸劄子》，仍是强调“治天下者，必先立其志”；又上《论十事劄子》，即是由治道之“本”而达治事之“用”。熙宁二年颁布均输法、青苗法之后，程颢与新法“意多不合，事出必论列”。程颐在《明道先生行状》中说，程颢与王安石的“道不同”，此“道”之不同就在于王霸、理欲、义利之辨。

熙宁三年是道学思想发展的一个转折。在此之前，张载和二程都热心于“革新政令”，希望将“王道”的理想“举而措之天下”；此后则更专注于著书讲学，使道学的理论臻于成熟。张载在熙宁二年入朝，与王安石“所语多不合，寖不悦。既命校书崇文，先生辞，未得谢，复命案狱浙东。……狱成，还朝。会弟天祺以言得罪，先生益不安，乃谒告西归，居于横渠故居……终日危坐一室，左右简编，俯而读，仰而思，有得则识之，或中夜起坐，取烛以书，其志道精思，未始须臾息，亦未尝须臾忘也。”（《张载集》附录《吕大临“横渠先生行状”》）如此至熙宁九年，张载完成了其代表作《正蒙》。程颢在熙宁三年上《谏新法疏》后离朝外补，在地方任官一年便“以奉亲之故”归洛阳，与程颐等共同倡明道学，潜心涵泳道德性命之理。其弟子邢恕记载：“（程颢）居洛几（近）十年，玩心于道德性命之际，有以自养其浑浩冲融，而必合乎规矩准绳。……先生身益退，位益卑，而名益高于天下。”（《程氏遗书》附录《门人朋友叙述并序》）在此十年间，二程的洛学达到理论的成熟，并且影响日益扩大。

熙宁变法以后，张载和二程都明确地认识到“格君心之非”是治世的“大根本”。张载在《答范巽之书》中说：

> 朝廷以道学、政术为二事，此正自古之可忧者。……设使四海之内皆为己之子，则讲治之术，必不为秦汉之少恩，必不为五伯之假

名。……人不足与适，政不足以间，能使吾君爱天下之人如赤子，则治德必日进，人之进者必良士，帝王之道不必改途而成，学与政不殊心而得矣。(《张载集·文集佚存》)

张载的理想就是要把“道学”之体施之于“政术”之用，而“朝廷以道学、政术为二事”，则其“政术”为无体之用，故改革偏离“王道”的方向。孟子说：“人不足与适也，政不足间也，惟大人为能格君心之非。”(《孟子·离娄上》)如果能够格正君心，使君主有了“爱天下之人如赤子”的“仁心”，那么用人之非、政事之失等等就都可以解决了。二程说：

治道亦有从本而言，亦有从用而言。从本而言，惟从格君心之非，正心以正朝廷，正朝廷以正百官。若从事而言，不救则已，若须救之，必须变。大变则大益，小变则小益。(《程氏遗书》卷十五)

君仁莫不仁，君义莫不义，天下之治乱系乎人君仁不仁耳。……夫政事之失、用人之非，知者能更之，直者能谏之。然非心存焉，则一事之失，救而正之，后之失者，将不胜救矣。格其非心，使无不正，非大人其孰能之？(《程氏外书》卷六)

从强调治道之本是君主“立志”，到明确提出治道之本是“格君心之非”，其间的思想是一贯的，但其微妙的变化却是道学家对于君主自身“立志”的自觉已感到失望(此不同于程颐在《上仁宗皇帝书》中所说“天下未治者，诚由有仁心而无仁政尔”)，而“君心不正”则是道学家实现“外王”理想的最大障碍。

从“格君心之非”这一治道之本来考虑，二程更加严厉地批评荆公新学，将其视为超过释氏之害的“大患”。因为释氏只是以其术“化众人”，而荆公新学却是以功利动“人主心术”，君心一动，则天下“靡然而同”，“其学化革了人心”，带坏了“后生学者”，所以其“为害最甚”(《程氏遗书》卷二下)。于是，“整顿介甫之学”成为二程洛学的一大急务，而整顿的方法便是更加强调王霸、理欲、义利之辨，“明体达用之学”遂向着更加重视“内圣”的内倾化方向发展。

南宋时,朱熹在给张栻的信中说:“熹常谓天下万事有大根本,而每事之中又各有要切处。所谓大根本者,固无出于人主之心术;而所谓要切处者,则必大本既立,然后可推而见也。……此古之欲平天下者,所以汲汲于正心诚意,以立其本也。(《朱文公文集》卷二十五)他在给赵汝愚的信中也说:“今日之事,第一且是劝得人主收拾身心,保惜精神,常以天下事为念,然后可以讲磨治道,渐次更张。”(《朱文公文集》卷二十九)

因庆历新政之后有熙宁变法的汲汲于“财利”,故激起道学家对王霸、理欲、义利的严辨;因庆历新政的夭折和熙宁变法的转向,故使道学家认识到“格君心之非”才是治世的“大根本”,只有君心正,然后才可以“讲磨治道,渐次更张”。然而,“君心”并不是道学家所能格正的,而两宋的道学又受到元祐党案和庆元党案两次严重的打击,此所以宋学的革新政令“至荆公而止”。

(原载《中州学刊》2005 年第 1 期)

关于列宁评价王安石的一个误引

长期以来,在我国史学界对王安石及其熙宁变法的研究和评价中,几乎无人不引列宁对王安石的一个评价,即"王安石是中国11世纪时的改革家"。关于谁最先如此引用,现已无从查明。这样的引用已相沿成习,恐怕一直无人认真核对过。我近期因探讨范仲淹的庆历新政与王安石的熙宁变法以及这两次"革新政令"与宋代儒学复兴的关系①,对自梁启超《王安石传》以来的"扬王抑范"(梁氏在《传》中说,范仲淹"其志略,尚下荆公数等")提出质疑,遂对列宁关于王安石的这个评价亦产生查证的好奇心。经查证,我认为这是对列宁观点的一个误引。

所谓列宁说"王安石是中国11世纪时的改革家",出自列宁在1906年所作《修改工人政党的土地纲领》一文的一个注释②。为正确理解这个注释,我们须对这个注释的背景(context)作一简要的说明。当时,俄国社会民主工党对修改"土地纲领"发生争执,列宁把此争执归纳为"四大类意见"。其中第二类意见是:"俄国社会民主工党的土地纲领应当要求没收地主土地,但不应当要求任何形式的土地国有",列宁在括弧中指明"持这种意见的大概有芬同志,可能还有普列汉诺夫同志,虽然他的意见不明确"(第222页)。第四类意见是:"没收地主土地,并在一定政治条件下实行土地国有",列宁亦在括弧中指明这是"我党统一的中央委员会所委任的专门委员会的大多数人所建议的纲领;笔者是拥护这个纲领的……"(第222页)显然,列宁在

① 参见拙文《范仲淹与宋代儒学的复兴》和《庆历新政与熙宁变法》,以及后一文的"补说"。

② 《列宁全集》第十二卷,人民出版社1987年版,第226页。

此问题上与普列汉诺夫的分歧在于是否“在一定政治条件下实行土地国有”。

列宁在正面论述自己的观点时指出:“农民在其反对地主土地所有制、反对地主土地占有制的斗争中,通过自己的先进代表,必然要提出并且已经提出了废除全部土地私有制的要求。”“农民中现在极其广泛地流行着土地全民所有制的思想,这是丝毫不容置疑的。而且,尽管农民愚昧无知,尽管他们的愿望含有许多反动空想成分,但整个来说,这种思想带有革命民主主义的性质,这也同样是没有疑问的。”(第226页)在这两段话之下,便是注释②:“普列汉诺夫同志在《日志》第五期中警告俄国不要重蹈王安石的覆辙(王安石是中国11世纪时的改革家,实行土地国有未成),并力图证明,农民的土地国有思想,按其根源来说是反动的。这种论据的牵强是一目了然的。真所谓 quiprouv etrop, neprouv erien(谁过多地证明,谁就什么也没有证明)。如果20世纪的俄国可以同11世纪的中国相比较的话,那么我们同普列汉诺夫大概既不必谈农民运动的革命民主主义性质,也不必谈俄国的资本主义了……”(第226页)显然,所谓“王安石是中国11世纪时的改革家,实行土地国有未成”,只是普列汉诺夫所提出“论据”的一个说明。这既不是列宁本人的观点,相反,列宁认为普列汉诺夫的这个论据是“牵强”的,他反对把20世纪的俄国同11世纪的中国相比较;也不是普列汉诺夫对王安石的一个肯定性评价,相反,他是要用“王安石的覆辙”来证明“农民的土地国有思想,按其根源来说是反动的”。

在“王安石是中国11世纪时的改革家”之后,紧跟着有“实行土地国有未成”。我国史学界在引用所谓列宁的这个评价时,只断引了前半句,而对后半句却不见有人全引。其原因不外有二:一是相沿如此,用不着核对这一引文是否为“断章取义”;二是即使有人核对过,但对所谓王安石“实行土地国有”之失实,史学家们心知肚明。王安石的熙宁变法主要是颁布了均输法、青苗法、保甲法、募役法,等等,这里无涉“土地国有”的问题是可以肯定的。而熙宁变法的反对派,如程颢、张载等人,反对青苗法之“取息”(即由国家向农民贷钱,然后收取十分之二的利息),主张恢复三代的“井田制”,却具有“实行土地国有”的因素。

在“王安石是中国11世纪时的改革家,实行土地国有未成”之后,《列宁全集》的编译者(中共中央马恩列斯著作编译局)亦有一资料性的注释。此即书后的注释132:“这里说的是格·瓦·普列汉诺夫在《社会民主党人日志》第5期发表的《论俄国的土地问题》一文。普列汉诺夫在这篇文章里反对土地国有化,认为这是企图在俄国恢复那种‘土地和农民都是国家的财产’的旧制度,而‘这种制度无非是一切东方大专制国家所依托的经济制度的莫斯科版’。普列汉诺夫从法国无政府主义者埃·雷克吕的地理学著作中摘引王安石的材料说:‘1069年,当时的中国皇帝宋神宗的朋友和顾问王安石颁布了一道废除私有制的命令……’普列汉诺夫指出,雷克吕书中的这个中国11世纪‘共产主义’革命的故事是从俄国汉学家伊·伊·扎哈罗夫那里‘不加任何批判’地搬来的。……普列汉诺夫把俄国社会民主工党内主张土地国有的人同王安石相提并论,说除了不幸之外,不能‘从俄国的王安石们’那里期待别的什么。”(第414—415页)看此注释可知,所谓王安石“实行土地国有”之失实是出自何处。这本是普列汉诺夫“从法国无政府主义者埃·雷克吕的地理学著作中摘引”出来的;普列汉诺夫又指出,雷克吕书中的“这个中国11世纪‘共产主义’革命的故事”是从俄国汉学家扎哈罗夫那里“不加任何批判”地搬来的。普列汉诺夫显然对“这个中国11世纪‘共产主义’革命的故事”持批判的态度,他把此作为一个“论据”,以“警告俄国不要重蹈王安石的覆辙”,亦即反对土地国有化,认为土地国有制度“无非是一切东方大专制国家所依托的经济制度的莫斯科版”。他把“俄国社会民主工党内主张土地国有的人”(即列宁等人)同王安石相提并论,把他们讥为“俄国的王安石们”,认为如果实行土地国有,“除了不幸之外,不能‘从俄国的王安石们’那里期待别的什么”。

由以上可知,所谓“王安石是中国11世纪时的改革家,实行土地国有未成”,只是普列汉诺夫反对列宁等人主张“在一定政治条件下实行土地国有”的一个“论据”。这个“论据”是针对列宁等人的,所以列宁说,“这种论据的牵强是一目了然的”,“如果20世纪的俄国可以同11世纪的中国相比较的话,那么我们同普列汉诺夫大概既不必谈农民运动的革命民主主义性质,也不必谈俄国的资本主义了”。因列宁反对把20世纪的俄国同11世纪的中国相比较,所以,所谓"王安石是中国11世纪时的改革家"乃是断章取义,是对列宁观点的一个误引。

因相沿成习,我国史学界长期以来"不加任何批判"地把"王安石是中国11世纪时的改革家"作为列宁的评价而误引。这一"误引"为近代以来的"扬王(安石)抑范(仲淹)"起了推波助澜和"定调"的作用。现在到了纠正这一错误的"莫斯科版"的时候了。

我作以上考证,目的是要"扬范(仲淹)抑王(安石)",而具体论证在此不能展开。最后,只以几句对范仲淹评价的"正引"作为此文之结语,即:王安石在为范仲淹作的祭文中称其为"一世之师"(《王安石全集》卷八十五《祭范颍州文》)。南宋时吕中说:"先儒论宋朝人物,以范仲淹为第一。"(《宋大事记讲义》卷十)朱熹也称赞范仲淹:"天地间气,第一流人物"(《范文正公集》附录《诸贤赞颂论疏》)。青年毛泽东在1913年的《讲堂录》中记:"有办事之人,有传教之人。前如诸葛武侯、范希文(引者按:范仲淹字希文),后如孔、孟、朱、陆、王阳明等是也。宋韩(琦)、范(仲淹)并称,清曾(国藩)、左(宗堂)并称。然韩、左办事之人也,范、曾办事而兼传教之人也。""五代纲维横决,风俗之坏极矣,冯道其代表也。宋兴稍一振,然犹未也。逮范文正出,砥砺廉节,民黎始守纲常而戒于不轨。其至也,程朱礼义之士兴,天下风俗,骎骎比隆东汉焉。"①

(原载《光明日报》2004年8月10日)

① 《毛泽东早期文稿》,湖南出版社1995年版,第591、592页。

王安石变法的再评价

一

王安石变法，史称“熙宁变法”，在中国传统的史学评论中是被基本否定的。如南宋的吕中说，如果范仲淹的庆历新政得以“尽行”，则不会有“熙宁之急政”，“使仲淹之言得用，则安石之口可塞……神宗锐然有志，不遇范仲淹而遇王安石，世道升降之会，治体得失之几，于是乎决矣”（《宋大事记讲义》卷一）。又说，熙宁时期“引用小人自安石始……盖安石之法犹出于所学，章子厚（惇）之法将托安石以报私怨耳，至蔡京则又托绍述以奉人主（徽宗）之侈心耳，愈变愈下，所以致中原之祸也”（同上书卷二十一）。又如明清之际的王夫之说：“夷考宋政之乱，自神宗始。神宗之以兴怨于天下、贻讥于后世者，非有奢淫暴虐之行，唯上之求治也已亟，下之言治者已烦尔。”（《宋论》卷四）王夫之也谈到熙宁变法与引用小人的问题，他说：“国民之交敝也，自苛政始。苛政兴，足以病国疟民，而尚未足以亡……惟是苛政之兴，众论不许，而主张之者，理不胜而求赢于势，急引与己同者以为援，群小乃起而应之……”（同上书卷六）“是安石之法，未足以致宣、政之祸，唯其杂引吕惠卿、邓绾、章惇、曾布之群小，以授贼贤罔上之秘计于（蔡）京，则安石之所贻败亡于宋者此尔。”（同上书卷八）按照传统的评价，一是王安石变法之“急政”或“苛政”本身有问题，二是它引起激烈的“党争”，王安石“急引与己同者以为援，群小乃起而应之”，乃至王安石的新党“愈变愈下”，所以导致北宋的灭亡。

对王安石变法评价的转机出现在近代，当时国人面对西方列强的“船坚炮利”，急欲变法而“富国强兵”，遂使商鞅、王安石等都得到肯定的评价。对王安石评价最高者莫过于梁启超的《王安石传》，他说：“若乃于三代下求完人，唯公庶足以当之矣。……以不世出之杰，而蒙天下之诟，易世而未之湔者，在泰西则有克林威尔，而在吾国则荆公。”①

1949 年之后，王安石变法也一直得到肯定的评价。如侯外庐先生主编的《中国思想通史》第四卷（人民出版社 1959 年版）以非常显要的位置写有“王安石的新学、变法思想和唯物主义哲学”一章，此章之外的北宋思想，除把李觏作为“王安石的先驱”外，其余都作了基本否定的评价。商鞅、王安石等在“文革”时期的“评法批儒”中曾成为中国历史上“正确路线”的代表。而在改革开放以后，王安石变法仍在“改革是解放生产力”的背景下得到高度肯定②。

我本来对于王安石变法夙无研究，但近几年研究范仲淹的思想，写成《范仲淹与宋学精神》一文③，其中涉及熙宁变法的问题。此文第一部分讲“范仲淹与庆历新政”，第二部分讲“庆历新政与熙宁变法”，第三部分讲“范仲淹与儒学复兴”。后一部分曾以《范仲淹与宋代儒学的复兴》为题发表在《哲学研究》2003 年第 10 期，前两部分缩写成《庆历新政与熙宁变法——兼论二程洛学与两次“革新政令”的关系》，发表在《中州学刊》2004 年第 1 期（后来又作有《“庆历新政与熙宁变法”补说》，发表在同刊 2005 年第 1 期）。我认为，宋学精神的真正开创者是范仲淹，“宋初三先生”（胡瑗、孙复、石介）以及李觏等是范仲淹门下的“贤士”，占据宋代哲学史或思想史主流位置的道学（或理学）是在庆历新政和熙宁变法的正反两方面作用下形成的。虽然道学也有历史的局限性（这种局限性可部分地归于受熙宁变法的所激而致），但我对于道学持基本肯定的态度。

宋代儒学的复兴本来是针对佛老的，但是熙宁变法之后，二程已把王安

① 梁启超：《王安石传》，海南出版社 2001 年版，第 22 页。

② 参见邓广铭：《北宋政治改革家王安石》，河北教育出版社 2000 年版，第 3 页。

③ 此文初稿于 2003 年，后发表在《中国儒学》第一辑，商务印书馆 2006 年版。

石新学当作超过佛老的“大患”(《程氏遗书》卷二上:“在今日,释氏却未消理会,大患者却是介甫之学……如今日却要先整顿介甫之学,坏了后生学者”)。可以说,道学的王霸、义利、理欲之辨主要是针对王安石新学的,道学与新学的对立以及南渡以后“道学集团”与“官僚集团”的对立①,是两宋政治文化发展的一条主线。如果我们仍把占据宋代(以及元明清)思想主流的道学看作是“保守派”、代表“豪族地主集团”的利益、“思想史上的浊流”,那么高度评价王安石新学,自然可以文通理顺。然而,如果现在学术界的主流观点已是对道学持基本肯定的态度(尽管它也有历史的局限),那么把王安石新学依然评价得如此之高,就会陷入思想史评价的扞格难通。当然,对于宋明理学的评价仍是可以讨论的,但若弃置这种讨论于不顾,只是单方面地高度评价王安石新学,则这种评价只是偏学而已;如果对新学和理学都予以高度评价,同等观之,两无轩轾,那么这也只是回避矛盾的苟全而已。

我在写《“庆历新政与熙宁变法”补说》的过程中,想起一句流行甚广的列宁对王安石的评价,即“王安石是中国 11 世纪时的改革家”。我特意对此作了考证,先是作为一个注释,后因文字太长而单独成篇,即发表于 2004 年 8 月 10 日《光明日报》史学版的《关于列宁评价王安石的一个误引》。我认为,那篇文章已经考证清楚了这绝对是个误引,是普列汉诺夫以此为论据来反对列宁的,而列宁则否认“20 世纪的俄国可以同 11 世纪的中国相比较”②。

思想史评价上的矛盾,以及对列宁评价王安石的误引,只是说明重新评价王安石变法的必要,而如何重新评价则必须根据史料,实事求是地进行分析。

二

以往对王安石变法的研究,我认为有两个致命的缺陷:一是没有对范仲淹的庆历新政与王安石的熙宁变法作比较,二是没有对王安石本人思想的

① 参见余英时:《朱熹的历史世界》,三联书店 2004 年版,第 627 页。

② 《列宁全集》第十二卷,人民出版社 1987 年版,第 226 页。

转向作分析。

关于范仲淹的庆历新政，在此不能作详述，概括而言之，即庆历新政是以整饬吏治为首要，以砥砺士风、改革科举、兴办学校、认明经旨、培养人才为本源，兼及军事和经济等领域。正是因为庆历新政是以砥砺士风、改革科举、兴办学校、认明经旨、培养人才为本源，所以宋代的学风为之丕变，"明体达用之学"得以确立并向全国推广，经学历史遂由"经学统一时代"进入庆历以后的"经学变古时代"[①]。在范仲淹的周围有韩琦、富弼等声气相通的同僚，有欧阳修与他共进退，有宋初三先生、李觏、刘敞、刘牧等一批"贤士"，而范仲淹"导横渠以入圣人之室，尤为有功"（《宋元学案·序录》），以后三苏的蜀学、王安石的新学、二程的洛学等都是在庆历新政的风气感召之下逐渐形成的[②]。

熙宁变法与庆历新政的不同在于，它是以功利或财利为首要，此即宋神宗所说"当今理财最为急务"（《宋史全文》卷十一），王安石所说"臣以理财为方今先急"（《续资治通鉴长编》卷二二〇）。我们暂不评价以"理财"为急务的得失，而先述王安石本人思想的转向。

范仲淹于宋仁宗皇祐四年（1052）由山东的青州徙知安徽的颍州，夏五月行至他的出生地徐州而病逝。王安石在《祭范颍州文》中说："呜呼吾公，一世之师。由初迄终，名节无疵。""上嘉曰才，以副枢密……遂参宰相，厘我典常。扶贤赞杰，乱冗除荒。官更于朝，士变于乡。百治具修，偷堕勉强……"（《王安石全集》卷八十五）由此可见，王安石原是与当时的许多士人一样，奉范仲淹为"一世之师"；他说范仲淹一生"名节无疵"，这也是后人对范仲淹的普遍评价（如《宋元学案·序录》云："高平一生，粹然无疵"）；而且，他对范仲淹主持的庆历新政也作了高度评价。然而到了熙宁九年（1076），王安石面对"党争"的压力，竟然在宋神宗面前批评范仲淹"好广名誉，结游士，以为党助，甚坏风俗"（《续资治通鉴长编》卷二七五）。这是王安石对范仲淹评价的一个转向。可以想象，当时王安石是把范仲淹也作为

---

① 参见皮锡瑞：《经学历史》，中华书局1959年版，第220页。

② 参见拙文《宋学与〈宋论〉——兼评余英时〈朱熹的历史世界〉》，载《儒林》第一辑，山东大学出版社2005年版。

一个假想敌的，而范仲淹如果还活着的话，他很可能也像他的儿子范纯仁那样加入“旧党”。这并不奇怪，范仲淹早在天圣三年（1025）作的《奏上时务书》中就奉劝仁宗“用人之议，不以远大为迂说，不以浅末为急务”（《范文正公集》卷七），他在临终给仁宗上的《遗表》中也痛陈庆历新政的夭折：“事久弊则人惮于更张，功未验则俗称于迂阔，以进贤授能为树党，以敦本抑末为近名。”（同上书卷十六）而宋神宗和王安石的以“理财”为急务，实也正是范仲淹所批评的“以浅末为急务”，违背了范仲淹的“进贤授能”“敦本抑末”改革思想（范仲淹主张发展农、工、商，他所谓“抑末”是指“革滥赏，省冗官”和“减徭役”等，参见其所作《四民诗》和《答手诏条陈十事》）。

王安石于庆历二年（1042）中进士，做了十多年的地方官，在嘉祐三年（1058）被召入朝，写了《上仁宗皇帝言事书》（下简称《言事书》）。此书长达万言，但以往的王安石变法研究，大多只集中在此书中的一段话，即：“臣于财利，固未尝学，然窃观前世治财之大略矣。盖因天下之利，以生天下之财；取天下之财，以供天下之费。……诚能理财以其道，而通其变，臣虽愚，固知增吏禄不足以伤经费也。”（《王安石全集》卷三十九）这段话是与后来的熙宁变法的精神相符合的，但它只是《言事书》中的枝节之点。此书先讲改革的必要，然后讲“法先王之政”应该“法其意”，接着就提出：当时如欲“改易更革”，“其势必不能”，这是因为“方今天下之（人）才不足”。在吏治腐败的情况下，“朝廷每一令下，其意虽善，在位者犹不能推行，使膏泽加于民，而吏辄缘之为奸，以扰百姓”。因此，“方今之急，在于人才而已”。于是，他向仁宗提出对于人才要“教之、养之、取之、任之”。上述的那段话，只是在讲到“养之”时的一个节目而已。《言事书》的精神是改革必须整饬吏治，“方今之急，在于人才而已”，这是与庆历新政的精神相一致的。

宋仁宗于嘉祐八年（1063）逝世，继立者英宗在位不满四年而死，其子神宗继位。熙宁元年（1068）三月，神宗对文彦博等大臣提出：“当今理财最为急务，养兵备边，府库不可不丰，大臣共宜留意节用。”（《宋史全文》卷十一）此后的熙宁变法实就是禀承了神宗的这个旨意，但这个旨意并未得到大臣们的认同，而逐渐俯从于这个旨意的就是新进的王安石。同年四月，“诏新除翰林学士王安石越次入对”，神宗问：“方今治，当何先？”王安石答：“以择术为始。”此时,他所谓“择术”就是希望神宗“以尧舜为法”(《宋史全文》卷十一)。在此后上的《本朝百年无事札子》中,王安石劝神宗去因循之弊,作“大有为之君”,他先列举了科举和吏治等方面的问题,然后才讲到“其于理财大抵无法,故虽俭约而民不富,虽忧勤而国不强”(《王安石全集》卷四十一)。同年八月,在“理财”的问题上王安石和司马光发生争论,安石曰:“国用不足,由未得善理财之人故也。”光曰:“善理财之人不过头会箕敛,以尽民财,如此则百姓穷困,流离为盗,岂国家之利耶?”安石曰:“此非善理财者也。善理财者,民不加赋而国用饶。”光曰:“此乃桑弘羊欺汉武帝之言……”(《宋史全文》卷十一)此时,神宗口头上说“朕亦与司马光同”,但心中已属意于王安石。

熙宁二年二月,神宗擢用王安石为右谏议大夫、参知政事,设制置三司条例司,议行新法。神宗问:“卿所施设,以何为先?”王安石答:“变风俗,立法度,最方今所急也。凡欲美风俗,在长君子,消小人。以礼义廉耻,由君子出故也。”(同上)此时,王安石的答问仍是以“风俗”“法度”为先。同年三月,神宗显然想加快对“理财”的部署,他问王安石:“制置条例如何?”安石答:“已检讨文字,略见伦绪。然今欲理财,则须使能。天下但见朝廷以使能为先,而不以任贤为急;但见朝廷以理财为务,而于礼义教化之际,未有所及。恐风俗坏,不胜其弊。陛下当深念国体,有先后缓急。”(同上)此时,王安石已有了“理财”的方案,但他仍考虑“国体”和“先后缓急”的问题,即认为应以“任贤”和“礼义教化”为先急。

同年四月,“遣使八人察诸路农田、水利、赋役”,此八人中不仅有胡瑗门下高弟刘彝,而且有程颢。程颢在熙宁元年就向神宗上《论王霸札子》和《论十事札子》,即主张变法。正如后来朱熹所评论:“新法之行,诸公实共谋之,虽明道先生不以为不是,盖那时也是合变时节。但后来人情汹汹,明道始劝之以不可做逆人情底事。及王氏排众议行之甚力,而诸公始退散。”(《朱子语类》卷一三〇)

引起政争和以后激烈党争的是在同年七月颁布均输法,九月颁布青苗法。这两部“理财”的新法一出,立即遭到司马光、范纯仁、曾公亮、赵抃、富弼、韩琦,以及苏辙、苏轼、程颢等朝臣的反对,而王安石则“排众议行之甚力”，并且“急引与己同者以为援”（《宋史全文》卷十一：“吕惠卿最为安石所贤，屡荐于上，事无大小必与之谋，时人号安石为孔子，惠卿为颜子”），新法的反对派则或罢贬或辞职，“诸公始退散”。

熙宁四年二月，王安石对神宗说：“今所以未举事者，凡以财不足故。臣以理财为方今先急，未暇理财而先举事则事难济。”（《续资治通鉴长编》卷二二〇）至此，王安石无论在行动上还是在口头上都与神宗取得了一致，他的转向至此而完成。对于这一转向，吕中评论说：“夫安石初意不过欲变法耳，未敢言兴利也；迨青苗既行，始兴利也。”（《宋大事记讲义》卷一）王夫之评论说：“神宗有不能畅言之隐，当国大臣无能达其意而善谋之者，于是而王安石乘之以进。帝初涖政，谓文彦博曰：‘养兵备边，府库不可不丰。’此非安石导之也，其志定久矣。”（《宋论》卷六）吕中的评论不如王夫之深刻，熙宁变法的以“理财”为急务，并非王安石的先隐后彰，而是王安石逐渐俯就、迎合了神宗的旨意。因此，严格地说，熙宁变法应是宋神宗和王安石的变法。这样就可以解释，在熙宁九年王安石被罢相以后，神宗在元丰年间仍推行新法，直至他在元丰八年（1085）一死方休，故熙宁变法又称“熙丰新法”。

宋神宗和王安石的以“理财”为急务，并不是以发展经济或“解放生产力”为急务，而是以解决“国用不足”或“府库不丰”的问题为急务。若其重视农田、水利，则已早见于范仲淹的《答手诏条陈十事》（参见其“厚农桑”条的“开河渠，或筑堤堰陂塘之类”），程颢等也曾参加了熙宁二年的视察农田、水利等，这是不会引起朝臣的争论以至党争的。

引起争论的是均输法和青苗法。所谓“均输法”主要是设发运使官，掌管东南六路的税敛、籴买、上贡物品等，“稍收轻重敛散之权，归之公上”，以缓解国家“财用窘急”的问题。“青苗法”则是由国家在春夏粮食未熟时借钱给农民，待收成后加十分之二的利息，随原有的夏秋两税还纳，这被认为是“散惠兴利”，抑制兼并，而“其实不过是朝廷按当时一般的利率来放高利贷”。[①] 均输法一出，知谏院的范纯仁就奏请罢均输法，说均输“将笼诸路杂货，渔夺商人毫末之利”，并批评王安石：“欲求近功，忘其旧学。舍尧舜‘知

① 参见蔡美彪等著《中国通史》第五册，人民出版社1978年版，第145—147页。

人'‘安民’之道,讲五伯富国强兵之术。尚法令则称商鞅,言财利则背孟轲。……异己者指为不肖,合意者即谓贤能。”(《续资治通鉴纪事本末》卷五十八)苏辙也抨击均输法,谓“法术不正,吏缘为奸,掊克日深,民受其病”(《栾城集》卷三十五《制置三司条例司论事状》)。青苗法颁布后,宰相富弼称病辞职。司马光与吕惠卿争于朝:“平民举钱出息,尚能蚕食下户,况县官督责之威乎?”(《宋史·司马光传》)韩琦也谏止青苗法,说这是“官放息钱,与初抑兼并、济困乏之意绝相违戾,欲民信服,不可得也。”(《续资治通鉴长编纪事本末》卷六十八)。

司马光在《乞罢条例司常平使者疏》中批评青苗法的执行,出现“不问民之贫富”而强行“抑配”(摊派)的情况,又令“贫富相兼,共为保甲”,贫者得钱后无力偿还,“吏督之急”则逃散四方,“富者不去则独偿数家所负”,这样下去会使“贫者既尽,富者亦贫”(《司马温公集》卷四十一)。他又在《与王介甫书》中批评王安石:“更立制置三司条例司,聚文章之士及晓财利之人,使之讲利”“又于其中不次用人,往往暴得美官,于是言利之人皆攘臂圜视,炫鬻争进,各斗智巧,以变更祖宗旧法”,并告诫王安石,“谄谀之士于介甫当路之时,诚有顺适之快,一旦失势,必有卖介甫以自售者矣”(同上书卷六十)。司马光的告诫后来还真的在王安石的身上应验了,《宋元学案·荆公新学略》载:“初,吕惠卿为先生所知,骤引至执政,洎先生再相,苟可以中先生,无不为也。……(荆公)退居金陵,始悔恨为惠卿所误。”《宋史·吕惠卿传》也记:“惠卿既叛安石,凡可以害王氏者,无不为。”

程颢在均输法、青苗法颁布后便与新法“意多不合,事出必论列,数月之间,章数十上,尤极论者:辅臣不同心,小臣与大计,公论不行,青苗取息,卖祠部牒,差提举官多非其人及不经封驳,京东转运司剥民希宠不加黜责,兴利之臣日进,尚德之风浸衰等十余事”(《程氏文集》卷十一《明道先生行状》)。所谓“辅臣不同心”,就是当时的新法引起政争;王安石为推行新法,“举劾不奉行之官”,又越次提拔一些“晓财利之人”,此即“小臣与大计,公论不行”。程颢认为,在“辅弼大臣人各有心,睽戾不一致……中外人情交谓不可”的情况下,变法是难以达到“兴治”的效果的。他更指出,“设令由此侥幸,事有小成,而兴利之臣日进,尚德之风浸衰,尤非朝廷之福”。程颢反对新法,希望神宗“外汰使人之扰,亟推去息之仁”,即主张撤免扰乱地方的“提举官”,停止“取息”牟利的青苗法,代之以“去息”的仁政(参见《程氏文集》卷一《谏新法疏》)。当时,二程和张载等人主张“复井田”,这是一种带有均田或土地国有性质的道德理想主义改革方案,说其“空想”是可以的,但说他们代表“豪族地主集团”的利益则是没有根据的。

在《列宁全集》第12卷中有:“王安石是中国11世纪时的改革家,实行土地国有未成。”这是普列汉诺夫“从法国无政府主义者埃·雷克吕的地理学著作中摘引”出来的,并以此为论据来反对列宁的“土地国有”主张。其对王安石变法的误解是显而易见的,其实,在思想上有主张“土地国有”因素的并非王安石,而是王安石变法的反对派。

三

对于王安石变法的评价,可以从思想传统和历史现实两个角度予以评价。

从思想传统的角度说,关于王安石变法的争论显然受到儒家的“体用”“本末”和“义利之辨”思想传统的影响。王安石也是这个传统中的一份子,这从他所谓“变风俗,立法度,最方今所急也……以礼义廉耻,由君子出故也”,以及“当深念国体,有先后缓急”云云,可以看出来。但当他在行动上和口头上转向以“理财”为急务时,他就违背了儒家的这个传统。而深受这个传统影响的多数朝臣反对熙宁变法,从儒家的价值取向和宋朝以儒治国的“国体”来说,“正义”显然不在新党方面。这个传统是如此的深厚,以致王安石本人可以用他熙宁二年三月以前的说法来反对自己,当他在变法的过程中又用精心炮制的《周官新义》来为“理财”作合理性辩护时,那也是徒劳的。

从历史现实的角度说,庆历新政和熙宁变法都是要解决当时宋朝所面临的严重危机。这种危机最突出的表现就是“国用不足”和士风不正、吏治腐败。范仲淹在《奏上时务书》中说:“修辞者不求大才,明经者不问大旨。师道既废,文风益浇。诏令虽繁,何以戒劝?士无廉让,职此之由。其源未澄,欲波之清,臣未之信也。傥国家不思改作,因循其弊,官乱于上,风坏于下，恐非国家之福也。”在范仲淹看来，“今之县令循例而授，多非清识之士。衰老者为子孙之计，则志在苞苴，动皆徇己；少壮者耻州县之职，则政多苟且，举必近名。……以一邑观之，则四方县政如此者十有七八焉，而望王道之兴不亦难乎！”他认为“固邦本，救民之弊”必须首先“举县令，择郡守”，“慎选举，敦教育”，这样才可以解决“簿书不精，吏胥不畏，徭役不均，刑罚不中，民利不作，民害不去”等问题（参见《范文正公集》卷八《上执政书》）。范仲淹的这个改革思想本来也是王安石所接受的，这也就是他在给仁宗上的《言事书》中所说，当时如欲“改易更革”，“其势必不能”，在吏治腐败的情况下，“朝廷每一令下，其意虽善，在位者犹不能推行，使膏泽加于民，而吏辄缘之为奸，以扰百姓”，因此“方今之急，在于人才而已”。后来熙宁变法的失败，其中一个重要的原因，也是因为“吏缘为奸，掊克日深，民受其病”，推行青苗法的提举官以多贷为有功，不问民之贫富，强行“抑配”，各级官吏则假新法之名而徇私舞弊，与民争利，搞得“纷纷扰扰，莫安其居”。这就是说，当时的熙宁变法起码应该考虑“理财”和任贤授能、礼义教化如何协调并进的问题。而宋神宗却一味地强调“当今理财最为急务”，王安石也俯就、迎合这一旨意，以致激起朝臣之间的政争以至党争。

熙宁变法在“理财”方面，特别是它也曾颁布了“农田水利法”“方田均税法”等，并非没有成效，这在邓广铭先生书的“为天下理财的成效”一节已有较充分的表述[①]。但从它对历史发展的影响、效果或“实践标准”[②]来考虑，我认为仍不能对它作出积极肯定的评价。

首先，把熙宁变法的反对派都说成是“保守派”，把“新党”与“旧党”之争说成是社会发展的“新与旧之间的矛盾斗争”[③]，我认为是难以成立的。如果不作出这样的带有“阶级之间斗争”色彩的简单判断，那么熙宁年间的“辅臣不同心”“睽戾不一致”，而宋神宗和王安石强力推行新法，致使旧党“诸公退散”，新党又越次提拔了一些并非品学兼优的“晓财利之人”，这就在变法的时机、策略和用人路线上犯了政治家的大忌，为以后更加激烈的党争以及

① 参见邓广铭：《北宋政治改革家王安石》，河北教育出版社2000年版，第314—325页。
② 参见同上书，第9页。
③ 参见同上书，第314页。

新党的“愈变愈下”埋下了祸根。

其次，熙宁年间的党争本来是程颢所要避免的，他与王安石“虽道不同”，但与之论事“心平气和，荆公多为之动”，但“言路好直者，必欲力攻取胜，由是(荆公)与言者为敌矣”(《明道先生行状》)。程颐后来反省说：“新政之改，亦是吾党争之有太过，成就今日之事，涂炭天下，亦须两分其罪可也。”(《程氏遗书》卷二上)程颢也说：“王介甫性狠愎，众人以为不可，则执之愈坚。君子既去，所用皆小人，争为刻薄，故害天下益深。使众君子未与之敌，俟其势久自缓，委屈平章，尚有听从之理，则小人无隙以乘，其为害不至此之甚也。”(邵伯温《闻见前录》卷十五)此次党争之害，是在熙、丰年间旧党全被贬逐，而其遗祸则是在神宗死后，司马光执政，尽力排除新党；哲宗亲政后，新党中的章惇、蔡京等先后执政，把旧党全都打入元祐党案；而元祐党案又为南宋的庆元党案开了先河，这两次党案乃“两宋治乱存亡之所关”(《宋元学案·元祐党案》)。从熙宁党争到元祐党案，新、旧党“亦须两分其罪可也”，但新党的责任毕竟要大一些。

再次，曾被予以高度评价的王安石所谓“天变不足畏，祖宗不足法，人言不足恤”，固然表明了王安石的刚毅果敢精神或“唯物主义观点”，但在君主集权的政治制度和“辅臣不同心”的政治形势下，此“三不足”说所起的作用并不都是积极的。如在广开言路方面，吕中评论说：“熙宁之初，言者何多；熙宁四年以后，言者何少。当(熙宁)七年因旱求直言也……犹有争新法之风……至八年因彗星而求直言，安石先倡‘天道远’之说，而人言不能入矣……直言之气塞矣。”(《宋大事记讲义》卷十四)在《宋元学案·荆公新学略》中亦载有：“金陵三不足之说……非独为赵氏祸，为万世祸。人主之势，天下无能敌者，人臣欲回之，必思有大于此者把揽之。今乃教之不畏天变，不法祖宗，不恤人言，则何事不可为也？”直到明清之际的王夫之，也仍认为“三不足”之说是“祸天下而得罪于名教”(《读通鉴论》卷二十九)。

最后，也是我最遗憾的一点是，熙宁变法从反面刺激了道学的发展，而道学的历史局限性又影响了元明清三代的发展。例如，范仲淹在《遗表》中希望仁宗“上承天心，下徇人欲”，可见“人欲”在那时候是个积极肯定的词汇，但后来道学家针对熙宁变法和“君心之非”，严格地分辨王霸、义利、理欲,以致后来"存天理,灭人欲"竟然成为一个普遍的教条。再如,庆历时期的"明体达用之学",除了重视"明体""经义"之外,也是重视"达用""治事"的:"其教人之法,科条纤悉具备,立经义、治事二斋……治事则一人各治一事,又兼摄一事,如治民以安其生,讲武以御其寇,堰水以利田,算历以明数是也。"(《宋元学案·安定学案》)如此发展下去,则中国不难产生"技术专科"性质的学校。但熙宁变法以后,党争日烈,道学家更重视王霸、义利、理欲之辨,在治世方面又以"格君心之非"为根本或前提[①],遂使"治事"之学日益荒疏,至朱熹提出《白鹿洞书院揭示》,道学家的书院已只重视"明人伦",而没有"治事"之斋了。这对于中国历史发展的消极作用,虽不能直接归咎于熙宁变法,但我痛为庆历新政的夭折而惜也。

(原载《博览群书》2006 年第 9 期)

① 参见拙文《程朱的"格君心之非"思想》,载《中国社会科学院研究生院学报》2006 年第 1 期。

司马光与熙宁变法

——为司马光辩诬

司马光是伟大的历史学家,他因其史学名著《资治通鉴》而不朽于世。但是在政治上,他曾被诬为"豪族地主集团"的代表,是"旧党的领袖,新法的死敌"①。这种诬枉的评价,有20世纪50年代的特殊历史背景,无足多怪于研究者的偏颇。但在改革开放以后,因一些史学名家对熙宁变法的评价基本上仍其旧贯,所以司马光等人也仍脱不掉"保守派"的帽子,他们仍被认为"是站在豪强兼并立场上反对各项新法","把他们看作豪强大地主的代言人或代表者是完全正确的"②。这里的关键当然是对熙宁变法的再评价,然后涉及这些"保守派"为什么反对熙宁变法。我本人受"哲学史"的专业所限,对"熙宁变法"这一史学课题本无研究的兴趣,但近些年因探讨范仲淹与宋代新儒学的关系,其中涉及了对庆历新政与熙宁变法的比较,以及这两次"革新政令"对宋代新儒学兴起的不同影响,在此研究的基础上也曾撰写了一篇《王安石变法的再评价》③。本文的主要意图是为司马光辩诬,而这种辩诬当然还要以对熙宁变法的再评价为前提。

---

① 侯外庐主编:《中国思想通史》第四卷(上册),人民出版社1959年版,第502页。

② 邓广铭:《北宋政治改革家王安石》,河北教育出版社2000年版,漆侠《前言》第10页。

③ 参见拙文《范仲淹与宋代儒学的复兴》,载《哲学研究》2003年第10期;《庆历新政与熙宁变法》,载《中州学刊》2004年第1期;《"庆历新政与熙宁变法"补说》,载《中州学刊》2005年第1期;《宋学与〈宋论〉》,载《儒林》第一辑,山东大学出版社2005年版;《王安石变法的再评价》,载《博览群书》2006年第9期。

一

在以往对熙宁变法的研究中，我认为有两个致命的缺陷：一是没有对范仲淹的庆历新政与王安石的熙宁变法作比较，二是没有对王安石本人思想的转向作分析。

关于范仲淹的庆历新政，概括言之，它是以整饬吏治为首要，以砥砺士风、改革科举、兴办学校、认明经旨、培养人才为本源，兼及经济和军事等领域。范仲淹在《奏上时务书》中针对当时的士风不正，指出：

> 修辞者不求大才，明经者不问大旨，师道既废，文风益浇，诏令虽繁，何以戒劝？士无廉让，职此之由，其源未澄，欲波之清，臣未之信也。傥国家不思改作，因循其弊，官乱于上，风坏于下，恐非国家之福也。（《范文正公集》卷七）

士风不正，即"其源未澄"，而其流弊就是吏治腐败，"官乱于上，风坏于下"。范仲淹的改革思想主要就是为此而发，他后来将这一点表述为"欲正其末，必端其本；欲清其流，必澄其源"（《范文正公集·政府奏议·答手诏条陈十事》）。范仲淹在《上执政书》中系统地提出了"固邦本，厚民力，重名器，备戎狄，杜奸雄，明国听"等改革措施。其中的"固邦本"，就是以民为本（《尚书·五子之歌》："民惟邦本"），而"邦本"不固，主要是因为吏治腐败，所以，"固邦本者，在乎举县令，择郡守，以救民之弊也"，范仲淹将此作为改革的首条措施。他深切地认识到当时吏治腐败的严重：

> 今之县令循例而授，多非清识之士。衰老者为子孙之计，则志在苞苴，动皆徇己；少壮者耻州县之职，则政多苟且，举必近名。……以一邑观之，则四方县政如此者十有七八焉，而望王道之兴不亦难乎！（《范文正公集》卷八）

在范仲淹看来，只有整饬吏治，经过严格的考核，撤换一批县令、郡守，才能够“救民之弊”，解决当时地方县政的“簿书不精，吏胥不畏，徭役不均，刑罚不中，民利不作，民害不去，鳏寡不恤，游惰不禁，播艺不增，孝悌不劝”等问题。而要“举县令，择郡守”，就必须培养、选拔一批能够“明体达用”的新的儒家之士，因此，改革的另一条重要措施就是“重名器者，在乎慎选举，敦教育，使代不乏材也”。所谓“慎选举”，就是改革科举考试的内容，把原来的以诗赋和“墨义”（背诵经书章句）取士，改为主要以认明经旨，“必明理道”和解决实际问题的“策问”来取士。所谓“敦教育”，就是在各州县普遍兴建学校，教育内容则“先之以六经，次之以正史，该之以方略，济之以时务，使天下贤俊，翕然修经济之业，以教化为心，趋圣人之门，成王佐之器”（《范文正公集》卷九《上时相议制举书》）。

庆历三年（1043），范仲淹任参知政事，宋仁宗“赐手诏，趣使条天下事，又开天章阁，召见赐坐，授以纸笔，使疏于前”，于是范仲淹写了《答手诏条陈十事》。这“十事”包括“明黜陟，抑侥幸，精贡举，择官长，均公田，厚农桑，修武备，减徭役，覃恩信，重命令”，此即庆历新政的十条改革措施。其中，前一、二、四、五条都是要整饬吏治，而“精贡举”就是前所说的“慎选举，敦教育”。庆历新政只行及一年，便因触犯了一部分权贵阶层的利益，在“谤毁浸盛，而朋党之论，滋不可解”的情势下短命夭折了。尽管如此，它的影响是十分深远的。正是因为它以砥砺士风、改革科举、兴办学校、认明经旨、培养人才为本源，所以宋代的学风为之丕变，“明体达用之学”得以确立并向全国推广，经学历史遂由“经学统一时代”进入庆历以后的“经学变古时代”[①]。当时，在范仲淹的周围有韩琦、富弼等声气相通的同僚，有欧阳修与他共进退，有“宋初三先生”（胡瑗、孙复、石介）以及李觏、刘敞、刘牧等一批“贤士”，而范仲淹“导横渠以入圣人之室，尤为有功”（《宋元学案·序录》）。此后，三苏的蜀学、王安石的新学、二程的洛学等都是在庆历新政的风气感召之下逐渐形成的[②]。

在庆历新政的26年之后，有王安石的熙宁变法。与庆历新政的重要不

① 皮锡瑞：《经学历史》，中华书局1959年版，第220页。

② 参见拙文《宋学与〈宋论〉》，载《儒林》第一辑，山东大学出版社2005年版；《范仲淹与宋代新儒学》，载《湖南大学学报》2008年第1期。

同在于,熙宁变法是以功利或财利,即以解决国家的财政问题为首要,此即宋神宗所说“当今理财最为急务”(《宋史全文》卷十一),王安石所说“臣以理财为方今先急”(《续资治通鉴长编》卷二二〇)。我们暂不评价以“理财”为急务的得失,而先述王安石本人思想的转向。

范仲淹于皇祐四年(1052)由山东的青州徙知安徽的颍州,夏五月行至徐州而病逝。当时,王安石在《祭范颍州文》中说:“呜呼我公,一世之师。由初迄终,名节无疵。”“上嘉曰才,以副枢密……遂参宰相,厘我典常。扶贤赞杰,乱冗除荒。官更于朝,士变于乡。百治具修,偷堕勉强……”(《临川文集》卷八十五)由此可见,王安石原是与当时的许多士人一样,奉范仲淹为“一世之师”;他说范仲淹一生“名节无疵”,这也是后人对范仲淹的普遍评价(如《宋元学案·序录》云:“高平一生,粹然无疵”);而且,他对范仲淹主持的庆历新政也作了高度评价。然而到了熙宁九年(1076),王安石面对“党争”的压力,竟然在宋神宗面前批评范仲淹“好广名誉,结游士,以为党助,甚坏风俗”(《续资治通鉴长编》卷二七五)。这是王安石对范仲淹评价的一个转向。可以想象,当时王安石是把范仲淹也作为一个假想敌的,而范仲淹如果还活着的话,很可能也像他的儿子范纯仁那样加入“旧党”。这并不奇怪,范仲淹早在天圣三年(1025)作的《奏上时务书》中就奉劝宋仁宗“用人之议,不以远大为迂说,不以浅末为急务”,他在临终所上《遗表》中也痛陈庆历新政的夭折是因为“事久弊则人惮于更张,功未验则俗称于迂阔,以进贤授能为树党,以敦本抑末为近名”(《范文正公集》卷十六)。而宋神宗和王安石的以“理财”为急务,实也正是范仲淹所批评的“以浅末为急务”,违背了范仲淹的重视“进贤授能”和“敦本抑末”的改革思想(范仲淹主张发展农、工、商,他所谓“抑末”不是指抑制工、商,而是指“革滥赏,省冗官”和“减徭役”等,参见其所作《四民诗》和《答手诏条陈十事》)。

王安石于庆历二年(1042)中进士,做了十多年的地方官,在嘉祐三年(1058)被召入朝,写了《上仁宗皇帝言事书》(《临川文集》卷三十九)。此书长达万言,但以往的王安石变法研究,大多只集中在此书中的一段话,即:

臣于财利,固未尝学,然窃观前世治财之大略矣。盖因天下之利,

> 以生天下之财;取天下之财,以供天下之费。……诚能理财以其道,而通其变,臣虽愚,固知增吏禄不足以伤经费也。

这段话与后来熙宁变法的精神是相符合的,但它只是《言事书》中的枝节之点。此书先讲改革的必要,然后讲"法先王之政"应该"法其意",接着就提出:当时如欲"改易更革","其势必不能",这是因为"方今天下之人才不足"。在吏治腐败的情况下,"朝廷每一令下,其意虽善,在位者犹不能推行,使膏泽加于民,而吏辄缘之为奸,以扰百姓"。因此,"方今之急,在于人才而已"。于是,他向仁宗提出对于人才要"教之、养之、取之、任之"。上引的那段话,只是在讲到"养之"时的一个节目而已。《言事书》的主要思想还是主张改革必须整饬吏治,"方今之急,在于人才而已",这与庆历新政的精神是相一致的。

清代的蔡上翔著《王荆公年谱考略》,为王安石多有辩护,此书所附《存是楼读〈上仁宗皇帝言事书〉》有云:

> 荆公之学,原本经术,其《上仁宗皇帝言事书》,秦、汉而下,未有及此者。然其后卒以新法误天下,而为当时所排击,后世所口实,则非公所学之谬,谋国之过也。……公有志于任天下之重,在于变更法度,慎选人才。先是,范文正公应诏条陈十事,所援《易》言"穷则变,变则通,通则久",甚切。……又论明黜陟,必三载考绩;精贡举,必先策论而后诗赋。此皆为公书中所必欲行者,而范公已先言之。①

此处说王安石的《言事书》"秦、汉而下,未有及此者",未免夸大其词;说《言事书》主张"变更法度,慎选人才",范仲淹"已先言之",这是符合实际情况的。

宋仁宗于嘉祐八年(1063)去世,尔后英宗在位不满四年而死,其子神宗继位。熙宁元年(1068)三月,神宗对文彦博等大臣提出:"当今理财最为急务,养兵备边,府库不可不丰,大臣共宜留意节用。"(《宋史全文》卷十一)这里的"节用"当然是儒家传统的思想(《论语·学而》:"节用而爱人"),而以

---

① 《王安石年谱三种》,中华书局1994年版,第315—316页。

后的熙宁变法主要是禀承了“当今理财最为急务”的旨意。这个旨意并未得到大臣们的认同,而逐渐俯从于这个旨意的就是新进的王安石。同年四月,“诏新除翰林学士王安石越次入对”,神宗问:“方今治,当何先?”王安石答:“以择术为始。”此时,他所谓“择术”就是希望神宗“以尧舜为法”(《宋史全文》卷十一)。在此后上的《本朝百年无事札子》中,王安石劝神宗去因循之弊,作“大有为之君”,他先列举了科举和吏治等方面的问题,然后才讲到“其于理财大抵无法,故虽俭约而民不富,虽忧勤而国不强”(《临川文集》卷四十一)。在这里,“理财”已经明显地区别于“节用”或“俭约”。

同年八月,在“理财”的问题上王安石与司马光发生争论,起因是讨论在郊祭之礼后陪祭的大臣是否要辞让赏赐:

> 司马光奏曰:“朝廷宣布惠泽,则宜以在下为先;撙节用度,则宜以在上为始。臣愚以为,将来大礼毕,所赐并宜减半,俟他日丰稔,自依旧制。臣知此物未能富国家,因此渐思减其余浮费,自今日为始耳。”安石曰:“国用不足,由未得善理财之人故也。”光曰:“善理财之人不过头会箕敛,以尽民财,如此则百姓穷困,流离为盗,岂国家之利耶?”安石曰:“此非善理财者也。善理财者,民不加赋而国用饶。”光曰:“此乃桑弘羊欺汉武帝之言,司马迁书之,以讥武帝之不明耳。”安石争论久之。上曰:“朕亦与司马光同,今且以不允答之可也。”(《宋史全文》卷十一)

司马光对解决“国用不足”的问题,仍是从“节用”的角度考虑,而“节用”就是针对当时朝廷的“用度大奢,赏赐不节,宗室繁多,官职冗滥,军旅不精”①。

① 《宋史》卷一七九《食货志下一》载:“熙宁初,命翰林学士司马光等置局看详裁减国用制度,仍取庆历二年数,比今支费不同者,开析以闻。后数日,光登对言:‘国用不足,在用度大奢,赏赐不节,宗室繁多,官职冗滥,军旅不精。必须陛下与两府大臣及三司官吏,深思救弊之术,磨以岁月,庶几有效,非愚臣一朝一夕所能裁减。’帝遂罢裁减局,但下三司共析。”王安石任参知政事,宋神宗也曾对他说:“今财赋非不多,但用不节,何由给足?宫中一私身之奉有及八十千者,嫁一公主至费七十万缗,沈贵妃料钱月八百缗。闻太宗时宫人惟系皂绸襜,元德皇后尝用金线缘襜,太宗怒其奢。仁宗初定公主奉料,以问献穆,再三始言初仅得五贯尔,异时中宫月有止七百钱者。”观此可知,当时皇室的“用度大奢”超过从前,这是“国用不足”的一个重要原因。而冗官、冗兵、冗费(所谓“三冗”)的问题,一直是宋朝难以解决的一个痼疾。

与此不同，王安石则提出朝廷要任用“善理财之人”，“善理财者，民不加赋而国用饶”。司马光对此深不以为然，在他看来，“天地所生货财百物，止有此数，不在民间，则在公家”（司马光《传家集》卷四十二《迩英奏对》），所谓“善理财者”，为了国用之饶，必然要取之于民，加重人民的负担，致使百姓穷困。司马光反对“善理财”的理由，在今天看来，显然有其历史的局限，但在当时既定的生产力水平下，他对加重人民负担的担心，也是合乎情理并有历史经验可资借鉴的。在这次争论的末尾，宋神宗虽然口头上说“与司马光同”，但心目中实已属意于表示“善理财”的王安石。

熙宁二年二月，神宗擢用王安石为右谏议大夫、参知政事，设制置三司条例司，议行新法。神宗问：“卿所施设，以何为先？”王安石答：“变风俗，立法度，最方今所急也。凡欲美风俗，在长君子，消小人。以礼义廉耻，由君子出故也。”（《宋史全文》卷十一）此时，王安石的答问仍是以“风俗”“法度”为先。同年三月，神宗显然想加快对“理财”的部署，他问王安石：“制置条例如何？”王安石答：“已检讨文字，略见伦绪。然今欲理财，则须使能。天下但见朝廷以使能为先，而不以任贤为急；但见朝廷以理财为务，而于礼义教化之际，未有所及。恐风俗坏，不胜其弊。陛下当深念国体，有先后缓急。”（同上）此时，王安石已经有了“理财”的方案，但他仍在考虑“国体”和“先后缓急”的问题，即认为应以“任贤”和“礼义教化”为先急。

同年四月，“遣使八人察诸路农田、水利、赋役”。在此八人中，不仅有胡瑗门下高弟刘彝，而且有程颢。这说明在重视农业生产的问题上，朝臣之间没有分歧。程颢在熙宁元年就向神宗上了《论王霸札子》和《论十事札子》，即主张变法。正如后来朱熹所评论：“新法之行，诸公实共谋之，虽明道先生不以为不是，盖那时也是合变时节。但后来人情汹汹，明道始劝之以不可做逆人情底事。及王氏排众议行之甚力，而诸公始退散。”（《朱子语类》卷一三〇）

引起政争和以后激烈党争的是在同年七月颁布均输法，九月颁布青苗法。这两部“理财”的新法一出，便遭到司马光、范纯仁、文彦博、富弼、韩琦、欧阳修、吕公著、苏辙、程颢、张戬等大臣的反对，而王安石则“排众议行之甚力”，并且“急引与己同者以为援”（《宋史全文》卷十一：“吕惠卿最为安石所贤，屡荐于上，事无大小必与之谋，时人号安石为孔子，惠卿为颜子”），新法的反对派则或罢贬或辞职，“诸公始退散”。

熙宁四年二月，王安石对神宗说：“今所以未举事者，凡以财不足故。臣以理财为方今先急，未暇理财而先举事则事难济。”（《续资治通鉴长编》卷二二〇）至此，王安石无论在行动上还是在口头上都与神宗取得了一致，他的转向至此而完成。对于这一转向，南宋时的吕中评论说：“夫安石初意不过欲变法耳，未敢言兴利也；迨青苗既行，始兴利也。”（《宋大事记讲义》卷一）明清之际的王夫之也评论说：“神宗有不能畅言之隐，当国大臣无能达其意而善谋之者，于是而王安石乘之以进。帝初涖政，谓文彦博曰：‘养兵备边，府库不可不丰。’此非安石导之也，其志定久矣。”（《宋论》卷六）吕中的评论不如王夫之深刻，熙宁变法以“理财”为急务，并非王安石的先隐后彰，而是王安石逐渐俯就、迎合了神宗的旨意。因此，严格地说，熙宁变法应是宋神宗和王安石的变法。这样就可以解释，在熙宁九年王安石被罢相以后，神宗在元丰年间仍推行新法，直至他在元丰八年（1085）一死方休，故熙宁变法又称“熙丰新法”。

通过对庆历新政与熙宁变法的比较，以及对王安石本人思想转向的分析，就可以理解王安石为什么初奉范仲淹为“一世之师”，后来却对范仲淹有“好广名誉，结游士，以为党助，甚坏风俗”的谗言①；曾经一同支持并积极参与庆历新政的韩琦、富弼、欧阳修等人，为什么后来却成了熙宁变法的反对派；欧阳修、文彦博曾是王安石的荐引者，吕公著、韩维曾是王安石藉以立声誉者，司马光、范镇曾是王安石的交友之善者，这些人为什么都突然反目，成了王安石的反对者。熙宁变法时，宋神宗对司马光说：“今天下汹汹者，孙叔敖所谓‘国之有是，众之所恶’也。”司马光说：“然。陛下当论其是非。今条例司所为，独安石、韩绛、惠卿以为是耳，陛下岂能独与此三人共为天下邪？”（《宋史·司马光传》）如果以熙宁变法来分派的话，能说宋神宗、王安石、韩绛、吕惠卿是“改革派”，其余的司马光等人都是代表“豪强大地主”的“保守派”吗？

---

① 欧阳修曾在《祭资政范公文》中对范仲淹所受到的毁谤大抱不平，有云：“谗人之言，其何可听！……谁为党论，是不仁哉！”（《居士集》卷五十）

二

宋神宗和王安石的以“理财”为急务，并不是以发展经济或“解放生产力”为急务，而是以解决“国用不足”“府库不丰”，即以国家的财政问题为急务。若论熙宁变法也重视农田、水利，那么这已早见于范仲淹的《答手诏条陈十事》(其中“厚农桑”条就有“开河渠，或筑堤堰陂塘之类”)，程颢等也曾参加了熙宁二年的视察农田、水利，这是不会引起朝臣的争执乃至党争的。当时，引起争执的主要是均输法和青苗法。

所谓“均输法”就是由朝廷所设发运使官，掌管东南六路的税敛、籴买、上贡物品等，“稍收轻重敛散之权，归之公上”，以缓解国家“财用窘急”的问题。所谓“青苗法”就是由国家在春夏粮食未熟时放贷于民，待收成后加十分之二或三的利息，随原有的夏秋两税还纳，这被认为是“散惠兴利，抑民兼并”，而“其实不过是朝廷按当时一般的利率来放高利贷”①。均输法一出，知谏院的范纯仁就奏请罢均输法，说均输“将笼诸路杂货，渔夺商人毫末之利”，并批评王安石：“欲求近功，忘其旧学。舍尧舜‘知人’‘安民’之道，讲五伯富国强兵之术。尚法令则称商鞅，言财利则背孟轲。……异己者指为不肖，合意者即谓贤能。”(《续资治通鉴纪事本末》卷五十八)苏辙也抨击均输法，谓其“法术不正，吏缘为奸，掊克日深，民受其病”(《栾城集》卷三十五《制置三司条例司论事状》)。青苗法颁布后，宰相富弼称病辞免。司马光与吕惠卿争于朝：

> (司马)光曰：“平民举钱出息，尚能蚕食下户，况县官督责之威乎!”惠卿曰：“青苗法，愿取则与之，不愿不强也。”光曰：“愚民知取债之利，不知还债之害，非独县官不强，富民亦不强也。”(《宋史·司马光传》)

在这次争论之后，朝廷向全国各路派出四十余名提举官，以督促青苗法的执

① 参见蔡美彪等：《中国通史》第五册，人民出版社1978年版，第145—147页。

行。熙宁三年二月,时任河北安抚使、判大名府的韩琦上疏《乞罢青苗及诸路提举官》(见宋赵汝愚编《宋名臣奏议》卷一百十一)。根据韩琦的上疏,并参《宋会要辑稿·食货四》,我们可知当时执行青苗法的一些实际情况:

1. 每五户以上结成一保,每保须第三等户以上有物力者充当甲头;

2. 放贷的数额,第五等并无业客户不得过一贯五百文,第四等每户不得过三贯文,第三等每户不得过六贯文,第二等每户不得过十贯文,第一等每户不得过十五贯文;

3. 依以上额度贷出后,如更有剩余本钱,第三等以上人户经本县量度物力,可增加贷款数额;

4. 如果仍有剩余本钱,坊郭(城镇非农业)人户实有自己物业者,可依乡村例,五家以上结为一保,贷款额度不得超过其物业所值价钱的一半;

5. 在夏秋两次收成后,所借青苗钱附加十分之二或三的利息,随夏秋两税还纳;

6. 由各地县官组织实施青苗钱的放贷和还纳,不得避出纳之烦,在晓喻人户后如县民不愿请领,即具结罪文状申报。

韩琦在上疏中指出,颁布青苗法的诏书本来说是"散惠兴利,抑民兼并""务在优民,而公家无所利其入",但实际上乡村三等以上户和坊郭富户也要借领青苗钱,而且借的比穷户要多,"一千令纳一千三百",这是"官放息钱,与初诏抑兼并、济困乏之意绝相违戾,欲民信服,不可得也"。青苗钱本来不得"抑勒"(强行摊派),但富户不愿请领并充当甲头,官吏为防穷户不能偿还,就不免强派富户充当甲头,以备代陪。因为各县在晓喻人户后如不愿请领,须以结罪文状申报,县官畏于提举官有黜免地方官吏的权势,这样就势必造成"抑勒"。青苗钱以半年期收取十分之二或三的利息,随夏秋两税还纳,实际上加重了赋税①。穷户一时借钱容易,而还纳甚难,将来官府催逼还

① 韩琦在关于青苗法的第二次上疏中指出,当时宋朝的田税和其他杂税都已超过《周礼》的"什一之法","取利已厚,伤农已深"。而青苗钱,以半年期十分之二的利息计,"凡春贷十千,半年之内便令纳利二千,(夏)秋再放十千,至岁终又令纳利二千,则是贷万钱者,不问远近,岁令出息四千"(《宋史》卷一七六《食货志上四》),这更是《周礼》之法的数倍。司马光在《与王介甫第三书》中说:"今之散青苗钱者,无问民之贫富,愿与不愿,强抑与之,岁收其什四之息,谓之不征利,光不信也。"(《传家集》卷六十)

纳,同保人户就有“均陪之患”。因此,韩琦主张停止青苗法,撤回各路的提举官。

司马光也在熙宁三年二月上《乞罢条例司常平使者疏》,有云:

> 夫民之所以有贫富者,由其材性愚智不同。富者智识差长,忧深思远,宁劳筋苦骨,恶衣菲食,终不肯取债于人,故其家常有赢余,而不至狼狈也。贫者呰窳偷生,不为远虑,一醉日富,无复赢余,急则取债于人,积不能偿,至于鬻妻卖子,冻馁填沟壑,而不知自悔也。是以富者常假贷贫民以自饶,而贫者常假贷富民以自存。虽苦乐不均,然犹彼此相资,以保其生。(《传家集》卷四十四)

这段话虽然有其思想的历史局限,但主要讲的是当时贫富差距和民间借贷的事实。若如论者所说,这是“赤裸裸地站在豪强兼并的立场上”,“对富人(包括大地主、高利贷者等)取息放债进行辩解”①,则言过其实,没有根据。司马光是以此为引子,指出青苗法“官放息钱”的危害。他说:

> 今县官乃自出息钱,以春秋贷民,民之富者皆不愿取,贫者乃欲得之,提举官欲以多散为功,故不问民之贫富,各随户等抑配与之,富者与债仍多,贫者与债差少,多者至十五缗,少者不减千钱。州县官吏恐以逋欠为负,必令贫富相兼,共为保甲,仍以富者为之魁首。贫者得钱随手皆尽,将来粟麦小有不登,二税且不能输,况于息钱,固不能偿,吏督之急则散而之四方。富者不去则独偿数家所负,力竭不逮则官必为之倚阁。春债未毕,秋债复来,历年寖深,债负益重。或值凶年,则流转死亡;幸而丰稔,则州县之吏并催积年所负之债;是使百姓无有丰凶,长无苏息之期也。贫者既尽,富者亦贫,臣恐十年之外富者无几何矣。富者既尽,若不幸国家有边隅之警,兴师动众,凡粟帛军须之费,将从谁取之?(同上)

① 邓广铭:《北宋政治改革家王安石》前言,河北教育出版社2000年版,第10页。

司马光之反对“官放息钱”，与韩琦说的大致是一个道理，他们都是从青苗法将给普遍民众（包括贫者和富者）以及国家造成的危害来考虑的。

当时，反对青苗法者甚多，如文彦博、吕公著、范镇、孙觉、李常、程颢等都连番上疏。熙宁三年五月，时任京东路安抚使、知青州的欧阳修在《言青苗钱第一扎子》（《文忠集》卷一百十四）中说：“臣伏见朝廷新制俵散青苗钱以来，中外之议，皆称不便，多乞寝罢，至今未蒙省察。臣以老病昏忘，虽不能究述利害，苟有所见，其敢不言？”他主要指出以下三点：

1. 青苗法颁布后，“议者言青苗钱取利于民为非”，而朝廷申谕“本为惠民之意”。百姓“但见官中放债，每钱一百文要二十文利尔”，所以“申告虽烦，而莫能谕也”。“臣亦以为等是取利，不许取三分，而许取二分，此孟子所谓以五十步笑百步者。”既然要使天下知道“取利”不是朝廷本意，那么“乞除去二分之息，但令只纳元数本钱，如此始是不取利矣”。

2. 青苗法规定，如遇灾荒，收成损失一半，“则夏料青苗钱令于秋料送纳，秋料于次年夏料送纳。”但如果连遇两三次水旱灾害，则青苗钱积压拖欠数多，以后遇到丰年，“一并催纳，则农民永无丰岁矣”。为了避免积压拖欠和州县“鞭扑催驱”，凡本次青苗钱没有还纳的，就不要借领下一次的青苗钱。

3.“议者多以抑配人户为患”，朝廷也申喻“州县官吏不得抑配百姓”。但是，“提举等官以不能催促尽数散俵为失职，州县之吏亦以俵钱不尽为弛慢不才”，这样上下督责，其势必然造成抑配。因此，“乞先罢提举、管勾等官，不令催督，然后可以责州县不得抑配，其所俵钱，取民情愿”。

在此次上疏之后，欧阳修又接着写了《言青苗第二札子》。他说：“今年二麦才方成熟，尚未收割，已系五月，又合俵散秋料钱数。窃缘夏料已散钱，尚未有一户送纳，若又俵散秋料钱，窃虑积压拖欠，枉有失陷官钱。臣已指挥本路诸州军，并令未得俵散秋料钱，别候朝廷指挥去后。”这就是说，作为京东路的最高官员，欧阳修已经停止了夏季所谓“秋料钱”的发放。他更指出：“若夏料钱于春中俵散，犹是青黄不相接之时，虽不户户阙乏，然其间容有不济者，以为惠政，尚有说焉。若秋料钱于五月俵散，正是蚕麦成熟、人户不乏之时，何名济阙？直是放债取利尔。若二麦不熟则夏料尚欠，岂宜更俵秋料钱,使人户积压拖欠。以此而言,秋料钱可以罢而不散。”

欧阳修在《言青苗钱第一札子》中,寄望于宋神宗“赫然开悟,悉采群议,追还新制,一切罢之,以便公私,天下之幸也”。在上第二札子后,他就“坐移镇”,徙知蔡州,于是写了《谢擅止散青苗钱放罪表》(《文忠集》卷九十四)。熙宁四年三月,朝廷遣使察奉行新法不职者;四月,司马光权判西京留台;六月,富弼坐格青苗法,徙知汝州;同月,欧阳修致仕①。

司马光在上《乞罢条例司常平使者疏》后,又写信给王安石。信中说:“今天下之人恶介甫之甚者,其诋毁无所不至。光独知其不然。介甫固大贤,其失在于用心太过、自信太厚而已。”他批评王安石:“更立制置三司条例司,聚文章之士,及晓财利之人,使之讲利。”“又于其中不次用人,往往暴得美官,于是言利之人皆攘臂圜视,衒鬻争进,各斗智巧,以变更祖宗旧法。”“今乃自以为我之所见,天下莫能及,人之议论与我合则喜之,与我不合则恶之。……方正日疏,谄谀日亲,而望万事之得其宜,令名之施四远,难矣夫!”他又告诫王安石:“谄谀之士于介甫当路之时,诚有顺适之快,一旦失势,必有卖介甫以自售者矣。”(《传家集》卷六十《与王介甫书》)司马光的这一告诫后来在王安石的身上真的应验了,《宋元学案·荆公新学略》载:“初,吕惠卿为先生所知,骤引至执政,洎先生再相,苟可以中先生,无不为也。……(荆公)退居金陵,始悔恨为惠卿所误。”《宋史·吕惠卿传》也记:“惠卿既叛安石,凡可以害王氏者,无不为。”

曾经在熙宁初参与视察农田、水利、赋役的程颢,在均输法、青苗法颁布后便与新法“意多不合,事出必论列,数月之间,章数十上,尤极论者:辅臣不同心,小臣与大计,公论不行,青苗取息,卖祠部牒,差提举官多非其人及不经封驳,京东转运司剥民希宠不加黜责,兴利之臣日进,尚德之风浸衰等十余事”(《程氏文集》卷十一《明道先生行状》)。所谓“辅臣不同心”,就是指

① 《续资治通鉴长编》卷二一三载:“熙宁三年秋七月辛卯,诏新判太原府欧阳修罢宣徽南院使,复为观文殿学士,知蔡州。先是,修病辞宣徽使,至五、六(月)因论青苗法,又移书责王安石,安石不答,而奏从其请。”《续资治通鉴纲目》卷六载:“修以风节自持,既连被污蔑,年六十即乞谢事。及守青州,上疏请止散青苗钱,帝欲复召,执政王安石力诋之。乃徙蔡州,至是求归益切。冯京请留之,安石曰:‘修附丽韩琦,以琦为社稷臣,如此人在一郡则坏一郡,在朝廷则坏朝廷,留之安用?’乃以太子少师致仕。”

新法引起了朝臣的争执;王安石为推行新法,“举劾不奉行之官”,又越次提拔一些“哓财利之人”,此即“小臣与大计,公论不行”。程颢认为,在“辅弼大臣人各有心,睽戾不一致……中外人情交谓不可”的情况下,变法是难以达到“兴治”的效果的。他更指出,“设令由此侥幸,事有小成,而兴利之臣日进,尚德之风浸衰,尤非朝廷之福”。程颢反对新法,希望神宗“外汰使人之扰,亟推去息之仁”(《程氏文集》卷一《谏新法疏》),即主张撤免扰乱地方的提举官,停止“取息”牟利的青苗法,代之以“去息”的仁政。当时,二程与张载等人主张“复井田”,这是一种带有均田或土地国有性质的道德理想主义改革方案①。熙宁三年七月,因张载门人范育言及“须先治田制”,王安石即与神宗讨论“复井田”的问题:“安石曰:‘臣见程颢云须限民田令如古井田。’上曰:‘如此即致乱之道。’安石因言王莽名田为王田事,上曰:‘但设法以利害驱民,使知所趋避则可。若夺人已有之田,为制限则不可。’”(《续资治通鉴长编》卷二一三)

在《列宁全集》第12卷的一个注释中有云:“王安石是中国11世纪时的改革家,实行土地国有未成。”②在以往对王安石及熙宁变法的评价中,论者常引这句话的前半句,而删去后面的“实行土地国有未成”。我对这句话已作了确凿无疑的考证③,即这句话是普列汉诺夫“从法国无政府主义者埃·雷克吕的地理学著作中摘引”出来的,并以此为论据来反对列宁的“土地国有”主张,而列宁则否认“20世纪的俄国可以同11世纪的中国相比较”④。因此,所谓列宁说“王安石是中国11世纪时的改革家”,绝对是一个误引。而引者之所以删去后面的“实行土地国有未成”,显然是因为王安石绝没有“实行土地国有”的主张。实际上,在熙宁变法的反对派如二程和张载等人的思想中,却有着“实行土地国有”的因素。由此也可以看出,把司马光等熙

---

① 张载说:“井田亦无他术,但先以天下之地,棋布画定,使人受一方,则自是均。前日大有田产之家,虽以田授民,然不得如分种、如租种矣,所得虽差少,然使之为田官以掌其民。使人既喻此意,人亦自从,虽少不愿,然悦者众而不悦者寡矣,又安能每每恤人情如此!其始虽分公田与之,及一二十年犹须别立法。始则因命为田官,自后则是择贤。”(《经学理窟·周礼》)

② 《列宁全集》第十二卷,人民出版社1987年版,第226页。

③ 参见拙文《关于列宁评价王安石的一个误引》,载《光明日报》(史学版)2004年8月10日。

④ 《列宁全集》第十二卷,人民出版社1987年版,第226页。

宁变法的反对派说成是“豪族地主集团”的代表，是“豪强兼并的代言人”，他们之反对青苗法“无非是要尽可能维护豪强兼并之家所拥有的出放高利贷的权利”①，这完全是诬枉之词！

三

熙宁四年以后，新法的反对派或罢贬或辞职，“诸公始退散”。司马光权判西京留台，以后“居洛阳十五年，天下以为真宰相，田夫野老皆号为司马相公，妇人孺子亦知其为君实也”（《宋史·司马光传》），他在当时确实成为“旧党”的领袖。

对于熙宁年间的党争，程颐后来反省说：“新政之改，亦是吾党争之有太过，成就今日之事，涂炭天下，亦须两分其罪可也。”（《程氏遗书》卷二上）程颢也说：“王介甫性狠愎，众人以为不可，则执之愈坚。君子既去，所用皆小人，争为刻薄，故害天下益深。使众君子未与之敌，俟其势久自缓，委屈平章，尚有听从之理，则小人无隙以乘，其为害不至此之甚也。”（邵伯温《闻见前录》卷十五）二程在说这两段话时，尚在元丰年间，而这次党争之害，更甚者是在元祐以后，新旧党争，新党把旧党打入“元祐党案”，遂致有中原之祸。

南宋时吕中评论北宋两次“革新政令”的得失，并把北宋的灭亡归罪于新党的“愈变愈下”。他说：如果范仲淹的庆历新政得以“尽行”，则不会有“熙宁之急政”，“使仲淹之言得用，则安石之口可塞……神宗锐然有志，不遇范仲淹而遇王安石，世道升降之会，治体得失之几，于是乎决矣”（《宋大事记讲义》卷一）。又说：熙宁时期“引用小人自安石始……盖安石之法犹出于所学，章子厚（惇）之法将托安石以报私怨耳，至蔡京则又托绍述以奉人主（徽宗）之侈心耳，愈变愈下，所以致中原之祸也”（《宋大事记讲义》卷二十一）。明清之际的王夫之也曾说：“夷考宋政之乱，自神宗始。神宗之以兴怨于天下、贻讥于后世者，非有奢淫暴虐之行，唯上之求治也已亟，下之言治者已烦尔。”（《宋论》卷四）王夫之也谈到王安石引用小人的问题：“国民之交敝也，

---

① 邓广铭：《北宋政治改革家王安石》，河北教育出版社2000年版，第177、182页。

自苛政始。苛政兴,足以病国疟民,而尚未足以亡……惟是苛政之兴,众论不许,而主张之者,理不胜而求赢于势,急引与己同者以为援,群小乃起而应之……”(《宋论》卷六)“是安石之法,未足以致宣、政之祸,唯其杂引吕惠卿、邓绾、章惇、曾布之群小,以授贼贤罔上之秘计于(蔡)京,则安石之所贻败亡于宋者此尔。”(《宋论》卷八)

吕中和王夫之把熙宁变法一说为“急政”,一说为“苛政”,这当然是传统的史学观点,今人不必尽从。但把熙宁变法说成“士庶多数打击豪族地主”的阶级斗争,或说其具有“发展生产力”的意义,这更远离了历史的事实。在我看来,熙宁变法的主要精神就是宋神宗说的“以理财为急务”,也就是要首先解决“国用不足”的财政问题。对此,我们可从思想传统和历史现实两个角度予以评价。

从思想传统的角度说,关于熙宁变法的争论显然受到儒家的“体用”“本末”和“义利之辨”思想传统的影响。王安石也是这个传统中的一分子,这从他在嘉祐五年(1060)写的《上富相公书》中所说“金谷之事,某生平所不习”(《临川文集》卷七十四),以及他在熙宁初所说“变风俗,立法度,最方今所急也……以礼义廉耻,由君子出故也”“当深念国体,有先后缓急”云云,可以看出来。但当他在行动上和口头上转向以“理财”为急务时,他就违反了儒家的这个传统。而深受这个传统影响的多数朝臣反对熙宁变法,从儒家的价值取向和宋朝“以儒治国”的“国体”来说,“正义”显然不在新党方面。这个传统是如此的深厚,以致王安石本人可以用他熙宁二年三月以前的说法来反对自己,当他在变法的过程中又用精心炮制的《周官新义》来为“理财”作合理性辩护时,那也是徒劳的。青苗法向贫富不同的五等农户和坊郭富户发放不同数额的贷款(四等以上户借贷的数额超过五等贫户数倍),收取半年期十分之二的利息,又以结保的形式造成抑配,这显然是“官放息钱”,而王安石等却要对此作“本为惠民,不为兴利”的辩护,这确实是“欲民信服,不可得也”。

从历史现实的角度说,庆历新政和熙宁变法都是要解决当时宋朝所面临的危机。这种危机的突出表现就是“国用不足”和士风不正、吏治腐败。范仲淹的改革思想是,必须首先“举县令,择郡守”,“慎选举,敦教育”,这样才可以解决“簿书不精，吏胥不畏，徭役不均，刑罚不中，民利不作，民害不去”等问题。王安石本来接受这样的改革思想，即其在《上仁宗皇帝言事书》中所说，当时如欲“改易更革”，“其势必不能”，在吏治腐败的情况下，“朝廷每一令下，其意虽善，在位者犹不能推行，使膏泽加于民，而吏辄缘之为奸，以扰百姓”，因此“方今之急，在于人才而已”。后来熙宁变法的失败，其中一个重要的原因，也是因为“吏缘为奸，掊克日深，民受其病”，推行青苗法的提举官以多贷为有功，不问民之贫富，强行抑配，各级官吏则假新法之名而徇私舞弊，与民争利，搞得“纷纷扰扰，莫安其居”①。这就是说，当时的熙宁变法起码应该考虑“理财”和任贤授能、礼义教化如何协调并进的问题。而宋神宗、王安石却一味地“以理财为急务”，以致激起了朝臣之间的政争乃至党争。

“新政之改，亦是吾党争之有太过”，这是旧党所要承担的责任。“言路好直者，必欲力攻取胜，由是(荆公)与言者为敌矣”(《程氏文集》卷十一《明道先生行状》)，就此说来，司马光也要承担一部分责任。但王安石生性固执，其作为执政者，“用心太过、自信太厚”“自以为我之所见，天下莫能及，人之议论与我合则喜之，与我不合则恶之”“众人以为不可，则执之愈坚”，“君子既去，所用皆小人，争为刻薄”，就此说来，熙宁年间的政争发展为党争，王安石要负主要责任。王安石于熙宁九年罢相，由此退出政治舞台，他和以后的党争没有关系，但“引用小人自安石始”，这是熙宁变法在用人路线上的错误(所谓“兴利之臣日进，尚德之风浸衰”)，不仅王安石本人受吕惠卿等之害，而其遗祸则是新党“愈变愈下”，章惇、蔡京等人“抱私怨”“奉人主之侈心”，乃致中原之祸。

宋神宗死后，哲宗年幼，神宗之母宣仁太后垂帘听政，她“别用一番人”，任命司马光、吕公著为左右仆射，“凡熙宁以来政事弗便者，次第罢之”(《宋史·后妃传》)。司马光在执政期间，对于熙宁以来政事的处置，未免有疏

① 为王安石多作辩护的蔡上翔也曾说：“青苗之法，公始行之于鄞县，而百姓便之，行之于天下，而大不便于百姓者，何也？以一县小而天下大也。且有治人无治法，得其人则治，不得其人则乱。公尝自言之矣。故一县者公之所得自为也，故其民安。天下者非公之所得自为，而必藉其人以奉行之，于是有贪吏、蠹役乘势以行其私，此所以不得其人则乱，而为祸于天下也。”见《王安石年谱三种》，中华书局 1994 年版，第 31 页。

略、峻急、不当之处。如朱熹所评论："温公论役法疏略，悉为章子厚所驳，只一向罢逐，不问所论是非，却是太峻急。""元祐诸公大纲正，只是多疏，所以后来熙丰诸人得以反倒。"（《朱子语类》卷一三〇）

用"大纲正"来评价司马光的执政，这是应该肯定的。其初，"太皇太后临政，遣使问所当先，光谓：'开言路。'"（《宋史·司马光传》这与王安石执政时认为"人言不足恤"是两种风格。及司马光为相，奏曰：

> 为政得人则治。然人之才，或长于此而短于彼，虽皋、夔、稷、契，各守一官，中人安可求备？故孔门以四科论士，汉室以数路得人。若指瑕掩善，则朝无可用之人；苟随器授任，则世无可弃之士。臣备位宰相，职当选官，而识短见狭，士有恬退滞淹，或孤寒遗逸，岂能周知？若专引知识，则嫌于私；若止循资序，未必皆才。莫若使有位达官，各举所知，然后克协至公，野无遗贤矣。（《宋史》卷一六〇《选举六》）

对人才的重视，恢复到庆历时期的改革路线。司马光更重视"随器授任"，发挥各种人才的特长，而且是出以公心，多方荐举，既不是以个人的"知识"观点为标准，也不是以资历深浅来排序。应该说，这是一条开放的不拘一格、任人惟贤的用人路线，它与熙宁变法时期颁布《三经新义》，企图使"学者定于一"（《续资治通鉴长编》卷二二九）是大不相同的。在此原则下，司马光建议朝廷以十科举士：

> 一曰行义纯固可为师表科，有官、无官人皆可举；二曰节操方正可备献纳科，举有官人；三曰智勇过人可备将帅科，举文武有官人；四曰公正聪明可备监司科，举知州以上资序；五曰经术精通可备讲读科，有官、无官人皆可举；六曰学问该博可备顾问科，同上；七曰文章典丽可备著述科，同上；八曰善听狱讼尽公得实科，举有官人；九曰善治财赋公私俱便科，举有官人；十曰练习法令能断请谳科，同上。（《宋史》卷一六〇《选举六》）

可以想见，这“十科举士”法如果真能够贯彻实行，那么宋朝的政治将是另一番景象，它将从根本上解决所谓“方今之急，在于人才而已”的问题。后人对元祐诸公有只知与新党争是非而“无一实政见于设施”的批评，实际上，司马光提出的“十科举士”法应是一个重要的设施（可补科举取士之不足），只不过没有得到贯彻实行。

传统史家对司马光最严厉的批评莫如王夫之说其“拥女主以行其志”，“人谓温公守贞而未通乎变者，非也。温公之所不足者，正未能贞也。”（《宋论》卷七）所谓“贞”，在王夫之看来，“天下有大贞三：诸夏内而夷狄外也，君子进而小人退也，男位乎外而女位乎内也。”（同上）司马光之“未能贞”，就是说其没有坚守“男位乎外而女位乎内”的“大贞”。王夫之将此看得很重，他说：“元祐诸公昧此，以成绍圣以后之祸，善类空，国事乱，宗社亦繇以倾，亦惨亦哉！”正确的做法是，“当元祐三四年间，撤太后之帘，以兴革之权、进退之柄归之天子，则群小无言可执，无隙可乘，而国定矣。”（同上）

元祐时期的太后垂帘，元祐诸公“拥女主以行其志”，确实潜留下了哲宗亲政后“绍述”熙丰而“反倒”元祐之祸。但此祸的根源在于君主世袭制所不能克服的弊病，元祐诸公的责任是次要的。当神宗去世时，哲宗仅十岁，宣仁太后垂帘。

> 是时天下之民，引领拭目以观新政，而议者犹谓“三年无改于父之道”，但毛举细事，稍塞人言。光曰：“先帝之法，其善者虽百世不可变也。若安石、惠卿所建，为天下害者，改之当如救焚拯溺。况太皇太后以母改子，非子改父。”众议甫定。（《宋史·司马光传》）

可见，如果没有“以母改子”之说，那么只能依“三年无改于父之道”，继续执行熙丰之法，这是宣仁太后、司马光和其他元祐诸公所不能接受的。但“以母改子”之说确实也给以后新党的“反倒”留下了口实。《朱子语类》卷一三〇载：

> 问：章子厚说，温公以母改子，不是。此说却好。曰：当时亦是温公见得事急，且把做题目。……温公亦只是见得前日不是，已又已病，急

欲救世耳。哲宗于宣仁有憾,故子厚辈得入其说。

“以母改子”之说之所以引起哲宗的反感,根本原因是“哲宗于宣仁有憾”。这种帝、后之间的矛盾不是司马光所能预见,也不是其他元祐诸公所能解决的。当时曾有人对司马光说:“熙丰旧臣,多憸巧小人,他日有以父子义间上,则祸作矣。”司马光正色曰:“天若祚宗社,必无此事。”(《宋史·司马光传》)可惜,后来哲宗正是以“绍圣”(继承神宗)为由,清算元祐诸臣。如果不将此归于君主世袭制的弊病,那也只能说是“天不祚宋室”了。朱熹说:“道司马公做得未善,即是;道司马公之失,却不是。当时哲庙若有汉昭之明,便无许多事。”(《朱子语类》卷一三〇)哲宗没有“汉昭之明”,这是曾主持经筵,亲自教育过哲宗的程颐也没有预料到的,乃至在治“元祐党案”时,哲宗“怒颐为甚”,诏“放归田里人程颐送涪州编管”(《续资治通鉴长编》卷四九三)。

司马光于元祐元年二闰月任尚书左仆射,九月病逝。也就是说,他执政的时间仅七个月。这一旧党之领袖的去世,对于以后元祐政局的发展是个重大损失。此后,元祐诸公有蜀党、洛党、朔党之争,这是司马光未与其事,只能在九泉之下为之叹惜的。至于“当元祐三四年间,撤太后之帘”,这更是死后的司马光所无能承担的。不仅司马光不能,而且活着的元祐诸公也不可能有此“政变”之举。“宣仁(太后)性及刚烈”(《朱子语类》卷一三〇),让她“还政”于十三四岁的哲宗,是不可能的[①]。

总之,除去对司马光的诬枉之词,也消解对司马光的严苛之论,应还如程颢所说:“某接人多矣,不杂者三人,张子厚、邵尧夫、司马君实。”(《程氏遗书》卷二上)亦如朱熹所赞涑水先生:“笃学力行,清修苦节。有德有言,有功有烈。深衣大带,张拱徐趋。遗像凛然,可肃薄夫。”(《晦庵集》卷八十五《六先生画像赞》)

(原载《燕京学报》新29期,北京大学出版社2010年11月)

① 王夫之表彰韩琦在英宗时说动曹太后撤帘还政,谓“三代以还,能此者,唯韩魏公而已”(《宋论》卷五)。但英宗当时已32岁,非哲宗时可比。

李觏的性情论及其与郭店楚简性情论的比较

李觏的儒学思想是以"礼"为中心,即他所说:"夫礼,人道之准,世教之主也。圣人之所以治天下国家,修身正心,无他,一于礼而已矣。"(《礼论第一》)。在他看来,乐、刑、政是"礼之三支",仁、义、智、信是"礼之别名",也就是说,儒家的道德伦理("五常")和典章政治制度都是统一于礼的。这一思想是李觏不同于其他儒家思想的立言宗旨,可以说,礼论是李觏全部思想的核心与总纲。李觏并不特别关注所谓"性与天道"的形上问题,但他的礼论需要有这样的问题为其作论证。李觏的人性论或性情论是从属于其礼论的,因而,出于礼论的需要,其人性论或性情论虽有一大致的倾向,但也表现为理论上的不确定性,甚至有一些前后矛盾。在宋学中,李觏的性情论处于新儒学理论建构的初始阶段,似乎可以将其与近年出土的郭店楚简的性情论作一比较,二者在理论上有相似之处,而且都带有承上启下的过渡性质。

一

李觏在论证礼与乐、刑、政和仁、义、智、信的关系时讲到礼的起源问题。他说:

> 夫礼之初,顺人之性欲而为之节文者也。人之始生,饥渴存乎内,寒暑交乎外。饥渴寒暑,民之大患也。……圣王有作,于是因土地之宜,以殖百谷;因水火之利,以为炮燔烹炙。……丰杀有等,疏数有度,

贵有常奉,贱有常守,贤者不敢过,不肖者不敢不及,此礼之大本也。(《礼论第一》)

这里首先强调的是礼起源于“人之始生”的生存需要,此生存需要也就是人本有的“性欲”。可以说,李觏首先持一种自然人性论。他重视礼,这与荀子的思想倾向相同;但是,他的人性论不同于荀子的人性论,即他不是把人的自然本性归于“恶”,因而,礼的起源不是“逆”人的本性而“化性起伪”,而是“顺”人的本性而“为之节文”(在荀子的思想中,人的本性是不能“顺”的,他说:“从人之性,顺人之情,必出于争夺,合于犯分乱理而归于暴。”见《荀子·性恶》)。李觏和荀子又都把礼的产生归于“圣王有作”。在荀子那里,圣王之作是“积思虑,习伪故”,“伪起而生礼义”(《荀子·性恶》);而在李觏的思想中,礼是本于圣王固有的性善。这样,李觏的人性论就走向了性三品说。

李觏总结出“古之言性者四”,即:

孟子谓之皆善,荀卿谓之皆恶,扬雄谓之善恶混,韩退之谓性之品三:上焉者善也,中焉者善恶混也,下焉者恶而已矣。今观退之之辩,诚为得也,孟子岂能专之?(《礼论第六》)

李觏首肯了韩愈的性三品说,这是出于其礼论的需要。他主要针对的是孟子的性善论,故特别指出“孟子岂能专之”。孟子认为,“仁义礼智根于心”,这是人固有的善性,是人所不虑而知、不学而能的“良知”“良能”(《孟子·尽心上》)。而在李觏的思想中,仁、义、智、信统之于礼,是“礼之别名”,它们“必学礼而后能”。“或曰:仁义智信,疑若根诸性者也。以吾子之言,必学礼而后能乎?”(《礼论第四》)这是从性善论出发对李觏的礼论提出的质疑,李觏对此必须予以解答。他说:

圣人者,根诸性者也;贤人者,学礼而后能者也。圣人率其仁、义、智、信之性,会而为礼,礼成而后仁、义、智、信可见矣。仁、义、智、信者,圣人之性也。礼者,圣人之法制也。性畜于内,法行于外,虽有其性,不以为法,则暧昧而不章。……贤人者,知乎仁、义、智、信之美而学礼以求之者也。礼得而后仁、义、智、信亦可见矣。圣与贤,其终一也。始之所以异者,性与学之谓也。(《礼论第四》)

李觏只承认仁义智信是圣人之性,它们“畜于内”“会而为礼”,礼施行于外,则仁义智信才得到彰显。至于贤人,仁义智信不是性中本有的,必须“学礼而后能”。圣与贤的区别,也就是性中本有与学而能之的区别。仁义智信与礼的关系,在李觏的思想中展开为两个序列:就圣人而言,是由内到外,“性畜于内,法(礼)行于外”“有仁义智信,然后有法制”(《礼论第五》),这类似于本末体用的关系;就贤人而言,是由外到内,学礼于外,而后能有内心之善,这可以说是“学而上达”的关系。李觏将仁义智信统之于礼,谓之“礼之别名”,此说实际上适用于贤人(具中人之性)以下者,而不适用于圣人。因为就圣人而言,礼的根本是内心本有的仁义智信之性,圣人率其性才“会而为礼”,礼的根本不可谓之“礼之别名”。

李觏把“贤人之性”归于中人之性,又把“中人”区分为三,由此形成性三品、人五类的思想。他说:

贤人之性,中也,扬雄所谓“善恶混”者也。安有仁、义、智、信哉?性之品有三:上智,不学而自能者也,圣人也。下愚,虽学而不能者也,具人之体而已矣。中人者,又可以为三焉:学而得其本者,为贤人,与上智同。学而失其本者,为迷惑,守于中人而已矣。兀然而不学者,为固陋,与下愚同。是则性之品三,而人之类五也。(《礼论第四》)

贤人之性属于“善恶混”的中人之性,此中人之性中没有仁义智信,所以“必学礼而后能”。李觏强调“学而得其本”,此处“本”即是礼,因为除了圣人之外,其他人只有先学礼而后才能有仁义智信。在圣人创制的礼中内蕴着仁义智信,其他人学得了礼,仁义智信也就在其中了。李觏以人体作比喻:乐、刑、政同礼的关系,“譬诸手足焉”,所以谓之“礼之三支”;仁义智信同礼的关系,“譬诸筋骸之类焉”,它们是整个人体所内蕴的,所以不可谓之“三支”,而只可称为“礼之别名”。

据李觏年谱,他在24岁时(公元1032年)作《礼论》,约在28岁时作《易论》。他在《易论》中说:“性不能自贤,必有习也;事不能自知,必有见也。习之是而见之广,君子所以有成也。”(《易论第四》)此处之“性”仍然说的是贤人或中人之性,与《礼论》的思想是相同的。持性三品说,这是李觏人性论的大致倾向。但是,李觏的人性论并不如此简单划一,我们在下文分析一下他游离于这一倾向的情况。

二

李觏于30岁时作有《惜鸡诗》,其中有云:“斯鸡与众异,酷似有天资。天资以仁孝,变更何太早?……万物灵者人,孰不念其亲?少艾与妻子,所以夺吾真。”此诗是以鸡喻人,从雏鸡的变化而警之于人。所谓“天资以仁孝”,表现了性善论的思想;所谓“夺吾真”,是指后天的生活改变了人的真性情。这并非李觏偶然的感兴所致,事实上,在李觏30岁以后的思想中,性善或情善的思想是其性情论的一个重要方面。

在作《惜鸡诗》的同年,李觏续其早年所作《潜书》,而成《广潜书》十五篇。在此书的首篇,李觏说:

> 圣人以道强人乎?奚其言之峻也?曰:否。人斯有之也。人有之而不自喜,跳而逐诸物,放荡以溺死。圣人因其有而品节之,使之坚守而弗去。不然,则圣人违天而病人,其何德之有焉?举天下之事,无若圣人之道之易行也,无若圣人之徒之安以荣也。

李觏认为,圣人之道不是强迫人而实行之,不是违背人的天性而使人为难。它是人所本有的,只不过人不知道珍惜,而追逐于外物,以致于放失而带来祸患。圣人的作用是“因其有而品节之,使之坚守而弗去”。因此,圣人之道是天下最易行的,也是最能给人带来安荣的。李觏接着说:

> 亲我所爱也，而孝存焉；长我所畏也，而悌著焉；夫妇莫不欲和也，而义生焉；男女莫不有别也，而礼成焉。……推之国，放之天下，莫之能逆也已。……吁！我有之，诚易行也，而安荣继之。屈己以从物，盖难能也，而忧辱终之。然犹世俗轻去此而适彼，是不忍再精思而咻之者众也。

爱亲、敬长、夫妇之和、男女之别，都是人所本有的，这近似于孟子所说的"四端"（恻隐、羞恶、辞让、是非之心）；孝、悌、义、礼，都是因人所有而成之，这近似于孟子所说的"四德"（仁义礼智）。因为四德之端是人所本有的，圣人之道是因顺人的天性和意愿的，所以圣人之道"诚易行也，而安荣继之"。世俗之人离开圣人之道，"屈已以从物"，这是使自己为难，而且最终会陷于忧辱；之所以如此，是因为世俗之人没有反复"精思"。显然，这与孟子所谓"耳目之官不思，而蔽于物……心之官则思，思则得之，不思则不得也"（《孟子·告子上》）有些相似。李觏在《广潜书》的第二篇又说：

> 受命于天乎？受命于人乎？受命于天，性善是也；受命于人，从俗是也。……背天而从人者，始虽得志，天其不讨乎？

人之所受命于天的，是人所本有的善性；人之所受命于人的，是依从世俗的欲望。如果违背人的善良天性而依从于世俗欲望，则开始可能得志，而最终会受到天的惩罚。李觏在此较明确地表达了其性善论的思想。

从理论上说，性善论、性恶论、性善恶混和性三品说等，都是儒家道德学说可能的理论建构。当要强调儒家道德的天然合理性时，需要有性善论；当要强调对世人进行道德教化的后天必要性时，则需要有性善论以外的种种。李觏在《广潜书》中是要强调前者，故表达了性善论的思想。性恶论、性善恶混和性三品说等，都有利于论证道德教化的后天必要性，但是性恶论与儒家道德的天然合理性思想完全冲突，所以性恶论在荀子以后很少为儒家所取。李觏和荀子一样重视礼，亦重视后天的教、习，但李觏不取荀子的性恶论，其主要原因在于此。

李觏在其31岁时所作《强兵策》中有云："人之爱亲戚，重财务，盖天性也。……君人者，因民心而利导之，既训练之，又将领之，则其守战至死，非赏罚使之然也。"(《强兵策第三》)这里的思想与其在《礼论》中所说礼是"顺人之性欲而为之节文者也"相似。在同年所作《安民策》中，李觏说："夫民可与乐成，难与虑始。……谓众民所好不同，而君臣政治各有常法，不可失政教之常以从民欲也。何者？善人少而恶人多也。"(《安民策第六》)此处"善人"和"恶人"不是就人的天性而言，而是指世人大多"从俗"，"不忍再精思而咏之者众也"。

在李觏35岁时所作《周礼致太平论》中，他首先强调了皇宫中的"内治"。其中有云："盖妇人之性，鲜克正也。阴则昧，柔则弱，昧不足自见，弱不足自立，直情忘反，其体一也。"(《周礼致太平论·内治第一》)这当然是吸取了皇权制度中后宫乱政的历史教训，但也表现了对妇女的偏见。董仲舒曾说："天两有阴阳之施，身亦两有贪仁之性。"(《春秋繁露·深察名号》)将贪之性归于阴，仁之性归于阳。李觏以阴柔说明妇人之性的不正，其理论来源是董仲舒。

李觏在《周礼致太平论》中又说：

> 大哉先王之所以驱民而纳之于善也，教以开其前，如得大路，终日行而弗迷失。刑以策其后，使不敢反顾，而况宾兴以劝之哉！养天性，灭人欲，家可使得孝子，国可使得忠臣矣。(《周礼致太平论·教道第一》)

李觏重视教化，同时主张辅之以刑罚。这里所说的"养天性"，是说养人本有的善性；"灭人欲"，是指灭人"背天""从俗"而有的不合理的欲望。

李觏在35岁时还作有《庆历民言》，他在此书的《损欲》篇中说：

> 形同则性同，性同则情同。圣人之形与众同，而性情岂有异哉？然则众多欲而圣寡欲，非寡欲也，知其欲之生祸也。……圣人寡欲，故能得所欲；众人多欲，以所欲奉他人耳。……夫能损上益下，与百姓偕乐，

其(欲)谁曰不可?

李觏在此认为圣人的性情与众人是一样的,在圣人的性情中也有欲望,圣人与众人所不同者是圣人知道多欲则生祸,故能寡欲。李觏肯定人的合理的欲望,但主张以礼节之,这就是他所说的“寡欲”或“损欲”。李觏在此提出的性情论,已非性三品说。

李觏在37岁时读到胡某的著作,见其《原礼篇》所云:“民之于礼也,如兽之于圊也,禽之于绁也,鱼之于沼也。岂其所乐哉?勉强而制尔。民之于侈纵奔放也,如兽之于山薮也,禽之于飞翔也,鱼之于江湖也。岂有所使哉?情之自然尔。”胡氏的“原礼”,正是把人的自然性情归于恶,认为礼是对人的自然性情的防范、束缚和强制。这也正是李觏在《广潜书》中所批评的“圣人以道强人”的观点。于是,李觏写《与胡先生书》,对此大加批驳:

> 觏不敏,大惧此说之行则先王之道不得复用,天下之人将以圣君贤师为仇敌,宁肯俛首而从之哉?……去自然之情而就勉强,人之所难也。而君欲以为功,师欲以为名,命之曰仇敌,不妄也。且制作之意,本不如此,唯礼为能顺人情,岂尝勉强之哉?人之生也,莫不爱其亲,然后为父子之礼;莫不畏其长,然后为兄弟之礼;少则欲色,长则谋嗣,然后为夫妇之礼;争则思决,患则待救,然后为君臣之礼。……凡此之类,难以遽数,皆因人之情而把持之,使有所成就耳。

《与胡先生书》进一步申论了《广潜书》的性情论思想。如果说,圣君贤师所讲的道是背离人的自然性情而强迫人实行之,那么,天下人就会视圣君贤师为“仇敌”,怎么肯俯首而依从呢?实际上,礼的制作不是强制人,而是因顺人的性情而“把持之,使有所成就耳”。所谓“把持之”,也就是“为之节文”。人生而即有爱亲、敬长、“少则欲色,长则谋嗣”“争则思决,患则待救”等自然之情,父子之礼、兄弟之礼、夫妇之礼、君臣之礼等就是因顺人的自然之情而为之节文,使其得到发展而“有所成就”。李觏强调,礼是顺遂、发展和完善人之情,“有是情而无是礼,则过恶袭之,情虽善,末如之何!”他认为,胡某把礼与情的关系理解反了，从而提出质问："若以人之情皆不善，须礼以变化之，则先生之视天下不啻如蛇豕，如虫蛆，何不恭之甚也?"显然，李觏在此提出的情(性)善论，不仅对儒家之礼的合理性和必要性作了论证，而且包含着对人之本性、人之固有价值的尊重。

在写《与胡先生书》的两年之后，李觏读到章望之的文章。此文是针对李觏十五年前写的《礼论》，批评其"率天下之人为礼不求诸内，而竞诸外，人之内不充而惟外之饰焉……盖不知礼之本，徒以其节制文章，献酬揖让，登降俯仰之繁而罪之也"。就此文批评李觏只把礼视为外在的文饰礼仪而言，的确是曲解了李觏的原意；在李觏的《礼论》中，对于只把礼作为文饰礼仪的思想本来就进行了批评，其中也表达了礼之本或礼之实乃是仁义智信的意思。而就章文批评李觏"为礼不求诸内"而言，却并非无的放矢；因为李觏在《礼论》中持性三品说，只有圣人才"性畜于内，法行于外"，至于贤人则是"学礼而后能""学礼以求之"。李觏在30岁以后，其人性论或性情论思想已有所变化，特别是在《与胡先生书》中已较鲜明地表达了他的情(性)善论思想。对于章望之的批评，李觏进行了反驳，即其所作《礼论后语》。其中关于"不求诸内，而竞诸外"的反驳是：

> 夫有诸内者必出于外，有诸外者必由于内。……故天下之善，无非内者也。圣人会其仁、义、智、信而为法制，固由于内也。贤人学法制以求仁义，亦内也。谓蓝之青，朱之赤，固其质也。布帛之青赤则染矣。然染之而受者，亦布帛之质也，以染铁石则不入矣。是故贤人学法制以求仁义，亦内也。下愚虽学，弗得之矣。

这一反驳仍延续了《礼论》的性三品说，但带有自我辩护的性质；它实际所强调的是内外相应，其中"有诸外者必由于内""贤人学法制以求仁义，亦内也"，是《礼论》未曾表达(起码是未曾明确表达)的思想。《礼论》认为贤人之性"善恶混"，"安有仁、义、智、信哉"；《礼论后语》则强调贤人之所以能够接受礼的习染，是因为贤人亦有其内在之"质"。此"质"是什么，《礼论后语》没有明确说出。若依《广潜书》和《与胡先生书》的思想，则此"质"应该就是人本有的性情之善。若依《庆历民言》"形同则性同,性同则情同"的观点,则圣人、贤人,以至于"下愚",不应该有"质"的区别。

在写《礼论后语》的同年,李觏作《删定易图序论》,其中有对"乾"之四德的解释:

> 大哉乎乾之四德也……元以始物,亨以通物,利以宜物,贞以幹物……始者,其气也;通者,其形也;宜者,其命也;幹者,其性也。……利而不贞,则物不能幹,故不孝不忠,为逆为恶也。

在乾之四德中,"贞以幹物"是物(人)所得之性。如果"利而不贞",则物(人)失其性,以致"不孝不忠,为逆为恶"。这里也体现了性善论的思想。李觏在此论中对"性命"亦作出解释:

> 命者天之所以使民为善也,性者人之所以明于善也。观其善则见人之性,见其性则知天之命。……然则本乎天谓之命,在乎人谓之性,非圣人则命不行,非教化则性不成。是以制民之法,足民之用,而命行矣;导民以学,节民以礼,而性成矣。

性命是人所得于天的,天降命是"使民为善",人据性而可以"明于善"。"观其善则见人之性",此"性"当归入性善的范畴。李觏在这段话中除引用了《易传·说卦》"将以顺性命之理"一章外,还引用了董仲舒所谓"天令之谓命,命非圣人不行;质朴之谓性,性非教化不成"。据董仲舒所言,李觏说"非圣人则命不行,非教化则性不成"。这段话折中了《易传·说卦》和董仲舒的"性命"思想,既具有性善论的倾向,又强调了圣人教化的重要性。董仲舒在"性非教化不成"之后还说:"人欲之谓情,情非度制不节……正法度之宜,别上下之序,以防欲也。"(《汉书·董仲舒传》)董仲舒本有"性善情恶"的观点,李觏有意略去"人欲之谓情"云云,正说明他持性情统一之论,并且不将人之情欲视为恶。

李觏在39岁时还作有《答黄著作书》。此书是因李觏在为景德寺和邵

武军写的学记中言及浮屠事,黄汉杰来书对此进行批评。李觏作答说:

> 吾于此言乃责儒者之深,非尊浮屠也。民之欲善,盖其天性。古之儒者用于世,必有以教导之。……后之儒者用于世,则无以教导之,民之耳目鼻口心知百体皆无所主,将舍浮屠何适哉? ……吾故曰:儒失其守,教化坠于地,凡所以修身正心,养生送死,举无其柄。天下之人若饥渴之于饮食,苟得而已。当是时也,释氏之徒以其道鼓行之,焉往而不利云云。

李觏认为,人之天性是"欲善"的,只因后世儒者"失其守",对民"无以教导之",以致人们无所适从、饥不择食而纷纷信从了佛教。李觏在两篇记中是"论释之所由兴",以此而"责(后世)儒者之深,非尊浮屠也"。李觏说:后世儒者"困于淫僻,恤乎罪疾,欲闻性命之趣,不知吾儒自有至要,反从释氏而求之。……释之行固久,始吾闻之疑,及味其言,有可爱者,盖不出吾《易系辞》《乐记》《中庸》数句间。苟不得已,犹有老子、庄周书在,何遽冕弁匍匐于戎人前邪?"我们由此可以看出,宋儒"出入释老,反而归于六经",重建儒家的性命之学,这正是当时儒、释、道三教消长的形势使然。李觏的性情或性命思想只是开其端绪而已。

三

当孔子初创儒学的思想体系时,他很少言及"性与天道"的问题,以至于他的学生子贡说:"夫子之文章,可得而闻也;夫子之言性与天道,不可得而闻也。"(《论语·公冶长》)在《论语》中,孔子对"性"只说过"性相近,习相远也"(《论语·阳货》)。孔子之后,孟子倡性善论,而荀子非之,继而有性善恶混和性三品说等。在孔孟之间,儒学理论的建构情况,以前由于文献有缺,人们不知其详。可喜的是,近年有郭店楚简的出土,其中的儒家文献正反映了儒学理论在孔孟之间的建构情况。关于人性论,郭店楚简的《性自命出》篇(上海博物馆藏楚竹书此篇题为《性情论》)等有较多论述。我认为,郭店楚简的性情论带有向孟子的性善论过渡的性质。如果说李觏的性情论也带有向宋明理学的性气二元论过渡的性质的话，那么我们适可将李觏的性情论与郭店楚简的性情论作一比较。

《性自命出》篇云：

> 凡人虽有性，心无定志，待物而后作，待悦而后行，待习而后定。喜怒哀悲之气，性也。及其见于外，则物取之也。性自命出，命自天降。道始于情，情生于性。始者近情，终者近义。知情[者能]出之，知义者能入之。好恶，性也；所好所恶，物也。善不[善，性也]；所善所不善，势也。

这段话首先认为，人虽然生而有性，但人的心志要待与外物接触才能发生，待愉悦而发展，待积习而确定。这就是说，先天之性与后天之习，是同样重要的。《性自命出》篇以“喜怒哀悲之气”为性，这类似于《中庸》所谓“喜怒哀乐之未发”，也就是说，它是把人的内在的未发之情作为性；当其已发而见于外，就是情了。性来自于天降之命，道始于情，而情生于性。道之始接近于情，道之终接近于义。理解情的人能够使情外化为道，理解义的人能够使义内化为情。好恶是性，所好所恶的是物。善和不善是性，其后天的发展是善还是不善则取决于情势。

《性自命出》篇对性与情只作了“未发”和“已发”的区分，这与李觏的性情统一思想是近似的。“性自命出，命自天降”，此与李觏所谓“本乎天谓之命，在乎人谓之性”相同。《性自命出》篇强调“道始于情”，“始者近情，终者近义”，此处“义”相当于李觏所说的“礼”（《性自命出》篇亦谓“礼作于情，或兴之也”），楚简《语丛一》也说“礼，因人之情而为之节文者也”，这与李觏所说圣人之道是“因其有而品节之”“夫礼之初，顺人之性欲而为之节文者也”“唯礼为能顺人情”是相同的。《性自命出》篇云“善不善，性也”，这类似于李觏以贤人或中人之性为“善恶混”。实际上，此处“善不善”和“善恶混”都是可善可不善的意思，而不是说人的本性中已经包含着实质性的恶；“所善所不善，势也”，人的心志“待习而后定”，这与李觏所谓“性不能自贤，必有习也”“非教化则性不成”相近似。

《性自命出》篇没有性三品的思想，而认为：“四海之内，其性一也；其用心各异，教使然也。”楚简《成之闻之》（或作《天降大常》）篇也认为：“圣人之性与中人之性，其生而未有非（别）之。”这与李觏的圣人与众人“形同则性同，性同则情同”的思想相一致。《性自命出》篇所谓“知情者能出之”，近似于李觏说圣人“性畜于内，法行于外”；而其“知义者能入之”，则近似于李觏说贤人“学礼而后能”；不同的是，《性自命出》篇在此未作圣与贤的区别，“知情者”与“知义者”不是李觏所说“性与学之谓”。楚简《语丛一》有云：

> 天生百物，人为贵。人之道也，或由中出，或由外入。由中出者，仁、忠、信；由[外入者，礼、乐、刑。]
>
> [性生仁，仁生忠，忠生信，信]生德，德生礼，礼生乐，由乐知刑。
>
> 仁生于人，义生于道。或生于内，或生于外，皆有之。

楚简有“仁内义外”的思想，其所谓“仁、忠、信”和“礼、乐、刑”的内外之分，近似于李觏把“乐、刑、政”称为“礼之三支”，把“仁、义、智、信”称为“礼之别名”；“德生礼”，近似于李觏所说“圣人率其仁义智信之性，会而为礼”；“礼生乐，由乐知刑”（《语丛一》又谓“知礼然后知刑”），则近似于李觏把乐、刑、政统之于礼。总之，这些内外的区分以及内外的相应和关联，都是儒家的道德理念和制度规范（“内圣外王”）所需要的理论建构，其具体的内容或有些差异，而其致思趋向是大体一致的。

楚简和李觏都强调了“教”与“习”的重要，而教、习又是以人之本有的性情为基础。《性自命出》篇云：“养性者，习也；长性者，道也。……习也者，有以习其性也。……教所以生德于中者也，礼作于情，或兴之也”。李觏也说：“性不能自贤，必有习也”“非教化则性不成……导民以学，节民以礼，而性成矣”。礼是儒家的社会组织制度和行为规范，其内在的精神则是儒家的道德理念。这种道德理念一方面需要对民众施以教化，另一方面又要本于人之性情、天之常道而确立其合理性。因此，楚简和李觏都强调礼是因顺人的性情而为之节文，儒家之人伦就是天之常道。性自命出，命自天降，天人乃是一理。《成之闻之》篇云：

> 天降大常，以理人伦，制为君臣之义，作为父子之亲，分为夫妇之辨。是故小人乱天常以逆大道，君子治人伦以顺天德。

李觏也说：

> 圣人者，非其智造而巧为之也。天之常道，地之常理，万物之常情也。天地万物之常而圣人顺之，发乎言，见乎行事。君得之以为君，臣得之以为臣。父得之以为父，子得之以为子。兄得之以为兄，弟得之以为弟。夫得之以为夫，妇得之以为妇。长得之以为长，幼得之以为幼。反是，则争夺相杀未有能已者也。（《虔州柏林温氏书楼记》）

当强调儒家的人伦也就是天之常道时，人所得于天的命、性、情也自然是善或倾向于善的。在我看来，《性自命出》篇所谓“喜怒哀悲之气，性也”“善不善，性也”，以及李觏所谓贤人之性“善恶混”“安有仁、义、智、信哉”，毕竟不是儒家理论的常态；而楚简所谓“仁生于人”“性生仁，仁生忠，忠生信”，以及李觏所谓“命者天之所以使民为善也，性者人之所以明于善也”“民之欲善，盖其天性”“受命于天，性善是也”，则正反映了楚简和李觏的性情论向孟子的性善论、宋明理学的性气二元论过渡的性质。

《中庸》云：“天命之谓性，率性之谓道，修道之谓教。”此与楚简所谓“性自命出，命自天降”“养性者，习也；长性者，道也”相近似。《中庸》又云：“喜怒哀乐之未发，谓之中；发而皆中节，谓之和。中也者，天下之大本也；和也者，天下之达道也。”“喜怒哀乐之未发”，相当于楚简所谓“喜怒哀悲之气，性也”，但楚简的“喜怒哀悲之气”未作价值判断，而《中庸》的未发之“中”则已有性善的意义。孟子更直接把人性规定为善，正符合先秦儒学发展的逻辑。

李觏的礼论在“古之言性者四”中首肯了韩愈的性三品说，认为贤人之性“善恶混”，除了圣人具有仁义智信之性外，其他人都是“学礼而后能”。这成全了他把仁义智信作为“礼之别名”的观点。但是，当他后来更强调圣人之道不是“违天而病人”，不是“以道强人”，而是“因其有而品节之”时，他的性情论已经具有性善的意义。这与其性三品说不无矛盾。比李觏稍晚的王安石在《原性》一文中则认为：“有情然后善恶形焉，而性不可以善恶言也。……善恶者，情之成名而已矣。”这种把善恶诉诸人的后天之情的观点，当然也不能满足宋儒的“性命之趣”。直到张载和二程提出“天命之性”和“气质之性”，认为“论性不论气，不备；论气不论性，不明”（《二程遗书》卷六），朱熹把二程的“性即理也”和张载的“心统性情”综合于一，才算完成了宋儒关于性命、性情的理论建构。然而，朱熹把性与心区别开来，使其性理只存有不活动，这引起了陆王“心即性”“心即理”的反动；而其“存天理，灭人欲”的教条，又使其性理愈来愈带有“以道强人”甚至“以理杀人”的性质，以致明中期以后罗钦顺、王廷相、王夫之、戴震等人主张性气一元论，认为“性必有欲”（罗钦顺《困知记》三续），反对“绝情欲之感”，批判理欲之辨“适成忍而残杀之具”（戴震《孟子字义疏证》卷上）。从一定意义上说，李觏的性情、性欲统一思想[李觏说：“欲者人之情，曷为不可言？言而不以礼，是贪与淫，罪矣。不贪不淫而曰不可言，无乃贼人之生，反人之情，世俗之不喜儒以此。”（《杂文·原文》）]，又开了罗钦顺等人的性气一元论的先河。

（原载《抚州师专学报》2002 年第 4 期）

"先识造化":张载的气本论哲学

一

吕大临作《横渠先生行状》云:张载"少孤自立,无所不学。与邠人焦寅游,寅喜谈兵,先生说(悦)其言。当康定用兵时,年十八,慨然以功名自许,上书谒范文正公"。此中"年十八"当依《宋史》本传作"年二十 ·"。《张载集·文集佚存》中收录了《边议》九条,其中有云"今边患作矣",当即写于边患初作之"康定用兵时"。《行状》云:"公一见知其远器,欲成就之,乃责之曰:'儒者自有名教(可乐),何事于兵!'因劝读《中庸》。"("可乐"据《宋史》本传补)范仲淹的这次警策,乃"导横渠以入圣人之室"(《宋元学案·横渠学案》)。三年之后,即庆历二年(1042),张载作《庆州大顺城记》,记述范仲淹在庆州率军筑大顺城,击败西夏军,文中有云"兵久不用,文张武纵",此与范仲淹同年所作《上吕相公书》批评"文之弊"而"忘战日久","一旦夷狄叛"则将帅乏人,主张朝廷命官要"文武参用""使文武之道协和为一"的思想相符。观此可知,范仲淹所谓"何事于兵"的本意不是否认军事的重要,而是激励张载成为"明体达用"的儒者。迄至熙宁初年,张载仍作有《与蔡帅边事画一》《泾原路经略司论边事状》等,可知张载在"入圣人之室"、乃至嘉祐初"讲《易》京师"后仍高度关注边关防务。

就儒家的"明体"而言,《中庸》无疑是重要的经典。范仲淹在《省试自诚而明谓之性赋》中就已对《中庸》之"自诚而明"和"自明而诚"有所阐发,在其执掌睢阳书院期间作有《南京府学生朱从道名述》，余英时先生谓“此文全就《中庸》发挥，充分表达了由修身、齐家而建立理想秩序的意识，而且也含有‘内圣’与‘外王’相贯通的观念”[①]。范仲淹劝张载读《中庸》是深有其意的，但张载对《中庸》“虽爱之，犹未以为足也，于是又访诸释、老之书，累年尽究其说，知无所得，反而求之《六经》”（《行状》）。张载之“爱”《中庸》并非虚言，他曾说：“某观《中庸》义二十年，每观每有义，已长得一格。”（《经学理窟·义理》）说此话时起码已在嘉祐五年（1060）以后，即张载之学已初具规模时。但在康定、庆历年间，张载读《中庸》而“犹未以为足也”，此中原因就是《中庸》的义理还不能满足张载建构其“本体-宇宙论”思想体系的需要。

吕大临《横渠先生行状》在“反而求之《六经》”之后云：“嘉祐初，见洛阳程伯淳、正叔昆弟于京师，共语道学之要……乃尽弃异学，淳如也。”后一句原作“尽弃其学而学焉”，程颐曾对此批评说：“表叔平生议论，谓颐兄弟有同处则可，若谓学于颐兄弟则无是事。顷年属与叔删去，不谓尚存斯言，几于无忌惮。”（《程氏外书》卷十一）无论“尽弃其学而学焉”还是“尽弃异学，淳如也”，两说都不符合张载思想的实际[②]。《宋史·张载传》云：“尝坐虎皮讲《易》京师，听从者甚众。一夕二程至，与论《易》，次日语人曰：‘比见二程深明《易》道，吾所弗及，汝辈可师之。’撤坐辍讲。”此据程门弟子尹焞所述（见《程氏外书》卷十二），其中虽也有对张载之学的贬抑，但张载“尝坐虎皮讲《易》京师，听从者甚众”当是事实。

张载在嘉祐二年（1057）与程颢等同年中进士，其“讲《易》京师”并与二程“共语道学之要”当在此期间。张岱年先生认为：“张载在开封讲《易》时，可能已经开始写《易说》了。”[③]这一推断是合理的，即《易说》可能是张载在开封讲《易》时的“讲稿”。张载的《正蒙》乃作于熙宁三年（（1070）他“谒告西归，居于横渠故居”之后，《行状》记其“终日危坐一室，左右简编，俯而读，仰而思，有得则识之，或中夜起坐，取烛以书，其志道精思，未始须臾息，亦未

① 余英时：《朱熹的历史世界》，三联书店 2004 年版，第 89 页。

② 至熙宁初年，“神宗问明道以张载、邢恕之学，奏云：‘张载臣所畏，邢恕从臣游。’”（《程氏外书》卷十二）按：邢恕是程门弟子，而“张载臣所畏”则是程颢对有殊于洛学的张载之学的尊重。

③ 张岱年：《关于张载的思想和著作》，载《张载集》，中华书局 1978 年版，第 15 页。

尝须臾忘也”。《正蒙》完成于熙宁九年秋，一年后张载即病故于从洛阳返陕西的途中。《易说》中的许多文字又见于《正蒙》，可知《正蒙》是在《易说》的基础上“简编”（“简”者择也）、扩充而成。《易说》是张载之学的奠基，《正蒙》则是张载的晚年定论。张载之学“以《易》为宗，以《中庸》为体，以孔孟为法”（《宋史·张载传》），即张载的思想是以阐发《周易》为基本，而又涵容了《中庸》《论语》和《孟子》的思想。由此可知，张载早年读《中庸》而“犹未以为足”，其累年参究释、老的思想后“反而求之《六经》”，他主要是从对《周易》的理解和诠释中建立了其思想体系的基础（王夫之《正蒙注》：“张子之学，无非《易》也”）。

二

张载诠释《周易》的一个特点是“观《易》必由《系辞》”。他说：

> 不先尽《系辞》，则其观于《易》也或远或近，或太艰难。不知《系辞》而求《易》，正由不知礼而考《春秋》也。（《易说·系辞上》）
>
> 《系辞》所以论《易》之道，既知《易》之道，则《易》象在其中。故观《易》必由《系辞》。（同上）

此说与二程的易学有同有异。《程氏遗书》卷二上载：“圣人用意深处全在《系辞》，《诗》《书》乃格言。”“如圣人作经，本欲明道。今人若不先明义理，不可治经，盖不得传授之意云尔。如《系辞》本欲明《易》，若不先求卦义，则看《系辞》不得。”“须先看卦，乃看得《系辞》。”这里的第一条为程颢所言，特重《系辞》，与张载相同；第二、三条，未注明谁所言，可能出自程颐，其重视《周易》的义理也与张载相同（他们同属于宋代易学的义理派），但其强调先求卦义，后看《系辞》，则与张载的“观《易》必由《系辞》”相反。

张载诠释《系辞》的一个重要思想就是“先识造化”。他说：

> 易，造化也。圣人之意莫先乎要识造化，既识造化然后其理可穷。

> 彼惟不识造化,以为幻妄也。不见易则何以知天道,不知天道则何以语性?(《易说·系辞上》)
>
> 不见易则不识造化,不识造化则不知性命。既不识造化,则将何谓之性命也?(同上)
>
> 有谓心即是易,造化也,心又焉能尽易之道!(同上)
>
> 释氏之言性,不识易。识易然后尽性。(同上)

张载所谓"造化",就是气之"一阴一阳"的变易。他说:"一阴一阳是道也","易即天道"(同上)。此"一阴一阳"之道"范围天地之化""弥纶天地之道""通乎昼夜",故云"易行乎其中,造化之谓也"(同上)。张载提出"先识造化",然后可以穷理、知性命,这显然主要是针对佛教的以心为本、以天地万物为幻妄的思想而发。其累年参究释、老之说,反而求之《六经》,最重要的一个结论就是要"先识造化",即首先在本体—宇宙论上与释、老划清界限,然后才可以穷理、知性命。

"先识造化"的思想又见于《正蒙·太和》篇:

> 知虚空即气,则有无、隐显、神化、性命通一无二,顾聚散、出入、形不形,能推本所从来,则深于《易》者也。……此道不明,正由懵者略知体虚空为性,不知本天道为用,反以人见之小因缘天地,明有不尽则诬世界乾坤为幻化。幽明不能举其要,遂躐等妄意而然。不悟一阴一阳范围天地,通乎昼夜,三极大中之矩,遂使儒、佛、老庄混然一途。语天道性命者,不罔于恍惚梦幻,则定以"有生于无"为穷高极微之论。入德之途,不知择术而求,多见其蔽于诐而陷于淫矣。

所谓"深于《易》者",就是"知虚空即气"(气即阴阳),知道"有无、隐显、神化、性命"都统一于气,对于"聚散、出入、形不形"(气聚则"出"而有形,气散则"入"而无形[①])能够"推本所从来",这就是"先识造化"。所谓"此道不

① 《正蒙·太和》:"气不能不聚而为万物,万物不能不散而为太虚。循是出入,是皆不得已而然也。"

明”,就是“彼惟不识造化,以为幻妄也”。“幽明”即气之“聚散、出入、形不形”,如果对此“不能举其要”,先言“体虚空为性”等,那就是“躐等(超越等级程序)妄意而然”。正因为不悟一阴一阳的变易“范围天地,通乎昼夜”,乃天地人(三才)的普遍法则,所以才始儒、佛、老庄的思想发生混淆。那些“不识造化”而“语天道性命者”,不是迷惑于佛教的“恍惚梦幻”之说,就是将老庄、道教的“有生于无”视为至高极妙之论。在张载看来,“入德之途”就是“先识造化”,若不知此而求道德,则往往被偏颇之辞(“诐”)所蒙蔽而陷于不中、过度(“淫”)之荒谬。

《正蒙·太和》篇言“虚空即气”,又言“太虚即气”:

> 气之聚散于太虚,犹冰凝释于水,知太虚即气则无无。故圣人语“性与天道”之极,尽于参伍之神,变易而已。诸子浅妄,有有无之分,非穷理之学也。

这段话也首见于《易说·系辞上》。“太虚”一词在《庄子·知北游》和《黄帝内经·天元纪大论》等著作中早已使用,其义指广袤无垠的空间。张载说“太虚不能无气”,即气是充满空间的(王夫之《正蒙注》所谓“阴阳二气充满太虚,此外更无他物,亦无间隙”)。在此意义上说,“太虚即(就是)气”,“无无”即宇宙间没有气之外的空无。“气之聚散于太虚,犹冰凝释于水”,太虚与气的关系就如同水与冰的关系,水之凝固就是冰,冰之融释就是水(水是冰的本然状态),气之凝聚就是有形之万物,万物之消散就反归无形之太虚(太虚是气的本然状态)[①]。张载认为,圣人讲“性与天道”的最根本道理,就是讲到一阴一阳之“参伍错综”的神妙变化[②]。“诸子浅妄,有有无之分”,主要针对老庄的“无生有”而言,张载指出,这不是“穷理之学”。在以无为本还是以气为本的问题上,张载以前的儒家没有分辨儒、道的自觉,至张载则明

① 冰水之喻,源于汉代王充所说:“人之生,其犹冰也。水凝而为冰,气积而为人。”(《论衡·道虚》)“人生于天地之间,其犹冰也。阴阳之气,凝而为人,年终寿尽,死还为气。”(《论衡·论死》)

② 《易传·系辞上》:“阴阳不测之谓神”“参伍以变,错综其数,通其变遂成天地之文,极其数遂定天下之象”。

确提出了“圣人仰观俯察,但云知幽明之故,不云知有无之故”“大《易》不言有无,言有无,诸子之陋也”(《易说·系辞上》,这两句又分别见《正蒙》之《太和》与《大易》)。所谓“不言有无”,就是“气能一有无”(《易说·系辞上》),即将“有无”都统一于气之实在,没有气之外的空无。张载由此而与释、老的宇宙观划清界限(改变“儒、佛、老庄混然一途”),他说:

> 若谓虚能生气,则虚无穷,气有限,体用殊绝,入老氏“有生于无”自然之论,不识所谓有无混一之常;若谓万象为太虚中所见之物,则物与虚不相资,形自形,性自性,形性、天人不相待而有,陷于浮屠以山河大地为见病之说。”(《正蒙·太和》)

“有无混一之常”,就是“气能一有无”;物与虚“相资”,就是万物与太虚的关系不过是气之聚散的变化。

“幽明”一词源出《易传·系辞上》的“仰以观于天文,俯以察于地理,是故知幽明之故”①。张载说:“显,其聚也;隐,其散也。显且隐,幽明所以存乎象;聚且散,推荡所以妙乎神。”(《易说·系辞上》,又见《正蒙·大易》)气聚而有形,则为“显”“明”;气散而无形,则为“隐”“幽”。气之聚且散,是因为“一阴一阳”相互推荡的神妙变化,“阴性凝聚,阳性发散,阴聚之,阳必散之,其势均散”(《正蒙·参两》)。张载又说:

> 天文地理,皆因明而知之,非明则皆幽也,此所以知幽明之故。万物相见乎离,非离不相见也。见者由明,而不见者非无物也,乃是天之至处。彼异学则皆归之空虚,盖徒知乎明而已,不察夫幽,所见一边耳。(《易说·系辞上》)

“因明而知之”,即因气聚有形之“显”“明”而知之;“非明则皆幽也”,即气散无形而“隐”,则为“幽”。“万物相见乎离,非离不相见也”,此本于《易传·

---

① 李鼎祚《周易集解》引荀爽曰:“幽谓天上地下不可得睹者也……明谓天地之间万物陈列,著于耳目者也……”韩康伯《周易·系辞注》曰:“幽明者,有形无形之象。”

说卦》的"离为目","离也者,明也,万物皆相见",即万物都依人的视觉而相见,若没有人的视觉则不相见。人所见者是由于气聚有形而"明",人所不见者并非无物,而是有气散无形之"隐""幽",这乃是天之根本。"彼异学"(指释、老)把不可见者都归于无物之空虚,盖其只知道"明",而不体察"幽",所见是片面的。张载接着说:

> 气聚则离明得施而有形,气不聚则离明不得施而无形。方其聚也,安得不谓之有?方其散也,安得遽谓之无?故圣人仰观俯察,但云知幽明之故,不云知有无之故。(同上,又见《正蒙·太和》)

这段话承上而言,就是说:气之凝聚则人的视觉可以施之于有形之物[①],气之不聚则人的视觉不能施之于无形之气。当气聚有形时,怎能不称其为"有"?当气散无形时,又怎能说其是"无"(空无)?意谓无形之气(太虚),虽然人的视觉不可见,但仍是客观的实在[②]。此即"气能一有无",知道"有无混一之常"。张载的"但云知幽明之故,不云知有无之故""大《易》不言有无,言有无,诸子之陋也",正是由此而提出。

牟宗三先生解"气聚则离明得施"一段,谓此"离明"之词"不实指目言,乃直指神体之虚明照鉴而言也……此是言'心'之'本体、宇宙论'的根据,而此神体之明亦可以说即是'宇宙心'也"[③]。此说与张载的本义相差甚大。张载由"先识造化"得出的是气本论的思想,无论在《易说》还是在《正蒙》中,张载屡言"天则无心、无为、无所主宰"(《易说·复》),"天惟运动一气,鼓万物而生,无心以恤物"(《易说·系辞上》),"天无心,心都在人之心"(《正蒙·诗书》),"天本无心,及其生成万物,则须归功于天"(《正蒙·气质》),其批评佛教亦言"释氏不知天命,而以心法起灭天地,以小缘大,以末缘本"

---

① 《正蒙·神化》篇所谓气之"蒸郁凝聚,接于目而后知之"(又见《易说·系辞下》),《正蒙·大心》篇所谓"天之明莫大于日,故有目接之,不知其几万里之高也",亦是此意。

② 张载说:"天地之道无非以至虚为实,人须于虚中求出实。""太虚者,天之实也。""诚者,虚中求出实。"(《张子语录·中》)因为"凡有形之物即易坏,惟太虚无动摇",所以张载又说太虚为"至实"(同上)。

③ 牟宗三:《心体与性体》(上),上海古籍出版社1999年版,第400页。

(《正蒙·大心》),他哪里会有世界本体之“宇宙心”的思想?而且,如果以“离明”为“神体之虚明照鉴”,那么“气不聚则离明不得施而无形”,此句根本解释不通①。

上引文中“方其聚也,安得不谓之有”,在《正蒙·太和》篇改为“方其聚也,安得不谓之客”②。这一改动是承接上文之“太虚无形,气之本体,其聚其散,变化之客形尔”。对张载思想的误解,常因此句之“太虚无形,气之本体”而起。牟宗三先生亦将此句误解为“气以太虚——清通之神——为体”,从而亦将“太虚即气”理解为太虚(神体)与气之“相即不离”③。其实,“太虚无形,气之本体”是说太虚之无形乃气之本然的象态④。“其聚其散”的“其”字,即指“太虚无形”之气(若无“气”,则“其”不能聚散;下言“至静无感,性之渊源”,亦承上指“太虚无形”之气乃“性之渊源”,说详后)。“本体”是相对于“客形”而言,气之本然的象态是太虚,而气之聚散则是其变化之“有去有来”的暂时状态(王夫之《正蒙注》:“有去有来谓之客”)。“气之聚散于太虚,犹冰凝释于水”,“太虚即气”可以说太虚与气“通一无二”⑤,而不可理解为太虚(神体)与气是“二”而“相即不离”或“不即不离”⑥。张载说:“太虚不能无气,气不能不聚而为万物,万物不能不散而为太虚。”(《正蒙·太和》)牟宗三先生把“太虚不能无气”理解为太虚神体“不能离气”⑦,但后一“太虚”分明就是指气,因为万物之散只能散为无形之气,而不能说散为“太

① 牟宗三先生说:“‘离明不得施而无形’即(神)因气不聚而隐也。……隐显就神之明言。聚散就气言。”同上书第401页。此与张载所说“显,其聚也;隐,其散也”相矛盾。

② “安得不谓之有”是《易说》之原文,宋方闻一编《大易粹言》和古逸丛书之《周易系辞精义》均作“有”,只是《正蒙·太和》篇将“有”改为“客”。

③ 牟宗三:《心体与性体》(上),上海古籍出版社1999年版,第380、393、403页。

④ 张载认为,无形之气虽然不可见,但亦有“象”。他说:“所谓气也者,非待其蒸郁凝聚,接于目而后知之;苟健顺、动止、浩然、湛然之得言,皆可名之象尔。”(《正蒙·神化》)在张载的用语中,“象”既可指可见的形象,如云“气本之虚则湛一无形,感而生则聚而有象”(《正蒙·太和》),又可指虽然不可见但可以言说的无形之气的变化,如云“有变则有象……故形而上者,得辞斯得象,但于不形中得以措辞者,已是得象可状也……有气方有象,虽未形,不害象在其中”(《易说·系辞下》)。

⑤ 张载说:“太虚之气,阴阳一物也”(《易说·系辞下》),此明言太虚就是气,而不容说“太虚神体之气”。

⑥ 牟宗三先生除对“即”作相即不离的理解外,又说:“依横渠之思想,体用圆融即是神体、气化之不即不离。”见《心体与性体》(上),上海古籍出版社1999年版,第392页。

⑦ 同上书,第392页。

虚神体”。

三

张载说的气之“聚散”,就是指无形之气与有形之物的相互转化。此因一阴一阳的变易而起,故曰“易,造化也”,“易即天道”。张载又说:“一阴一阳是道也。”“一阴一阳不可以形器拘,故谓之道。乾坤成列而下,皆《易》之器。”(《易说·系辞上》)张载由此而区分《易》之形而上、下,他说:

> 运于无形之谓道,形而下者不足以言之。(《易说·系辞上》,又见《正蒙·天道》)
>
> 形而上是无形体者,故形以上者谓之道也;形而下是有形体者,故形以下者谓之器。(《易说·系辞上》)
>
> 有变则有象……有此气则有此象可得而言;若无则直无而已,谓之何而可?是无可得名。故形而上者,得辞斯得象,但于不形中得以措辞者,已是得象可状也。(《易说·系辞下》)

张载认为,气之一阴一阳的变易就是“道”,“形而上”就是气聚成形以上,“形而下”就是气聚成形以下。此说成为张载的气本论与二程的理本论的一个根本分歧。二程所谓“若如或者以清虚一大为天道,则乃以器言,而非道也”(《程氏遗书》卷十一),“道非阴阳也,所以一阴一阳道也”(《程氏遗书》卷三),就是以“理”为气之根本。而张载则说:“天地之气,虽聚散攻取百涂,然其为理也,顺而不妄。”(《正蒙·太和》)“理”就是天地之气运动变化的秩序、规律。牟宗三先生对“其为理也,顺而不妄”的解释是:“言其聚之所以为聚,散之所以为散,攻之所以为攻,取之所以为取,皆有其形上地必然之道……‘为理’是此事之所以为此事之理……此‘理’字是虚说,其实处是通于太虚之神。”[1]然而在张载的思想中,“形上地必然之道”也就是“一阴一阳

---

① 牟宗三:《心体与性体》(上),上海古籍出版社1999年版,第383页。

不可以形器拘”的“道”,换言之,此“道”也就是“有此气则有此象可得而言”的“形上者”。除此之外,若无气的形上者则“直无而已”,张载否认在“一阴一阳”之上还有“所以阴阳”的理、道,更否认在“阴阳不测”之外还有“太虚之神”(“宇宙心”)。

《易传·系辞上》云:“神无方而易无体。”张载说:“神与易虽是一事,方与体虽是一义,以其不测故言无方,以其生生故言无体,然则易近于化。”(《易说·系辞上》)又说:“体不偏滞,乃可谓无方无体。偏滞于昼夜、阴阳者,物也;若道则兼体而无累也。以其兼体故曰‘一阴一阳’,又曰‘阴阳不测’,又曰‘一阖一辟’,又曰‘通乎昼夜’。语其推行故曰‘道’,语其不测故曰‘神’,语其生生故曰‘易’,其实一物,指事而异名尔。”(同上,又见《正蒙·乾称》)张载对“神”的理解没有超出“阴阳不测”的意义之外,所谓“神无方”“易无体”、道之“兼体而无累”,大致都是从“一阴一阳不可以形器拘”的意义上讲,“其实一物”(此“一物”当作“一气”来理解,而非偏滞于“昼夜、阴阳”某一方面的形器之物),只是言之角度有所不同而已。

张载说:“太虚之气,阴阳一物也;然而有两体,健顺而已。”(《易说·系辞下》)此即张载的气之“一物两体”的思想。此处言“太虚之气”犹如言“太极”,“阴阳一物”即前引“其实一物”的“物”,“有两体”即道之“兼体”的意思。张载说:

> 一物两体者,气也。一故神(自注:两在故不测),两故化(自注:推行于一),此天之所以参也。两不立则一不可见,一不可见则两之用息。两体者,虚实也,动静也,聚散也,清浊也,其究一而已。有两则有一,是太极也。若一则有两,有两亦一在,无两亦一在,然无两则安用一?不以太极,空虚而已,非天参也。(《易说·说卦》,其中部分文字又分别见《正蒙》之《神化》《太和》)
>
> 一物而两体者,其太极之谓欤!(《易说·说卦》,又见《正蒙·大易》)

《易传》的最高范畴是“太极”,张载以“一物两体”之气为“太极”。此“太极”

与“太虚之气”是同等的概念,“其实一物”,亦言之角度的不同而已。言“太极”犹如有最高的“一物”,其生两仪(天地)、四象(四时),主要具宇宙生成论的意义;言“太虚”则其“至大无外”①,在空间上“范围天地”,在时间上“通乎昼夜”②,不仅生成万物,而且为人与万物的性命之源,遂已将宇宙论与本体论的意义合一。合而言之,“太极”之“一物两体”之气充满空间即是“太虚”③,而“太和”就是指作为世界本原的“太极”或“太虚”的最高和谐。

《易说·系辞上》在“易有太极……”之下注云:“四象即乾之四德,四时之象,故下文云‘变通莫大乎四时’。”此处必有阙文,据《易说·说卦》,张载必以“一物两体者,气也”注解“太极”,而对“两仪”当有注云:“两仪即天地,乾坤之体,故下文云‘法象莫大乎天地’。”

《易说·系辞下》在“天地絪缊……”之下注云:

> 气块然太虚,升降飞扬,未尝止息,《易》所谓“絪缊”,庄生所谓“生物以息相吹”“野马”者欤!此虚实动静之机,阴阳刚柔之始。浮而上者阳之清,降而下者阴之浊,其感通聚结,为风雨,为霜雪,万品之流形……

这段话又见于《正蒙·太和》。“气块然太虚”,就是气充满太虚,亦即“太虚不能无气”的意思。“浮而上者阳之清,降而下者阴之浊”,此言由太虚分化为两仪(天地)。“其感通聚结”,也就是“天地感而万物化生”。

《正蒙·太和》篇的首段云:

> 太和所谓道,中涵浮沈、升降、动静、相感之性,是生絪缊、相荡、胜

---

① 张载说“天大无外”(《易说·系辞下》,又见《正蒙》之《太和》《大心》),此“天”即太虚,《太和》篇云“由太虚,有天之名”。

② “昼夜”不仅指白昼和黑夜。张载说:“昼夜者,天之一息乎!寒暑者,天之昼夜乎!天道春秋分而气易……气交为春,万物糅错,对秋而言,天之昼夜也。”(《正蒙·太和》)作为“天道春秋分”的“昼夜”,即相当于“两仪”之下的“四象”(四时)。

③ 《正蒙·神化》:“象若非气,指何为象?时若非象,指何为时?”故“太虚”概念不仅统一了气的运动与空间,而且统一了气的运动与时空。

负、屈伸之始。其来也几微易简,其究也广大坚固。起知于易者乾乎!效法于简者坤乎!散殊而可象为气,清通而不可象为神。不如野马、絪缊,不足谓之太和……

这段话不见于《易说》,当是写《正蒙》时的新作,而又是从“气坱然太虚”一段发展而来。“太和”是言“太虚”之和谐。“中涵浮沈……之性,是生絪缊……之始”,大致是“升降飞扬,未尝止息”,“此虚实动静之机,阴阳刚柔之始”的意思。“起知于易者乾乎!效法于简者坤乎”,本于《易传·系辞上》的“乾知大始,坤作成物”。“其来也几微易简,其究也广大坚固”,是讲天地化生万物的秩序,即《正蒙·动物》篇所云“天之生物也有序,物之既形也有秩”,从“几微易简”到“广大坚固”,包含五行生成之序的意思。

上引《太和》篇首段中最引起读者误解的是“散殊而可象为气,清通而不可象为神”,牟宗三先生把张载的“太虚”理解为“太虚神体”主要根据这句话①。就“散殊而可象为气”而言,这的确是张载的一种比较特殊的表述,《易说》中无与此相类者,只《正蒙·乾称》篇有两例:

至虚之实,实而不固……实而不固,则一而散……

气有阴阳,屈伸相感之无穷……其散无数……虽无数,其实一而已。阴阳之气,散则万殊,人莫知其一也;合则混然,人不见其殊也。形聚为物,形溃反原……

“至虚之实”就是太虚之气为实有,“一而散”就是从统一的(连续性的)太虚之气“散”分成万物之殊。“气有阴阳”,即是“一物两体”。“其散无数”“阴阳之气,散则万殊”与“一而散”同义。另外,在《张子语录·下》有一条:“大凡宽褊者是所禀之气也。气者,自万物散殊时各有所得之气……”这是讲人物所禀的“气质”。参考此三例,可知“散殊”是相对于“合则混然”即无形的

① 牟先生说:“神固不离气,然毕竟神是神,而不是气,气是气,而不是神,神与气可分别建立。”“‘太虚’一词,是由‘清通不可象为神’而说者。吾人即可以‘清通无象之神’来规定‘太虚’。”见《心体与性体》(上),上海古籍出版社1999年版,第379、380页。

太虚之气而言，它与“形(气)聚为物”是一个意思。准此，《太和》篇的“散殊而可象为气”，只是指气之“客形”的有形象，它不是指气之“本体”。《太和》篇云：“气本之虚则湛一无形，感而生则聚而有象。”前句是言气之“本体”，后句“感而生则聚而有象”也就是“散殊而可象为气”，此中的“象”是指有形可见的形象，“气”则指万物所禀的“气质”(形气)。与“散殊而可象为气”相对为言的“清通而不可象为神”，此“象”也是指形象①，而“神”只与有形的“气质”相对待，并非与“一物两体”“湛一无形”的气相对待，亦即并非如牟宗三先生所说“毕竟神是神，而不是气……神与气可分别建立”。

牟先生对《正蒙·参两》篇“一物两体，气也”的解释是：“‘一物’即太极、太虚神体之为圆为一，‘两体’即昼夜、阴阳、虚实、动静等，属于气。”②但《易说·说卦》和《正蒙·大易》明言“一物而两体者，其太极之谓欤”，仅只“一物”而无“两体”，并不能称为“太极”或“太虚”。《易说·说卦》云：“有两则有一，是太极也。……然无两则安用一？不以太极，空虚而已，非天参也。”《正蒙·太和》篇亦云：“感而后有通，不有两则无一。”可见在张载的思想中，“气有阴阳”才能称为“太极”，如果没有“阴阳”，那么“一”只是张载所否认的“空虚”而已。张载说：“太虚之气，阴阳一物也”，如果没有“阴阳”，那么“太虚”也只是张载所否认的“空虚”而已。张载说：“一物两体者，气也。一故神，两故化，此天之所以参也。”“然无两则安用一？”“不有两则无一”，如果没有“两故化”，那么“一故神”也只是“空虚而已，非天参也”。

张载说：“气有阴阳，推行有渐为化，合一不测为神。”(《正蒙·神化》)如果没有阴阳之“合一”，那么也就没有“不测”之神。张载说：“神，天德；化，天道。德，其体；道，其用。一于气而已。”(同上)“气之性本虚而神，则神与性乃气所固有。”(《正蒙·乾称》)阴阳之外无“太极”、无“太虚”、无“神”；因为“气有阴阳”“一物两体”，所以才有“神”“化”；“太虚”就是“气”，

① 张载说：“形而上者，得辞斯得象矣。神为不测，故缓辞不足以尽神；化为难知，故急辞不足以体化。”(《正蒙·神化》)阴阳不测之“神”即是“形而上者”，“缓辞不足以尽神”，然则“急辞”庶几可“得辞斯得象矣”，此“象”与“清通而不可象”之“象”意义有别。张载说：“气有阴阳，屈伸相感之无穷，故神之应也无穷……虽无穷，其实湛然……”(《正蒙·乾称》)此“神之应也无穷”的“湛然”即是“得辞”之“象”。

② 牟宗三：《心体与性体》(上)，上海古籍出版社1999年版，第388页。

“神与性乃气所固有”。这是张载所固有的思想,而非张载的所谓“滞辞”①。如果理解成“太虚神体”与气化“相即不离”或“不即不离”,那么这只是理解者的偏滞。

吾学友丁为祥教授对张载的思想亦持“虚气相即”的观点。他解释张载所谓“神”,认为“从气的角度提出的神正是作用义的神,而从太虚角度提出的神则是实体之神……也可以说就是太虚本体之‘清通而不可象’自身”②。他的“虚气相即”之说显然是受到牟宗三先生的影响,而在他新举证的史料中有一条“言虚者未论阴阳之道”,他论证说:

> 所谓“言虚者未论阴阳之道”,显然不是一个宇宙论—时空向度的提法,因为“太和”一开始就内含阴阳这一点也不容许将太虚与阴阳从宇宙源始的角度分开,只有从本体论的角度才可作这样的表达。所以,这里的“未言”所表现的只能是逻辑上的关系,是太虚超越于阴阳、超越于太极元气的表现。③

我认为,在张载的思想中宇宙论与本体论是统一的,当我们从这两个角度解释张载的思想时,不能轻易地以二者之“对翻”或“对扬”而容许其间有思想的矛盾。就“太虚”“神”与“阴阳”的关系而言,无论在《易说》还是在《正蒙》中都没有确切的史料可以证明“太虚”“神”超越了“阴阳”或“太极元气”(丁为祥对张载之“太极”的理解与牟先生不同),而“言虚者未论阴阳之道”只是《张子语录》中与前后文断开(另为一段)的单独一句话④,此句与张载所说“太虚之气,阴阳一物也”“不有两则无一”明显相矛盾,因此,“言虚者未论阴阳之道”只能是张载对“未论阴阳之道”而“言虚者”的批评(如《正蒙·

---

① 牟先生说:“‘气之性’即气之体性。此体性是气之超越的体性……此‘固有’乃是超越地固有……”但又说:“‘气之性’则容易使人想成气之质性,此即成误解。此其所以为滞辞也。‘神与性乃气所固有’句尤其窒碍不顺,尤易使人想成气之质性。”见《心体与性体》(上),上海古籍出版社 1999 年版,第 379、410 页。

② 丁为祥:《虚气相即——张载哲学体系及其定位》,人民出版社 2000 年版,第 83 页。

③ 同上书,第 60—61 页。

④ 《张载集》,中华书局 1978 年版,第 325 页。

乾称》篇批评佛教“彼欲直语太虚,不以昼夜、阴阳累其心,则是未始见易”)。

四

张载对自己的思想体系有一个简要的概括,即:

> 由太虚,有天之名;由气化,有道之名;合虚与气,有性之名;合性与知觉,有心之名。(《正蒙·太和》)

“天”既是指哲理意义的最高存在,又具有中国古代天文学之“宣夜说”的理论背景,所谓“天了无质,仰而瞻之,高远无极……日月众星,自然浮生虚空之中,其行其止皆须气焉”(《晋书·天文志》),把此中的“虚空”与“气”统一,就是张载所谓“太虚即气”的“天”。“气化”即张载所说“气有阴阳,推行有渐为化”“化,天道……一于气而已”,也就是说,气之一阴一阳的变化过程就是“道”,此变化过程“顺而不妄”就是张载所说的“理”。

“合虚与气,有性之名”,此表述极易引起误解。朱熹解释此句:“‘虚’字便说理,理与气合,所以有人。”(《朱子语类》卷六十)这是用理气二分的观点来解释张载的思想。后来主张理气统一者如明儒吴廷翰,也批评张载“言之未精”,“其以‘虚与气’两言之,犹未免于理气之失也”(《吉斋漫录》卷上)。其实,“合虚与气”的“气”也应理解为“自万物散殊时各有所得之气(质)”。张载说:

> 天所性者通极于道,气之昏明不足以蔽之。……天性在人,正犹水性之在冰,凝释虽异,为物一也;受光有小大昏明,其照纳不二也。……性其总,合两也。……湛一,气之本;攻取,气之欲。……性于人无不善,系其善反不善反而已。……形而后有气质之性,善反之则天地之性存焉。……人之刚柔、缓急、有才与不才,气之偏也。(《正蒙·诚明》

以上是张载的“天地之性”与“气质之性”的思想。其中,“天所性者”“天性在人""湛一,气之本""性于人无不善"等,都是讲"天地之性";"气之昏明""受光有小大""攻取,气之欲""气之偏"等,都是讲"气质之性"。"性其总"当即"有性之名"的"性","合两也"当即"合虚与气",也就是合太虚与气质。张载说:

> 太虚无形,气之本体……至静无感,性之渊源……(《正蒙·太和》)
>
> 太虚为清,清则无碍,无碍故神;反清为浊,浊则碍,碍则形。凡气清则通,昏则壅,清极则神。(同上)

太虚之无形、"至静无感"①、清通无碍,是"天地之性"的渊源;气之"反清为浊",壅蔽锢塞,是"气质之性"所由生。"太虚为清"即是"气清",亦即"气本之虚则湛一无形",故"合虚与气"即是合太虚之气与气质,"有性之名"即是合天地之性与气质之性的"性其总,合两也"。此句虽然表述上有"未当",但不可作"理气二分"或"理气二元"解。至如牟宗三先生批评"横渠此语决是不谛之晦辞",这是依其理解:"太虚神体根本不可以气言……不能将神混作气……性之名只能超越分解地偏就太虚神体之体万物而建立,不能由'合虚与气'而建立。"②这种理解与张载所说"太虚为清……凡气清则通……清极则神"是根本相违的。

"合性与知觉,有心之名",此可见"性"与"心"之区别。张载说:"由气化,有道之名","天道即性也"(《易说·说卦》),"形而后有气质之性,善反之则天地之性存焉"。在这里,无论"天地之性"还是"气质之性"都是没有"知觉"的,而"知觉"之产生则如周敦颐《太极图说》所云"形既生矣,神发知矣",亦即"形具而神生""气须形而知",朱熹也说"理未知觉,气聚成形,理与气合,便能知觉"(《朱子语类》卷五)。张载说:"凡物莫不有是性,由通蔽开塞,所以有人、物之别……"(《张子语录·后录下》)可见,人之所以有区

① "至静无感"并非绝对静止,《正蒙·乾称》云:"至静之动,动而不穷……动而不穷,则往且来。"此处"无感"是相对于有形之物的"客感"而言,《张子语录·上》云:"感亦须待有物,有物则有感,无物则何所感?"

② 牟宗三:《心体与性体》(上),上海古籍出版社 1999 年版,第 424—425 页。

别于(高于)万物的“知觉”,也是因为人禀赋了天地间的清通之气,这里也有《太极图说》所谓“惟人也得其秀而最灵”的意思。天地间的清通之气不仅是人所禀赋“天地之性”的渊源,而且其与人之“气质”相结合,便可“形具”而“神”发为“知觉”,此即人之“心”。因此,“心”的属性统含了天地之性、气质之性与知觉,此即“合性与知觉,有心之名”。形具而有“性与知觉”,则“性”感物而发为情感,故张载又说:“心统性情者也。有形则有体,有性则有情。”(《性理拾遗》)

“知觉”是人心所有,这是人特有的主体能动性。所以,张载说:“心能尽性,‘人能弘道’也;性不知检其心,‘非道弘人’也。”(《正蒙·诚明》)心之所以能“尽性”,人之所以能“弘道”,是因为人心有“知觉”的主体能动性;反言之,性之所以“不知检其心”,道之所以不能“弘人”,是因为“性”(即天道)没有人心之“知觉”。张载认为,知觉可分为“德性所知”与“见闻之知”,他主张“大其心则能体天下之物”,而“不以见闻梏其心”(《正蒙·大心》)。虽然见闻对于“合内外之德”也有开启的作用,但只有“大其心”的“德性所知”才是充尽了心的功能。如何“大其心”或“尽其心”?张载说:“思尽其心者,必知心所从来而后能。……成吾身者,天之神也。不知以性成身,而自谓因身发智,贪天功为己力,吾不知其知也。”(同上)所谓“心所从来”,也就是人之身心由“天”之造化所成。“神,天德;化,天道……一于气而已”,这是人之身心(以及万物)的本原。知此,才能“尽心则知性知天”,才能“体天下之物……视天下无一物非我”,才能达到“民吾同胞,物吾与也”(《正蒙·乾称》)的境界。反此而为,徒知“大其心”,则未免流于张载所批评的:“释氏不知天命,而以心法起灭天地,以小缘大,以末缘本,其不能穷而谓之幻妄,真所谓凝冰者与!”(《正蒙·大心》)张载主张的“大其心”,仍是以“先识造化”为前提,其基点是与佛教的“以心法起灭天地”划清界限。张载认为,如此才能尽心、知性,才能达到“体天下之物……视天下无一物非我”的“仁”的境界[1]。

张载由“先识造化”所建立的哲学体系,就是以“太虚之气”为世界本原

① 程颢说:“仁者,以天地万物为一体,莫非己也。”(《程氏遗书》卷二上)

的气本论。“由太虚,有天之名;由气化,有道之名;合虚与气,有性之名;合性与知觉,有心之名。”此四句为张载哲学体系的概念层次、逻辑架构和理论纲领所在。牟宗三先生把张载思想强纳入“心体与性体”为一而与气“相即不离”的心学谱系,则未免把张载的许多关键语句都视为“滞辞”。以上四句中的后两句尤为牟先生所垢病[①],但若依牟先生所解,“问题只是心性合一否”“宇宙之生化即是道德(心)之创造”[②],那么张载必反言之:“有谓心即是易,造化也,心又焉能尽易之道!”

五

张载的“先识造化”,其宗旨也是“推天道以明人事”。朱熹说:“横渠说得好。‘由太虚有天之名,由气化有道之名’,此是总说;‘合虚与气有性之名,合性与知觉有心之名’,是就人上说。”(《朱子语类》卷六十)所谓“总说”就是“推天道”,所谓“就人上说”就是明人之心性。从“太虚即气”推演到“心统性情”,类似于《太极图说》从“无极而太极”推演到“形既生矣,神发知矣,五性感动而善恶分,万事出矣”。接着,便是“圣人定之以中正仁义而主静,立人极焉”,而《正蒙》在《诚明》《大心》之后,便是《中正》《至当》,所谓“至当”即是“人极”,亦即最高的价值标准[③]。

《正蒙·中正》篇的大意是:“中正”乃君子立身行事的准则。“士希贤,贤希圣”,君子学做圣人,就是要将“中正”弘扬至“大中至正之极”。能够知道“大中至正”是最高的价值标准,也就知道了“止于至善”。“择中庸而固执之”,“知学”然后能奋勉日进,此为努力达到圣人境界的“工夫”。与周敦颐的“主静”不同,张载更强调了道德实践的长期修养和“知学”的重要(以

---

① 牟先生说:“由‘合虚与气’以说性之名之所以立,此根本是滞辞。”“‘合性与知觉’好像是说性体中本无知觉,性是性,加上知觉才有‘心之名’。此句由‘合’字表示心,与上句由‘合’字表示性,皆是不精熟之滞辞。”见《心体与性体》(上),上海古籍出版社1999年版,第424、454页。

② 同上书,第488页。

③ 朱熹说:“若‘皇极’之极、‘民极’之极,乃为标准之意,犹曰立于此而示于彼,使其有所向望而取正焉耳。”(《朱文公文集》卷二十六《答陆子静》)又说:“极者至极之义,标准之名。”(《朱文公文集》卷七十二《皇极辨》)

后二程更强调了“主敬”与“致知”)。

《正蒙·至当》篇云:

> 至当之谓德,百顺之谓福。德者福之基,福者德之致。无入而非百顺,故君子乐得其道。……安所遇而敦仁,故其爱有常心,有常心则物被常爱也。……上达则乐天,乐天则不怨;下学则治己,治己则无尤。

“至当”就是最高的应当,亦即最高的价值标准。“至当之谓德”,此“德”就是仁义,就是“大中至正”。张载对于德福关系的见解,建立在“穷理”而“知性命”的基础上,体现了“德福一致”“义命合一”的思想。“命”一方面指“天命之谓性”,即人之性善,德为至当,知道了“性者,万物之一源,非有我之得私也”,故大人能尽性,“立必俱立,知必周知,爱必兼爱,成不独成”(《正蒙·诚明》);另一方面指“死生有命,富贵在天”,知此为人生必然的命运,则大人“安所遇”而顺应之,“富贵福泽,将厚吾之生也;贫贱忧戚,庸玉女(汝)于成也。存,吾顺事;没,吾宁也。”(《正蒙·乾称》)这是宋代新儒家将道德确立为人生的最高价值取向,并且超越对于个人之贫富穷达的计较和生死之牵挂的仁者的境界。在此境界中,“君子乐得其道”“乐天则不怨”“治己则无尤”。于是,儒家有了一种不同于佛、老的安身立命之地。在范仲淹激励张载,提出“儒者自有名教可乐”“因劝读《中庸》”之后,张载经过“先识造化”,建立了“以《易》为宗,以《中庸》为体,以孔孟为法”的哲学体系,从而最终为范仲淹提出的“名教可乐”或“道义之乐”①提供了“性与天道合一”的哲理基础。

张载的哲学体系是以气为本而“天人合一”。以气为本,就是“先识造化”,也就是首先在世界本原的问题上肯定天地万物、人的生活世界是实在的。张载说:“诚有是物,则有终有始;伪实不有,何终始之有!故曰‘不诚无

① 范仲淹有《睢阳学舍书怀》云:“瓢思颜子心还乐,琴遇钟君恨即销。”(《范文正公集》卷三)此与周敦颐所说“志伊尹之所志,学颜子之所学”(《通书·志学》)意旨相同。在范仲淹晚年,“子弟以公有退志,乘间请治第洛阳,树园圃,以为逸老之地”,范仲淹说:“人苟有道义之乐,形骸可外,况居室乎!”(《范文正公集·年谱》)

物’。”(《正蒙·诚明》)按:《中庸》云:“诚者物之终始,不诚无物。”此“诚”即是“真实无妄”之实在(reality)的意思。张载以“一物两体”的“太虚之气”为世界的本原,此为“至虚之实”,人与万物由气之聚散而为“终始”,因太虚之“实”而人与万物亦为“诚有”(真实的存在)①。如果太虚是虚幻的“伪实”(假有),那么“物之终始”也就不过是依“心法”起灭的幻相。“不诚无物”,张载的气本论首先要解决的问题就是肯定天地万物、人的生活世界为真实的存在,由此而为儒家的道德论奠定本体—宇宙论的基础。张载的气本论亦是“推天道以明人事”,因此,“太虚无形”不仅是气之本然的象态,而且其“至静无感”亦是性善的渊源;“天道”不仅是一阴一阳的屈伸相感,而且“天道即性也”“性与天道合一存乎诚”(《正蒙·诚明》)。在这里,“诚”不仅是天道的客观实在,而且是人道的道德主体性的“诚之”。张载哲学由“先识造化”而建立气本论,其理论的归趋、思想体系的完成则是“天人合一”。

就中国哲学的普遍架构是“推天道以明人事”而言,“天人合一”可以说是中国哲学的总体趋向、主要特点。但在不同哲学家的思想中,“天人合一”的具体意义并不完全相同。张载是“天人合一”这一成语的首发者,在他的思想中,“天人合一”主要是用来批判佛教,而阐明儒家的实在论与道德论的统一。他说:

> 释氏语实际,乃知道者所谓诚也,天德也。其语到实际,则以人生为幻妄,[以]有为为疣赘,以世界为荫浊,遂厌而不有,遗而弗存。就使得之,乃诚而恶明者也。儒者则因明致诚,因诚致明,故天人合一,致学而可以成圣,得天而未始遗人……。彼语虽似是,观其发本要归,与吾儒二本殊归矣。道一而已,此是则彼非,此非则彼是,固不当同日而语。……彼欲直语太虚,不以昼夜、阴阳累其心,则是未始见易,未始见易,则虽欲免阴阳、昼夜之累,末由也已。易且不见,又乌能更语真际?舍真际而谈鬼神,妄也。所谓实际,彼徒能语之而已,未始心解也。(《正蒙·乾称》)

① 太虚之气与由此产生的天地万物、人的生活世界均为实有,此即中国哲学的“一个世界”“存有的连续性”思想,而没有“本体实而不现,现象现而不实”的“自然之二分”。

佛教所说的“实际”,就其抽象的“真实”意义而言,如同儒家所说的“诚”或“天德”。但佛教是以“性空”“真如心”和“涅槃”为终极真实,而把人生看作幻妄的,把人的“有为”看作有害而多余的“疣赘”,把人所生活的“世界”看作黑暗污浊的,因此,佛教主张“厌而不有,遗而弗存”,即主张“出离世间”,超脱生死轮回,进入“涅槃”境界。假使佛教真得到了“实际”,那也只是“诚而恶明”,即只把“天德”看作真实的,而把人生、有为、世界视为应该厌弃的。儒家则“因明致诚,因诚致明,故天人合一,致学而可以成圣,得天而未始遗人”。在这里,“诚”是天道之真实,“明”是人道之明理(“诚之”或“思诚”),“天人合一”也就是“诚明合一”(王夫之《正蒙注》:“诚者,天之实理;明者,性之良能。性之良能出于天之实理,故交相致,而明诚合一”)。张载强调,儒家学说不像佛教那样“诚而恶明”。佛教以人生为幻妄,儒家则以人生为真实;佛教以“有为”为疣赘,儒家则主张“致学”可以成圣;佛教以人的生活世界为“荫浊”,儒家则认为人的生活世界在本质上是道德的;佛教主张厌弃人生,归于涅槃,儒家则认为“天人一物”(《正蒙·乾称》),故“得天而未始遗人”,明德成圣就是人生最高的应当。张载进一步指出,佛教学说虽然“似是”,但“观其发本要归,与吾儒二本殊归矣”。“本”就是对世界本原的看法,“归”就是人生之归趋、价值之理想,儒家与佛教在这两方面都不同。正确的“道”只有一个,“此是则彼非,此非则彼是”,故儒与佛应划清界限,“不当同日而语”。在张载看来,“大率知昼夜、阴阳”(亦即“识造化”)然后才能知性命、知圣人、知鬼神,而佛教“不识造化”,“彼欲直语太虚”(“太虚”在佛教的思想中就是“性空”“真如心”和“涅槃”),则其“未始见易”,想要超脱人世,免于“阴阳、昼夜之累”,这是“末由”即没有途径可行的。“易且不见,又乌能更语真际?”只有先识“易”(造化),才可以知道什么是“真际”或“实际”。如果不知道“太虚不能无气,气不能不聚而为万物,万物不能不散而为太虚”,那么其“谈鬼神”就是虚妄之谈①。因此,佛教所谓“实际”,只是空言而已,不是“心解”即发自内心的对“实际”的真正解悟。

---

① 张载认为,“鬼神”不过是阴阳二气的屈伸聚散之“良能”,“鬼神之实,不越二端而已矣”(《正蒙·太和》)。

张载所谓"心解",有发自内心而又发前人所未发的意思。他说:"学贵心悟,守旧无功。"(《经学理窟·义理》)此"心悟"就是"心解"。他又说:"当自立说以明性,不可以遗言附会解之。若孟子言'不成章不达'及'所性''四体不言而喻',此非孔子曾言而孟子言之,此是心解也。"(同上)张载充分认识到,他的思想也有孔孟未曾言而自己言之的"心解"成分,这是因为与佛教"较是非,计得失"而不得已也。他说:

> 自其说(佛教)炽传中国,儒者未容窥圣学门墙,已为引取,沦胥其间,指为大道。乃其俗达之天下,致善恶、智愚、男女、臧获,人人著信……此人伦所以不察,庶物所以不明,治所以忽,德所以乱,异言满耳,上无礼以防其伪,下无学以稽其弊。……自非独立不惧,精一自信,有大过人之才,何以正立其间,与之较是非,计得失!(《正蒙·乾称》)

可以说,张载的气本论哲学思想正是为了与佛教"较是非,计得失"而激发起来的一种理论创新。张载对于自己的理论创新虽然不谓之"至理",但基本上自信。他说:"某比年所思虑事渐不可易动,岁年间只得变得些文字,亦未可谓辞有巧拙,其实是有过。……然某近来思虑义理,大率亿度屡中可用,既是亿度屡中可用则可以大受……"(《张子语录·下》)这段话必是《正蒙》著成后所说,可谓张载的临终遗言,对吕大临、范育等弟子寄予厚望。所谓"岁年间只得变得些文字,亦未可谓辞有巧拙,其实是有过",当是指从《易说》到《正蒙》而有所改动,其"有过"可能如《易说》中有"老子言'天地不仁,以万物为刍狗',此是也;'圣人不仁,以百姓为刍狗',此则异矣",在《正蒙》中已没有对老子言"天地不仁"的肯定。尽管其间"变得些文字",但从《易说》到《正蒙》,其思想是一贯的,《易说》奠定了《正蒙》的基础,张载认为此中的基本思想是"不可易动"的。

张载的《正蒙》原未分篇,在他死后由其弟子苏昞"离其书为十七篇"。宋哲宗元祐二年(1087)苏昞将编成的《正蒙》十七篇交由范育作序,当时范育"居太夫人忧……泣血受书,三年不能为一辞",三年之后写成《正蒙序》。范育早在熙宁十年(1077)即张载临终前"受其书而质问焉",在十三年之后他已“痛乎微言之将绝也”,当时二程对张载所谓“清虚一大”的批评已经风行[①]。范育是认真读过《正蒙》且有深切理解的,他对先师张载也抱有深厚的感情,故在张载去世后,迄至王夫之写《正蒙注》,真正给予张载思想以中肯评价的莫过于范育的《正蒙序》。其文云:

惟夫子之为此书也,有《六经》之所未载,圣人之所不言,或者疑其盖不必道。若“清虚一大”之语适将取訾于末学,予则异焉。

自孔孟没,学绝道丧千有余年,处士横议,异端间作,若浮图、老子之书,天下共传,与《六经》并行。……天下靡然同风,无敢置疑于其间,况能奋一朝之辩,而与之较是非曲直乎哉!

子张子独以命世之宏才,旷古之绝识,参之以博闻强记之学,质之以稽天穷地之思,与尧舜孔孟合德乎数千载之间。闵乎道之不明,斯人之迷且病,天下之理泯然其将灭也,故为此言与浮屠、老子辩,夫岂好异乎哉?盖不得已也。

浮屠以心为法,以空为真,故《正蒙》辟之以天理之大,又曰“知虚空即气,则有无、隐显、神化、性命通一无二”。老子以无为为道,故《正蒙》辟之曰“不有两则无一”。至于谈死生之际,曰“轮转不息,能脱是者则无生灭”,或曰“久生不死”,故《正蒙》辟之曰“太虚不能无气,气不能不聚而为万物,万物不能不散而为太虚”。夫为是言者,岂得已哉!

使二氏者真得至道之要,不二之理,则吾何为纷纷然与之辩哉?其为辩者,正欲排邪说,归至理,使万世不惑而已。……故予曰《正蒙》之言不得已而云也。

范育的《正蒙序》主要围绕着道学内部的理论分歧而为张载的《正蒙》作辩护,其要旨是阐明《正蒙》之言“与浮屠、老子辩”乃不得已也。文中叠言“不得已”,盖不如此,则不足以为张载之学作辩护,也不足以真知张载之学。然而,同样主张“辨异端似是之非,开百代未明之惑”(《程氏文集》卷十一《明

① 吕大临在元丰二年(1079)东见二程,此时二程对张载之学已有“立‘清虚一大’为万物之源,恐未安”等批评(《程氏遗书》卷二上),此距范育写《正蒙序》十一年。

道先生行状》),认为“佛、老其言近理,又非杨、墨之比,此所以害尤甚”(《程氏文集》卷十三)的二程,为什么对张载之学不能肯认而有所批评呢?此中原因盖由于二程认为佛、老之学的要害在于“自私独善”,从而主张“先识仁”(《程氏遗书》卷二上)。于是,洛学与关学在建立道学思想体系的逻辑起点上有所不同。如果说张载的“先识造化”首先强调这个世界是实在的,然后讲这个世界的本质是道德的,那么二程的“先识仁”则首先强调这个世界的本质是道德的,然后讲这个世界是实在的。实在与道德是中国哲学的基本倾向,这个基本倾向也正是宋明道学的主题。

[作者附识:本文是我正在完成书稿中的一小节。回顾二十年前,我写有《“先识造化”与“先识仁”——略论关学与洛学的异同》,发表在《人文杂志》1989 年第 5 期,曾呈张岱年先生教正。张先生在 1989 年 12 月 18 日的信中说:“你论述关洛异同的文章写得很好!很久没有见到这样好的文章了……我看了很高兴!”这一鼓励对于我以后的治学有重要影响。值此纪念张岱年先生诞辰一百周年之际,谨以此文遥祭先师也。]

(原载《中国哲学史》2009 年第 2 期)

程颐与杨时关于《西铭》的讨论

一、二程对《西铭》的崇高评价

张载的《西铭》原称《订顽》，书于横渠学堂双牖之右，后改为《西铭》之称是出自程颐①。此篇在二程的洛学中占有重要的地位，并给予其崇高的评价。这在吕大临于横渠去世后"东见二先生语"中就已有明确的记载，如程颢所说：

> 《订顽》一篇，意极完备，乃仁之体也。学者其体此意，令有诸已，其地位已高。到此地位，自别有见处，不可穷高极远，恐于道无补也。(《程氏遗书》卷二上)
>
> 学者须先识仁。仁者，浑然与物同体。义、礼、知、信皆仁也。识得此理，以诚敬存之而已，不须防检，不须穷索。……《订顽》意思，乃备言此体。以此意存之，更有何事？(《程氏遗书》卷二上)
>
> 《西铭》某得此意，只是须得他子厚有如此笔力，他人无缘做得。孟子以后未有人及此。得此文字，省多少言语。且教他人读书，要之仁孝之理备于此，须臾而不于此，则便不仁不孝也。(同上)

《程氏遗书》卷二上还有未标"明"(明道，即程颢)或"正"(正叔，即程颐)而

① 《程氏外书》卷十一："横渠学堂双牖右书《订顽》，左书《砭愚》。伊川曰是起争端，改之曰《东铭》《西铭》。"

可作为“二先生语”的评价：

《订顽》之言，极纯无杂，秦汉以来学者所未到。（同上）

若《西铭》，则是《原道》之宗祖也。《原道》却只说到道，元未到得《西铭》意思。据子厚之文，醇然无出此文也，自孟子后，盖未见此书。（同上）

在此后，《程氏遗书》中又有程颐对《西铭》的评价：

问：“西铭何如？”曰：“此横渠文之粹者也。”……“横渠道尽高，言尽醇，自孟子后，儒者都无他见识。”（《程氏遗书》卷十八）

若《西铭》一篇，谁说得到此？今以管窥天，固是见北斗，别处虽不得见，然见北斗，不可谓不是也。（《程氏遗书》卷二十三）

另在《程氏外书》中又有记载：

游酢得《西铭》诵之，即涣然不逆于心，曰：“此《中庸》之理也，能求于语言之外者也。”（《程氏外书》卷七）

（尹焞）见伊川，后半年方得《大学》《西铭》看。（《程氏外书》卷十二）

观此可知，不仅二程对《西铭》评价甚高，而且程门弟子如游酢、尹焞亦甚看重《西铭》，其地位在洛学中可比之如《中庸》《大学》。然而，后来却发生了程颐与杨时关于《西铭》的讨论。对这一讨论进行分析，可使我们更为深入地认识儒家的“仁孝之理”。

二、杨时对《西铭》的批评

据《宋儒龟山杨先生年谱》记载，绍圣三年（1096）“是岁有与伊川先生论《西铭》书”。此时程颐 64 岁，杨时 44 岁。杨时初以师礼见二程是在元丰四年（1081），程颢于元丰八年病逝，程颐在元祐二年（1087）罢崇政殿说书。杨时和游酢在元祐八年(1093)曾以师礼见程颐于洛,游、杨"程门立雪"[①]的佳话当发生在此年。三年之后,程颐仍居洛,杨时在浏阳任官,是岁写《寄伊川先生》,于是发生关于《西铭》的讨论。

杨时在给程颐的信中说:

某窃谓道之不明,智者过之。《西铭》之书,其几于此乎!昔之问仁于孔子者多矣,虽颜渊、仲弓之徒,所以告之者,不过求仁之方耳。至于仁之体,未尝言也。孟子曰:"仁,人心也;义,人路也。"言仁之尽,最亲无如此者。然本体用兼举两言之,未闻如《西铭》之说也。孔、孟岂有隐哉?盖不敢过之,以起后学之弊也。

且墨氏兼爱,固仁者之事也,其流卒至于无父,岂墨子之罪耶?孟子力攻之,必归罪于墨子者,正其本也。故君子言必虑其所终,行必稽其所弊,正谓此耳。《西铭》之书,发明圣人微意至深,然而言体而不及用,恐其流遂至于兼爱,则后世有圣贤者出,推本而论之,未免归罪于横渠也。(《龟山集》卷十六《寄伊川先生》)

杨时对《西铭》的批评,主要是以孔、孟之说为标准,从两方面批评之。其一是说《西铭》言"仁之体"有"过",不是像孔子那样"至于仁之体,未尝言也";其二是说《西铭》"言体而不及用",不是像孟子那样"本体用兼举两言之"。杨时认为,因为《西铭》有这两方面之"过",所以其可能引起"后学之弊"而流于墨家的"兼爱"。由此之故,杨时希望从程颐那里"得一言推明其用,与之并行,庶乎学者体用兼明,而不至于流荡也"(同上)。

杨时对《西铭》的批评并非偶然,而是前有所积。《龟山集》中有《求仁斋记》,据《宋儒龟山杨先生年谱》此文是杨时于元祐三年(1088)所作。其文有云:

夫孔子之徒,问仁者多矣。而孔子所以告之者,岂一二言欤,然而

① 《程氏外书》卷十二:"游、杨初见伊川,伊川瞑目而坐,二子侍立。既觉,顾谓曰:'贤辈尚在此乎?日既晚,且休矣。'及出门,门外之雪深一尺。"

犹曰"罕言"，岂不以仁之道至矣，而言之不能尽欤！故凡孔子之所言者，皆求仁之方也，若夫仁则盖未之尝言。是故其徒，如由、赐者，虽曰升堂之士，至于仁则终身莫之许也。然则所谓求之难，不其然欤！学者试以吾言思之，以究观古之人，所以求之之方，将必有得矣。(《龟山集》卷二十四《求仁斋记》)

《龟山集》中又有《寄翁好德》，据《宋儒龟山杨先生年谱》此信写于绍圣元年，比《寄伊川先生》仅早两年。其文有云：

夫求仁之方，孔子盖言之详矣。然而亲炙之徒，其说犹有未闻者，岂孔子有隐于彼欤？……后世之士，未尝精思力究，妄以肤见臆度，求尽圣人之微言，分文拆字，寸量铢较，自谓得之，而不知去本益远矣。夫至道之归，固非笔舌能尽也，要以身体之心，验之雍容，自尽于燕闲静一之中，默而识之，兼忘于书言意象之表，则庶乎其至矣。反是皆口耳诵数之学也。(《龟山集》卷十七《寄翁好德》)

观此一文一书，可知杨时一贯所重视的是"求仁之方"。他认为"凡孔子之所言者，皆求仁之方也，若夫仁则盖未之尝言"。这里的"仁则未之尝言"，也就是《寄伊川先生》中所说的"至于仁之体，未尝言也"。《龟山集》中又有《答问》，也同样说："其(孔子)告诸门人可谓详矣，然而犹曰'罕言'者，盖其所言皆求仁之方而已，仁之体未尝言。"(《龟山集》卷十四《答问》)孔子为什么不言"仁之体"，在杨时看来，是因为"仁之体"深奥隐微，"固非笔舌能尽也"，"要以身体之心，验之雍容，自尽于燕闲静一之中，默而识之，兼忘于书言意象之表，则庶乎其至矣"。杨时对于"仁之体"的看法，或许与他后来所传的"于静中体认大本未发气象"的"道南指诀"有一定的联系①。

① 《宋儒龟山杨先生年谱》记载：政和二年(1112)"同郡罗从彦，字仲素，闻先生得河南程氏之传，慨然慕之，遂徒步往从学焉。先生即语以心法之秘，熟察之，乃喜曰：'惟从彦可以言道。'于是日益以亲，时弟子千余人，无及从彦者。"这里的"心法之秘"当即是"道南指诀"。朱熹的老师李侗曾受学于罗从彦，朱熹说："李先生教人，大抵令于静中体认大本未发时气象分明，即处事应物自然中节。此乃龟山门下相传指诀。"(《朱文公文集》卷四十《答何叔京》)

杨时并不绝对地反对言“仁之体”。他说，孟子所讲的“仁，人心也；义，人路也”，就已是“言仁之尽，最亲无如此者”，而这是“体用兼举两言之”，没有像《西铭》那样“言体而不及用”。孟子批评墨家甚严，所谓“杨氏为我，是无君也；墨氏兼爱，是无父也；无父无君，是禽兽也。”（《孟子·滕文公下》）杨时认为，因为《西铭》“言体而不及用”，所以“恐其流遂至于兼爱”。虽然杨时也委婉地肯定《西铭》“发明圣人微意至深”，但将其与墨子“比而同之”，这应是对《西铭》的一个严厉的批评。

三、程颐对杨时之批评的回应

杨时对《西铭》的批评，从根本上违反了二程对《西铭》的高度肯定。

程颢说：“《订顽》一篇，意极完备，乃仁之体也”，“《订顽》意思，乃备言此体”。可见，二程之所以高度肯定《西铭》，首先就是因为《西铭》备言“仁之体”。杨时以孔子所言者“不过求仁之方”，“至于仁之体，未尝言也”，又以孟子所说的“仁，人心也；义，人路也”已是“言仁之尽”，质疑《西铭》言“仁之体”有“过”，这就从根本上否定了二程对《西铭》的高度评价。

二程说：“《订顽》之言，极纯无杂，秦汉以来学者所未到”“自孟子后儒者都无佗见识”“要之仁孝之理备于此”。这实际上认为《西铭》不仅超越了汉唐儒者，而且其言“仁孝之理”也是继承和发展了孔、孟的思想。因此，程颐在《答杨时论西铭书》中首先就指出：

> 横渠立言，诚有过者，乃在《正蒙》。《西铭》之为书，推理以存义，扩前圣所未发，与孟子性善、养气之论同功（自注：二者亦前圣所未发），岂墨氏之比哉？（《二程文集》卷九《答杨时论西铭书》）

虽然《订顽》在编入《正蒙》时是作为《乾称上》篇的首段，但是将《正蒙》与《西铭》相区别①，这也是二程及其后学的一贯做法。程颐说，《西铭》“推理

① 程颢在说“《订顽》一篇，意极完备，乃仁之体也”“不可穷高极远，恐于道无补”时，就已蕴含了对《正蒙》讲“清虚一大”的批评。参见拙文《〈太极图说〉与朱子理学》，载《中共宁波市委党校学报》2016年第1期。

以存义,扩前圣所未发,与孟子性善、养气之论同功”。所谓“扩前圣所未发”,就是指《西铭》继承和发展了孔、孟的思想。程颐特意为孟子的“性善、养气之论”作注,“二者亦前圣所未发”,这意味着孟子也是继承和发展了孔子的思想。既然孟子可以“扩前圣(孔子)所未发”,那么《西铭》为什么不能也“扩前圣(孔、孟)所未发”呢?杨时主要是以孔、孟之说为标准来批评《西铭》,而程颐所谓“扩前圣所未发”正是对杨时之批评的回应。

程颢说“要之仁孝之理备于此”,程颐说“《西铭》之为书,推理以存义”。这里的“理”实即“理学”的“理”,这个“理”是宋代理学家对孔、孟思想的继承和发展。二程说“天者理也”(《程氏遗书》卷十一),“吾学虽有所受,‘天理’二字却是自家体贴出来。”(《程氏外书》卷十二)。如果否认了《西铭》的“扩前圣所未发”,那么二程洛学的“自家体贴”就也失去了儒学发展史上的合理性。

二程之所以肯定《西铭》,还有一重要原因不可不察,即:《西铭》言“仁之体”,不是从“太虚无形,气之本体”(《正蒙·太和》)讲起,而是从“乾称父,坤称母”(《正蒙·乾称上》)讲起。这与二程不讲“无极”和“太极”,而是从《易传》的“天地设位,而易行乎其中”,或《太极图说》的“二五之精,妙合而凝,乾道成男,坤道成女”讲起①,二者是相一致的。

《西铭》所首言的“乾称父,坤称母”,虽然为孔、孟所未讲,但实亦是先秦儒学的本有之义。在《诗经·小雅·巧言》中就有:“悠悠昊天,曰父母且。”《易传·系辞下》说:“天地絪緼,万物化醇。男女构精,万物化生。”《易传·说卦》说:“乾,天也,故称乎父;坤,地也,故称乎母。”《西铭》所说的“乾称父,坤称母”,从文字上说,即是本于《易传·说卦》的这段话。另,《古文尚书·泰誓上》有:“惟天地,万物父母;惟人,万物之灵。”虽然这段文字未必出

① 《程氏遗书》中多次引《易传》的“天地设位,而易行乎其中”,二程虽然不讲《太极图说》的“无极而太极”,但程颐所谓“天地储精,得五行之秀者为人”云云(《程氏文集》卷八《颜子所好何学论》),程颢所谓“二气交运兮,五行顺施”云云(《程氏文集》卷四《李寺丞墓志铭》)),实亦本于《太极图说》在“分阴分阳,两仪立焉”之后说的“二五之精,妙合而凝”云云。朱熹曾论及二程思想与《太极图说》的关系:“程氏之书亦皆祖述其意,而《李仲通铭》《程邵公志》《颜子好学论》等篇乃或并其语而道之。”(《朱文公文集》卷七十六《再定太极通书后序》)参见拙文《〈太极图说〉与朱子理学》,载《中共宁波市委党校学报》2016年第1期。

自先秦,但属先秦儒家的思想当可无疑。

在杨时之后,对《西铭》的"乾称父,坤称母"提出质疑的还有陆九韶,其大意是说"人、物只是父母所生,更与乾坤都无干涉"(朱熹引)。针对此,朱熹反驳说:

> 人之一身固是父母所生,然父母之所以为父母者即是乾坤。若以父母而言,则一物各一父母;若以乾坤而言,则万物同一父母矣。万物既同一父母,则吾体之所以为体者,岂非天地之塞;吾性之所以为性者,岂非天地之帅哉?古之君子惟其见得道理真实如此,所以"亲亲而仁民,仁民而爱物",推其所为,以至于"能以天下为一家,中国为一人,而非意之也"。(《朱文公文集》卷三十六《答陆子美》)

这里的"能以天下为一家,中国为一人,而非意之也",是出自《礼记·礼运》篇[①]。正因为有了以天地为人与万物之父母的思想,所以才能有"以天下为一家,中国为一人"的境界。《西铭》所说的"民吾同胞,物吾与也",与孟子所说的"亲亲而仁民,仁民而爱物",可谓同一道德境界,而《西铭》补之以"乾称父,坤称母……故天地之塞,吾其体;天地之帅,吾其性",这也的确是"扩前圣所未发"。

在程颐对杨时之批评的回应中,具有重要理论意义的是这样一段话:

> 《西铭》明理一而分殊,墨氏则二本而无殊。(自注:老幼及人,理一也;爱无差等,本二也。)分殊之蔽,私胜而失仁;无分之罪,兼爱而无义。分立而推理一,以止私胜之流,仁之方也。无别而迷兼爱,至于无父之极,义之贼也。(《二程文集》卷九《答杨时论西铭书》)

作为理学之重要命题的"理一而分殊",这是第一次出现在程氏著作中。后来朱熹在《西铭解》中说:"天地之间,理一而已,然'乾道成男,坤道成女,二

① 《礼记·礼运》:"故圣人耐以天下为一家,以中国为一人者,非意之也,必知其情,辟于其义,明于其利,达于其患,然后能为之。"

气交感,化生万物',则其大小之分,亲疏之等,至于十百千万,而不能齐也。不有圣贤者出,孰能合其异而反其同哉?《西铭》之作,意盖如此。程子以为明理一而分殊,可谓一言以蔽之矣。"

程颐用"理一而分殊"来辨别《西铭》与"墨氏则二本而无殊"的不同。其自注:"老幼及人,理一也;爱无差等,本二也。"按:"老幼及人"本出自孟子所谓"老吾老以及人之老,幼吾幼以及人之幼"(《孟子·梁惠王上》),这也就是由"亲亲"而"仁民"乃至"爱物"的普遍之爱的意思,而人之所以要有普遍之爱,是因为"天地之间,理一而已"。墨家与儒家的不同是"二本而无殊",所谓"爱无差等"就是"本二"。这里的"二本"或"本二"是沿用了孟子对墨者夷之的批评。夷之说:"爱无差等,施由亲始。"孟子批评说:"夫夷子信以为人之亲其兄之子为若亲其邻之赤子乎?彼有取尔也。……且天之生物也,使之一本,而夷子二本故也。"(《孟子·滕文公上》)朱熹对此的解释是:"孟子言人之爱其兄子与邻之子,本有差等。……且人物之生,必各本于父母而无二,乃自然之理,若天使之然也。故其爱由此立,而推以及人,自有差等。今如夷子之言,则是视其父母本无异于路人,但其施之之序,姑自此始耳。非二本而何哉?"(《孟子集注》)儒家所谓"一本",就是本于亲亲之情,"推以及人,自有差等";而墨家讲"爱无差等",又讲"施由亲始",这就是儒家所批评的"二本"了。

儒家道德是本于亲亲之情,因为"人物之生,必各本于父母而无二",所以人之爱己之亲与爱他人之亲"本有差等",这也是"自然之理"。孔子的学生有若说:"孝悌也者,其为仁之本与!"孔子也说:"弟子入则孝,出则悌,谨而信,泛爱众而亲仁。"(《论语·学而》)儒家以孝悌为仁之本(始),自有其道德发生论上的合理性①,这也是儒家始终要坚持的。但是儒家的仁爱绝不是仅仅局限于血缘情感,而是必须由亲亲之情推扩至仁的普遍之爱,此即如孟子所说:

> 老吾老以及人之老,幼吾幼以及人之幼,天下可运于掌。……故推

① 在世界各大宗教代表人士于1993年发表的《全球伦理宣言》中有言:"只有在个人关系和家庭关系中已经体验到的东西,才能够在国家之间及宗教之间的关系中得到实行。"

恩足以保四海，不推恩无以保妻子。古之人所以大过人者无他焉，善推其所为而已矣。(《孟子·梁惠王上》)

“推恩”就是对亲亲之情加以扩充。“推恩足以保四海，不推恩无以保妻子”，可见仅仅局限于亲亲之情是远远不够的，实际上这也就失去了“仁”。程颐说“分殊之蔽，私胜而失仁”，把这一点讲得很明确了：亲亲之情虽然是仁的本始，但如果不扩充，那就是“私胜”而失去了“仁”。程颐又说“无分之罪，兼爱而无义”，这是针对墨家的批评。正确的方式应该是“分立而推理一，以止私胜之流”，也就是由“亲亲”而“仁民”，由“仁民”而“爱物”，这是“仁之方也”。若如墨家“无别而迷兼爱，至于无父之极”“视其父母本无异于路人”，那就是“义之贼也”。

程颐在对杨时之批评的回应中讲明了儒家的“仁孝之理”，也就区别了《西铭》与墨家之不同，指出杨时将《西铭》与墨家“比而同之，过矣”。至于杨时批评《西铭》“言体而不及用”，程颐回应说：“彼欲使人推而行之，本为用也，反谓不及，不亦异乎！”(《二程文集》卷九《答杨时论西铭书》)总之，杨时对《西铭》的批评不能成立。

四、杨时对程颐之回应的答复

杨时在收到程颐的回信后，又复之以《答伊川先生》。此信虽然肯定了程颐的教诲，但仍带有杨时思想的特色。

杨时在复信中说：

示论《西铭》微旨，晓然具悉，如侍几席，亲承训诱也。幸甚，幸甚！某昔从明道即授以《西铭》，使读之寻绎，累日乃若有得，始知为学之大方，是将终身佩服，岂敢妄疑其失，比同于墨氏。前书所论，谓《西铭》之书以“民为同胞”“长其长，幼其幼”，以鳏寡孤独为兄弟之无告者，所谓明理一也。然其弊无亲亲之杀，非明者默识于言意之表，乌知所谓理一而分殊哉？故窃恐其流遂至于兼爱，非谓《西铭》之书为兼爱而发，与墨

氏同也。(《龟山集》卷十六《答伊川先生》)

杨时以弟子的身份,肯定了往昔所受程颢以及今之所受程颐的教导,并且申论了他写“前书”的原由。在杨时看来,《西铭》所讲的“民为同胞”“长其长,幼其幼”,“以鳏寡孤独为兄弟之无告者”等,只是讲“理一”,而其弊是没有讲“亲亲之杀(差等)”。虽然《西铭》中内蕴着“理一而分殊”的意思,但如果不是“明者默识于言意之表”,则只能看到其讲“理一”,而看不到其讲“分殊”。因此,其流弊可能至于墨氏的“兼爱”。虽然杨时有为“前书”辩解回护的意思,但他讲的也情有可原。

朱熹论《西铭》有云:“他不是说孝,是将孝来形容这仁;事亲底道理,便是事天底样子。”“《西铭》本不是说孝,只是说事天,但推事亲之心以事天耳。”(《朱子语类》卷九十八)因为“《西铭》本不是说孝”,故而易被理解为其只讲“理一”,而没有讲“分殊”。然而,其“将孝来形容这仁”“推事亲之心以事天”,这里又内蕴着“理一分殊”的意思。到后来,朱熹认为“《西铭》通体是一个理一分殊,一句是一个理一分殊”,“乾父、坤母固是一理,分而言之,便见乾坤自乾坤,父母自父母,惟‘称’字便见异也”。“《西铭》一篇,始末皆是理一分殊。以乾为父,坤为母,便是理一而分殊;‘予兹藐焉,混然中处’,便是分殊而理一。‘天地之塞吾其体,天地之帅吾其性’,分殊而理一;‘民吾同胞,物吾与也’,理一而分殊。逐句推之,莫不皆然。”(同上)朱熹的这种理解,是就程颐之说而再作发挥。亦如朱熹所说:“不是伊川说破,也难理会,然看久自觉里面有分别。”(同上)

杨时在回复程颐的信中讲了他所理解的“理一而分殊”:

> “古之人所以大过人者无他,善推其所为而已。”“老吾老以及人之老,幼吾幼以及人之幼”,所谓推之也。孔子曰“老者安之,少者怀之”,则无事乎推矣。无事乎推者,理一故也。理一而分殊,故圣人称物而平施之,兹所以为仁之至,义之尽也。何谓称物,亲疏远近各当其分,所谓称也。何谓平施,所以施之其心一焉,所谓平也。(《龟山集》卷十六《答伊川先生》)

杨时所说的“推之”，就是程颐说的“分立而推理一”。但他又举出孔子所说的“老者安之，少者怀之”[①]，认为这种普遍之爱“则无事乎推矣”。而“无事乎推者”，是因为本来就有普遍性的“理一”。杨时所理解的“理一而分殊”，就是如圣人那样“称物而平施之”，这样就做到了“仁之至，义之尽”。所谓“称物”，就是使“亲疏远近各当其分”，也就是“爱有差等”的“分殊”。所谓“平施”，就是“所以施之其心一焉”，也就是之所以有普遍之爱的“理一”。

从程颐说的“分立而推理一”和杨时说的普遍之爱“无事乎推”，似可看出人类道德有两种理论言说方式：一种是从特殊上升为普遍，另一种是从普遍演绎出特殊。儒家坚持以孝悌为仁之本始，主要是取了前一种言说方式；而古希腊的柏拉图哲学认为“至善”的理念是各种道德殊相的模板，主要是取了后一种言说方式。这两种言说方式各占据了中西道德学说的主流，是因为有不同社会生活和文化积淀的背景，其利弊优绌不是可以“遽然”作出评价的[②]。

杨时又用“称物而平施”为其“前书”作出解释：

> 某昔者窃意《西铭》之书有平施之方，无称物之义，故曰言体而不及用。盖指仁义为说也。故仁之过，其蔽无分，无分则妨义；义之过，其流自私，自私则害仁。害仁则杨氏之为我也，妨义则墨氏之兼爱也。二者其失虽殊，其所以得罪于圣人则均矣。（《龟山集》卷十六《答伊川先生》）

所谓“有平施之方，无称物之义”，就是说《西铭》只讲了“理一”而未讲“分殊”，这是“前书”以为《西铭》“言体而不及用”的原因。将“理一而分殊”与“仁”和“义”相对应，“仁”就是讲普遍之爱的“理一”，“义”就是讲爱有差等的“分殊”。所谓“仁之过，其蔽无分，无分则妨义；义之过，其流自私，自私则害仁”，以及对杨氏“为我”、墨氏“兼爱”的批评，虽然用语和程颐有所不同，

---

① 《论语·公冶长》：“子路曰：‘愿闻子之志。’子曰：‘老者安之，朋友信之，少者怀之。’”

② 严复在对中西文化进行比较时曾说：二者“并存于两间，而吾实未敢遽分其优绌也”。见《严复集》，中华书局1986年版，第3页。

但大意是相一致的。

杨时在信末说：

> 《西铭》之旨，隐奥难知，固前圣所未发也。前书所论，窃谓过之者，特疑其辞有未达耳。今得先生开论丁宁，传之学者自当释然无惑也。（《龟山集》卷十六《答伊川先生》）

杨时肯定了《西铭》之旨“固前圣所未发”，而因其“隐奥难知”，所以他在“前书”中批评《西铭》有“过”，“特疑其辞有未达耳”。其实，杨时在“前书”中批评“《西铭》之说”“言体而不及用”，不特“疑其辞有未达”而是并其“旨”也疑有“过之”的。杨时最终表示，包括他在内的学者读到程颐的信“自当释然无惑也”。

对于杨时的答复，程颐可能并不是很满意。据后来尹焞的记述：“杨中立答伊川论《西铭》书云云，尾说渠判然无疑。伊川曰：‘杨时也未判然。’”（《程氏外书》卷十二）至于程颐为什么说“杨时也未判然”，因文献有缺，不得其确解。或许是因为杨时在复信中另提出了“无事乎推者，理一故也”，也或许是因为杨时说其“前书”只是“特疑其辞有未达耳”，这只是猜测。

后来朱熹在《西铭解》中也曾评论：

> 所谓“称物平施”者，正谓称物之宜以平吾之施云尔。若无称物之义，则亦何以知夫所施之平哉！龟山第二书，盖欲发明此意，然言不尽而理有余也。
>
> 熹既为此解，后得尹氏书云：“杨中立答伊川先生论《西铭》书有‘释然无惑’之语，先生读之曰：‘杨时也未释然。’”乃知此论所疑第二书之说，先生盖亦未之许也。

朱熹后来比较肯定的是龟山《语录》所载：

> 《西铭》理一而分殊，知其理一，所以为仁；知其分殊，所以为义。所

谓分殊，犹孟子言“亲亲而仁民，仁民而爱物”，其分不同，故所施不能无差等耳。或曰：如是则体用果离而为二矣。曰：用未尝离体也。以人观之，四肢百骸具于一身者体也，至其用处，则首不可以加履，足不可以纳冠。盖即体而言，而分已在其中矣。

朱熹认为，“此论分别异同，各有归趣，大非答书之比，岂其年高德盛而所见始益精与？因复表而出之，以明答书之说诚有未释然者，而龟山所见盖不终于此而已也。”（《西铭解》）

的确，杨时的第二书“诚有未释然者”。而且，杨时的第一书以及程颐的回应，也和杨时的第二书一样，都还存在一些值得进一步讨论的问题。这些问题不仅涉及儒家“仁孝之理”内部的一些理论问题，而且涉及伦理学中关于道德发生、道德本体，以及道德体用、道德知行等带有普遍性的理论问题。对这些问题作出进一步的分析，应是有学术理论意义和现实意义的。

（原载《人文论丛》2017年第2辑）

《太极图说》与朱子理学

在宋代理学的“濂洛关闽”谱系中,周敦颐的《太极图说》占有开山的地位,其对于朱子理学之思想体系的形成也具有非常重要的意义。然而,《太极图说》开山地位的确立,却是经过一个历史过程的,本文将从以下四个方面展开对这一过程的论述。

一、关于《太极图说》的争议

《太极图说》有图有说,而其图其说在理学发展史上都有争议。

首先,关于周敦颐所传“太极图”,主要是其来历的争议。南宋初,朱震(字子发)在《汉上易传表》中说:“濮上陈抟以先天图传种放,放传穆修……修以太极图传周敦颐,敦颐传程颐、程颢。”此后,陆九渊与朱熹辩“无极”与“太极”,指出:“朱子发谓濂溪得太极图于穆伯长(修),伯长之传出于陈希夷(抟),其必有考。希夷之学,老氏之学也。”(《陆九渊集》卷二《与朱元晦》)至明清时期,黄宗炎、毛奇龄、朱彝尊等详加考辩,认为周敦颐所传“太极图”出自道教的《上方大洞真玄妙精品》中的“太极先天之图”或陈抟所传的“无极图”。近现代学者多有从其说者。

然而,朱熹在《太极通书后序》中说:太极图乃“(濂溪)先生之所自作,而非有所受于人者”,其根据是周敦颐的朋友潘兴嗣在《濂溪先生墓志铭》中所记:“(濂溪)尤善谈名理,深于易学,作太极图、易说、易通数十篇。”(今人或谓“太极图易说”即是《太极图说》,但朱子在序中说“潘公所谓‘易通’,疑即《通书》，而《易说》独不可见”，可知朱子是把“太极图、易说、易通”理解为三本书。）

对于黄宗炎、毛奇龄、朱彝尊等认为“太极图”乃出自道教“太极先天之图”或“无极图”的考辩，今学者李申在《话说太极图》中予以否证，其根据是王卡在《道藏提要》中指出：道教的《上方大洞真玄妙精品》及《上方大洞真元妙经图》并非唐代作品，其中提到的“真武真君”是宋真宗时所立，且其中引用了“山谷曰”（山谷即黄庭坚，与周敦颐同时），据此可证道教的“太极先天之图”当出自周敦颐所传“太极图”之后。至于黄宗炎在考辩中提到的“无极图”出于河上公、后来陈抟将之刻于华山石壁，李申也指出此说在黄宗炎之前没人说过，近于神话，并不可信①。

在李申提出上说之后，又有束景南、姜广辉、陈寒鸣、张其成等学者提出商榷②。关于“太极图”来历的争议，至今没有定论。

其次，关于《太极图说》的“说”，其首句除了“无极而太极”之外，还有另外两个版本，一是国史本作“自无极而为太极”，二是九江本作“无极而生太极”。朱熹把“无极而太极”解释为“无形而有理”，陆九渊则认为“无极”之说出自老子，而圣人只言“太极”，不言“无极”，《太极图说》在“太极”之上又言“无极”，是蔽于老子“有生于无”之说。朱、陆的“无极”与“太极”之辩，双方都持论甚坚，往复辩论，最后是以朱熹提出“各尊所闻、各行所知……无复可望于必同”（《朱文公文集》卷三十六《答陆子静·六》）而告终。

对于以上争议，现代学者评价不一。我认为，自先秦以来儒家与道家都有“气（阴阳）生天地，天地生万物”的思想，秦以后儒、道两家亦共用“气（阴阳）—天地—（阴阳）五行—万物”的模式，这是儒、道两家共有的本体—宇宙论架构。两家所不同者，是道家、道教在“元气”之前还有“道生一”或“无生有”。而儒家对于这一不同的理论自觉，始于宋代的张载，即所谓“圣人仰观俯察，但云知幽明之故，不云知有无之故”（《正蒙·太和》），“大《易》不言有无，言有无，诸子之陋也”（《正蒙·大易》）。但是在张载之前，儒家尚未达

---

① 参见李申：《话说太极图》，知识出版社 1992 年版，第 23—29 页。

② 参见李申：《我与周氏太极图研究》、张其成：《周敦颐〈太极图〉考》，两篇均载于刘大钧主编：《象数易学研究》第二辑，齐鲁书社 1997 年版。

到这种理论自觉,或者说并未将此看得有多么严重。如《易纬·乾凿度》说“易始于太极,太极分而为二,故生天地”,但其又有“太易”“太初”“太始”“太素”之说,所谓“太易者,未见气也;太初者,气之始也”,郑玄注:“太易,无也;太极,有也。”《乾凿度》和郑玄虽然采用了道家的“无生有”之说,但其讲“人生而应八卦之体,得五气以为五常,仁义礼智信是也”,故其仍属于儒家。从儒、道两家都有“阴阳五行”的本体—宇宙论架构,而其区别主要在于价值取向的不同看,作为宋代理学之开山的周敦颐《太极图说》,确实在理学的思想体系建构中具有开创的地位。而辨别“太极图”的来源以及“无极”与“太极”的关系,则是后人用张载、二程以后的观点来求全于周敦颐,朱熹对《太极图说》的解释亦是以后人所求之全或他所理解的二程理本论来创造性地诠释《太极图说》。

《四库全书总目提要》评论毛奇龄的《太极图说遗议》,认为“周子《太极图说》本‘易有太极’一语,特以‘无极’二字启朱陆之争”,毛奇龄考证此图的来源以及“无极”等语不是儒书所有,其立议“不为无因”。“惟是一元化为二气,二气分为五行,而万物生息于其间,此理终古不易。儒与道共此天地,则所言之天地,儒不能异于道,道亦不能异于儒。”就此而言,毛奇龄“不论所言之是非,而但于图绘字句辨其原出于道家,所谓舍本而争末者也”。《四库》馆臣的这一评论是有见地而中肯的。本来儒、道两家共有“阴阳五行”的本体—宇宙论架构,儒家要“推天道以明人事”也不能舍此架构而不用。如果不论周敦颐在用此架构时的价值取向如何,而只是辨此图“原出于道家”,那就是“舍本而争末”。

《太极图说》讲“无极而太极”,又讲“太极动而生阳……静而生阴……阴阳一太极也,太极本无极也”,这里应有道家、道教的思想因素(周敦颐也确曾受到道教的影响,其诗有云“始观丹诀信希夷,盖得阴阳造化几”,见《周子全书》卷十七),而周敦颐当时并不以此辨别儒、道,也就是并不将此看得有多么严重。关键是道教用“无极图”或“太极图”来讲“逆则成丹”,而周敦颐则用此图式来讲“顺而生人”,从“天道”推衍出“圣人定之以中正仁义而主静”的儒家价值取向(所谓“立人极”即确立人的最高价值标准),就此而言,《太极图说》在宋代理学中确实具有开创地位。

二、二程为什么不传《太极图说》

程颢、程颐早年曾受学于周敦颐，但是周、程的师生关系也是常被议论的话题，而且二程不传《太极图说》，其原因更值得探讨。

程颐在《明道先生行状》中说：

> 先生为学，自十五六时，闻汝南周茂叔论道，遂厌科举之业，慨然有求道之志。未知其要，泛滥于诸家、出入于老释者几(近)十年，返求诸六经而后得之。明于庶物，察于人伦，知尽性至命必本于孝悌，穷神知化由通于礼乐，辨异端似是之非，开百代未明之惑，秦汉而下未有臻斯理也。(《程氏文集》卷十一)

这段记载就隐含着周、程之关系的复杂性。“周茂叔论道”，其所论之“道”是否就是二程所创理学的“道”，二程似没有给予肯定。二程闻“周茂叔论道”的结果是“厌科举之业，慨然有求道之志”，但“未知其要”，这似可作两种理解：一种是周敦颐的“论道”还没有达其“要”，另一种是二程所学还没有达周敦颐的“论道”之“要”。从后面所说二程“泛滥于诸家、出入于老释者”几近十年，“返求诸六经而后得之……秦汉而下未有臻斯理”看，所谓“未知其要”应作前一种理解，即周敦颐的“论道”还没有“臻斯理”，而二程的理学是自得于六经，为秦汉以下所未有。这符合程颢所说“吾学虽有所受，‘天理’二字却是自家体贴出来”(《程氏外书》卷十二)，也符合程颐在《明道先生墓表》中所说“孟轲死，圣人之学不传……先生生于千四百年之后，得不传之学于遗经”(《程氏文集》卷十一)。

程颢说：“昔受学于周茂叔，每令寻颜子、仲尼乐处，所乐何事。”(《程氏遗书》卷二上)又说：“某自再见茂叔后，吟风弄月以归，有‘吾与点也’之意。”(《程氏遗书》卷三)朱熹在《伊川先生年谱》中也说：程颐“年十四五，与明道同受学于舂陵周茂叔先生”。(《程氏遗书》附录)这里的一个细节是，二程往往称周敦颐为“周茂叔”，而不称“先生”(程颐对于胡瑗则“非‘安定先生'不称也",见《宋元学案·安定学案》),朱熹则在"周茂叔"之后加上了"先生"二字。

二程从周敦颐处所得最受用的就是"每令寻颜子、仲尼乐处,所乐何事","有'吾与点也'之意"。这种境界就是儒家的以"道"为人生的最高价值,而超越了自身功利的境界。有了此境界,二程"遂厌科举之业,慨然有求道之志"。在周敦颐的教导下,二程有了此境界,以后"孔颜乐处""吾与点也"遂也成为理学家所津津乐道的话题。仅此一点,周敦颐是否就成为理学之开山呢?其实不然,因为宋儒讲"孔颜乐处"并不始于周敦颐,而是始于范仲淹。

早在宋真宗大中祥符七年(1014),范仲淹就在《睢阳学舍书怀》中有云:"瓢思颜子心还乐,琴遇钟君恨即销。"(《范文正公集》卷三)宋仁宗康定元年(1040)范仲淹亦教导张载"儒者自有名教可乐"(《宋史·张载传》)。当范仲淹晚年徙知杭州时,"子弟以公有退志,乘间请治第洛阳,树园圃,以为逸老之地",范仲淹说:"人苟有道义之乐,形骸可外,况居室乎!"(《范文正公集·年谱》)"孔颜乐处"实即范仲淹所说的"道义之乐",亦即儒家把"道义"作为人生的最高价值,而超越了对自身功利得失的计较。因为把"道义"作为人生的最高价值,所以当有了"得道"之感时也就产生了一种精神上的愉悦①。

据《范文正公集·年谱》,范仲淹在景祐二年(1035)在苏州建郡学,聘请胡瑗"为苏州教授,诸子从学焉";景祐三年徙知饶州(今江西鄱阳),在此建郡学,"生徒浸盛";景祐四年徙知润州(今江苏镇江),又在此建郡学;宝元元年(1038)冬十一月徙知越州(今江苏绍兴)。在这段经历中,范仲淹与为母守丧的周敦颐有一年多的时间同在润州,此期间周敦颐当受到范仲淹的影响②。

---

① 这近似于德国哲学家康德所说:"人类的意志既然因为自由之故可以直接受道德法则的决定,因而如果对这个动机功夫纯熟,不加勉强,那么最后也会在主观上产生一种愉快的感情。""这种快乐,这种自得之乐并不是决定行为的原理,只是意志单受理性直接决定一事才是这种快乐感觉的根源……"见康德《实践理性批判》,广西师范大学出版社2002年版,第27、112页。关于儒家的"道义之乐"与康德所说由道德法则决定的"自得之乐"的异同,参见拙文《儒家的"乐"与"忧"》,载《中国儒学》第三辑,中国社会科学出版社2008年版。

② 度正作《周敦颐年谱》有云:"先生遂扶(母)柩厝于龙图公墓侧。是岁居润,读书鹤林寺。时范文正公、胡文恭诸名士与之游。"

而二程受学于周敦颐，则是在此后的庆历六年(1046)。

宋代新儒学的兴起似可分为两步：其一是儒家的价值取向的确立，此即范仲淹、周敦颐所讲的“孔颜乐处”等；其二是新儒家的“本体—宇宙论”思想体系的建构，此即以周敦颐的《太极图说》为开其端。有了这第二步，周、张、二程等才成为“新儒中之新儒”①。

史料未载周敦颐的《太极图说》作于何时。可以肯定的是，在程颐作《颜子所好何学论》时，《太极图说》就已完成了。朱熹作《伊川先生年谱》云：

> 皇祐二年，(程颐)年十八上书阙下，劝仁宗以王道为心，生灵为念，黜世俗之论，期非常之功，且乞召对，面陈所学。不报，闲游太学，时海陵胡翼之先生方主教导，尝以《颜子所好何学论》试诸生，得先生所试，大惊即延见，处以学职。(《程氏遗书》附录)

这里的“皇祐二年”(1050)应为“嘉祐二年”(1057)之误②。此时程颐二十五岁，写了长篇的《上仁宗皇帝书》，呼吁改革，表达了强烈的民本思想和“内圣外王”的意识。因上此书后“不报”，程颐乃“闲游太学”，主持太学的胡瑗以《颜子所好何学论》试诸生。程颐写的《颜子所好何学论》云：

> 颜子所独好者，何学也？学以至圣人之道也。……学之道如何？曰：天地储精，得五行之秀者为人，其本也真而静，其未发也五性具焉，曰仁义礼智信。形既生矣，外物触其形而动于中矣。其中动而七情出焉，曰喜怒哀乐爱恶欲。情既炽而益荡，其性凿矣。是故觉者约其情使合于中，正其心，养其性，故曰性其情。……凡学之道，正其心，养其性而已，中正而诚则圣矣。(《程氏文集》卷八)

---

① 钱穆说：“理学兴起以前，已先有一大批宋儒，此一大批宋儒，早可称为是新儒。”“而北宋之理学家，则尤当目为新儒中之新儒。”见钱穆：《朱子学提纲》，三联书店2002年版，第8、16页。

② 参见拙文《范仲淹与胡瑗的教育思想》，载《杭州研究》2010年第2期。

这段话中的“天地储精”至“形既生矣,外物触其形而动于中矣”,是有取于周敦颐的《太极图说》所云“二五之精,妙合而凝……惟人也得其秀而最灵,形既生矣,神发知矣,五性感动而善恶分,万事出矣”。此后的“其中动而七情出焉”至“故曰性其情”,则是程颐有取于胡瑗的《周易口义》[①]。

朱熹后来论及二程思想与《太极图说》的相承关系,他说:“程氏之书亦皆祖述其意,而《李仲通铭》《程邵公志》《颜子好学论》等篇乃或并其语而道之。”(《朱文公文集》卷七十六《再定太极通书后序》)在朱熹举证的程氏三篇中,以程颐的《颜子所好何学论》为最早。这三篇都只是节取了《太极图说》中“二五之精”以下的意思,而不讲“无极而太极……分阴分阳,两仪(天地)立焉”。《颜子所好何学论》从“天地储精”讲起,实已显露出二程之学的一个特点,即他们认为“学之道”就在既成的天地万物和人的现实世界中,这个世界虽然有“本”,但无须“穷高极远”地探讨天地之先的问题。

《程邵公墓志》是程颢在其次子去世的熙宁元年(1068)所写,有云:“夫动静者阴阳之本,况五气交运,则益参差不齐矣。”(《程氏文集》卷四)这里的“动静者阴阳之本”,显然也是要回避“无极”和“太极”之说。程颢的《李寺丞(仲通)墓志铭》作于熙宁七年(1074),有云:“二气交运兮,五行顺施;刚柔杂揉兮,美恶不齐;禀生之类兮,偏驳其宜;有钟粹美兮,会元之期。”(《程氏文集》卷四)这里也只言“二气”“五行”,而不言“无极”“太极”以及“是生两仪”。可见,朱熹所说“程氏之书亦皆祖述其意”,实际上只是“祖述”了《太极图说》的“二五之精”以下的内容,而起始的“无极而太极”至“两仪立焉”是二程所要回避的[②]。这当是二程不传《太极图说》的一个重要原因。

---

① 胡瑗《周易口义》卷一云:“盖性者天生之质,仁义礼智信五常之道,无不备具,故禀之为正性。喜怒哀乐爱恶欲七者之来,皆由物诱于外,则情见于内,故流之为邪情。唯圣人则能使万物得其利,而不失其正者,是能性其情,不使外物迁之也。”

② 陆九渊在《与朱元晦》信中说:“二程言论文字至多,亦未尝一及‘无极’字。”其实,二程不仅不言“无极”,而且不言“太极”。现传《二程集》中《程氏易传》有两篇序,首篇是《易传序》,此序明标“河南程颐正叔序”,又有一篇《易序》,未署名作者,其中有云:“阴阳,一道也。太极,无极也。”此《易序》是后人补入,且与朱熹的《周易本义》用了同一篇序。据朱熹弟子熊节编的《性理群书》,此《易序》当为“文公先生”所作。除此之外,《二程集》中都不讲“无极”和“太极”。

朱熹说:“二程不言‘太极’者,用刘绚记程言,清虚一大,恐人别处走,今只说敬,意只在所由只一理也。”(《朱子语类》卷九十三)所谓“刘绚记程言”,实为吕大临记程言,即《程氏遗书》卷二上记载二程所说:

> 横渠教人本只是谓世学胶固,故说一个清虚一大,只图得人稍损得没去就道理来,然而人又更别处走。今日且只道敬。

朱熹是把二程对张载之学的批评作为其不言“太极”的原因,这种推测有一定的道理。二程还曾说:

> 《订顽》一篇,意极完备,乃仁之体也。学者其体此意,令有诸已,其地位已高。到此地位,自别有见处,不可穷高极远,恐于道无补也。(《程氏遗书》卷二上)
>
> 学者须先识仁。仁者,浑然与物同体。义、礼、知、信皆仁也。识得此理,以诚敬存之而已,不须防检,不须穷索。……《订顽》意思,乃备言此体。以此意存之,更有何事?(同上)

二程一方面高度肯定了张载的《订顽》(即《西铭》),另一方面对张载超出《订顽》而讲“太虚即气”(“清虚一大”)等有所批评。张载的《订顽》讲“乾称父,坤称母……民吾同胞,物吾与也”,这在二程看来,已经表达了“仁者,浑然与物同体”,故云“意极完备”,“乃备言此体”,如果超出了《订顽》,那就是“恐于道无补”的“穷高极远”,“人又更别处走”。

值得注意的是,《订顽》从“乾称父,坤称母”讲起,这与程颐在《颜子所好何学论》中不讲“无极而太极”,从“天地储精”讲起,是一致的。二程对张载之学的批评,可能也正是二程对《太极图说》的不满意之处。当然更可反过来说,正因为二程对《太极图说》讲“无极而太极”不以为然,所以二程对张载讲“清虚一大”也有所批评。

二程不讲“无极而太极……分阴分阳,两仪立焉”,即对《易传·系辞》的“易有太极,是生两仪”也予以回避。但是二程对《系辞》中的“天地设位,而易行乎其中”以及“乾坤毁,则无以见易”则多所发挥[①],这与程颐在《颜子所好何学论》中从“天地储精”讲起也是一致的。

二程不言“太极”的原因,也就是二程不传《太极图说》的原因。朱熹说:

> 《太极图》立象尽意,剖析幽微,周子盖不得已而作也。观其手授之意,盖以为唯程子为能受之。程子之秘而不示,疑亦未有能受之者尔。……及“东见录”中论横渠“清虚一大”之说,“使人向别处走,不若且只道敬”,则其微意亦可见矣。若《西铭》则推人以知天,即近以明远,于学者之用为尤切,非若此书详于天而略于人,有不可以骤而语者也。(《朱文公文集》卷三十一《答张敬夫》)

朱熹说周敦颐的《太极图说》是“不得已而作”,此“不得已”意谓“道体”幽微难言而又不得不言。其实,二程之所以不传《太极图说》,并非弟子中“未有能受之者”,其根本原因还在于二程主张“先识仁……识得此理,以诚敬存之而已”,若讲“天道”则从“天地设位”或“天地储精”讲起就可以了,而不必“穷高极远”地讲“无极而太极……分阴分阳,两仪立焉”。

三、北宋以后周、张著作的流传

北宋以后,在朱熹的学术成长时期,二程洛学主要分流为由杨时所传的“道南学派”和由胡安国所传的“湖湘学派”。朱熹在十四五岁时就曾读二程和张载“两家之书”[②],亦曾习禅学,自二十四岁后受教于杨时的二传李侗,“李先生极言其(禅学)不是”,乃专心读“圣贤言语”(《朱子语类》卷一〇

---

① 如程颢说:“‘天地设位,而易行乎其中矣。’‘乾坤毁,则无以见易;易不可见,则乾坤或几乎息矣。’易是个甚?易又不只是这一部书,是易之道也。不要将易又是一个事,即事尽天理便是易也。”(《程氏遗书》卷二上)“‘天地设位,而易行乎其中’,只是敬也。敬则无间断,体物而不可遗者,诚敬而已矣,不诚则无物也。”(《程氏遗书》卷十一)“‘天地设位,而易行其中’,何不言人行其中?盖人亦物也。若言神行乎其中,则人只于鬼神上求矣。若言理言诚亦可也,而特言易者,欲使人默识而自得之也。”(同上)

② 《朱文公文集》卷五十八《答宋深之一》:“近世大儒如河南程先生、横渠张先生……熹自十四五时得两家之书读之,至今四十余年,但觉其义之深、指之远。”

四)。在师事李侗之前,朱熹亦曾师事胡宪(胡安国从子),故亦较早受到湖湘学派的影响。

杨时最初对张载的《西铭》提出批评,后得到程颐的纠正(参见《程氏文集》卷九《答杨时论西铭书》)。除《西铭》外,杨时及其所传道南学派对张载的《正蒙》持排斥态度,而胡安国及其所传湖湘学派则肯定《正蒙》。朱熹在受教于李侗时,“尝看《正蒙》,李甚不许”,“李先生云:横渠说不须看,非是不是,只是恐先入了费力”(《朱子语类》卷一〇三)。道南学派的这种态度,类似于二程从“先识仁”的角度批评张载之学。而湖湘学派则对濂学和关学都持开放态度,这与胡安国及其季子胡宏同程门弟子侯仲良有过密切的接触有关。

侯仲良,字师圣,《伊洛渊源录》谓其“河东人,二先生舅氏华阴先生无可之孙,有《论语说》及《雅言》一编,皆出衡山胡氏”。又载其遗事,“或曰:江陵有侯师圣者,初从伊川,未悟,乃策杖访濂溪。濂溪留之对榻夜谈,越三日,自谓有得,如见天之广大。伊川亦讶其不凡,曰:‘非从濂溪来耶?’师圣后游荆门,胡文定留与为邻终焉。”朱熹辨别此遗事不实:“濂溪卒于熙宁六年,而侯子靖康、建炎之间尚在。其题上蔡谢公手帖,犹云显道虽与予为同门友,然视予为后生。则其年辈不与濂溪相接,明矣。”(《伊洛渊源录》卷十二)朱熹此说可商榷,周敦颐卒于熙宁六年(1073),此距靖康、建炎之间(1126—1130)有五十余年,若侯仲良在二十岁上下见晚年的周敦颐,不是不可能的。

《伊洛渊源录》又载胡安国的《与杨大谏书》云:“侯仲良者,去春自荆门溃卒甲马之中脱身,相就于漳水之滨,今已两年。其安于羁苦,守节不移,固所未有。至于讲论经术,则通贯不穷;商略时事,则纤微皆察。国势安危,民情休戚,凡务之切于今者,莫不留意,而皆晓也。方值艰难之时,而使此辈人老身贫贱,亦可慨矣。”(同上)侯仲良自兵乱中脱身,“相就于漳水之滨”,当即在靖康、建炎之间,其“游荆门,胡文定留与为邻终焉”。正是在这一时期,胡宏拜侯仲良为师。

胡宏在《题吕与叔中庸解》一文中说:“靖康元年,河南门人河东侯仲良师圣,自三山避乱来荆州。某兄弟得从之游,议论圣学,必以《中庸》为至。

有张焘者,携所藏明道先生《中庸解》以示之。师圣笑曰:‘何传之误,此吕与叔晚年所为也。’……按河南夫子,侯氏之甥,而师圣又夫子犹子夫也。师圣少孤,养于夫子家,至于成立。两夫子之属纩,皆在其左右。其从夫子最久,而悉知夫子文章为最详。其为人守道义,重然诺,言不妄,可信。”(《五峰集》卷三)由此可知,侯仲良为二程之舅的孙子,亦二程的侄女婿,他从小养于二程家,是跟从二程最久的弟子。依此关系,其“悉知夫子文章为最详”当不是虚言。

胡安国、胡宏与侯仲良的密切接触至少有两年之久,湖湘学派对于“伊洛渊源”的认识当深受侯仲良的影响。侯仲良早年曾拜访过周敦颐,“自谓有得,如见天之广大”,这对于北宋后濂溪著作的流传实具有关键意义。现传周敦颐的《太极图说》和《通书》,最早即出自侯仲良,而最早为其作“序”的就是胡宏。在胡宏作“序”的《通书》后,有祁宽写的《通书后跋》:

> 《通书》即其(周敦颐)所著也,始出于程门侯师圣,传之荆门高元举、朱子发,宽得之于高,后得之于朱;又后得和靖尹先生所藏,亦云得之程氏,今之传者是也。逮卜居九江,得旧本于其家,比前所见,无《太极图》。或云图乃手授二程,故程本附之卷末也。校正舛错三十有六字,疑则阙之。(《周子全书》卷十一)

此“跋”作于绍兴甲子(1144),当时朱熹十四岁。祁宽是尹焞弟子,他先得《通书》于侯仲良所传之高元举,后得之于朱子发(震),又后来在尹焞门下得其所藏。侯氏和尹氏所传《通书》在卷末都有《太极图说》,而祁宽在九江周敦颐家所得旧本没有《太极图说》。“或云图乃手授二程,故程本附之卷末也”,此“或云”很可能出自侯仲良(若出自尹焞,则祁宽当直书其师之名)。尹焞是程颐晚年弟子,他所藏《通书》及《太极图说》乃“得之程氏”。但二程和尹焞等一直没有将《太极图说》示人,若无侯仲良所传,则朱震不可能于绍兴五年(1135)在所上《进周易表》中包括《太极图说》,而尹焞也仍可能将《通书》及《太极图说》藏不示人。倘若真如此,那么《太极图说》就可能湮没不闻,而朱熹也就不可能将其作为“伊洛渊源”的开山之作。

侯仲良"有《论语说》及《雅言》一编,皆出衡山胡氏"。胡宏早年还编有《程氏雅言》,现传《五峰集》中有胡宏所作《程子雅言前序》和《后序》,这两篇序文不仅高度肯定了二程接续孟子以后失传的儒家道统,而且将其与王安石、苏轼和欧阳修之学作比较,认为王、苏、欧阳之学各有所偏,只有"西洛程伯淳、其弟正叔二先生者,天实生之,当五百余岁之数,禀真元之会,绍孔孟之统,振六经之教"(《五峰集》卷三《程子雅言后序》)。胡宏辨别北宋各学派的不同特点,他要继承和发扬二程的洛学,这是十分明确的。不仅如此,胡宏还最早提出了始自濂溪的道学(理学)谱系,这对于朱熹有重要的影响。其《周子通书序》云:

《通书》四十一章,周子之所述也。……程明道先生尝谓门弟子曰:昔受学于周子,令寻仲尼、颜子所乐者何事。而明道自再见周子,吟风弄月以归。……今周子启程氏兄弟以不传之学,一回万古之光明,如日丽天,将为百世之利泽,如水行地,其功盖在孔孟之间矣。……人有真能立伊尹之志,修颜回之学,然后知《通书》之言包括至大,而圣门事业无穷矣。故此一卷书,皆发端以示人者,宜度越诸子,直与《易》《诗》《书》《春秋》《语》《孟》同流行乎天下。(《五峰集》卷三)

这篇序文明确了周敦颐"启程氏兄弟以不传之学"的地位,高度评价周敦颐之功"盖在孔孟之间",又说《通书》"宜度越诸子,直与《易》《诗》《书》《春秋》《语》《孟》同流行乎天下",这为此后朱熹最终确立周敦颐的理学之开山地位奠定了基础。

胡宏不仅表彰周敦颐之学,而且表彰邵雍和张载之学,从而提出了"北宋五子"的道学谱系。他在《横渠正蒙序》中说:

我宋受命,贤哲仍生,舂陵有周子敦颐,洛阳有邵子雍、大程子颢、小程子颐,而秦中有横渠张先生。先生名载,字子厚……与二程子为至交。知礼成性,道义之出,粹然有光,关中学者尊之,信如见夫子而亲炙之也。……著书数万言,极天地阴阳之本,穷神化,一天人,所以息邪说

而正人心，故自号其书曰《正蒙》。其志大，其虑深且远矣。（《五峰集》卷三）

胡宏在这篇序中将周、邵、二程和张载并列，此即“北宋五子”的谱系，亦即朱熹所编《伊洛渊源录》的谱系。据朱熹所说，《伊洛渊源录》中有邵雍是“书坊自增耳”（《语类》卷六十），但这也正说明胡宏提出的这一谱系的影响之大，朱熹对此并未加以反对（只是在《近思录》中排除了邵雍）。

胡宏作《横渠正蒙序》的时间大约在作《周子通书序》稍后。湖湘学派重视《正蒙》，自胡安国始。晁公武《郡斋读书志》卷三上著录“《正蒙》书十卷”，陈振孙《直斋书录解题》卷九亦著录“《正蒙》书十卷”，解题云：“崇文校书长安张载子厚撰，凡十九篇……又有待制胡安国所传，编为一卷，末有行状一卷。”按：晁、陈两书所录“《正蒙》书十卷”，当即胡宏在《横渠正蒙序》中所说“今就其编，剔摘为内书五卷、外书五卷”的合编。胡安国所传的《正蒙》一卷，可能是其选编的《正蒙》语录。概言之，《正蒙》在南宋初期的流传，亦如《通书》及《太极图说》的流传，与胡氏父子有密切的关系。

四、朱子集“濂洛关闽”之大成

朱熹说：“熹自十四五时得（二程和张载）两家之书读之”；又说：“熹自蚤岁既幸得其（周敦颐）遗编，而伏读之初，盖茫然不知其所谓，而甚或不能以句。壮岁，获游延平先生之门，然后始得闻其说之一二。”（《朱文公文集》卷八十一《周子通书后记》）按：朱熹十四岁时即祁宽写《通书后跋》的绍兴甲子年（1144），朱熹初见李侗是在绍兴二十三年（1153），四年后乃正式受教于李侗。绍兴三十年（1160），朱熹将周敦颐的《通书》寄予李侗，李在回信中说：

承惠示濂溪遗文……极荷爱厚，不敢忘，不敢忘。迩书向亦曾见一二，但不曾得见全本，今乃得一观，殊慰卑抱也。……尝爱黄鲁直作《濂溪诗序》云：“舂陵周茂叔人品甚高，胸中洒落，如光风霁月。”此句形容

有道者气象绝佳。胸中洒落,即作为尽洒落矣。(《延平答问》)

朱熹所寄《通书》,当即《太极图说》附于《通书》卷末的版本。李侗肯定《通书》,亦如他对朱熹的一贯教导,是从内心存养以观气象的角度加以肯定(所谓“道南指诀”:“于静中体认大本未发时气象”)。

李侗于隆兴元年(1163)逝世。三年之后,朱熹有“丙戌之悟”(所谓“中和旧说”),此“悟”就是受湖湘学派的影响,认为“性”是未发,“心”是已发。在“丙戌之悟”的当年,朱熹编成《周子通书》,此为《通书》的长沙本,即依胡宏所定章次,《太极图说》仍附于末章的版本。乾道四年(1168),朱熹校订二程的《遗书》《外书》《文集》和《经说》等著作。通过对二程关于心、性、情的诸种说法进行反复思考,朱熹又有“己丑之悟”(1169,所谓“中和新说”),放弃了“中和旧说”的以心为已发的观点,而改为“心”有体有用,未发之“性”为体,已发之“情”为用,“心统性情”是也。朱熹说:“‘心一也,有指体而言者,有指用而言者。’伊川此语,与横渠‘心统性情’相似。”(《朱子语类》卷九十五)“程子论心,惟《答吕与叔书》最后一篇为尽。而张子所谓‘心统性情’亦为切要。”(《四书或问》卷三十六)。“己丑之悟”是朱熹思想臻于成熟的一个标志。

在“己丑之悟”的同年,朱熹重编周敦颐的《太极通书》。这次重编对于朱熹确立“伊洛渊源”的道学谱系和其本人思想体系的建构具有重要意义。他提出:

盖先生之学,其妙具于太极一图。《通书》之言,皆发此图之蕴。而程先生兄弟语及性命之际,亦未尝不因其说。观《通书》之诚、动静、理性命等章,及程氏书之《李仲通铭》《程邵公志》《颜子好学论》等篇,则可见矣。故潘清逸志先生之墓,叙所著书特以作《太极图》为称首。然则此图当为书首,不疑也。(《太极通书后序》建安本)

朱熹把《太极图说》移到《通书》各章之前,其文献依据就是潘兴嗣(清逸)所作《濂溪先生墓志铭》叙周敦颐著有“太极图易说易通数十篇”,而其深意是他认识到濂溪之学"其妙具于太极一图",《通书》之言"皆发此图之蕴",且二程"语及性命之际,亦未尝不因其说"。如前所述,二程的《李仲通铭》《程邵公志》《颜子所好何学论》实际上只是"祖述"了《太极图说》中"二五之精"以下的内容,而起始的"无极而太极"至"分阴分阳,两仪立焉"是二程所要回避的。二程不言"无极"和"太极",亦不言从"太极"到"两仪"的天地分化过程。而朱熹在此所谓二程"语及性命之际,亦未尝不因其说",实已把二程以及道南学派的心性理论上达于本体—宇宙论,并且把二程之"理"解释为"太极"。

从乾道六年(1170)到乾道八年,朱熹经过与张栻、吕祖谦等人的往复商榷,修改完成了《太极图说解》《通书解》和《西铭解》。在《太极图说解》中,朱熹强调:

> 无极而太极,非太极之外,复有无极也。
>
> 盖太极者,本然之妙也;动静者,所乘之机也。太极,形而上之道也;阴阳,形而下之器也。

这是以二程的理本论来诠释周敦颐的"太极—阴阳"说。"(太极)动而生阳,静而生阴,分阴分阳,两仪立焉",这在二程的理本论思想中是没有的,朱熹以"有太极,则一动一静而两仪分"释之,对"两仪"没有明确的解释,后来说:"分阴分阳,两仪立焉,两仪是天地,与画卦两仪意思又别。……方浑沦未判,阴阳之气,混合幽暗,及其既分,中间放得宽阔光朗,而两仪始立。"(《朱子语类》卷九十四)又说:"未有天地之先,毕竟也只是理。……有理便有气流行,发育万物。""天地初间只是阴阳之气,这一个气运行,磨来磨去,磨得急了,便挼许多渣滓,里面无处出,便结成个地在中央。"(《朱子语类》卷一))这与二程的理本论不讲"太极生两仪",而多从"天地设位,而易行乎其中"讲起,是不同的。

朱熹把《太极图说》作为"伊洛渊源"的开端,便使他所诠释的理本论思想更多地加进了宇宙论的内容。在《太极图说解》中,朱熹肯定了程颐所谓"动静无端,阴阳无始",故在"理气先后"的问题上没有提出"理生气"或"理在气先”之说。但张栻《答朱元晦》信中有云:“伯恭昨日得书,犹疑《太极说》中体用先后之论。”(《南轩集》卷二十)吕祖谦《与朱侍讲》信中也说:“向承示以改定《太极图说解》……所先欲请问者,如《易传序》‘体用一源,显微无间’,先体后用,先显后微之说,恐当时未必有此意。”(《东莱集》别集卷七)观此可知,在朱熹的原稿中本有“体用先后”之论。朱熹在同时期写的《答杨子直》信中也说:“熹向以太极为体,动静为用①,其言固有病,后已改之曰‘太极者,本然之妙也;动静者,所乘之机也’。”(《朱文公文集》卷四十五)在改定的《太极图说解》中已无“体用先后”之论,朱熹在《答杨子直》信中也说:“五行阴阳,阴阳太极,则非太极之后别生二五,而二五之上先有太极也。”但朱熹在《太极图说解后记》中针对“有谓体用一源,不可言体立而后用行者”,批评说:“所谓一源者,是岂漫无精粗先后之可言哉?况既曰体立而后用行,则亦不嫌于先有此而后有彼矣。”观此可知,朱熹当时虽然没有提出“理生气”,但在他的思想中实已内蕴了“先有此(理)而后有彼(气)”的观点。

此后,朱熹在与陆九渊关于“无极而太极”的辩论中提出:

> 周子所以谓之无极,正以其无方所、无形状,以为在无物之前而未尝不立于有物之后,以为在阴阳之外而未尝不行乎阴阳之中……(《朱文公文集》卷三十六《答陆子静》)

所谓“在无物之前”“在阴阳之外”即已包含了“理在气先”的思想,故黄宗羲评论说:“此朱子自以理气先后之说解周子。”(《宋元学案·濂溪学案下》)陈来说:“朱陆之太极辩……标志着朱子理在气先思想的明确形成。”②朱熹晚年倾向于理对气的“逻辑在先”说,即所谓:

> 理与气本无先后之可言,但推上去时,却如理在先,气在后相似。

① 朱熹“以太极为体,动静为用”,与他早年向李侗提出以“太极”为“未发”,以“太极动而生阳”为“已发”有类似之处。

② 陈来:《朱熹哲学研究》,中国社会科学出版社1988年版,第15页。

(《朱子语类》卷一)

要之也先有理。只不可说是今日有是理,明日却有是气。也须有先后。(同上)

所谓“本无先后之可言”,是讲理气在时间上无先后;所谓“也须有先后”,是讲理的“逻辑在先”性,理终归是气的“本原”。朱熹在《答赵致道》信中说:“若论本原,即有理然后有气。”(《朱文公文集》卷五十九)朱熹的世界本原论,即是以“理”为本原的本体—宇宙论。

朱熹在作《太极图说解》的同时也完成了《西铭解》(在《西铭解》中贯彻了《太极图说解》的思想)。这两部书标志着在朱熹的思想中“伊洛渊源”道学谱系的形成,也标志着朱熹本人的思想体系的建立。乾道九年(1173),朱熹编成《伊洛渊源录》;两年之后,即淳熙二年,朱熹与吕祖谦合编成《近思录》。在《近思录》中,收入周敦颐、二程和张载的624条语录,分为十四卷。其首卷讲“道体”,开篇就全文录入了周敦颐的《太极图说》,以此统率二程与张载所言的“道体”,然后又分设“为学大要、格物穷理、存养、改过、齐家、出处、治体、制度、处事、教学、警戒、辨异端、圣贤气象”等纲目。这样就把周、张、二程之学统合为一个思想体系,这个思想体系实际上也就是朱熹的思想体系,换言之,即是“濂洛关闽”的思想体系。

在编成《近思录》的两年之后,即淳熙四年(1177),朱熹又完成了他最精心撰著的《论孟集注》及《论孟或问》。先此,朱熹在完成《太极图说解》和《西铭解》的乾道八年(1172)已编成《论孟精义》,此书“取二程、张子及范祖禹、吕希哲、吕大临、谢良佐、游酢、杨时、侯仲良、尹焞、周孚先等十二家之说,荟萃条疏”(《四库全书总目提要》),以为解释《论语》《孟子》之“精义”。五年之后,朱熹撰成《论孟集注》。关于《精义》与《集注》的区别,钱穆先生论之曰:

至朱子四十三岁,又成《论孟精义》……此时朱子在大体上,仍是从程门上窥二程,从二程上窥孔孟。惟于程门诸儒,已渐悟其有失师旨。

至朱子四十八岁时,《论孟集注》《或问》成书。此时,朱子已认《精义》中说得没紧要处多，故只约其精粹妙得本旨者为《集注》，又疏其所以去取之意为《或问》。至是而朱子始自出手眼，尤于二程门人诸家说多所摆弃。[①]

所谓“朱子始自出手眼”，就是在朱熹完成了对“伊洛渊源”道学谱系的诠释并形成了自己的思想体系之后，乃自出己意而作《论孟集注》。

朱熹的《大学章句序》和《中庸章句序》署为淳熙己酉（1189）作，而此两序“是由淳熙四年序定《大学章句》和《中庸章句》所作的序修改而来”[②]。依此说，朱熹的《学庸章句》和《论孟集注》（合称为《四书章句集注》）都作于淳熙初年，它们与《近思录》是同一时期的著作。朱熹说：“四子，《六经》之阶梯；《近思录》，四子之阶梯。”（《语类》卷一〇五）所谓“四子”不仅是指孔、曾、思、孟所作的《四书》，实际上还包括了朱熹为《四书》作的《集注》。在此意义上，亦可谓：“《四书集注》，乃《六经》之阶梯；而《近思录》，乃《四书集注》之阶梯。”也就是说，若要理解儒家的《六经》，乃须通过《四书集注》；而朱熹所编《近思录》，即他对周、张、二程思想的诠释，乃成为他“自出手眼”而作《四书集注》的阶梯。

《宋元学案》说朱子的思想“致广大，尽精微，综罗百代”，这是与朱子集宋代理学之大成、形成了“濂洛关闽”的思想体系相联系的；钱穆先生说宋代的“创通经义，其业至晦庵而遂”[③]，这也是以朱子完成了《四书章句集注》为其主要标志的。

（原载《中共宁波市委党校学报》2016 年第 1 期）

---

① 钱穆：《朱子学提纲》，三联书店 2002 年版，第 182 页。
② 束景南：《朱子大传》，福建教育出版社 1992 年版，第 377 页。
③ 钱穆：《中国近三百年学术史》，商务印书馆 1997 年版，第 7 页。

从性善论到泛性善论

本文讨论从传统儒家的性善论（“人性之善”）发展到宋代新儒家的泛性善论（“凡物莫不有是性”）的问题，本欲以朱熹《四书集注》中的“理同气异”和“气同理异”两说为中心，但为了讲明朱熹之所以持此两说的复杂性，却不得不述及这个问题的来龙去脉。

一

“性与天道”是儒家思想中最具哲学形上意义的问题。孔子可能对此讲得很少，以致他的弟子子贡说“夫子之言性与天道，不可得而闻也”（《论语·公冶长》）。但是《论语》中毕竟记载了孔子说过“性相近也，习相远也”（《论语·阳货》），“天何言哉！四时行焉，百物生焉”（同上），“五十而知天命”（《论语·为政》）等，这说明“性与天道”自始就是儒家思想中内在的需要解决的问题。

据汉代王充的《论衡·本性》篇，孔子的再传弟子世硕曾作有《养书》一篇，“以为人性有善有恶，举人之善性，养而致之则善长；性恶，养而致之则恶长。”与此同时，其他的孔门弟子“密（宓）子贱、漆雕开、公孙尼子之徒，亦论情性，与世子相出入，皆言性有善有恶”。据《汉书·艺文志》，宓子贱、漆雕开、公孙尼子亦皆有著作，可惜他们的著作同世硕的著作一样在汉代以后都亡佚了。

传世文献中，除大小戴《礼记》中的数篇外，“孔孟之间”几乎没有留下什么著作。这个思想史上的缺环,至1993年在湖北荆门郭店村出土楚墓竹简而得到了弥补。郭店楚简中的《五行》《性自命出》等文献,较多讲的是“性与天道”的思想。《性自命出》篇所谓“性自命出,命自天降,道始于情,情生于性”,与《中庸》所谓“天命之谓性,率性之谓道”的表述相近。一般将《中庸》的思想和孟子的思想都归于性善论,但《性自命出》云:“喜怒哀悲之气,性也。及其见于外,则物取之也。……好恶,性也。所好所恶,物也。善不善,性也。所善所不善,势也。”这显然不是性善论。《性自命出》对“情”的重视,与《中庸》所谓“喜怒哀乐之未发谓之中,发而皆中节谓之和”也比较接近,但《中庸》加了“中”与“中节”就已是或接近于是性善论了。

先秦儒家的性善论至孟子而得以完成。在《孟子》书中,“滕文公为世子,将之楚,过宋而见孟子。孟子道性善,言必称尧舜。”(《孟子·滕文公上》)如朱熹所说,“孟子之言性善,始见于此,而详具于《告子》之篇。”(《孟子集注》)在反驳告子的“人性之无分于善不善也”“生之谓性”“食色,性也”等观点时,孟子说:

> 人性之善也,犹水之就下也。人无有不善,水无有不下。
>
> 生之谓性也,犹白之谓白与?……白羽之白也,犹白雪之白;白雪之白,犹白玉之白与?……然则犬之性犹牛之性,牛之性犹人之性与?
>
> 乃若其情,则可以为善矣,乃所谓善也。若夫为不善,非才之罪也。恻隐之心,人皆有之;羞恶之心,人皆有之;恭敬之心,人皆有之;是非之心,人皆有之。恻隐之心,仁也;羞恶之心,义也;恭敬之心,礼也;是非之心,智也。仁义礼智,非由外铄我也,我固有之也,弗思耳矣。(《孟子·告子上》)

这些论述以后成为儒家讲性善的“经典”论述。朱熹在《孟子集注序说》中引程子曰:“孟子有大功于世,以其言性善也。”可见程朱的性善论思想与孟子一脉相承。然而,以上孟子的论述又有两点是与程朱的思想有差异的:其一,孟子所讲的性善是“人性之善”,人性不同于犬、牛之性,此谓“人之所以异于禽兽者”(《孟子·离娄下》);其二,孟子在讲性善时也讲了人之“情”[①]“才”是善的,亦即孟子未作“性”“情”“才”的区分。这两点是后来程朱诠释孟子思想时需要处理的问题。本文主要讨论前一个问题。

孟子之后,荀子认为“人之性恶,其善者伪也”(《荀子·性恶》),扬雄认为“人之性也,善恶混”(《法言·修身》),董仲舒、王充、荀悦、韩愈等人则持“性三品”说,如王充所归纳:“孟轲言人性善者,中人以上者也;孙(荀)卿言人性恶者,中人以下者也;扬雄言人性善恶混者,中人也。”(《论衡·本性》)至此,儒家的人性论似已全备了各种选择[②],而其所说虽然不同,但都是讲的“人之性”,而非禽兽或物之性。

朱熹在《孟子集注序说》中引韩子(愈)曰:“孟氏醇乎醇者也,荀与扬大醇而小疵。”又引程子曰:“韩子论孟子甚善,非见得孟子意,亦道不到。其论荀、扬则非也。荀子极偏驳,只一句‘性恶’,大本已失。扬子虽少过,然亦不识性,更说甚道。”二程从人性论的角度不仅批评了荀子、扬雄,而且还批评了董仲舒和韩愈,如程颢说:“汉儒如毛苌、董仲舒,最得圣贤之意,然见道不甚分明。下此即至扬雄,规模狭窄。道即性也,言性已错,更何所得?”(《遗书》卷一)程颐亦曾说:“性出于天,才出于气……扬雄、韩愈说性,正说着才也。”(《遗书》卷十九)性善论是孟子发“前圣所未发”,而“轲之死,不得其传焉”,只有等到宋代的道学家才接续性善论之“统”,但道学家的性善论已不仅是讲“人性之善”,而且是讲“凡物莫不有是性”的泛性善论了,这主要是受到佛教思想的影响。

二

佛教的最高理想是成佛,而成佛之根据、原因就是“一切众生悉有佛性”。关于“佛性”与“诸法无我”的关系,竺道生说:“无我本无生死中我,非

① “乃若其情”的“情”,一般解释为“情实”。但孟子未作性、情的严格区分仍应肯定,若有此区分,则孟子不会在这里如此用“情”字。

② 关于董仲舒、《刘子新论》(其作者可能是刘勰)以及李翱的“性善情恶”观点与刘向、王充、荀悦、韩愈的“性情相应”观点的分歧,本文从略,可参见李存山等著:《中华文化通志·哲学志》,上海人民出版社 1998 年版,第 163—166 页。

不有佛性我也。”(《注维摩诘经·弟子品》)“生死中我”是世俗将“四大”(地水火风)合成之生命看作实体的“我”,这种“我”并非真正的存在,是“假有”,故称“无我”;而“佛性我”才是真我,真法身,即佛。“凡夫所谓我者,本出于佛”(《大般涅槃经集解·文字品》),佛是世俗所谓“我”的本体、本性,佛在众生之中,众生是佛的显现,所以众生皆有佛性。

《大乘起信论》提出:一切众生同“声闻、缘觉、菩萨、诸佛”(“四圣”)一样,都平等无别地具有“真如”,也就是都具有佛性。因真如受无明所染,则有妄心;因无明的“厚薄”不同,则所起妄心又有差别。真如虽然被无明所染,但其“智性不坏”,它的“净用”是“熏习无明”,使众生“厌生死苦,乐求涅槃”;众生又须“修一切善行以为对治”,乃至最终因真如的熏习而息灭无明,使“心体离念”,“心相皆尽”便入于涅槃。

佛教把世俗世界分为“有情世间”和“器世间”。“有情”亦称“众生”,是指有情识的生物,包括人和其他动物(畜生)以及天、阿修罗、饿鬼、地狱,即所谓“六趣”或“六凡”,众生因所造之业的不同而在此“六趣”中转生轮回。“器世间”是指无情识的山河、大地、日月、草木、宫室等,即众生所依止的生存环境。所谓“一切众生悉有佛性”,是说佛性不仅为人所独有,而且是“有情世间”包括禽兽在内的“六凡”所共有。至隋代,天台宗的创始人智顗从其“圆融三谛”说中推出“一色一香,无非中道”(《法华玄义》卷一上),三论宗的创始人吉藏亦认为“众生有佛性,草木亦有佛性”“若众生成佛时,一切草木亦得成佛”(《大乘玄论》卷三),这样就扩大了“有佛性”的范围。中唐时期,被尊为天台宗九祖的湛然应用《大乘起信论》的“真如缘起”思想,系统地论证了有情众生和无情之物都是真如随缘而起,万法皆具真如,因而“无情”亦有佛性。他在以答客问的形式写的《金刚錍》中说:

> 万法是真如,由不变故;真如是万法,由随缘故。子信无情无佛性,岂非万法无真如耶?故万法之称,宁隔于纤尘;真如之体,何专于彼我!是则无有无波之水,未有不湿之波。在湿讵间于混澄,为波自分于清浊。虽有清有浊,而一性无殊。

这就是说,真如是一切事物(万法)的本原,事物虽然有无情与有情之别,但真如遍在于一切,无论有情与无情,都"一性无殊",即都具有佛性。这就是湛然提出的"无情有性"说,后期禅宗常说的"青青翠竹,总是法身;郁郁黄华,无非般若"(《五灯会元》卷三)亦是此意。

宋代的道学家"出入释老","反而求之《六经》",他们建构了与释老不同的世界观体系①,而于人性论则吸收了佛教的世界本体(真如)即性(佛性)的思维方式,从传统儒家的性善论发展为泛性善论。张载以"太虚无形,气之本体"的"至静无感"为"性之渊源"(《正蒙·太和》),认为"天道即性也"(《横渠易说·说卦》),"天性在人,正犹水性之在冰,凝释虽异,为物一也"(《正蒙·诚明》,此性即纯善的"天地之性"。张载说:"形而后有气质之性,善反之则天地之性存焉","性于人无不善,系其善反不善反而已。"(同上)这里提出了"天地之性"与"气质之性"的区别,是发"前圣所未发",而肯定人的本源之性是纯善的则与传统儒家的性善论无别。但是,张载又说:

> 性者,万物之一源也,非有我之得私也。(同上)
>
> 凡物莫不有是性,由通蔽开塞,所以有人物之别;由蔽有厚薄,故有智愚之别。塞者牢不可开,厚者可以开而开之也难,薄者开之也易。(《张子语录·后录下》)

这里,作为"万物之一源"的、"非有我之得私"的性,就已不仅是传统儒家的性善论,而且是"凡物莫不有是性"的泛性善论了。人与万物的本源之性(天地之性)相同,而"人物之别"是被所禀气质的"通蔽开塞"所决定的,这是道学家关于泛性善论以及"人物之别"的基本思想。以后,张载的弟子、后又投

---

① 儒学(包括新儒学)与佛教的区别主要有两个方面:其一,现实世界是否为实在的;其二,现实世界的本质是否为道德的。张载主张"先识造化",即首先肯定这个世界是实在的;二程主张"先识仁",即首先肯定这个世界的本质是道德的。他们建构道学体系的逻辑起点有不同,故有气本论和理本论之别。除此逻辑起点的不同外,他们共明儒道,"大本则一也"。参见拙文《"天人合一"与中国哲学的实在论》,载《中国哲学与易学——朱伯崑先生八十寿庆纪念文集》,北京大学出版社 2004 年版。

入程门的吕大临在《中庸解》[1]中解释“能尽其性,则能尽人之性;能尽人之性,则能尽物之性”说:

尽己之性,则天下之性皆然,故能尽人之性。蔽有深浅,故为昏明;蔽有开塞,故为人物。禀有多寡,故为强柔;禀有偏正,故为人物。故物之性与人异者几希,惟塞而不开,故知不若人之明;偏而不正,故才不若人之美。然人有近物之性者,物有近人之性者,亦系于此。于人之性,开塞偏正,无所不尽,则物之性未有不能尽也。

吕氏之说显然是在发挥张载的思想,其后更被朱熹所肯定:“或问:通蔽开塞,张横渠、吕芸阁说孰为亲切?曰:与叔倒分明,似横渠之说,看来塞中也有通处,如猿狙之性即灵,猪则全然蠢了,便是通蔽不同处。”(《朱子语类》卷九十八)朱熹之所以更肯定吕氏之说,是因为张载之说中有“塞者牢不可开”句,而朱熹则认为“塞中也有通处”,然这已是很细节的问题了。

张、吕之说并非只是关学的思想,此说同时亦得到洛学的响应。二程说:

所以谓万物一体者,皆有此理,只是从那里来。“生生之谓易”,生则一时生,皆完此理。人则能推,物则气昏,推不得,不可道他物不与有也。(《遗书》卷二上)

天地之间,非独人为至灵,自家心便是草木鸟兽之心也,但人受天地之中以生尔。人与物但气有偏正耳。独阴不成,独阳不生。得阴阳之偏者为鸟兽、草木、夷狄,受正气者人也。(《遗书》卷一)

这里所谓“只是从那里来”,如同张载所说的“万物之一源也”,是一种本体—

[1] 《中庸解》见于《河南程氏经说》卷八,晁公武《郡斋读书志》卷一有“明道《中庸解》一卷”,朱熹在《中庸集解序》中辨别说:“明道不及为书”“伊川虽尝自言《中庸》今已成书,然亦不传于学者。或以问于和靖尹公,则曰:先生自以不满其意而火之矣。”“今世所传陈忠肃公之所序者,乃蓝田吕氏所著之别本也。”(《朱文公文集》卷七十五)

宇宙论的思维方式。以这种思维方式讲“性”,则必然是“凡物莫不有是性”。二程认为,“性即理也”,所谓“万物一体者,皆有此理”,亦即万物皆有此“性”的意思。所谓“人则能推,物则气昏”“人与物但气有偏正尔”,相当于张载所说的“由通蔽开塞,所以有人物之别”。由此亦可见,吕大临所谓“蔽有深浅,故为昏明”,“开塞偏正”云云,除了发挥张载的思想外,同时亦受到程氏用语的影响。

张载对于佛教言“性”有所批评,他说:“释氏之说所以陷为小人者,以其待天下万物之性为一,犹告子‘生之谓性’。”(《张子语录·语录中》)其实,张载所谓“性者万物之一源”“凡物莫不有是性”,也可谓“待天下万物之性为一”;但是张载又讲因气质的“通蔽开塞”而有“人物之别”,这就与佛教言“性”有所不同,不过“通蔽开塞”也近似于佛教所讲的“无明厚薄”。二程也有类似的对于佛教言“性”的批评,如在评论告子的“生之谓性”时说:

> 告子云“生之谓性”则可。凡天地所生之物,须是谓之性。皆谓之性则可,于中却须分别牛之性、马之性。是他便只道一般,如释氏说蠢动含灵皆有佛性,如此则不可。“天命之谓性,率性之谓道”者,天降是于下,万物流形,各正性命者,是所谓性也。循其性而不失,是所谓道也。此亦通人物而言。循性者,马则为马之性,又不做牛底性;牛则为牛之性,又不为马底性。此所谓率性也。(《遗书》卷二上)

这段话有比较费解处,可能是程颢所说。他批评佛教的“蠢动含灵皆有佛性”之说,又认为告子所谓“生之谓性”则可,但缺点是亦如佛教“只道一般”,而没有区别人与万物“各正性命”的不同。这段话强调了人与万物之性的区别,似是讲的气质之性,但从《中庸》所谓“天命之谓性,率性之谓道”的意义上讲,就未免把本源之性与气质之性混同了。

程颐论“性”比较分明,他说:

> 孟子言人性善,是也。……性无不善,而有不善者,才也。性即是理,理则自尧舜至于涂人一也;才禀于气,气有清浊,禀其清者为贤,禀

其浊者为愚。”(《遗书》卷十八)

性字不可一概论。生之谓性,止训所禀受也;天命之谓性,此言性之理也。(《遗书》卷二十四)

程颐作了“性”与“才”的区分,“性即是理”,“才禀于气”,“才”可谓气质之性。告子所谓“生之谓性”是讲的气质之性,而《中庸》所谓“天命之谓性”就是“性之理也”的本源之性了。程颐又区分孔、孟论“性”之不同:“孟子言‘性之善’,是性之本也;孔子言‘性相近’,谓其所禀受处不相远也。”(《遗书》卷二十二上)“‘性相近也,习相远也’,性一也,何以言相近?曰:此只是言气质之性。”(《遗书》卷十八)在《遗书》所载“二先生语”中有云:“论性不论气,不备;论气不论性,不明。二之则不是。”(《遗书》卷六)这可能是程颐所说。朱熹对此句甚为推崇,谓“孟子之言性善者,前圣所未发也,而此言者又孟子所未发也”(《四书或问》卷三十六)。在朱熹的思想中,张、程的本源之性与气质之性的思想比较清晰,但“凡物莫不有是性”以及“人物之别”的思想却处理起来颇费周折,尤其在最有权威的、所谓“添一字不得,减一字不得”(《朱子语类》卷十九)的《四书集注》中,因受到《孟子》“本文”和道学思想两方面的牵制,终留下未能统一的“理同气异”和“气同理异”两说。

三

朱熹的思想从性善论进至泛性善论,是因受到李侗的指点。《延平答问》载:

壬午六月十一日书:……来谕以谓“仁是心之正理,能发能用底一个端绪……”此说推扩得甚好。但又云:“人之所以为人,而异乎禽兽者,以是而已,若犬之性、牛之性则不得而与焉。”若如此说恐有碍。盖天地中所生物,本源则一,虽禽兽草木,生理亦无顷刻停息间断者。但人得其秀而最灵,五常中和之气所聚,禽兽得其偏而已,此其所以异也。……若以为此理唯人独得之,即恐推测体认处未精,于他处便有差也。

壬午年(1162年)时朱熹33岁,思想尚未成熟。他在给李侗的信中认为“仁是心之正理”,“唯人独得之”,这是人之所以“异乎禽兽者”,“若犬之性、牛之性则不得而与焉”。此说正可谓如实地理解了孟子的性善论。但是李侗作为洛学“道南”一脉的传人,显然已谙熟道学的泛性善论思想,故指出此说“有碍”,天地所生人与万物“本源(之性)则一”,禽兽草木亦具此“生理”(性),人与禽兽的区别只是“人得其秀(气)而最灵,五常中和之气所聚,禽兽得其(气)偏而已”。经李侗的指点,朱熹“思之而得其说”,又复信求正于李侗:

> 熹窃谓:天地生物本乎一源,人与禽兽草木之生,莫不具有此理,其一体之中即无丝毫欠剩,其一气之运亦无顷刻停息,所谓仁也。但气有清浊,故禀有偏正。惟人得其正,故能知其本具此理而存之,而见其为仁。物得其偏,故虽具此理而不自知,而无以见其为仁。然则仁之为仁,人与物不得不同。知人之为人而存之,人与物不得不异。

朱熹此说已完全达到了道学的泛性善论的思想高度。所谓“莫不具有此理,其一体之中即无丝毫欠剩”,即人与万物的本源之性(理)相同;而人与万物的区别只是因所禀之气有“偏正”,故此理(仁)有“见”(现)与“不见”的不同。李侗对此说无异议,只批示云:“有有血气者,有无血气者,更体究此处。”李侗的批示只是指出在“物得其偏”中也有区别,所谓有无“血气”大致相当于佛教所谓“众生”与“无情”的区别。

以上李侗、朱熹所说可以概括为“理同气异”。此后朱熹在答徐元聘书中说:“人物之性本无不同,而气禀则不能无异耳。……然性只是理……只是随气质所赋之不同,故或有所蔽而不能明耳,理则初无二也。至孟子说中所引,乃因孟子之言只说人分上道理,若子思之意则本兼人物而言之也。性同气异,只此四字,包含无限道理。”(《朱文公文集》卷三十九《答徐元聘二》)这里所谓“孟子之言只说人分上道理”,即孟子只是说“人性之善”,此与《中庸》"兼人物(之性)而言之"不同。这种不同在以后的《孟子集注》中造成注解的困难,以致留下了与"性(理)同气异"不同的"气同理异"说。

在《四书集注》之前,朱熹已完成《太极图说解》①,其中有云:

> 天下岂有性外之物哉!然五行之生,随其气质而所禀不同,所谓"各一其性"也。各一其性,则浑然太极之全体,无不各具于一物之中,而性之无所不在,又可见矣。
>
> 盖合而言之,万物统体一太极也;分而言之,一物各具一太极也。所谓天下无性外之物,而性无不在者,于此尤可以见其全矣。
>
> 盖人物之生,莫不有太极之道焉。然阴阳五行,气质交运,而人之所禀独得其秀,故其心为最灵,而有以不失其性之全,所谓天地之心,而人之极也。

这些都可以说是对于"理同气异"的更明确的表达。所谓"浑然太极之全体,无不各具于一物之中""人物之生,莫不有太极之道",即人与万物都"一性无殊"地具有"太极之全体"。在《朱子语类》中,朱熹对此还有更明确的解释:

> 或问《图解》云:五性之生,随其气质而所禀不同,所谓"各一其性"也。曰:气质是阴阳五行所为,性则太极之全体。但论气质之性,则此全体在气质之中耳,非别有一性也。(《语类》卷九十四)
>
> 禀得气清者,性便在清气之中,这清气不隔蔽那善;禀得气浊者,性在浊气之中,为浊气所蔽。(同上)
>
> 本只是一太极,而万物各有禀受,又自各全具一太极尔。如月在天,只一而已,及散在江湖,则随处而见,不可谓月已分也。(同上)

朱熹借用了佛教的"月映万川"的比喻,这在道学的思想中就是讲"理一分殊"。所谓"分殊","不是(太极)割成片去,只如月映万川相似"(《语类》卷

---

① 据王懋竑《朱子年谱考异》,乾道九年(1173 年)朱熹 44 岁"《太极图说解》《通书解》成"。淳熙四年(1177 年)朱熹 48 岁"《论孟集注》《或问》成"。

九十四)，亦即只是“太极之全体”在气之“清浊”“偏正”或“通蔽开塞”中的显现有不同。朱熹对此还有更多的比喻：

> 气质之性，便只是天地之性。只是这个天地之性却从那里过。好底性如水，气质之性如杀些酱与盐，便是一般滋味。(《语类》卷四)
>
> 性如水，流于清渠则清，流于污渠则浊。(同上)
>
> 理在气中，如一个明珠在水里。理在清底气中，如珠在那清底水里面，透底都明；理在浊底气中，如珠在浊底水里面，外面更不见光明处。问：物之塞得甚者，虽有那珠，如在深泥里面，更取不出。曰：也是如此。(同上)
>
> 亚夫曰：性如日月，气浊者如云雾。先生以为然。(同上)
>
> 只为气质不同，故发见有偏。……且如此灯，乃本性也，未有不光明者。气质不同，便如灯笼用厚纸糊，灯便不甚明；用薄纸糊，灯便明似纸厚者；用纱糊，其灯又明矣。撤去笼，则灯之全体著见，其理正如此也。(《语类》卷六十四)

也许这里的“灯笼”比喻最为生动，也最为浅明。气质之性的差别只是“发见”(显现)有偏，而人与万物的本源之性是完全相同的。至此，朱熹已经把“理同气异”的思想表述得非常明确。然而，在朱熹最为看重的《四书集注》中却出现了分歧。

《论语集注·阳货篇》注解孔子曰“性相近也，习相远也”：

> 此所谓性，兼气质而言者也。气质之性，固有美恶之不同矣。然以其初而言，则皆不甚相远也。但习于善则善，习于恶则恶，于是始相远耳。程子曰：“此言气质之性。非言性之本也。若言其本，则性即是理，理无不善，孟子之言性善是也。何相近之有哉？”

这里似乎无涉气质之性的理气同异问题，但《论语或问·阳货篇》有云：“人物得是气质以成形，而其理之在是者则谓之性。然所谓气质者，有偏正、纯驳、昏明、厚薄之不齐，故性之在是者，其为品亦不一，所谓气质之性者也。……若夫子此章论性,而以相近而言,则固指其气质而言之矣。”显然,这是“理同气异”的思想。

《孟子集注·告子上》注解“然则犬之性犹牛之性,牛之性犹人之性与”:

人物之生,莫不有是性,亦莫不有是气。然以气言之,则知觉运动,人与物若不异也;以理言之,则仁义礼智之禀,岂物之所得而全哉?此人之性所以无不善,而为万物之灵也。

这里的“以气言之……人与物若不异”,虽然用了一个“若”字(大可玩味),但意旨是讲“气同”;而“以理言之……”就是讲“理异”了。所谓“仁义礼智之禀,岂物之所得而全哉”,显然与“太极”不可分(“只如月映万川相似”)、人与万物“自各全具一太极”的思想相矛盾。《朱子语类》卷四有“问:性具仁义礼智?曰:……只一阴一阳之道,未知做人做物,已具是四者。虽寻常昆虫之类皆有之,只偏而不全,浊气间隔。”这里明确地说,物亦皆有仁义礼智之性,所谓“偏而不全,浊气间隔”可以理解为“只为气质不同,故发见有偏”。

《孟子·离娄下》有云“人之所以异于禽兽者几希”,《集注》解释说:“人物之生,同得天地之理以为性,同得天地之气以为形;其不同者,独人于其间得形气之正,而能有以全其性,为少异耳。”这里把人“能有以全其性”(犹如朱熹复李侗信中所云“能知其本具此理而存之”)归因于人独得“形气之正”,当属“理同气异”的思想。因此,在《孟子集注》内部亦可谓有不相合处。《朱子语类》卷五十九讨论“生之谓性章”云:

犬牛禀气不同,其性亦不同。问:犬牛之性与人之性不同,天下如何解有许多性?……濂溪作《太极图》,自太极以至万物化生,只是一个圈子,何尝有异?曰:人物本同,气禀有异,故不同。又问:“是万为一,一实万分”,又如何说?曰:只是一个,只是气质不同。

由此可见,对于犬牛之性与人性的不同,本亦可以用《太极图说解》的思想来解释。但是在《孟子集注》中却出现了“气同理异”的思想,之所以如此,当是因为朱熹受到《孟子》“本文”的牵制。孟子没有天地之性与气质之性的划分，他所谓“人性之善”虽然是从“性之本”或“天命之性”的意义上说，但孟子并没有把此“性之本”作为世界（万物）的本原。这是孟子思想与道学思想的不同，因有此不同，故亦不能完全用道学的思想来“诠释”《孟子》的“本文”。

约在完成《孟子集注》的十年之后，朱熹在答程正思的信①中有云：“告子‘生之谓性’，《集注》虽改，细看终未分明。近日再改一过，此处觉得尚未有言语解析得出，更俟款曲细看，他时相见却得面论。”这次修改的注文是：

> 犬牛人之形气既具，而有知觉能运动者，生也。有生虽同，然形气既异，则其生而有得乎天之理亦异。盖在人则得其全而无有不善，在物则有所蔽而不得其全，是乃所谓性也。……盖知觉运动者，形气之所为；仁义礼智者，天命之所赋。学者于此正当审其偏正全阙，而求知所以自贵于物，不可以有生之同，反自陷于禽兽，而不自知己性之大全也。

朱熹在此注文之后说：“告子一段欲如此改定，仍删去旧论，似已简径，但恐于一原处未甚分明，请看详之。”（《朱文公文集》卷五十《答程正思十六》）这次修改加了“形气既异”（而不再是“以气言之……人与物若不异”），并将“形气既异”作为“得乎天之理亦异”的原因。关键是这里仍强调了“理异”，故朱熹又说“但恐于（理之）一原处未甚分明”。若仔细推敲，这次修改的注文实并不高明，其中有自相矛盾处。“盖知觉运动者，形气之所为”，而“有知觉能运动者，生也”，既然是“形气既异”，那么“有生虽同”就不当说。“在物则有所蔽而不得其全”，“有所蔽”当是物之形气对所得之理有所遮蔽，如果物之形气所得之理本来就不全，那也就无从遮蔽了。注中又有“偏正全阙”，朱熹显然是想两全其说，但“偏正”是以气言（如二程说“生则一时生，皆完此理”，“人与物但气有偏正耳”），所谓“全阙”不当是人与物“得乎天之理”有异。

① 《朱子年谱》以此信在淳熙丙午（1186 年），陈来考证“实在丁未”（1187 年）。参见陈来：《朱熹哲学研究》，中国社会科学出版社 1988 年版，第 60 页；陈来：《朱子书信编年考证》，上海人民出版社 1989 年版，第 259 页。

也许是因为朱熹后来觉察到这里的问题，所以这次修改并未取代“旧论”。

绍熙三年(1192 年)，朱熹在 63 岁时编成《孟子要略》(《朱子年谱考异》卷四：“《要略》又名《指要》，一名《要指》，盖一书也，其书今不传”)。《语类》卷一〇五载：“敬之问《要指》不取‘杞柳’一章。曰：此章自分晓，更无可玩索，不用入亦可。却是‘生之谓性’一段难晓，说得来反恐鹘突，故不编入。”这里所谓“难晓”，实际上并非《孟子》的“本文”难晓，而是朱熹难以在注文中既讲明道学的“理之一原”思想，又契合“生之谓性”一段的本意。因有此困难，以致“生之谓性”一段未能进入朱熹晚年编成的《孟子要略》。

朱熹在淳熙四年(1177 年)完成《论孟集注》《或问》以后，又逐渐完成《大学章句》和《中庸章句》①。在对《大学》和《中庸》的注解中，朱熹都持“理同气异”的观点。《大学章句》解释“明明德”有云：“明德者，人所得乎天而虚灵不昧，以具众理而应万事者也。但为气禀所拘，人欲所蔽，则有时而昏，然其本体之明则有未尝息者。”这是用“理同气异”来解释人之性，似无涉人与物的理气同异问题，但《大学或问》解释“明明德”有云：“天道流行，发育万物……以其理而言之，则万物一原，固无人物贵贱之殊；以其气而言之，则得其正且通者为人，得其偏且塞者为物，是以或贵或贱而不能齐也。”《语类》卷十七对《或问》所说继续有讨论：“问：气则有清浊，而理则一同，如何？曰：固是如此。理者，如一宝珠，在圣贤则如置在清水中，其辉光自然发见；在愚不肖者如置在浊水中，须是澄去泥沙则光方可见。……至如万物亦有此理。天何尝不将此理与他，只为气昏塞，如置宝珠于浊泥中，不复可见。然物类中亦有知君臣父子、知祭、知时者，亦是其中有一线明处。”可见朱熹对《大学》的诠释是持“理同气异”说。

《中庸章句》解释“天命之谓性，率性之谓道”有云：

人物之生，因各得其所赋之理，以为健顺五常之德，所谓性

① 《朱子年谱考异》卷三：淳熙十六年己酉(1189 年)“二月甲子序《大学章句》，三月戊申序《中庸章句》。按：与张、吕书，则甲午、乙未(1174 年、1175 年)《大学》《中庸》已有本矣。与詹帅书在乙巳(1185 年)，尚云所改极多，距甲午、乙未十余年矣。詹帅书已及《中庸序》，则两序作于乙巳前，至己酉而后定耳。詹帅刻《语孟集注》于广西，而《大学中庸章句》则未之及，不知两书刻于何时，度必不至己酉而后刊行也。是时门徒各有传录，书坊中必有不告而刊者，但于《文集》无所考耳。”

也。……人物各循其性之自然，则其日用事物之间，莫不各有当行之路，是则所谓道也。……性道虽同，而气禀或异，故不能无过不及之差。

按：此处“性道虽同，而气禀或异”，相比于《答程正思十六》所云“有生虽同，然形气既异”，可见后者之牵强。《中庸或问》对此亦有明确的解说：

在人在物，虽有气禀之异，而其理则未尝不同。……虽鸟兽草木之生，仅得形气之偏，而不能有以通贯乎全体，然其知觉运动，荣悴开落，亦皆循其性而各有自然之理焉。至于虎狼之父子，蜂蚁之君臣，豺獭之报本，雎鸠之有别，则其形气之所偏，又反有以存其义理之所得，尤可以见天命之本然，初无间隔，而所谓道者，亦未尝不在是也。

这段话是朱熹对“理同气异”思想的比较充分的表达，所谓“虎狼之父子，蜂蚁之君臣”云云也是朱熹常举的例子。《中庸章句》解释“能尽其性，则能尽人之性；能尽人之性，则能尽物之性”有云：“人、物之性，亦我之性，但以所赋形气不同而有异耳。”《语类》卷六十四亦云：“尽人性，尽物性，性只一般，人物气禀不同。……物禀得气偏了，无道理使开通，故无用教化。”在对《中庸》所谓“致曲”的解释中，朱熹亦云：“只为气质不同，故（理）发见有偏”，然后使用了“灯笼”的比喻。在朱熹的时代，吕大临的《中庸解》曾以《程氏经说》的名义流行，朱熹对吕氏所说“蔽有深浅，故为昏明；蔽有开塞，故为人物”给予充分的肯定（《语类》卷九十八）。因此，朱熹用“理同气异”的思想诠释《中庸》可谓理所当然，此亦朱熹在《答徐元聘二》中所说：“子思之意则本兼人物（之性）而言之也。性同气异，只此四字，包含无限道理。”

统观朱熹对人物理气同异的论述，除了在解释《孟子》“生之谓性”章时遇到困难之外，其余占据主流的是“理同气异”的思想。然而，在朱熹的论述中亦有不少处将此问题讲得模棱两可，如《语类》卷四载：

人物之生，天赋之以此理未尝不同，但人物之禀受自有异耳。如一江水，你将杓去取，只得一杓；将碗去取，只得一碗；至于一桶一缸，各自随器量不同，故理亦随以异。

问：……理无不善者，因堕在形气中，故有不同。所谓气质之性者，是如此否？曰：固是。但气禀偏，则理亦欠阙了。

惟其所受之气只有许多，故其理亦只有许多。如犬马，他这形气如此，故只会得如此事。又问：物物具一太极，则是理不全也。曰：谓之全亦可，谓之偏亦可。以理言之则无不全；以气言之则不能无偏。

以上论述可以理解为"气异而理异"，即《答程正思十六》所谓"形气既异，则其生而有得乎天之理亦异"。或者说，因人与物所禀形气的不同，故人与物所禀天理在"量"上有差别①。但这种说法明显地与"太极"不可分的思想相矛盾，"杓碗"之喻明显不同于"月映万川""明珠""灯笼"等比喻。故在回答"物物具一太极，则是理不全"的质疑时，朱熹乃至有"谓之全亦可，谓之偏亦可"的"丐词"(begging the question)。

朱熹的弟子黄康伯曾求问于朱熹："《中庸章句》谓'人物之生，各得其所赋之理，以为健顺五常之德'，《或问》亦言'人物虽有气禀之异，而理则未尝不同'。《孟子集注》谓'以气言之，则知觉运动，人与物若不异；以理言之，则仁义礼智之禀，岂物之所得而全哉？'二说似不同。岂气既不齐，则所赋之理亦随以异欤？"朱熹的回答是：

论万物之一原，则理同而气异；观万物之异体，则气犹相近而理绝不同也。气之异者粹驳之不齐，理之异者偏全之或异。幸更详之，自当无可疑也。（《文集》卷四十六《答黄康伯四》）

究实言之，朱熹的回答不能不使人生疑。所谓"万物之一原"与"万物之异体"，本来就是道学的"理一分殊"问题。此以"理同而气异"和"气犹相近而理绝不同"分别解释"理一"和"分殊"，实是把相互矛盾的两说强牵合在一起。

① 参见陈来：《朱熹哲学研究》，中国社会科学出版社1988年版，第67页。

朱熹在给赵致道的信中说：

> 所疑理气之偏，若论本原，即有理然后有气，故理不可以偏全论；若论禀赋，则有是气而后理随以具，故有是气则有是理，无是气则无是理，是气多则是理多，是气少即是理少，又岂不可以偏全论耶？（《文集》卷五十九《答赵致道一》）

按：所谓"理不可以偏全论"和"（理）可以偏全论"，亦互相抵牾。二程说"生则一时生，皆完此理""人与物但气有偏正耳"，《太极图说解》亦谓"浑然太极之全体，无不各具于一物之中"，可见"理不可以偏全论"本来就是"论禀赋"，而非仅"论本原"。若"理可以偏全论"，亦只可谓"因气质不同，故（理）发见有偏"。

朱熹在给严时亨的信中又说：

> "生之谓性"一章，论人与物性之异，固由气禀之不同，但究其所以然者，却是因其气禀之不同，而所赋之理固亦有异。所以孟子分别犬之性、牛之性、人之性有不同者，而未尝言犬之气、牛之气、人之气不同也。"人之所以异于禽兽"一章，亦是如此。若如所论，则孟子之言为不当，而告子白雪、白羽、白玉之白更无差别，反为至论矣。（《文集》卷六十一《答严时亨三》）

严时亨似是要用"理同气异"的思想来解释"生之谓性"章，如此解释就是"犬之性、牛之性、人之性"相同，而"犬之气、牛之气、人之气"有异，或者说，人与犬牛的天命之性相同，而气质之性有异。但孟子恰恰没有天命之性和气质之性的划分，故孟子只"分别犬之性、牛之性、人之性有不同者，而未尝言犬之气、牛之气、人之气不同也"。因此，若用"理同气异"的思想来解释《孟子》本文，那就是"孟子之言为不当，而告子白雪、白羽、白玉之白更无差别，反为至论矣"。这当然是行不通的，故朱熹坚持两方面讲：一方面说"论人与物性之异，固由气禀之不同"，这可谓"理同而气异"；另一方面说"但究其所以然者,却是因其气禀之不同,而所赋之理固亦有异",这可谓"气异而理异"。尽管这两方面并不协调,但为了不使"孟子之言为不当",却不得不如此。

《答严时亨三》又有云:"五行太极,便与'生之谓性'相似,以为同则同中有异,以为异则未尝不同。"为了维护道学思想与《孟子》本文的协调性,朱熹晚年在回答对"理同气异"和"气同理异"两说不同的质疑时,有不少这种"同中有异,异中有同",乃至"性最难说,要说同亦得,要说异亦得"(《语类》卷四)的两可之论。与其说这是朱熹晚年思想的一个变化,不如说这是朱熹为了维护《孟子》本文和《孟子集注》的正当性,而不得已用之的"丐词"。

自从朱熹在答程正思的信中提出"在物则(理)有所蔽而不得其全"以来,在回答有关"生之谓性"章的问题时,朱熹多持这种"气异而理异"的说法。这也并非朱熹晚年的一定之论,因为朱熹总不致因此而抛弃他在《太极图说解》中确立的"理之一原"说,更不致因此而否决他在对《论语》《大学》和《中庸》的解释中明确表达的"理同气异"思想。朱熹在答程正思的信中所谓"但恐于(理之)一原处未甚分明",说明了他对"气异而理异"说法的犹疑,以致信中的修改终未能取代原注。朱熹晚年所说"'生之谓性'一段难晓,说得来反恐鹘突,故不编入(《孟子要略》)",这应该是朱熹对于如何注释和诠释"生之谓性"章所遇困难的一个真实表露①。

① 关于人与物"理同气异"和"气同理异"两说的不同,后来在朝鲜后期儒学中成为一场"最大的学术论争——湖洛论争",参见韩国成均馆大学教授崔英辰、郑源友为"儒学全球论坛(2006)孟子思想的当代价值国际学术研讨会"提供的论文《朝鲜后期儒学对〈孟子〉"生之谓性章"的解释:人与自然的道德性问题》。作者指出:"《孟子·告子上》篇集中概括了孟子的人性论,而其中朝鲜后期的儒者们关心和争议最多的部分是第三节'生之谓性章'。这是因为这一章节与朝鲜后期最大的学术论争——湖洛论争有着密切的关系。这场论争与四端七情论争一样,是中国的朱子学在韩国实现本土化过程产生的、深化并发展了儒学思想的学术论争。"这场论争的主要代表人物是巍岩李柬(1677—1727)和南塘韩元震(1682—1751),前者否认未发时的气质之性,提出了"圣凡心同论",进而主张"人物性同论";后者承认未发的气质之性,主张"圣凡心不同论"和"人物性异论"。至丁若镛在《孟子要义》(1814)中则提出人性与物性有本质的不同,人性是合道德性与自然性于一体,物性则只有自然性。引者按:所谓"人物性同论"相当于朱熹的"理同气异"说,所谓"人物性异论"相当于朱熹的"气同理异"说。而丁若镛的思想又略同于明代王廷相提出的"人有人之理,物有物之理……各各差别"(《雅述》上篇)。

四

简略分析、总结一下朱熹在注释和诠释“生之谓性”章时何以会遇到如此的困难，以及我们应该如何看待朱熹思想中的“理同气异”和“气同理异”两说的不同。

归根结底，这是因为有从传统儒家的性善论发展到宋代新儒家的泛性善论的不同。《孟子或问》卷十一有问：“孟子初未尝有气质之说也，孔子虽以性之相近而言，然亦不明言其为气质也。程、张之说亦何所据而云乎？”朱熹对此问题的回答不啻是一部新儒学观照下的人性论简史：

> 孔子虽不言相近之为气质，然其于《易大传》之言性，则皆与“相近”之云者不类，是固不无二者之分矣。但圣人于此盖罕言之，而弟子有不得而闻者，故其传者止是，而无以互相发明耳。孟子虽不言气质之性，然于告子“生之谓性”之辩，则亦既微发其端矣。但告子辞穷无复问辩，故亦不得尽其辞焉。孟子既没，学失其传，吾儒之言性者漫不省此，而支离穿凿之说满天下。学者方且昏迷眩瞀，不知所定，而为释氏者又鼓其荒诞之说而乘之，虽其高妙虚无，若不可诘，然核其实，则所谓蠢动含灵皆有佛性之说，所谓作用是性之说，皆不过告子“生与食色”之余论耳。至于性之为理，与其仁义礼智之蕴，恻隐羞恶恭敬是非之发，则反以为前程妄想而弃绝之，及论智愚善恶之不齐，则举而归之轮回宿习不可致诘之地。举世之人亦且崇信而归往之，无有能异其说者。及周子出，始复推太极阴阳五行之说，以明人物之生，其性则同，而气质之所从来，其变化错揉有如此之不齐者。至于程子则又始明性之为理，而与张子皆有气质之说。然后性之为善者，无害于气质之有不善；气质之不善者，终亦不能乱性之必为善也。此其有功于圣门而惠于后学也厚矣，子尚安得以其无所据而为疑耶？

朱熹认为，天地之性与气质之性的二分在孔、孟的思想中已经“微发其端”。

其实,这个"端"只是孔、孟言性有"性相近"和"人性之善"的不同。程颐说,孔子的"性相近"是讲气质之性,孟子的"人性之善"是讲本源之性,这是宋代新儒学对孔、孟思想的一种"诠释和建构",或者说"继承和发展"。"孟子既没,学失其传,吾儒之言性者漫不省此,而支离穿凿之说满天下",这就是指孟子以后的性恶论、性善恶混、性三品诸说。当儒家学者"昏迷眩瞀,不知所定"之时,佛教的佛性论乃由以"乘之"。在朱熹看来,佛教的"蠢动含灵皆有佛性"和"作用是性"①之说,都不过是告子言性的"余论"。其实,告子言性与佛教言性相差殊绝。佛教言性是有一个"真如缘起"的世界观(本体论)体系,"真如"即世间万法的本体,此本体即"蠢动含灵"皆有的佛性,而其功能和显现即是"作用"。佛教的佛性论当然不同于儒家的性善论,儒家的仁义礼智之说在佛教看来亦是"尘劳妄想"②。当"举世之人"都在崇信佛教之说时,乃有周、张、二程出,复兴儒学,重建了儒家的人性论。

朱熹以周敦颐为道学之开山,因为自周子"始复推太极阴阳五行之说,以明人物之生,其性则同,而气质之所从来,其变化错揉有如此之不齐者"。这就是说,新儒家的人性论有一个"太极阴阳五行之说"(亦即"理气"之说)的世界观(本体—宇宙论)体系,因为有了这个体系,有了"太极"作为世界万物的本体,那就不是只讲"人性",而是讲"人物之生,其性则同"了。二程的最大贡献是明确提出"性即理也"(张载亦说"天道即性也"),二程与张载又都提出了"气质"之说。本源之性与气质之性的思想,既肯定了"性之为善",又解释了人与万物之所以有性之"不齐";除了性善论是讲本源之性外,其余性相近、性恶、性善恶混、性三品等都可以归入气质之性。这的确是一个综合性、创新性的宏大理论建构,"其有功于圣门而惠于后学也厚矣"。

本源之性与气质之性的思想,不仅综合了传统儒家的人性论诸说,而且

---

① 《景德传灯录》卷三:"(异见)王怒而问曰:'何者是佛?'(波罗提)答曰:'见性是佛'。王曰:'师见性否?'答曰:'我见佛性。'王曰:'性在何处?'答曰:'性在作用。'……波罗提即说偈曰:'在胎为身,处世名人,在眼曰见,在耳曰闻,在鼻辨香,在口谈论,在手执捉,在足运奔。遍现俱该沙界,收摄在一微尘,识者知是佛性,不识唤作精魂。'"

② 《孟子或问》卷十一:"曰:程子尝云佛亦言性本善,然则所以异于吾说者,何也?曰:佛之所谓善,空而无物之谓也。若吾之所谓善者,则彼固以为尘劳妄想,而为不善之尤矣。惜乎问者之不及此,而不足以发程子之言也。"

从传统儒家的性善论发展到新儒家的泛性善论。这种不同给"注释和诠释"孟子的性善论"本文"造成了困难。孟子的性善论是讲"人性之善",即"人之所以异于禽兽者",此性善虽然是"天之所与我者"(《孟子·告子上》),但其并非世界万物的本原。因此,孟子在反驳告子的"生之谓性"时,只强调了人性不同于犬牛之性,而无涉人与犬牛是"理同气异"还是"气同理异"的问题。当二程把孟子的性善论纳入道学的思想体系时,一方面把孟子所言性善归于本源之性,另一方面批评告子的"生之谓性"是"只道一般",而"生之谓性,止训所禀受也;天命之谓性,此言性之理也"。依二程所说,孟子所言性善应该上升到"性之理也"的"一般",而告子所言"生之谓性"应该是讲人与犬牛禀受不同的气质之性,这样才符合道学的思想体系。然而,在孟子的"本文"中,恰恰是孟子强调了人性不同于犬牛之性的"特殊",而告子的"生之谓性"则是讲"犬之性犹牛之性,牛之性犹人之性"的"一般"。朱熹在注释和诠释"生之谓性"章时所遇到的困难,就是弥合道学的思想体系与孟子的"本文"之间的差距的困难。

朱熹是宋代道学的"集大成"者。所谓"集大成",一方面是说他并非宋代道学的原创性人物,另一方面是说其学术成就"致广大,尽精微,综罗百代矣"(《宋元学案·序录》)。从道学思想体系的建构来说,朱熹的"集大成"主要是把二程的理本论和张载的气本论综合在一起,而肯定周敦颐的"太极阴阳五行之说"则为这种综合提供了理论的架构。这是他在《太极图说解》中所做的工作,《太极图说解》以及他在《知言疑义》(1170年)中提出"心统性情",标志着朱熹的哲学体系已经完成。从儒家经典的注释和诠释来说,朱熹几乎"遍注群经",而朱熹之注经亦是综合了前辈道学家和经学家的成果。《论孟集注》就是在朱熹所编《论孟精义》的基础上完成的[1]。在《孟子精义》的"生之谓性"章,朱熹编集了明道、伊川、横渠以及杨氏、尹氏的数十

---

① 晁公武《郡斋读书志》卷五上:"《论语精义》十卷、《孟子精义》十四卷,右明道、伊川、横渠三先生,成都范氏、荥阳吕氏、蓝田吕氏、上蔡谢氏、建安游氏、延平杨氏、河东侯氏、河南尹氏十一人之说,晦庵先生所编集也。初曰《精义》,后改《集义》。""《论语集注》十卷、《孟子集注》十四卷,右朱文公所著也。先生之于《语》《孟》始集程、张、吕、范十一人之说,以为《集义》,既又本之注疏,参之释文,采之儒先,断之详说,以为《集注》。《语》《孟》之精微,盖萃于此书矣。"

条有关人性的语录，这些语录可谓都有创见，但所说的角度各有不同，而且无一能够弥合道学思想与《孟子》“本文”之间的差距。如伊川云：

孟子言性，当随文看。不以告子“生之谓性”为不然者，此亦性也。彼命受生之后谓之性尔，故不同。继之以“犬之性犹牛之性，牛之性犹人之性欤”，然不害为一。若乃孟子之言善者，乃极本穷源之性。

所谓“当随文看”，实即不完全按照《孟子》“本文”的原意来作解读和发挥。试想如果把伊川的犬、牛、人之性“不害为一”写入《孟子集注》，那可真是“若如所论，则孟子之言为不当，而告子白雪、白羽、白玉之白更无差别，反为至论矣”。朱熹注经与其前辈道学家不同，《四书集注》的使命不是突破经典“本文”的原意而提出原创性的思想，而是要使道学的思想尽量贴近经典“本文”的原意①。甚至可以说，朱熹注经首先考虑的是符合经典“本文”的原意。朱熹“论自注书”云：

某于文字，却只是依本分解注。大抵前圣说话，虽后面便生一个圣人，有未必尽晓他说者。盖他那前圣，是一时间或因事而言，或主一见而立此说。后来人却未见他当时之事，故不解得一一与之合。且如伊川解经，是据他一时所见道理恁地说，未必便是圣经本旨。（《语类》卷一〇五）

每常解文字，诸先生有多少好说话，有时不敢载者，盖他本文未有这般意思在。（同上）

可见，朱熹的《四书集注》虽然是用道学的思想来“诠释”孔、曾、思、孟的“本文”，但这种“诠释”并非不顾“本文”原意的“过度诠释”，而是“依本分解注”，力求体现“圣经本旨”。职此之故，朱熹在注解《孟子》的“生之谓性”章时只能取“气同理异”说，最大限度也只能修改为“气异而理异”。所谓“理

① 蔡清《四书蒙引》卷一：“《论》《孟》注曰‘集注’者，亦谦词也，述而不作之意也。”“《学》《庸》注言‘章句’，亦谦词也，如近时陈选公注《小学》，亦只题曰‘句读’云。”

异”实已经是对孟子性善论思想的一种道学“诠释”,因为孟子并没有人性之善与犬牛性善有差异的思想;但若改为“理同”,那就与孟子的“本文”完全相违了。然而,这样也就终留下“恐于(理之)一原处未甚分明”的遗憾,这乃不得已之事。更大的问题是,它与《太极图说解》确立的“理同气异”思想相矛盾。这个矛盾不是朱熹思想体系内部的矛盾,而是朱熹弥合道学思想与《孟子》“本文”之间的差距的困难。这个困难是不能克服的,若要使《孟子》“本文”完全符合道学思想,那也只能再编一个《孟子要略》,其中没有“生之谓性”章。明乎此,就可把朱熹著述中凡关于“气同理异”以及“气异而理异”的诸说都不算作朱熹本人的哲学思想,而只是朱熹牵就《孟子》本文的“经说”。至于所谓“性最难说,要说同亦得,要说异亦得”云云,那就是朱熹两方面牵就的“丐词”了。

(原载《中国文化与哲学》第3辑,2008年11月)

中韩儒学的“性情之辨”与“人物性同异之辨”

中国的朱子学自高丽朝后期传入韩国后，在韩国的儒学史上展开了两次著名的大辩论，即“四端”与“七情”之辩与“人物性同异”之辨，前者又称“四七之辩”，后者又称“湖洛论争”。这两次大辩论突显了韩国儒学的特色，学界对此已论述颇多。而我认为，这两次大辩论的根源还在于，中国的先秦儒学与宋代理学在“性”与“情”以及“人物性同异”等问题上的差异，宋代的理学家在把先秦儒学发展为宋代理学时并没有完全弥合二者间的差异，因此，在论述上出现了一些不同的说法。这些不同说法中所蕴含的问题或矛盾，在中国儒学史上没有展开讨论，而在韩国儒学的“四七之辩”和“湖洛论争”中却得以深入展开，这也确实颇见韩国儒学的特色。

一、先秦儒学与宋代理学的“性情之辨”

先秦儒学虽然有“性”与“情”两个概念，但基本上是“性情一体”。至汉代儒学，有“性善情恶”与“性情相应”两说[①]。从性善论立说，而有“性情之辨”的是宋代的理学家。

孔子论“性”在《论语》中只有“性相近也，习相远也”（《论语·阳货》）一说，这主要是为孔子所主张的“有教无类”提供人性论的根据。因为人皆可教，所以孔子所说的“性相近”大致是说人之本善或向善的本性相近，其中无

---

① 关于汉唐儒学的“性善情恶”与“性情相应”思想，本文从略，可参见拙著《中国传统哲学纲要》，中国社会科学出版社2008年版，第168—171页。

涉“性情之辨”的问题。

孔子论“仁”,有仁者“爱人”(《论语·颜渊》)之说,此“爱人”就是要“泛爱”人类所有的人①。孔子的学生有若说:“孝悌也者,其为仁之本与!”(《论语·学而》)孔子也说:“弟子入则孝,出则悌,谨而信,泛爱众而亲仁。”(同上)孝悌为“仁”之本始,故“仁”就是由此孝悌的“亲亲”之情而扩充为“老吾老以及人之老,幼吾幼以及人之幼”(《孟子·梁惠王上》),进而扩充为“泛爱众”,即泛爱所有的人。

孔子并没有以“仁”为人之本性的思想,因此,《论语》中的“孝悌也者,其为仁之本与”也就是孝悌为(是)仁之本的意思。在宋代理学之前,何晏的《论语集解》注:“本,基也。基立而后可大成也。苞氏曰:先能事父兄,然后仁道可成也。”皇侃的《论语义疏》云:“此更以孝悌解本,以仁释道也。言孝是仁之本,若以孝为本则仁乃生也。”邢昺的《论语正义》亦云:“君子务修孝悌以为道之基本,基本既立而后道德生焉。”此皆以孝悌是仁之本的意思。

孟子说:“仁者爱人,有礼者敬人。”(《孟子·离娄下》)汉代的董仲舒说:“仁者,爱人之名也。”(《春秋繁露·仁义法》)唐代的韩愈说“博爱之谓仁”(《韩昌黎集·原道》)。此亦皆以“爱人”解“仁”。

然而至宋代的理学家,因为有了以“天理”为世界的本原,“性即理也”和“性体情用”的思想,故而对“孝悌为仁之本”和“仁者爱人”有了一种新的解释。如程颐说:

> 爱自是情,仁自是性,岂可专以爱为仁?……退之言“博爱之谓仁”,非也。仁者固博爱,然便以博爱为仁则不可。(《程氏遗书》卷十八)
>
> 盖仁是性也,孝悌是用也。性中只有仁义礼智四者,几曾有孝悌来?仁主于爱,爱孰大于爱亲,故曰“孝悌也者,其为仁之本与”。(同上)
>
> “孝悌也者,其为仁之本与”,非谓孝悌即是仁之本,盖谓为仁之本

① 《吕氏春秋·爱类》篇云:“仁于他物,不仁于人,不得为仁。不仁于他物,独仁于人,犹若为仁。仁也者,仁乎其类者也。”

当以孝悌,犹忠恕之为道也。(《程氏外书》卷七)

朱熹循此也认为:

仁者,爱之理,心之德也。为仁,犹曰行仁。……所谓孝悌,乃是为仁之本。……(程子曰:)为仁以孝悌为本,论性则以仁为孝悌之本。……行仁自孝悌始,孝悌是仁之一事,谓之行仁之本则可,谓是仁之本则不可。盖仁是性也,孝悌是用也。性中只有个仁义礼智四者而已,曷尝有孝悌来?(《论语集注·学而》)

实际上,这可以说是宋代理学对先秦儒学的一种发展,但并非先秦儒学的本义。

孔子去世之后,孔门后学热衷于建构"性与天道"的理论体系,其代表作就是20世纪90年代出土荆门郭店竹简中的《性自命出》。此篇云:

凡人虽有性,心无定志,待物而后作,待悦而后行,待习而后定。喜怒哀悲之气,性也。及其见于外,则物取之也。性自命出,命自天降。道始于情,情生于性。始者近情,终者近义。知情[者能]出之,知义者能入之。好恶,性也。所好所恶,物也。善不[善,性也]。所善所不善,势也。

这里讲的"喜怒哀悲之气,性也""好恶,性也",就是把人之天生的未发之"情"作为人的本性,而"及其见于外,则物取之也",就是人的"感物而动"的已发之"情"。在这里,虽然有"性""情"之分(所谓"道始于情,情生于性"),但其以未发的"喜怒哀悲"和"好恶"为"性",实际上亦可说是"性情一体"。

相传为子思所作的《中庸》云:

天命之谓性,率性之谓道,修道之谓教。……喜怒哀乐之未发谓之中,发而皆中节谓之和。中也者,天下之大本也。和也者,天下之达道也。

在这里，“喜怒哀乐之未发”相当于说“喜怒哀悲之气，性也”，但赋予其“中”的属性，则其已经是性善论了；“发而皆中节谓之和”，则其已发之情本于性之“中”，就已不是“及其见于外，则物取之”了。因此，《中庸》的思想虽然没有明言“性善”，但其实质已经是性善论。此“性善”就是以人之情感的未发之“中”为性善，亦可谓“性情一体”。

孟子继之，明确地提出了性善论。孟子说：

> 恻隐之心，仁之端也；羞恶之心，义之端也；辞让之心，礼之端也；是非之心，智之端也。……凡有四端于我者，知皆扩而充之矣，若火之始然，泉之始达。苟能充之，足以保四海；苟不充之，不足以事父母。（《孟子·公孙丑上》）

孟子所谓“性善”，就是指人之本有“恻隐”“羞恶”“辞让”“是非”之心的“四端”，将此“四端”加以扩充，便是仁义礼智“四德”。孟子强调“苟能充之，足以保四海；苟不充之，不足以事父母”，可见“四端”还不是充足的善，只有顺此“四端”而加以扩充，才能成为“足以保四海”的“四德”。

关于“四端”与“四德”的关系，犹如“孝悌”与“仁”的关系，孟子实即以人之天生有“四端”和“孝悌”之心为人之性善。故孟子说：

> 人之所不学而能者，其良能也；所不虑而知者，其良知也。孩提之童，无不知爱其亲也；及其长也，无不知敬其兄也。亲亲，仁也；敬长，义也。无他，达之天下也。（《孟子·尽心上》）

这里的“爱亲”“敬长”就是孝悌。在孟子的思想中，“孝悌”之心和“四端”之心都可谓人所固有的“良知”“良能”，亦即孟子所说的性善。此处言“亲亲，仁也；敬长，义也”，实际上应该理解为“亲亲，仁之本也；敬长，义之本也”，即孝悌是仁义的本始，只有“老吾老以及人之老，幼吾幼以及人之幼”，直到“达之天下”，才是“亲亲而仁民，仁民而爱物”的仁义。

在宋代理学之前，汉赵岐《孟子注》云：“端者，首也。人皆有仁义礼智之首，可引用之。”宋初孙奭《疏》云：“孟子言人有恻隐之心，是仁之端，本起于此也。……此孟子所以言恻隐、羞恶、辞让、是非四者，是为仁义礼智四者之端本也。”其中并没有以仁义礼智“四德”为人之性善，而“四端”只是“四德”所发之“情”的思想。

至宋代理学家程颐提出：“恻隐固是爱也，爱自是情，仁自是性，岂可专以爱为仁？……既曰‘仁之端’，则不可便谓之仁。”（《程氏遗书》卷十八）朱熹的《孟子集注》亦云：“恻隐、羞恶、辞让、是非，情也。仁、义、礼、智，性也。心，统性情者也。端，绪也。因其情之发，而性之本然可得而见，犹有物在中而绪见于外也。”程朱把“恻隐之心”（同情之爱心）等“四端”称为“情”是对的（此正可见孟子的性善论是“性情统一”），但是以仁义礼智“四德”为性，以“四端”为“四德”之性所发出来的“端绪”，又谓“心统性情”等，却并非孟子思想的本义，而是对孟子思想的一种发展。

朱熹所谓“心统性情”的“情”，并不是仅指“四端”，而是泛指人的多种情感，即所谓“喜怒哀惧爱恶欲”的“七情”[①]。此“四端”与“七情”在朱熹的“理气心性”思想体系中应是何种关系，这就是韩国儒学展开“四七之辩”的根源。

二、韩国儒学的“四七之辩”

韩国儒学的“四七之辩”是在朱子理学的基础上展开的。以下我们参照李甦平研究员的《韩国儒学史》，梳理这一论辩的过程和主要观点，并以上述先秦儒学与宋代理学的“性情之辨”为背景而略作评说。

韩国儒学的“四七之辩”发端于后期高丽儒学权近的“天人心性合一之图”[②]，此图是模仿周敦颐的《太极图说》，用以说明朱子所说“天以阴阳五行化生万物，气以成形，而理亦赋焉”。在此图中，“天”的两侧写有“元亨利

① 《礼记·礼运》篇云：“何谓人情？喜怒哀惧爱恶欲七者，弗学而能。……故圣人所以治人七情，修十义，讲信修睦，尚辞让，去争夺，舍礼何以治之？”

② 参见李甦平：《韩国儒学史》，人民出版社2009年版，第192页。

贞”，这是天之“四德”。“天”之下是“诚命”，用以连接天道与人道。“诚命”之下写有“理之源：性信心”，其两侧写有“仁义礼智”，此即表示“性即理也”，而“仁义礼智”就是“性”。在“仁义礼智”的右侧写有“情：恻隐、辞让、羞恶、是非”，其下又对应着“仁之端、礼之端、义之端、智之端”，此即表示由“仁义礼智”之“性”所发出来的“四端”之“情”。而在“仁义礼智”左侧又写有“意：几善恶”，然后是“气之源：喜怒哀乐爱恶欲”。显然，此图是以“仁义礼智”为“性”，而“心”则有理、气两个来源，“心”之未发之“体”即是“性”，“心”之已发之“用”即是“情”，这是表达朱子“心统性情”的观点。值得注意的是，权近以“四端”为“情”，而以“喜怒哀乐爱恶欲”（七情）为“意”，他明确地认识到“四端”与“七情”在善恶问题上的区别，即“四端”是有善无恶，而“七情”则是“几善恶”（其发有“中节”与“不中节”的问题），故以“情”与“意”分别表述之。但他以“四端”为“情”，以“七情”为“意”，这又超出了朱子的思想，朱子所谓“心统性情”的“情”，广言之即指“七情”，而以“四端”为“情”，则此“情”应亦在“七情”之中，朱子并没有说过“心统性、情、意”。当然，此中问题的根源是在孟子的思想中“四端”之“情”即为“性”，这是在程朱理学有了“性体情用”之分后所引发的问题。

进入朝鲜朝之后，“四七之辩”首先在大儒李退溪与奇高峰之间展开。退溪说：“夫四端，情也；七情，亦情也。”“性情之辩，先儒发明详矣。惟四端七情之云，但俱谓之情，而未见有以理气分说者焉。”[①]这是把“四端”仍然称为“情”，而退溪的创发就是要“以理气分说”来处理“四端”与“七情”的关系。退溪说：

> 四端之发，孟子既谓之心，则心固理气之合也。[②]
>
> 天下无无理之气，无无气之理。四端，理发而气随之；七情，气发而理乘之。[③]

① 李退溪：《答奇明彦〈论四端七情第一书〉》，参见李甦平：《韩国儒学史》，人民出版社2009年版，第269、270页。

② 李退溪：《答奇明彦〈论四端七情第一书〉》，参见同上书，第271页。

③ 李退溪：《答李宏仲问目》，参见同上书，第275页。

退溪关于“四端”与“七情”的观点，即可以归之于“四端是理发而气随，七情是气发而理乘”。在其理论前提中则包含了朱子的“心”是“理气之合”，心之体即“性”，“性即理也”，心之用即“情”，“情”有“四端”和“七情”等观点。朱子曾有“四端是理之发，七情是气之发”（《朱子语类》卷五十三）之说，退溪的“四端是理发而气随，七情是气发而理乘”则比朱子所说更为圆融。

然而，退溪虽然承认了“四端”和“七情”都是“情”，但是仍把二者分言之，一说是“理之发”，一说是“气之发”。奇高峰与退溪的争论就是针对此而提出了“四七同质”的观点。奇高峰说：

> 四端七情，固均是情也。……盖子思论性情之德，以中和言之，而曰喜怒哀乐，则情之兼理气，有善恶者，固浑沦言之，所谓道其全也。孟子发明性善之理，以仁义礼智言之，而曰恻隐、羞恶、辞让、是非，则只以情之善者言之，所谓剔拔出来也。
>
> 愚谓四端七情，无非出于心者。而心乃理气之合，则情固兼理气也。非别有一情，但出于理而不兼乎气也。①

奇高峰把“四七之辩”的争论追溯到《中庸》与《孟子》的所言之不同。《中庸》云：“喜怒哀乐之未发谓之中，发而皆中节谓之和。”朱熹的《中庸章句》注云：“喜怒哀乐，情也。其未发，则性也，无所偏倚，故谓之中。发皆中节，情之正也，无所乖戾，故谓之和。”可见，《中庸》亦是以未发之“情”为性善，这正是“性情一体”；而“情”之已发，便有中节与不中节的问题。在高峰看来，“情之兼理气”，这是道“七情”之全，而孟子“发明性善之理”，提出“四端”之说，只是“以情之善者言之”，亦即从“七情”中“剔拔”出来，并非在“七情”之外另有“四端”。应该说，高峰的观点更为符合《中庸》与《孟子》的本义。但是，为什么“四端”之情有善无恶，而“七情”之总体却有中节与不中节的“几善恶”的问题？这是子思和孟子所没有解决的问题，而高峰则利用宋代理学的“天命之性”与“气质之性”的思想，认为情之“发而中节”所显现的

---

① 奇高峰：《答退溪论四端七情书》，参见李甦平：《韩国儒学史》，人民出版社2009年版，第300、301页。

是“天命之性,本然之体,而与孟子所谓‘四端’者同实而异名者也”;情之“发不中节”,则是“气禀物欲之所为,而非复性之本然也”[①]。

高峰之后,对退溪的“四七”之说进行批评的是另一位大儒——李栗谷。他指出:

> 退溪之病,专在于“互发”二字。
>
> 理,形而上者也;气,形而下者也。二者不能相离,既不能相离则其发用一也,不可谓互有发用也。若曰互有发用,则是理发用时,气有所不及;气发用时,理或有所不及也。如是,理气有离合,有先后,动静有端,阴阳有始矣。其错不小矣。[②]

退溪之说可以概括为四端是“理发而气随之”,七情是“气发而理随之”,栗谷所谓“退溪之病,专在于‘互发’二字”,其实,栗谷所针对的只是“理发”[③]。在栗谷看来,理、气虽然有形而上、下之分,但是理、气“不能相离”,二者并没有先后可言,而且“理无为而气有为”[④],理虽然是气之主宰,但是理只是决定了气之动静的“所以然”,“阴静阳动机自尔也,非有使之者也”[⑤],理本身并不动静,而只是“乘”于气(如朱熹所说“如人跨马相似”),是气的动静之理。以此来批评退溪的四端是“理发而气随”之说,那就是“理发用时,气有所不及”,理、气有了先后,而且“理发”就是理本身有了动静,这样就违反了朱熹所肯定的程子所谓“阴阳无端,动静无始”。栗谷反对“理发”之说,而认为“盖气发理乘一途之说,推本之论也”[⑥]。也就是说,无论四端还是七情都是“气发理乘”,“七情实包四端,非二情也”[⑦],“四端只是善情之别名,言七情,

---

① 奇高峰:《答退溪论四端七情书》,参见李甦平:《韩国儒学史》,人民出版社 2009 年版,第 304 页。

② 李栗谷:《答成浩原》,参见同上书,第 334、335 页。

③ 栗谷之后,其门下的金沙溪就已指出:“退溪之病,专在于‘理发’二字矣。”参见同上书,第 411 页。

④ 李栗谷:《答成浩原》,参见同上书,第 329 页。

⑤ 李栗谷:《答成浩原》,参见同上书,第 328 页。

⑥ 李栗谷:《答成浩原》,参见同上书,第 337 页。

⑦ 李栗谷:《圣学辑要》二,参见同上书,第 340 页。

则四端在其中矣”[①]。四端就在七情之内，只是七情中的“善情”。至于七情中为什么有“善情”和“不善”之情，栗谷亦如奇高峰之说，用“本然之性”与“气质之性”的关系解释之：“本然之性则不兼气质而为言也，气质之性则却兼本然之性，故四端不能兼七情，七情则兼四端。”[②]又用“道心”与“人心”的关系解释之：“人心道心俱是气发”[③]，当理乘本然之气而发时为“道心”，当理乘变化之气而发时为“人心”。

以退溪和栗谷为代表的“四七之辩”，涉及理在气先还是理气妙合，以及理之动与不动等问题，朱熹在这些问题上有着不同的说法。而“性情之辨”的根源还在于先秦儒学与宋代理学对性与情的关系有着不同的义理架构。

三、先秦儒学与宋代理学的“人物性同异之辨”

先秦儒学论“性”，主要是讲人性，而与物性相区别。至宋代理学，儒家的性善论已发展为“泛性善论”，由此而有朱子的“理同气异”“气同理异”以及“气异则理异”等不同的说法。

孔子说“性相近也，习相远也”，这当然说的是人性相近，而无涉物性的问题。

孟子论性善，明确指出是：“人性之善也，犹水之就下也。人无有不善，水无有不下。”(《孟子·告子上》)其反驳告子说：“生之谓性也，犹白之谓白与？……白羽之白也，犹白雪之白；白雪之白，犹白玉之白与？……然则犬之性犹牛之性，牛之性犹人之性与？”(同上)显然，孟子所讲的性善是“人性之善”，人性不同于犬、牛之性，这也就是“人之所以异于禽兽者”(《孟子·离娄下》)。

孟子之后，荀子认为“人之性恶，其善者伪也”(《荀子·性恶》)，扬雄认为“人之性也，善恶混”(《法言·修身》)，董仲舒、王充、荀悦、韩愈等人则持“性三品”说，如王充所归纳：“孟轲言人性善者，中人以上者也；孙(荀)卿言

---

① 李栗谷：《答成浩原》，参见李甦平：《韩国儒学史》，人民出版社2009年版，第341页。

② 李栗谷：《答成浩原》，参见同上书，第340页。

③ 李栗谷：《答成浩原》，参见同上书，第343页。

人性恶者,中人以下者也;扬雄言人性善恶混者,中人也。"(《论衡·本性》)总之,在宋代理学之前,儒家论"性"虽然有多种说法,但都是讲的"人之性",而非禽兽或物之性。

宋代的理学家继承了孟子的性善论,而又从人之性善发展到人与物"莫不有是性"的泛性善论。儒家论"性"之所以有这一转变,实是受到佛教思维方式的影响。佛教把世俗世界分为"有情世间"和"器世间"。"有情"亦称"众生",是指有情识的生物,包括人和其他动物(畜生)以及天、阿修罗、饿鬼、地狱,即所谓"六趣"或"六凡"。"器世间"是指无情识的山河、大地、日月、草木、宫室等,即众生所依止的生存环境。佛教所谓"一切众生悉有佛性",是说佛性不仅为人所独有,而且是"有情世间"包括禽兽在内的"六凡"所共有。至隋代,天台宗的创始人智顗从其"圆融三谛"说中推出"一色一香,无非中道"(《法华玄义》卷一上),三论宗的创始人吉藏亦认为"众生有佛性,草木亦有佛性"(《大乘玄论》卷三),这样就扩大了"有佛性"的范围。中唐时期,被尊为天台宗九祖的湛然应用《大乘起信论》的"真如缘起"思想,系统地论证了有情众生和无情之物都是真如随缘而起,万法皆具真如,因而"无情"亦有佛性。他在以答客问的形式写的《金刚錍》中说:

> 万法是真如,由不变故;真如是万法,由随缘故。子信无情无佛性,岂非万法无真如耶?故万法之称,宁隔于纤尘;真如之体,何专于彼我!是则无有无波之水,未有不湿之波。在湿讵间于混澄,为波自分于清浊。虽有清有浊,而一性无殊。

这就是说,真如是一切事物(万法)的本原,世间事物虽然有无情与有情之别,但真如遍在于一切,无论有情与无情,都"一性无殊",即都具有佛性。这就是湛然提出的"无情有性"之说。

宋代的理学家"出入释老","反而求之六经",他们建构了与释老不同的世界观体系,而在人性论方面则吸收了佛教的世界本体(真如)即性(佛性)的思维方式,由此而从传统儒家的性善论发展为泛性善论。张载以"太虚无形,气之本体"的"至静无感"为"性之渊源"(《正蒙·太和》),认为"天道即性也”(《横渠易说·说卦》),“天性在人,正犹水性之在冰,凝释虽异,为物一也”(《正蒙·诚明》,此性即纯善的“天地之性”。张载又说:

> 性者,万物之一源也,非有我之得私也。(同上)
>
> 凡物莫不有是性,由通蔽开塞,所以有人物之别;由蔽有厚薄,故有智愚之别。塞者牢不可开,厚者可以开而开之也难,薄者开之也易。(《张子语录·后录下》)

这里作为“万物之一源”的、“非有我之得私”的性,就已不仅是传统儒家的性善论,而且是“凡物莫不有是性”的泛性善论了。人与万物的本源之性(“天地之性”或“本然之性”)相同,而“人物之别”是被所禀气质的“通蔽开塞”所决定的,这是理学家关于泛性善论以及“人物性同异”的基本思想。如二程也说:

> 所以谓万物一体者,皆有此理,只是从那里来。“生生之谓易”,生则一时生,皆完此理。人则能推,物则气昏,推不得,不可道他物不与有也。(《程氏遗书》卷二上)
>
> 天地之间,非独人为至灵,自家心便是草木鸟兽之心也,但人受天地之中以生尔。人与物但气有偏正耳。独阴不成,独阳不生。得阴阳之偏者为鸟兽、草木、夷狄,受正气者人也。(《程氏遗书》卷一)

这里所谓“只是从那里来”,如同张载所说的“万物之一源也”,是一种本体—宇宙论的思维方式。以这种思维方式讲“性”,则必然是“凡物莫不有是性”。二程认为,“性即理也”,所谓“万物一体者,皆有此理”,亦即万物皆有此“性”的意思。所谓“人则能推,物则气昏”“人与物但气有偏正尔”,相当于张载所说的“由通蔽开塞,所以有人物之别”。

朱熹的思想从性善论进至泛性善论,是因为受到其师李侗的指点。《延平答问》记载:

> 壬午六月十一日书:……来谕以谓“仁是心之正理,能发能用底一个端绪……”此说推扩得甚好。但又云:“人之所以为人,而异乎禽兽者,以是而已,若犬之性、牛之性则不得而与焉。”若如此说恐有碍。盖天地中所生物,本源则一,虽禽兽草木,生理亦无顷刻停息间断者。但人得其秀而最灵,五常中和之气所聚,禽兽得其偏而已,此其所以异也。……若以为此理唯人独得之,即恐推测体认处未精,于他处便有差也。

壬午年(1162年)时朱熹33岁,思想尚未成熟。他在给李侗的信中认为“仁是心之正理”,“唯人独得之”,这是人之所以“异乎禽兽者”,“若犬之性、牛之性则不得而与焉”。此说正可谓如实地理解了孟子的性善论。但是李侗作为洛学“道南”一脉的传人,显然已谙熟理学的泛性善论思想,故指出此说“有碍”,天地所生人与万物“本源(之性)则一”,禽兽草木亦具此“生理”(性),人与禽兽的区别只是“人得其秀(气)而最灵,五常中和之气所聚,禽兽得其(气)偏而已”。经李侗的指点,朱熹“思之而得其说”,又复信求正于李侗:

> 熹窃谓:天地生物本乎一源,人与禽兽草木之生,莫不具有此理,其一体之中即无丝毫欠剩,其一气之运亦无顷刻停息,所谓仁也。但气有清浊,故禀有偏正。惟人得其正,故能知其本具此理而存之,而见其为仁。物得其偏,故虽具此理而不自知,而无以见其为仁。然则仁之为仁,人与物不得不同。知人之为人而存之,人与物不得不异。

朱熹此说已完全达到了理学的泛性善论的思想高度。所谓“莫不具有此理,其一体之中即无丝毫欠剩”,即人与万物的本源之性(理)相同;而人与万物的区别只是因所禀之气有“偏正”,故此理(仁)有“见”(现)与“不见”的不同。李侗对此说无异议,只批示云:“有有血气者,有无血气者,更体究此处。”李侗的批示只是指出在“物得其偏”中也有区别,所谓有无“血气”大致相当于佛教所谓“众生”与“无情”的区别。

以上李侗、朱熹所说可以概括为“理(性)同气异”。此后朱熹在《答徐元聘》书信中说:“人物之性本无不同,而气禀则不能无异耳。……然性只是理……只是随气质所赋之不同,故或有所蔽而不能明耳,理则初无二也。至孟子说中所引,乃因孟子之言只说人分上道理,若子思之意则本兼人物而言之也。性同气异,只此四字,包含无限道理。”(《晦庵集》卷三十九)这里所谓“孟子之言只说人分上道理”,即孟子只是说“人性之善”,此与《中庸》“兼人物(之性)而言之”不同。这种不同在以后的《孟子集注》中造成注解的困难,以致留下了与“理(性)同气异”不同的“气同理异”(以及“气异则理异”)之说。

在《四书集注》之前,朱熹已完成《太极图说解》,其中有云:

> 天下岂有性外之物哉!然五行之生,随其气质而所禀不同,所谓“各一其性”也。各一其性,则浑然太极之全体,无不各具于一物之中,而性之无所不在,又可见矣。
>
> 盖合而言之,万物统体一太极也;分而言之,一物各具一太极也。所谓天下无性外之物,而性无不在者,于此尤可以见其全矣。
>
> 盖人物之生,莫不有太极之道焉。然阴阳五行,气质交运,而人之所禀独得其秀,故其心为最灵,而有以不失其性之全,所谓天地之心,而人之极也。

这些都可以说是对于“理同气异”的更明确的表达。所谓“浑然太极之全体,无不各具于一物之中”“人物之生,莫不有太极之道”,即人与万物都“一性无殊”地具有“太极之全体”。在《朱子语类》中,朱熹对此还有更明确的解释:

> 气质是阴阳五行所为,性则太极之全体。但论气质之性,则此全体在气质之中耳,非别有一性也。(《语类》卷九十四)
>
> 禀得气清者,性便在清气之中,这清气不隔蔽那善;禀得气浊者,性在浊气之中,为浊气所蔽。(同上)

本只是一太极，而万物各有禀受，又自各全具一太极尔。如月在天，只一而已，及散在江湖，则随处而见，不可谓月已分也。(《语类》卷九十四)

朱熹借用了佛教的“月映万川”的比喻，这在理学的思想中就是讲“理一分殊”。所谓“分殊”，“不是(太极)割成片去，只如月映万川相似”(同上)，亦即只是“太极之全体”在气之“清浊”“偏正”或“通蔽开塞”中的显现有不同。朱熹对此还有更多的比喻，如云：

理在气中，如一个明珠在水里。理在清底气中，如珠在那清底水里面，透底都明；理在浊底气中，如珠在浊底水里面，外面更不见光明处。问：物之塞得甚者，虽有那珠，如在深泥里面，更取不出。曰：也是如此。(《语类》卷四)

亚夫曰：性如日月，气浊者如云雾。先生以为然。(同上)

只为气质不同，故发见有偏。……且如此灯，乃本性也，未有不光明者。气质不同，便如灯笼用厚纸糊，灯便不甚明；用薄纸糊，灯便明似纸厚者；用纱糊，其灯又明矣。撤去笼，则灯之全体著见，其理正如此也。(《语类》卷六十四)

也许这里的“灯笼”比喻最为生动，也最为浅明。气质之性的差别只是“发见”(显现)有偏，而人与万物的本源之性是完全相同的。至此，朱熹已经把“理同气异”的思想表述得非常明确。然而，在朱熹最为看重的《四书集注》中却出现了分歧。

朱熹在注解《孟子》书中的“然则犬之性犹牛之性，牛之性犹人之性与”时说：

人物之生，莫不有是性，亦莫不有是气。然以气言之，则知觉运动，人与物若不异也；以理言之，则仁义礼智之禀，岂物之所得而全哉？此人之性所以无不善，而为万物之灵也。(《孟子集注·告子上》)

这里的“以气言之……人与物若不异”,虽然用了一个“若”字,但意旨是讲“气同”;而“以理言之……”就是讲“理异”了。所谓“仁义礼智之禀,岂物之所得而全哉”,显然与“太极”不可分(“只如月映万川相似”)、人与万物“自各全具一太极”的思想相矛盾。

《朱子语类》卷五十九讨论“生之谓性章”云:

> 犬牛禀气不同,其性亦不同。问:犬牛之性与人之性不同,天下如何解有许多性?……濂溪作《太极图》,自太极以至万物化生,只是一个圈子,何尝有异?曰:人物本同,气禀有异,故不同。又问:“是万为一,一实万分”,又如何说?曰:只是一个,只是气质不同。

由此可见,对于犬牛之性与人性的不同,本亦可以用《太极图说解》的思想来解释。但是在《孟子集注》中却出现了“气同理异”的思想,之所以如此,当是因为朱熹受到《孟子》“本文”的牵制。孟子没有天地之性与气质之性的划分,他所谓“人性之善”虽然是从“性之本”或“天命之性”的意义上说,但孟子并没有把此“性之本”作为世界(万物)的本原。这是孟子思想与理学思想的不同,因有此不同,故亦不能完全用理学的思想来“诠释”《孟子》的“本文”。

朱熹在淳熙四年(1177年)完成《论孟集注》《或问》以后,又逐渐完成《大学章句》和《中庸章句》。在对《大学》和《中庸》的注解中,朱熹都持“理同气异”的观点。《大学章句》解释“明明德”有云:“明德者,人所得乎天而虚灵不昧,以具众理而应万事者也。但为气禀所拘,人欲所蔽,则有时而昏,然其本体之明则有未尝息者。”这是用“理同气异”来解释人之性,似无涉人与物的理气同异问题,但《大学或问》解释“明明德”有云:“天道流行,发育万物……以其理而言之,则万物一原,固无人物贵贱之殊;以其气而言之,则得其正且通者为人,得其偏且塞者为物,是以或贵或贱而不能齐也。”可见朱熹对《大学》的诠释是持“理同气异”说。

《中庸章句》解释“天命之谓性,率性之谓道”有云:

> 人物之生，因各得其所赋之理，以为健顺五常之德，所谓性也。……人物各循其性之自然，则其日用事物之间，莫不各有当行之路，是则所谓道也。……性道虽同，而气禀或异，故不能无过不及之差。

这里的“性道虽同，而气禀或异”，也是“理同气异”的观点。《中庸章句》解释“能尽其性，则能尽人之性；能尽人之性，则能尽物之性”有云：“人、物之性，亦我之性，但以所赋形气不同而有异耳。”《语类》卷六十四亦云：“尽人性，尽物性，性只一般，人物气禀不同。……物禀得气偏了，无道理使开通，故无用教化。”在对《中庸》所谓“致曲”的解释中，朱熹亦云：“只为气质不同，故(理)发见有偏”，然后使用了“灯笼”的比喻。

统观朱熹对“人物性同异”的论述，除了在解释《孟子》“生之谓性”章时遇到困难之外，其余占据主流的是“理同气异”的思想。然而，在朱熹的论述中亦有不少处将此问题讲得模棱两可，如《语类》卷四载：

> 人物之生，天赋之以此理未尝不同，但人物之禀受自有异耳。如一江水，你将杓去取，只得一杓；将碗去取，只得一碗；至于一桶一缸，各自随器量不同，故理亦随以异。
>
> 惟其所受之气只有许多，故其理亦只有许多。如犬马，他这形气如此，故只会得如此事。又问：物物具一太极，则是理不全也。曰：谓之全亦可，谓之偏亦可。以理言之则无不全；以气言之则不能无偏。

以上论述可以理解为“气异则理异”，或者说，因人与物所禀形气的不同，故人与物所禀天理在“量”上有差别。但这种说法明显地与“太极”不可分的思想相矛盾，“杓碗”之喻明显不同于“月映万川”“明珠”“灯笼”等比喻。故在回答“物物具一太极，则是理不全”的质疑时，朱熹乃至有“谓之全亦可，谓之偏亦可”的“权说”。

朱熹的弟子黄康伯曾求问于朱熹：“《中庸章句》谓‘人物之生，各得其所赋之理，以为健顺五常之德’，《或问》亦言‘人物虽有气禀之异，而理则未尝不同’。《孟子集注》谓‘以气言之，则知觉运动，人与物若不异；以理言之，则仁义礼智之禀，岂物之所得而全哉？'二说似不同。岂气既不齐，则所赋之理亦随以异欤？"朱熹的回答是：

论万物之一原，则理同而气异；观万物之异体，则气犹相近而理绝不同也。气之异者粹驳之不齐，理之异者偏全之或异。幸更详之，自当无可疑也。(《晦庵集》卷四十六《答黄康伯四》)

究实言之，朱熹的回答不能不使人生疑。所谓"万物之一原"与"万物之异体"，本来就是道学的"理一分殊"问题。此以"理同而气异"和"气犹相近而理绝不同"分别解释"理一"和"分殊"，实是把相互矛盾的两说牵强合在一起。

四、韩国儒学的"人物性同异之辩"

正如韩国儒学的"四七之辩"开端于阳村权近，而其"人物性同异之辩"也是肇始于权近。权近说：

人物之生，其理则周，而气有通塞偏正之异，得其正则通者为人，得其偏且塞者为物。①

性者，天所命而人所受其生之理具于吾心者也。……人与万物其理则同，而气质之禀有不同者焉。②

显然，权近所说是作为理学主流思想的人、物之性"理同气异"的观点。

李栗谷在阐发其"理通气局"之说时说：

人之性非物之性者，气之局也。人之理即物之理者，理之通也。方

① 阳村权近：《天人心性合一之图》，参见李甦平：《韩国儒学史》，人民出版社2009年版，第193页。

② 阳村权近：《性之图》，参见同上书，第202页。

圆之器不同，而器中之水一也；大小之瓶不同，而瓶中之空一也。气之一本者，理之通故也；理之万殊者，气之局故也。[1]

理通者，天地万物同一理也。气局者，天地万物各一气也。[2]

栗谷的“理通气局”之说，亦是持人、物之性“理同气异”的观点。

至南塘韩元震（湖派学者）和魏岩李柬（洛派学者），则“人物性同异之辩”正式展开，而成为“湖洛论争”。魏岩重申栗谷的“理通气局”之说，亦以此来论证人、物之性“理同气异”。他说：

夫宇宙之间，理气而已。其纯粹至善之实，无声无臭之妙，则天地万物，同此一原也。……此即于穆不已之实体，人物所受之全德也。自古言一原之理，曷尝以性命而判之，人物为二哉？此子思所谓“天命之性”……朱子所谓“理同”，栗谷所谓“理通”者也。

人贵物贱，而偏全不齐；圣智凡愚，而善恶不伦；此即造化生成之至变，气机推荡之极致也。……此程子所谓“生之谓性”，朱子所谓“理绝不同”，栗谷所谓“气局”者也。[3]

魏岩还较充分地以朱子所说为根据，如其引朱子曰：“天命之谓性，则通天下一性耳。何相近之有？言相近者，是指气质之性而言，孟子所谓‘犬、牛、人性之殊’者亦指此而言也。”（《晦庵集》别集卷二《程允夫》）“孔子谓‘性相近也，习相远也’，孟子辨告子‘生之谓性’，亦是说气质之性。”（《语类》卷五十九）“孟子言‘人所以异于禽兽者几希’，不知人何故与禽兽异，又言‘犬之性犹牛之性，牛之性犹人之性与’，不知人何故与牛犬异，此两处似欠中间一转语。”（《语类》卷四）“孟子之言只说人分上道理，若子思之意则本兼人物而言之也。性同气异，只此四字，包含无限道理。”（《晦庵集》卷三十九）魏岩认为这些是“朱子定论”，然而实际上，朱子在这一问题上却有着几种不同的

---

① 李栗谷：《与成浩原》，参见李甦平：《韩国儒学史》，人民出版社2009年版，第331页。
② 李栗谷：《圣学辑要》，参见同上书，第332页。
③ 魏岩：《杂著·五常辨》，参见同上书，第450、451页。

说法,而这些不同的说法也正是“湖洛论争”的根源。

湖派的南塘韩元震根据先秦儒学与宋代理学的不同文本而提出了“性三层”说,即第一层是“人与物皆同之性”,此以朱子《中庸章句》的“人物之性,亦我之性”为根据;第二层是“人与物不同而人则皆同之性”,此以朱子《孟子集注》的“以理言之,则仁义礼智之禀,岂物之所得而全哉”为根据;第三层是“人人皆不同之性”,此以孔子所说“性相近也”为根据①。关于性之第一层,南塘说:

> 盖以理之不囿乎形气而论其一原,则人之理即物之理,物之理即人之理,而其性无不同矣。②

这实际上是“理同气异”的观点,即人与物之理(本然之性)相同,而人与物的差别是由“形气”不同而造成的。关于性之第二层,南塘说:

> 就人心中,各指其气之理而名之……人则禀气则全,故其性亦皆全。物则禀气不能全,故其性亦不能全。此人与物不同而人则皆同之性也。③
>
> 言命于成形理赋之下,而成形之气不同,所赋之理亦随以不同,则亦以明夫命物之不同也。命之既不同,则人、物之生,因各得其所命之理以为性者,亦安能同乎?④

这是“气异则理异”的观点,南塘的主要观点在于此。而南塘与魏岩的争论,实即在这性之第二层的意义上展开。

朱熹说:“论万物之一原,则理同而气异;观万物之异体,则气犹相近而理绝不同也。”韩国儒学的“湖洛论争”,就是在朱熹这两说的基础上展开的。

---

① 韩元震:《南塘集·上师门》,参见李甦平:《韩国儒学史》,人民出版社2009年版,第459页。
② 韩元震:《南塘集·与崔成仲别纸》,参见同上书,第460页。
③ 韩元震:《南塘集·上师门》,参见同上书,第459页。
④ 韩元震:《南塘集·拟答李公举》,参见崔英辰:《韩国儒学思想研究》,邢丽菊译,东方出版社2008年版,第319页。

洛派的魏岩可以说是一贯地秉持了“论万物之一原，则理同而气异”的观点。而湖派的南塘则只是在性之第一层的意义上肯定了“理同而气异”，但是又更加强调了在性之第二层的意义上“观万物之异体，则气犹相近而理绝不同”以及从中所衍出的“气之异者粹驳之不齐，理之异者偏全之或异”①。追根寻源，朱熹之所以有这两种不同的说法，实是因为宋代理学已把先秦儒学的人之性善论发展为人与物“莫不有是性”的泛性善论，而朱熹在注解孟子的思想时又不同程度地迁就了《孟子》论人之性善的“本文”。

值得注意的是，在朝鲜朝后期的儒学中茶山丁若镛集“实学”之大成，他在对《论语》的解释中说：“仁者，人伦之爱也。”“孝悌为之根。”“程子曰‘孝悌谓之行仁之本则可，谓是仁之本则不可’，此与有子语不合。‘仁’与‘为仁’不必猛下分别也。”②这可以说是从宋代理学的“性情之辨”返回到先秦儒学的“性情一体”。茶山更接续了“湖洛论争”的议题，而讲人与物之“性异”的观点。他说：

> 人性即人性，犬牛之性即禽兽性。至论本然之性，人之合道义、气质而为一性者，本然也；禽兽之单有气质之性，亦本然也，何必与气质对言之乎？③

茶山与南塘皆持人与物之“性异”的观点。但南塘仍肯定宋代理学的“本然之性”与“气质之性”的区分，故他所说的“性异”只是物之“得理不全”的问题；而茶山则已根本否认宋代理学的“本然之性”与“气质之性”的区分，他认为人的本然之性就是“合道义、气质而为一性者”（这可谓“性气一元论”），

---

① 韩元震在《论性同异辨》中引用了朱熹所说“观万物之异体，则气犹相近而理绝不同”“盖徒知知觉运动之蠢然者，人与物同。而不知仁义礼智之粹然者，人与物异也”。韩元震说：“盖以知觉之在人在物者，虽有精粗之不同，其有是知觉则同。……故谓知觉运动则人与物同，而仁义礼智则人与物异也。”（参见崔英辰：《韩国儒学思想研究》，第321页。）观此可知，韩元震的人、物性异论实包含了“气同而理异”和“气异则理异”两种说法。而在朱熹思想中，后一种说法是从前一种说法中衍出的。

② 丁若镛：《论语古今注》，参见李甦平：《韩国儒学史》，人民出版社2009年版，第547、548页。

③ 丁若镛：《孟子要义》，参见崔英辰：《韩国儒学思想研究》，邢丽菊译，东方出版社2008年版，第321页。

而禽兽的本然之性就是没有“道义”而只有“气质”。茶山说：

> 佛氏谓人物同性，故人死为牛，犬死为人，轮回环转，生生不穷。……盖宋贤论性，多犯此病，虽其本意亦出于乐善求道之苦心，而其与洙泗之旧论或相抵牾者，不敢尽从。①

茶山指出宋代理学的泛性善论源于佛教的“人物同性”思维方式，这是符合思想史事实的。他“不敢尽从”宋贤的论性之说，而其认为人与物之“性异”就是返回先秦儒学的“洙泗之旧论”。如论者所评价，茶山的人物性异论是“因自然的脱道德化从而导致自然与人的分离”，也可以称作是“中世连续体的解体”，“从整个儒学思想史来看，这可谓是划时代的现象”②。

在中国儒学史上，能与茶山思想相媲美的是明代中期的王廷相。王廷相也批评“宋儒只为强成孟子性善之说，故离气而论性，使性之实不明于后世”，他认为“人具形气而后性出焉”（《雅述》上篇），这大致同于茶山认为人的本然之性就是“合道义、气质而为一性”。王廷相又说：

> 天地之间，一气生生，而常而变，万有不齐，故气一则理一，气万则理万。世儒专言理一而遗理万，偏矣！天有天之理，地有地之理，人有人之理，物有物之理，幽有幽之理，明有明之理，各各差别。（《雅述》上篇）

王廷相强调“人有人之理，物有物之理”，“各各差别”，这也是要使自然之物“脱道德化”，从而为客观实证地研究自然而开辟出道路③。

中韩儒学有着许多相同和相通处，而韩国儒学又有着自身的特点。从“四七之辩”和“湖洛论争”来看，有些重要的问题在中国儒学中没有展开讨

① 丁若镛：《中庸讲义补》，参见崔英辰：《韩国儒学思想研究》，邢丽菊译，东方出版社2008年版，第317页。

② 参见崔英辰：《韩国儒学思想研究》，邢丽菊译，东方出版社2008年版，第331页。

③ 参见拙文《王廷相思想中的实证科学因素》，载《人文杂志》1993年第6期。

论,而在韩国儒学中却得以深入的展开。这其中除了韩国儒学受到中国儒学的思想影响外,又突显了韩国儒学之思维缜密、追求哲理之贯通的特点。而在韩国儒学的特点中,我们反过来又可见中韩儒学在义理结构、思想发展上的逻辑相通处。

(原载《道德与文明》2017 年第 5 期)

程朱的"格君心之非"思想

儒家与君权的关系是儒家政治哲学中的一个重要问题。自孔子提出"以道事君,不可则止"(《论语·先进》),"勿欺也,而犯之"(《论语·宪问》),儒家与君权之间就有着一种内在的紧张。"以道事君"就是以仁道事君,"仁者爱人",从政治哲学上说,这是儒家的民本主义价值观。"犯之"就是对君主的"不仁"进行批评;如果君主不听谏阻,那就应该"止",即辞官而隐退。孟子继承发扬了这一思想,他提出"民为贵,社稷次之,君为轻"(《孟子·尽心下》)。所谓"民为贵"就是以人民为最有价值,或者说,以人民为社会、国家的价值主体(《荀子·大略》所谓"天之生民,非为君也;天之立君,以为民也")。就君臣关系而言,孟子反对臣对于君主的一味顺从,认为"以顺为正者,妾妇之道也"(《孟子·滕文公下》),臣应该"君有过则谏,反复之而不听,则去"(《孟子·万章下》)。这里的"去"也就是孔子所说的"止"。孟子又说:"人不足与适也,政不足间也,惟大人为能格君心之非。"(《孟子·离娄上》)意谓对于"大人"(大儒)来说,君主的用人之非、政事之失等尚不足以进行批评,只有格(正)"君心之非"才是最重要的。其所以最重要,是因为仁政出于君主的仁心("不忍人之心"),若君心不仁,则无以为仁政;若君心"正",则"君仁莫不仁,君义莫不义,君正莫不正,一正君而国定矣"(同上)。

秦统一中国后,在法家思想的指导下建立了君主集权的政治体制。"汉承秦制"(《后汉书·班彪列传》),或如谭嗣同所说,中国"二千年来之政,秦政也"(《仁学》一)。在秦制或秦政之下,儒家思想一方面与其相适应,提出了“三纲”之说，另一方面也仍然坚持了先秦儒家的民本主义和“格君心之非”思想。如汉儒董仲舒主张“屈民而伸君，屈君而伸天”（《春秋繁露·玉杯》），其“伸君”即适应秦以后的君主集权而立“三纲”之说，其“伸天”则仍贯彻了民本的思想（所谓“天之生民，非为王也；而天立王，以为民也”，见《春秋繁露·尧舜不擅移汤武不专杀》），并且欲以“天人感应”“阴阳灾异”来格（正）“君心之非”。在董仲舒看来，“《春秋》深探其本，而反自贵者始”。所谓“自贵者始”，就是从君心之“正”开始。他说：“故为人君者，正心以正朝廷，正朝廷以正百官，正百官以正万民，正万民以正四方。四方正，远近莫敢不壹于正……而王道终矣。”（《汉书·董仲舒传》）

两宋时期，程朱理学（或称道学）在哲学上比汉唐儒学有重大的发展，但道学家仍处在君主集权的政治体制之下，他们在政治哲学上却鲜有突破，大致是伸张孟子的政治思想，甚至可以说终未离董仲舒“阴阳灾异”思想的窠臼。关于程朱对君权和“三纲”之说的肯定，如二程所说“父子、君臣，天下之定理，无所逃于天地之间”（《程氏遗书》卷五），朱熹所说“宇宙之间，一理而已……其张之为三纲，其纪之为五常，盖皆此理之流行，无所适而不在”（《朱文公文集》卷七十《读大纪》），历来已多被强调，近现代学人也对此多作批评。本文所述，主要是程朱的“格君心之非”思想，以显出程朱理学与君权之间的内在紧张关系，并重申笔者多年来的一个看法：从民本进至民主，符合中国文化实现近现代转型的内在逻辑。

一

二程与君主政治的关系，始见于程颐早年的《上仁宗皇帝书》。据朱熹的《伊川先生年谱》：“皇祐二年，（程颐）年十八，上书阙下，劝仁宗以王道为心，生灵为念，黜世俗之论，期非常之功，且乞召对，面陈所学。不报，闲游太学。”（《程氏遗书》附录）这里的“皇祐二年”（1050）可能是嘉祐二年（1057）之误[①]，此时程颐二十五岁。他在书中说：“圣明之主，无不好闻直谏，博采刍

① 《上仁宗皇帝书》中有“父珦又蒙延赏，今为国子博士”，蔡方鹿据此认为“皇祐二年恐是嘉祐二年之误”，见氏著《程颢程颐与中国文化》，贵州人民出版社 1996 年版，第 19—20 页。

尧,故视益明而听益聪,纪纲正而天下治;昏乱之主,无不恶闻过失,忽视正言,故视益蔽而听益塞,纪纲废而天下乱。治乱之因,未有不由是也。”(《程氏文集》卷五)这种劝戒君主听从臣下的“直谏”,并且希望君主“召对,面陈所学”,“以臣之学议天下之事”,正是范仲淹主持的庆历新政在士人中形成的风气①。程颐指出,当时宋朝已处于危乱之势:“诚何异于抱火厝之积薪之下而寝其上,火之未然(燃),因谓之安乎?……况今百姓困苦,愁怨之气上冲于天,灾沴凶荒,是所召也。”(《程氏文集》卷五)这里的“召”就有“天人感应”“同气相召”的意思。程颐又引《尚书》所谓“民惟邦本,本固邦宁”,认为“固本之道,在于安民;安民之道,在于足衣食”。但当时“国家财用,常多不足”,为充财用则“急令诛求”于民,“竭民膏血”,使百姓“往往破产亡业,骨肉离散”。“彼庶民者,饥寒既切于内,父子不相保,尚能顾忠义哉?非民无良,政使然也。”他从民本思想展开对当时政治的批判,由此批判而提出实行“王道”的主张。他说:“窃惟王道之本,仁也。臣观陛下之仁,尧舜之仁也。然而天下未治者,诚由有仁心而无仁政尔。”(同上)在此,程颐肯定宋仁宗“有仁心”,但“无仁政”,这是对当时君主政治的一种乐观看法。此后,二程便由强调君主必须“正志先立”,终至明确提出“格君心之非”是治道之“本”。

程颐的《上仁宗皇帝书》书入“不报”,遂“闲游太学”。当时胡瑗主持太学,以《颜子所好何学论》试诸生,程颐在文中说:“颜子所独好者,何也?学以至圣人之道也。……凡学之道,正其心,养其性而已。中正而诚,则圣矣。”(《程氏文集》卷八)这可以说是二程的洛学重视“心性之学”的嚆矢。从《上仁宗皇帝书》到《颜子所好何学论》,似可见道学家在“外王”方面的受挫,更促进了他们对于“内圣”的追求。因为“道必充于己,而后施以及人”(《程氏文集》卷五),所以道学家也把自身“内圣”的扩充作为在“外王”方面发挥作用的一个重要条件。

治平二年(1065),程颐写有《为家君应诏上英宗皇帝书》。此书仍强调了“民惟邦本”,“保民之道,以食为本”,但更重要的是提出了治道的“本”与

① 参见拙文《宋学与〈宋论〉》,载《儒林》第一辑,山东大学出版社2005年版,第226页。

"用"之分：

> 今言当世之务者，必曰所先者：宽赋役也，劝农桑也，实仓廪也，备灾害也，修武备也，明教化也。此诚要务，然犹未知其本也。臣以为所尤先者三焉，请为陛下陈之。一曰立志，二曰责任，三曰求贤。……三者本也，制于事者用也。有其本，不患无其用。三者之中，复以立志为本，君志立而天下治矣。所谓立志者，至诚一心，以道自任，以圣人之训为可必信，先王之治为可必行，不狃滞于近规，不迁惑于众口，必期致天下如三代之世，此之谓也。"（《程氏文集》卷五）

这段话把君主的"立志"作为最根本的急务，其精神与后来程颢写的《上殿劄子》相一致。程颢说："君道之大……在乎君志先定，君志定而天下之治成矣。所谓定志者，一心诚意，择善而固执之也。……自知极于明，信道极于笃，任贤勿贰，去邪无疑，必期致世如三代之隆而后已也。"（《程氏文集》卷一）小程和大程几乎同时提出了治道必须"君志先定"的问题，这有鉴于庆历新政的夭折以及此后的无所作为正是由于"君志"不定①。在他们看来，只有"君志先定"，才能够正确地择宰相（"责任"）、任贤臣（"求贤"）；有了这样的"本"，则"不患无其用"。反之，"顾三者不先，徒虚言尔"（《程氏文集》卷五）。

程颐的《为家君应诏上英宗皇帝书》，本是响应宋英宗的诏勅，"以比年以来，水潦为沴，八月庚寅大雨"，诏求臣僚"言时政阙失及当世利病"，代其父程珦而写。程颐在书中也趁势以"阴阳灾异"儆戒人君：

> 臣闻水旱之沴，由阴阳之不和；阴阳不和，系政事之所致。是以自昔明王，或遇灾变，则必警惧以省躬之过，思政之阙，广延众论，求所以当天心，致和气，故能消弭灾异，长保隆平。……今陛下嗣位之初，比年阴沴，圣心警畏，下明诏以求政之阙，诚圣明之为也。然臣观近古以来，

① 参见拙文《宋学与〈宋论〉》，载《儒林》第一辑，山东大学出版社2005年版，第227页。

引咎之诏,自新之言,亦世有之,其如人君不由于至诚,天下徒以为虚语……臣愿陛下因此天戒,奋兴善治,思商宗之休实,鉴后代之虚饰,不独消复灾沴于今日,将永保丕基于无穷。(《程氏文集》卷五)

这里说的君主因“阴阳灾异”而下“罪己”引咎之诏,听闻对时政阙失的批评,可以说是历朝的惯例。程颐在此只是更希望宋英宗出于“至诚”,而不要使其只成为“虚语”“虚饰”。

宋英宗在位仅四年就病死,其子神宗继立。熙宁元年(1068),程颢向新即位的宋神宗上了《论王霸劄子》。他说:

得天理之正,极人伦之至者,尧舜之道也;用其私心,依仁义之偏者,霸者之事也。……故诚心而王则王矣,假之而霸则霸矣,二者其道不同,在审其初而已。……故治天下者,必先立其志。正志先立,则邪说不能移,异端不能惑,故力尽于道而莫之御也。(《程氏文集》卷一)

程颢从“王霸之辨”的高度来讲君主“立志”的重要。他希望宋神宗“知尧舜之道备于己,反身而诚之,推之以及四海,择同心一德之臣,与之共成天下之务”。这仍是强调君主必须先“立志”,只有君主“正志先立”,才能“任贤勿贰,去邪无疑”,从而确立“致世如三代之隆”的改革方向,以实现“王道”的理想。

在《论王霸劄子》之后,程颢又向宋神宗上了《论十事劄子》,就“师傅、六官、经界、乡党、贡士、兵役、民食、四民、山泽、分数”等十个方面提出具体的改革措施,“以为三代之法有必可施行之验”(同上)。然而,当时宋神宗正“日益信用”王安石,在熙宁二年任用王安石为参知政事后,便开始了熙宁变法。是年四月,程颢曾与其他七人被派遣到各地考察农田、水利、赋役等情况。此后在颁行均输法和青苗法,暴露了熙宁变法是以“理财”为急务之后,朝臣中就兴起了“新党”与“旧党”之争。程颐在《明道先生行状》中记述:

神宗素知先生名,召对之日,从容咨访……(先生)前后进说甚多,

> 大要以正心窒欲、求贤育才为先。先生不饰辞辨，独以诚意感动人主。……尝言：人主当防未萌之欲。……时王荆公安石日益信用，先生每进见，必为神宗陈君道以至诚仁爱为本，未尝及功利。神宗始疑其迂，而礼貌不衰。尝极陈治道。神宗曰：“此尧舜之事，朕何敢当？”先生愀然曰：“陛下此言，非天下之福也。”荆公浸行其说，先生意多不合，事出必论列，数月之间，章数十上。……荆公与先生虽道不同，而尝谓先生忠信。……而言路好直者，必欲力攻取胜，由是（荆公）与言者为敌矣。（《程氏文集》卷十一）

此处所说王安石与程颢的“道”不同，即王安石的改革思想是“以理财为方今先急”（参见《续资治通鉴长编》卷二二〇，所谓“理财”即国家如何多征收钱财，如青苗法是“官放息钱”，由国家贷钱给农民，然后收取本金和十分之二的利息），而程颢则主张实行“王道”，他劝说宋神宗“以正心窒欲、求贤育才为先”，“陈君道以至诚仁爱为本，未尝及功利”。这里的主要分歧就是王霸、理欲、义利之辨。程颢向宋神宗“极陈治道”，希望宋神宗“知尧舜之道备于己，反身而诚之，推之以及四海”，而宋神宗却说“此尧舜之事，朕何敢当”。这就是君主不能“正志先立”，治道从根“本”上出了问题，则其“用”也就走偏了方向，故程颢愀然曰：“陛下此言，非天下之福也。”

在颁行均输法和青苗法之后，程颢“数月之间，章数十上”。现《程氏文集》卷一载其在熙宁三年上的两道《谏新法疏》，大意如《明道先生行状》所述，批评熙宁变法“辅臣不同心，小臣与大计，公论不行，青苗取息，卖祠部牒，差提举官多非其人及不经封驳，京东转运司剥民希宠不加黜责，兴利之臣日进，尚德之风浸衰”，等等。程颢力主“外汰使人之扰，亟推去息之仁”，即主张撤回督促新法施行、扰乱地方行政的提举官，停止取息牟利的青苗法，代之为“去息”的仁政。他更看重的是，由于宋神宗不能“正志先立”，以致熙宁变法汲汲于财利，当反对熙宁变法的“旧党”纷纷被罢贬之后，王安石就更多地任用“晓财利”之人，于是“兴利之臣日进，尚德之风浸衰”，这就使他所希望的宋神宗能够“任贤勿贰，去邪无疑”完全走向了反面。

程颢对宋神宗先是“独以诚意感动人主”，但是在谏止新法的《再上疏》

中却不得不以“天意”儆戒人君。他说：“矧复天时未顺，地震连年，四方人心日益摇动，此皆陛下所当仰测天意，俯察人事者也。”(《程氏文集》卷一)数年之后，程颐在《代吕公著应诏上神宗皇帝书》中也以“彗(星)之为变多矣，鲜有无其应者，盖上天之意，非徒然也”，希望宋神宗敬畏“天戒”，“省己之存心，考己之任人，察己之为政，思己之自处，然后质人之言”，以己之“诚意”感动天心，消弭灾害，“奋然改为”(《程氏文集》卷五)。

王安石在强力推行新法时曾有“天变不足畏，祖宗不足法，人言不足恤”之说，而新法的反对派却要以“天变”来儆戒君主，使其“恐惧修省”，改过自新。《宋元学案·荆公新学略》载有新法反对派对王安石“三不足”说的批评：“金陵三不足之说……非独为赵氏祸，为万世祸。人主之势，天下无能敌者，人臣欲回之，必思有大于此者把揽之。今乃教之不畏天变，不法祖宗，不恤人言，则何事不可为也?”“阴阳灾异之说，虽儒者不可泥，亦不可全废。王介甫不用，若为政依之，是不畏天者也。”从程颢的《再上疏》和程颐的《代吕公著应诏上神宗皇帝书》，可见二程在当时也是反对王安石的“天变不足畏”之说的。董仲舒所谓“屈君而伸天”，宋代理学家也是不得已而用之。直到明清之际的王夫之，也仍认为王安石的“三不足”之说是“祸天下而得罪于名教”(《读通鉴论》卷二十九)。

熙宁变法之后，二程退处洛阳，几近十年“玩心于道德性命之际，有以自养其浑浩冲融……身益退，位益卑，而名益高于天下”(《程氏遗书》附录《门人朋友叙述并序》)。在此期间，一方面，道学的思想体系臻于完成；另一方面，二程把王安石新学视为超过释氏之害的“大患”。这是因为：“介甫之学，它便只是去人主心术处加功，故今日靡然而同，无有异者，所谓一正君而国定也。此学极有害。以介甫才辩，遽施之学者，谁能出其右？始则且以利而从其说，久而遂安其学。今天下之新法害事处，但只消一日除了便没事。其学化革了人心，为害最甚，其如之何!”(《程氏遗书》卷二下)虽然王安石新学是“大患”，但推行王安石新学、任用王安石新党的毕竟是君主，也就是说，最根本的还是“人主心术”出了问题。因此，从学术上说，“要先整顿介甫之学”(《程氏遗书》卷二上)；而从治道上说，最根本的是要“格君心之非”。二程说：

> 治道亦有从本而言，亦有从用而言。从本而言，惟从格君心之非，正心以正朝廷，正朝廷以正百官。若从事而言，不救则已，若须救之，必须变。大变则大益，小变则小益。(《程氏遗书》卷十五)
>
> 君仁莫不仁，君义莫不义，天下之治乱系乎人君仁不仁耳。……夫政事之失、用人之非，知者能更之，直者能谏之。然非心存焉，则一事之失，救而正之，后之失者，将不胜救矣。格其非心，使无不正，非大人其孰能之？(《程氏外书》卷六)

从强调治道之本是“君志先定”，到明确提出治道之本是“格君心之非”，其间的思想是一贯的，但其微妙的变化却是道学家对于君主自身“立志”的自觉已感到失望(此不同于程颐在《上仁宗皇帝书》中所说“天下未治者，诚由有仁心而无仁政尔”)，而“君心之非”正是道学家实现“外王”理想的最大障碍。

二

元丰八年(1085)宋神宗病死，年仅十岁的哲宗继位，被尊为太皇太后的高太后垂帘听政，建年号元祐。在高太后的支持下，反对新法的旧党得势，司马光、吕公著任左右仆射。此年，召程颢为宗正寺丞，未及行而病逝。程颐在《明道先生墓表》中说：

> 周公没，圣人之道不行；孟轲死，圣人之学不传。道不行，百世无善治；学不传，千载无真儒。无善治，士犹得以明夫善治之道，以淑诸人，以传后世；无真儒，天下贸贸焉莫之所之，人欲肆而天理灭矣。先生生千四百年之后，得不传之学于遗经，志将以斯道觉斯民。(《程氏文集》卷十一)

这段话不仅是小程称颂大程，而且是二程共同担当儒学“道统”的宣示。在这里，“圣人之道”即尧、舜、禹、汤、文、武、周公的王道，此王道在三代以后

"不行",故"百世无善治";"圣人之学"即孔孟之学,此学在孟子死后"不传",故"千载无真儒"。二程自谓继承了孟子之后中断了的儒学"道统",其使命就是"以斯道觉斯民"(此处比"觉斯民"更重要的实为"觉君主"),以恢复三代之后中断了的"善治"。此中包含的一个深意是:既然"善治"要由"真儒"来恢复,"政统"要由"道统"来确立其合法性,那么"道统"之尊要胜过"政统"的王权之尊。

程颐在宋仁宗嘉祐四年(1059)二十七岁时曾举进士不第,以后便绝意于科举仕途,一直以处士身份在各地讲学。宋哲宗继位后,程颐经司马光、吕公著的推荐,在元祐元年(1086)应诏入朝,获太皇太后的召见,被授以西京国子监教授、崇政殿说书等职。

程颐担任崇政殿说书即主持经筵,负有教导幼主哲宗之责。在担任此官之前,程颐上有三道《论经筵劄子》。其一,依周公辅养成王之法,提出辅养之道在于"涵养熏陶",朝廷应"选贤德之士,以侍劝讲;讲读既罢,常留二人直(值)日,夜则一人直宿,以备访问"。其二,皇帝左右的内侍宫人应选四十五岁以上的厚重小心之人,"服用器玩皆须质朴""华巧奢丽之物不得至于前"。其三,皇帝应该"尊贤畏相",以前的经筵讲习"臣僚侍者皆坐,而讲官独立,于礼为悖",今后应特令讲官坐讲,"以养主上尊德重道之心"。程颐说:"天下重任,唯宰相与经筵:天下治乱系宰相,君德成就责经筵。由此言之,安得不以为重?"(《程氏文集》卷六)在朝廷允准以上三个条件后,程颐乃担当成就"君德"的重任,就崇政殿说书之职。

在仁宗、英宗和神宗三朝,程颐身为处士,未能施展其"外王"之志,如今得主持经筵,担当教导幼主、启沃君德的重任,这对于程颐是一个培育治道之"根本"①,期以将"道统"用之于转化"政统",从而恢复三代之"善治"的大好机会。他在《上太皇太后书》中表达了这样的心情:"窃以圣人之学,不传久矣。臣幸得之于遗经,不自度量,以身任道。天下骇笑者虽多,而近年信

---

① 早在西汉初年,贾谊就曾提出:"天下之命,悬于太子;太子之善,在于早谕教与选左右。"(《汉书·贾谊传》)萧公权说:"孟子第言君身为安危所系,而未尝注意于保证君身之必正。贾生乃弥补其阙,以教太子为培良君之方法,儒家之人治思想于此遂更趋周密。"见氏著《中国政治思想史》,辽宁教育出版社 1998 年版,第 270 页。按:后世将立太子称为"立国本"。程颐主持经筵,教导幼主哲宗,其责任之重大更甚于教导太子。

从者亦众。方将区区驾其说以示学者，觊能传于后世。不虞天幸之至，得备讲说于人主之侧，使臣得以圣人之学，上沃圣聪，则圣人之道有可行之望，岂特臣之幸哉？”(《程氏文集》卷六)

程颐坚持在经筵坐讲，是要培养君主的“尊德重道之心”。但有人对此加以反对，上书言“讲官不可坐于殿上”。程颐在《又上太皇太后书》中说，这些人是“以尊君为说尔”，但“恐非‘以道事君’之义”。他指出：“今世俗之人能为尊君之言，而不知尊君之道。人君唯道德益高则益尊……过礼则非礼，强尊则不尊。”(《程氏文集》卷六)显然，程颐认为“以道事君”之义要高于“尊君”之说，君主的权势之尊要以“道德益高”为条件，能使君主“尊德重道”才是真正的“尊君”。

程颐在经筵，“每当进讲，必宿斋豫戒，潜思存诚，冀以感动上意；而其为说，常于文义之外，反复推明，归之人主。”有一天，当讲《论语》的“颜子不改其乐”章。有门人觉得此章与君主无关，不知程颐“将何以为说”。程颐在讲完此章的文义之后，乃引申说：“陋巷之士，仁义在躬，忘其贫贱。人主崇高，奉养备极，苟不知学，安能不为富贵所移？且颜子，王佐之才也，而箪食瓢饮；季氏，鲁国之蠹也，而富于周公。鲁君用舍如此，非后世之监(鉴)乎？”这种讲法使“闻者叹服，而哲宗亦尝首肯之”。有不知者讥讽程颐的这种讲法“委屈已甚”，程颐说：“不于此尽心竭力，而于何所乎？”(《程氏遗书》附录《伊川先生年谱》)

有一次讲《论语》至“南容三复白圭”处，内臣贴却“容”字，程颐问之，内臣说：“容”字是君上的“旧名”。程颐说：“夫人主处天下之尊，居亿兆之上，只嫌怕人尊奉过当，便生骄心，皆是左右近习之人养成之也。……请自后，只讳正名，不讳嫌名及旧名。”又有一次讲《论语》至“君祭先饭”处，程颐说：“如人主所以有崇高之位者，盖得之于天，与天下人共戴也，必思所以报民。古之人君视民如伤，若保赤子，皆是报民也。”(《程氏遗书》卷十九)类此，程颐每讲一处，凡“有以开导人主之心处”便引申而说之。

程颐听说哲宗“在宫中起行漱水，必避蝼蚁”，乃问：“有是乎？”哲宗答：“然，诚恐伤之尔。”程颐说：“愿陛下推此心以及四海，则天下幸甚。”有一天，程颐讲罢未退，哲宗“忽起凭栏，戏折柳枝”，程颐进言：“方春发生，不可无故摧折。”哲宗对此劝阻“不悦”(《程氏遗书》附录《伊川先生年谱》)。

有时候,程颐也藉“天人感应”来说事。他曾对哲宗说:“天人之间甚可畏,作善则千里之外应之,作恶则千里之外违之。昔子陵与汉光武同寝,太史奏客星侵帝座甚急。子陵匹夫,天应如此。况一人之尊,举措用心,可不戒慎?”(《程氏遗书》卷二十三)

对于程颐在经筵的良苦用心,明儒薛瑄曾评论说:“伊川经筵讲疏,皆格心之论。三代以下为人臣者,但论政事、人才而已,未有直从本原如程子之论也。”(《宋元学案·伊川学案下》)这里说的“本原”,就是以“格君心之非”为治道之“本原”。

尽管程颐在启沃君德、格正君心上“潜思存诚”“毕精竭虑”,但其以师道自居,教导严毅,却引起哲宗的“不悦”。此时,朝臣中又有蜀党、洛党和朔党之争。程颐在蜀、洛之争中被蜀党“疾之如雠”“巧为谤诋”,遂于元祐二年八月被罢崇政殿说书职,差管勾西京国子监。

程颐离经筵去洛阳就职后,决意辞官退隐,以保持儒者的“进退之大节”。他连上三道《乞归田里状》,其第三状云:

> 臣窃以见善而用,见不善而退,人主黜陟之至公;道合则从,不合则去,儒者进退之大节。黜陟失当,则乱所由生;进退忘义,则道所由废。(《程氏文集》卷六)

接着又上两道《乞致仕状》,其第二状云:

> 臣身传至学,心存事道,不得行于时,尚当行于己;不见信于今,尚期信于后。安肯失礼害义,以自毁于后世乎?(同上)

元祐七年(1092),程颐服父丧毕,除直秘阁,判西京国子监,其《再辞免表》云:

> 臣力学有年,以身任道,唯知耕养以求志,不希闻达以干时。……

> 实觊不传之学复明于今日，作圣之功远继于先王。……不思道大则难容，迹孤者易蹶。入朝见嫉，世俗之常态；名高毁甚，史册之明言。……不能取信于上，而欲为继古之事，成希世之功，人皆知其难也。……惟今日冒死，为陛下陈儒者进退之道，为臣去就之义，觊望有补，乃区区上报之心也。(《程氏文集》卷六)

这次辞免，被认为有“怨望轻躁”语，改授管勾嵩山崇福宫，程颐以“腰疾寻医”辞。元祐九年(1094)，宋哲宗始亲政，复申秘阁、西监之命，程颐辞免，仍不准，又上《再辞免状》云：

> 臣窃思之：岂非朝廷以臣微贱，去就不足轻重，故忽弃其言，陛下不经省览，而辅臣莫以告也？臣诚微贱，然臣之言，本诸圣贤之言；臣之进退，守儒者进退之道。虽朝廷不见省察，臣恐天下后世有诵其言、思其义，而以进退儒者之道议朝廷也。(同上)

程颐的这些辞免状，意味着道学的政治主张已经被君主的政治权势所挫败，“内圣”与“外王”的贯通、“道统”与“政统”的合一已经失去现实的可能性；程颐之所以屡申“儒者进退之道，为臣去就之义”，不过是要在现实的政治权势下保存“道统”的相对独立性和尊严，俾能“不得行于时，尚当行于己；不见信于今，尚期信于后”。

宋哲宗亲政后，改元祐九年为绍圣元年，起用新党，召章惇为尚书左仆射，将旧党打入“元祐党案”，“司马光以下，各以轻重议罪，布告天下”。程颐被“放归田里”，绍圣四年(1097)“辅臣因历数元祐言者过当”，而哲宗更“怒颐为甚”，遂诏“放归田里人程颐送涪州编管”(《续资治通鉴长编》卷四九三)。

程颐在涪州编管期间作成经学和理学的名著《伊川易传》。宋徽宗崇宁二年(1103)，“言者论其(程颐)本因奸党论荐得官，虽尝明正罪罚，而叙复过优，今复著书，非毁朝政，于是有旨追毁出身以来文字，其所著书，令监司觉察。”(《程氏遗书》附录《伊川先生年谱》)此年，程颐“下河南府体究，学者往

别,因言世故,先生曰:‘三代之治,不可复也。有贤君作,能致小康,则有之。’”(《程氏遗书》卷十一)

在北宋末年的昏暗政治下,程颐的政治理想降格以求,虽然三代之治不可复,但仍寄希望于“有贤君作,能致小康”。然而,“君心之非”构成了道学家“外王”理想的最大障碍。程颢曾经说:“先王之世,以道治天下;后世只是以法把持天下。”(《程氏遗书》卷一)所谓“把持天下”就是把天下视为私有,这是与儒家的民本“公天下”思想相对立的。程颐也曾论及君主制的得失:

> 大抵五帝官天下,故择一人贤于天下者而授之。三王家天下,遂以与子。论其至理,治天下者,当得天下最贤者一人,加诸众人之上,则是至公之法。后世既难得人而争夺兴,故以与子。与子虽是私,亦天下之公法,但守法者有私心耳。(《程氏遗书》卷十八)

受历史的局限,程颐把五帝的禅让制看作“至公之法”,而又承认后世的传子制也是“天下之公法”。在此所谓“公法”之下,“守法者有私心耳”,道学家希望君主能够“正心窒欲”,希望“大人”能够“格君心之非”,但君主的“私心”却又是道学家所难以克服、不能格正的。这一治道的“根本”问题不能解决,道学家的“外王”理想也就只能是“徒虚言尔”。

三

朱熹是两宋道学的集大成者,《宋元学案·序录》说朱熹之学“致广大,尽精微,综罗百代矣”。他在哲学上,继承发展了周敦颐、二程、张载等人的太极、理、气、心、性之说,建成内涵丰富、思想严密的理本论哲学体系。在政治思想上,朱熹也上承二程,把“格君心之非”或君主的“正心诚意”作为治道的“大根本”。但是,南宋的皇帝比北宋的皇帝更加昏愦,朱熹的“外王”理想不能实现也是历史注定的。

宋高宗绍兴三十二年(1162),朱熹向皇帝第一次上“封事”。此年六月,高宗将皇位“内禅”给孝宗。朱熹认为,秦桧死,孝宗即位,这正是“大有为之大机会”(《朱子语类》卷一三三)。新即位的孝宗“诏求直言”,朱熹便于此年八月上《壬午应诏封事》。在此“封事”中,朱熹首先提出“帝王之学不可以不熟讲”。此“帝王之学”就是《大学》的格物、致知、正心、诚意、修身、齐家、治国、平天下之说,亦即“内圣外王之道”。朱熹说:“盖致知格物者,尧舜所谓‘精一’也;正心诚意者,尧舜所谓‘执中’也。自古圣人口授心传而见于行事者,惟此而已。”朱熹希望孝宗能够延访深明《大学》之旨的“真儒”,“置诸左右,以备顾问”,将《大学》之旨“研究充扩,务于至精至一之地,而知天下国家之所以治者不出乎此,然后知体用之一原,显微之无间,而独得乎尧、舜、禹、汤、文、武、周公、孔子之所传矣”(《朱文公文集》卷十一)。显然,朱熹在此所希望的就是能使二程所继承的儒学“道统”与南宋的“政统”相合一,而合一的条件就是君主能够“格物致知”“正心诚意”,克去“人心”的私欲,达到“道心”的“惟精惟一,允执厥中”,从而由“体”而达“用”,由“微”而至“显”,由“内圣”而“外王”。

朱熹在此“封事”中还提出:“修攘之计不可以不早定”,“本原之地不可以不加意”。他说:“为天下国家者,必有一定不易之计。而今日之计不过乎修政事、攘夷狄而已矣。”他反对对金“讲和”,主张“罢黜和议”,自此以往“闭关绝约,任贤使能,立纪纲,厉风俗,使吾修政事,攘夷狄”。关于如何“修政事”,朱熹指出:“四海之利病”系于“斯民之戚休”,“斯民之戚休”系于“守令之贤否”;“监司者,守令之纲也;朝廷者,监司之本也”。因此,“欲斯民之皆得其所,本原之地亦在乎朝廷而已”。虽然当时吏治腐败,但只要处于“本原之地”的朝廷正,君主出以公心,任贤使能,立纲纪,正风俗,则“内外远近莫敢不一于正矣”(同上)。

上《壬午应诏封事》后的第二年(即隆兴元年,1163),朱熹入朝向宋孝宗面奏三劄。第一劄讲修身为本的《大学》之道;第二劄讲外攘夷狄的复仇之义;第三劄讲内修政事,认为“制御夷狄之道,其本不在乎威强而在乎德业,其任不在乎边境而在乎朝廷,其具不在乎兵食而在乎纪纲”,希望孝宗以“开纳谏诤,黜远邪佞,杜塞倖门,安固邦本”为治之先务(《朱文公文集》卷十三《癸未垂拱奏劄》)。宋孝宗对朱熹的奏劄不感兴趣,授朱熹武学博士,朱熹辞而不就。

乾道六年(1170),朱熹在给张栻的信中说:

熹常谓天下万事有大根本,而每事之中又各有要切处。所谓大根本者,固无出于人主之心术;而所谓要切处者,则必大本既立,然后可推而见也。如论任贤相、杜私门,则立政之要也;择良吏、轻赋役,则养民之要也;公选将帅、不由近习,则治军之要也;乐闻警戒、不喜导谀,则听言用人之要也。推此数端,余皆可见,然未有大本不立,而可以与此者。此古之欲平天下者,所以汲汲于正心诚意,以立其本也。(《朱文公文集》卷二十五《答张敬夫》)

这段话比较完整地表达了朱熹的政治思考。他所关切的政治问题包括任贤相、杜私门以立政,择良吏、轻赋役以养民,公选将帅、不由近习以治军,等等。这些"要切"问题都有待于治道的"大根本"即君主能够"正心诚意"、使"人主之心术"归于正才能解决。

淳熙五年(1178),朱熹在读了郑鉴附寄的奏章后,给其复信说:

盖前日文字固为剀切,但论事多而论理少,数群小之奸欺虽详,而于人主之所以端本清源、修德立政之意有未备也。……今日之病,只此一病最大,若药之未效,则其他小小证候不必泛投汤剂,以缓药势。而欲攻此病,所用之药亦须一君二臣三佐五使,多少缓急次第分明,乃易见效。(《朱文公文集》卷二十五《答郑自明书》)

朱熹在此说的最大之"病",就是君主的心术未正。与此相比,其他如"群小之奸欺"等等不过是"小小证候"。针对前者,就是在政治上"论理";而详数后者,不过是"论事"。朱熹认为,不应该在"论事"上"泛投汤剂",而应该集中用"药",以攻君主之心术的"大病"。因此,朱熹每次论政,都要"端本清源",强调君主必须"正心诚意"。

淳熙七年(1180),朱熹第二次向宋孝宗上"封事"。他在"封事"中说:"天下国家之大务,莫大于恤民,而恤民之实在省赋,省赋之实在治军。若夫治军、省赋以为恤民之本,则又在夫人君正其心术以立纪纲而已矣。”在这段话之后,朱熹引董仲舒所谓“正心以正朝廷,正朝廷以正百官,正百官以正万民,正万民以正四方”。可见在政治思想上,从董仲舒到朱熹也是一脉相承。朱熹在对恤民、省赋、治军作出种种论述后,又说:“至于所谓其本在于正心术以立纪纲者,则非臣职(按:当时朱熹知南康军)之所当及,然天下万事之根本源流有在于是,虽欲避而不言,有不可得者,且臣顷于隆兴初元误蒙召对,盖已略陈其梗概梗矣,今请昧死复为陛下毕其说焉。”于是,朱熹“昧死”发出以下议论:

纲纪不能以自立,必人主之心术公平正大,无偏党反侧之私,然后纲纪有所系而立;君心不能以自正,必亲贤臣,远小人,讲明义理之归,闭塞私邪之路,然后乃可得而正也。古先圣王所以立师傅之官,设宾友之位,置谏诤之职……惟恐此心顷刻之间或失其正而已。原其所以然者,诚以天下之本在是,一有不正,则天下万事将无一物得其正者,故不得而不谨也。(《朱文公文集》卷十一《庚子应诏封事》)

此处“君心不能以自正”,如同二程失望于君主自身的“正志先立”,从而由“大人”来“格君心之非”就是必要和当然的。因此,朱熹在列举了种种“政事之失”后,又归咎于君主的“用人之非”,说“宰相、台省、师傅、宾友、谏诤之臣皆失其职,而陛下所与亲密、所与谋议者,不过一二近习之臣也”。在这篇“封事”的“贴黄”(附文)中,朱熹说:

治天下当以正心诚意为本。……比年以来乃闻道路之言,妄谓陛下恶闻“正心诚意”之说。臣下当进对者,至相告戒,以为讳忌。臣虽有以决知其不然,然窃深虑此语流传,上累圣德,下惑群听。伏望睿明更赐财(裁)幸。(同上)

由此可见,宋孝宗“恶闻‘正心诚意’之说”,在当时早已是路人皆知;而朱熹说“决知其不然”,亦不过是朱熹的一厢情愿。史载,宋孝宗在读了这篇“封事”后，大怒曰：“是以我为妄也！”（《宋史·道学三》）只因宰相赵雄奏：“熹狂生，词穷理短，罪之适成其名。若天涵地育，置而不问，可也。”（《宋史·赵雄传》）孝宗才没有将朱熹治罪。

淳熙十五年（1188），朱熹再次入朝面奏。“是行也，有要之于路，以为‘正心诚意’之论，上所厌闻，戒勿以为言”。朱熹说：“吾生平所学，惟此四字，岂可隐默以欺吾君乎？”（《宋元学案·晦翁学案上》）这次面奏，朱熹向宋孝宗上有五劄，前四劄是讲刑狱与赋税的问题（朱熹此时担任江西提刑），第五劄即讲“正心诚意”，认为孝宗即位二十七年来“因循荏苒，日失岁亡，了无尺寸之效”，其原因在于“天理者有未纯”“人欲者有未尽”；只有留意于“舜、禹、孔、颜所授受者”，存天理，去人欲，“推而至于言语动作之间，用人处事之际，无不以是裁之”，“如此则圣心洞然，中外融彻，无一毫之私欲得以介乎其间，而天下之事将惟陛下之所欲为，无不如志矣”（《朱文公文集》卷十四《戊申延和奏劄》）。

在朱熹戊申延和奏事的同年，他与陆九渊展开“无极太极之辩”。朱熹在给陆九渊的信中提到：“熹两年冗扰，无补公私，第深愧歉。不谓今者又蒙收召……所恨上恩深厚，无路报塞，死有余憾也。”（《朱文公文集》卷三十六《答陆子敬》五）陆九渊在回书中有云：“吾人进退，自有大义，岂直避嫌畏讥而已哉。……孟子曰：‘幼而学之，壮而欲行之。’所谓行之者，行其所学以格君心之非，引其君于当道，与其君论道经邦，燮理阴阳，使斯道达乎天下也。”（《陆九渊集》卷二《与朱元晦》二）可见，陆九渊对于朱熹的“格君心之非”是予以赞同和鼓励的。此外，陆九渊在淳熙十三年（1186）《与李成之》的信中也曾说：

> 古人所以不屑屑于间政适人，而必务有以格君心者，盖君心未格，则一邪黜，一邪登，一弊去，一弊兴，如循环然，何有穷已。及君心既格，则规模趋向有若燕越，邪正是非有若苍素，大明既升，群阴毕伏，是琐琐者，亦何足复污人牙颊哉？”（《陆九渊集》卷十）

朱熹与陆九渊之间虽然有理学与心学的分歧，但把“格君心之非”作为治道的“大根本”则是完全一致的。

淳熙十五年九月，朱熹又收到入朝的召命，他于十月上《辞免召命状》，十一月上《戊申封事》。在此“封事”中，朱熹痛陈当时岌岌可危的形势：“臣窃观今日天下之势，如人之有重病，内自心腹，外达四肢，盖无一毛一发不受病者。……是必得如卢、扁、华佗之辈，授以神丹妙剂，为之湔肠涤胃，以去病根，然后可以幸于安全。”朱熹为此“重病”所开列的“医国之方”仍是以正君心为“天下之大本”，外加以六事为急务，他说：

> 盖天下之大本者，陛下之心也。今日之急务，则辅翼太子、选任大臣、振举纲维、变化风俗、爱养民力、修明军政六者是也。……臣之辄以陛下之心为天下之大本者，何也？天下之事，千变万化，其端无穷，而无一不本于人主之心者，此自然之理也。故人主之心正，则天下之事无一不出于正；人主之心不正，则天下之事无一得由于正。（《朱文公文集》卷十一）

在反复申明“陛下之心”是天下之大本后，朱熹又分述“辅翼太子、选任大臣、振举纲维、变化风俗、爱养民力、修明军政”的重要，而其最终仍归结为：“凡此六事，皆不可缓，而其本在于陛下之一心，一心正则六事无不正。一有人心私欲以介乎其间，则虽欲惫精劳力，以求正夫六事者，亦将徒为文具，而天下之事愈至于不可为矣。”（同上）朱熹的这道“封事”长达万言，疏入宫中时“夜漏下七刻，上已就寝，亟起秉烛，读之终篇”（《宋史·道学三》）。但是，宋孝宗对于道学家早就有“好为高论而不务实”的成见，对于朱熹的“正心诚意”之说尤所厌闻，他对这道“封事”也不可能认真对待，而他本人此时已有“倦勤之意”，打算退休当太上皇了。

淳熙十六年二月，宋孝宗下诏传位给皇太子。宋光宗即位后，朝政更加昏暗，道学人士纷纷被排挤出朝。朱熹在此年写有《己酉拟上封事》，但鉴于当时的恶劣形势，最终拟而未上。此年五月，陆九渊受诏知荆门军，他在给朱熹的信中说：“新天子即位，海内属目，然罢行升黜，率多人情之所未喻者，群小骈肩而骋，气息怫然，谅不能不重勤长者忧国之怀。”（《陆九渊集》卷二

《与朱元晦》三）朱熹在当年八月给陆九渊复信说："荆门之命，少慰人意。今日之际，惟避且远，犹或可以行志，想不以是为厌。三年有半之间，消长之势，又未可以预料，流行坎止，亦非人力所能为也。"（《陆九渊集》卷三十六《年谱》）当时，朱、陆二人因"无极太极之辩"而争之甚烈，但他们在政治上却惺惺相惜。对于当时的政治形势，朱熹说"非人力所能为也"，可见对于"君心之非"，即使是"大人"亦不能奈若何！

宋光宗绍熙三年（1192），朱熹在给赵汝愚的信中说："今日之事，第一且是劝得人主收拾身心，保惜精神，常以天下事为念，然后可以讲磨治道，渐次更张。"（《朱文公文集》卷二十九《与赵尚书》）然而，当时宋光宗已经因"皇后李氏杀黄贵妃""宫闱妒悍，内不能制，惊忧致疾"，得了精神分裂症，"自是政治日昏，孝养日怠"（《宋史·光宗本纪》），他与太上皇（孝宗）的"两宫不和"使朝臣们惶惶不可终日。君主的"身心"实已不可"收拾"，又遑论"讲磨治道"？

绍熙五年六月，宋孝宗死于重华宫，患精神病的光宗不能为孝宗主丧；七月，由高宗吴皇后垂帘宣布光宗退位，宁宗继立。在这场宫廷危机过后，新即位的宁宗于此年八月授朱熹为焕章阁待制、侍讲。于是，朱熹晚年重演了程颐在元祐作为"帝王师"的一幕。此年十月，朱熹赴经筵向宁宗进讲《大学》。他告诫宁宗对于"修身为本"的《大学》之道要"深加省察，实用功夫"，"如其不然，则今日区区之讲读，亦徒为观听之美而已，何益于治道有无之实，以窒夫祸乱之原哉？"（《朱文公文集》卷十五《经筵讲义》）在经筵讲学期间，朱熹上有《论灾异劄子》，以十月五日"都城之内忽有黑烟四塞，草气袭人，咫尺之间不辨人物"为由，认为这是"阴聚包阳、不和而散之象"，儆戒宁宗因此灾异而"克己自新，蚤夜思省，举心动念、出言行事之际，常若皇天上帝临之在上，宗社神灵守之在旁，懔懔然不复敢使一毫私意萌于其间，以烦谴告"（《朱文公文集》卷十四）。董仲舒的"灾异谴告"之说，朱熹用之并不生疏，此亦是仿效二程之先例。在此期间，朱熹还上有《经筵留身面陈四事劄子》，劝导宁宗，甚为恳切。但朱熹在经筵只任职四十六日，就已被宁宗所不容，他下了一道"悯卿耆艾，方此隆冬，恐难立讲，已除卿宫观"的内批，便将朱熹解职。此后，有"庆元党禁"，朱熹被诬为"伪学之魁"。庆元六年

(1200)朱熹于落寞中病逝。

直到嘉定十七年(1224)宁宗死、理宗即位后,朝廷才逐渐为道学恢复名誉。宝庆三年(1227)理宗下诏,特赠朱熹为太师,追封信国公。淳祐元年(1241),诏周敦颐、程颢、程颐、张载、朱熹从祀孔庙。此后,程朱理学成为官学的正统。然而,理学之成为正统又是以被皇权所利用为条件的。如明儒丘濬所说:“理宗之崇尚理学,亦好其名尔,非真有其实也。”(《宋宰辅编年录校补·续录》卷十二)清儒全祖望也说:“嘉定而后,阳崇之而阴摧之,而儒术亦渐衰矣。”(《宋元学案·序录》)

四

综上所述,程朱理学从程颐早年的上书“乞召对”,到朱熹终年的被诬为“伪学之魁”,其与君权之间一直有着内在的紧张关系。这种紧张关系是儒学固有的民本思想与君主集权政治体制之间的矛盾。所谓“惟以一人治天下,岂将天下奉一人”,这幅皇帝起居室里悬挂的对联把这一矛盾的两个方面统一在一起。但是,其内在的紧张关系一直贯穿中国的历史和儒学的发展。历代儒家或是相信“惟大人为能格君心之非”,或是以“屈君伸天”“阴阳灾异”来儆戒人君,虽然不能说全无效果,但总体说来是失败的。

余英时先生在近著《朱熹的历史世界》一书中“断定”:“宋代儒学的整体动向是秩序重建……道学虽然以‘内圣’显其特色,但‘内圣’的终极目的不是人人都成圣成贤,而仍然是合理的人间秩序的重建。”①但他也指出:“‘内圣外王’一旦应用到全面政治革新的层次,便必然会落在‘得君行道’的格局之内。全面失败是无可避免的结局。”②此中之原因,亦如余先生所说:“理学家虽然以政治主体的‘共治者’自待,但毕竟仍旧接受了‘君以制命为职’的大原则。”其引《朱子语类》卷一〇四《自论为学工夫》所云:

先生多有不可为之叹。汉卿曰:“前年侍坐,闻先生云:‘天下无不

① 余英时:《朱熹的历史世界》,三联书店2004年版,第118页。

② 同上书,第917页。

可为之事，兵随将转，将逐符行。'今乃谓不可为。"曰："便是这符不在自家手里。"

余先生说："'这符不在自家手里'是权力世界的典型语言……'行道'的发动权力在皇帝而不在士大夫，朱熹晚年对此已有深切的体会。"[①]因为"这符（权力）不在自家手里"，所以朱熹"多有不可为之叹"，他们的"秩序重建""得君行道"就无可避免地陷于失败。这个失败不仅是历史的局限，而且是程朱理学自身的局限，因为他们毕竟接受了"君以制命为职"的"大原则"，更确切地说，他们不仅接受了这个"大原则"，而且还将其提升到了"天理"的高度。

宋明理学的局限，当然也是先秦和汉代儒学之局限的一个延伸。对此，梁启超在20世纪之初所著《论中国学术思想变迁之大势》中已作过分析。关于"阴阳灾异"之说，梁启超认为，此乃出自"孔子小康之义"：

> 势不得不以一国之权托诸君主，而又恐君主之权无限，而暴君益乘之以为虐也。于是乎思所以制之，乃于《春秋》特著"以元统天，以天统君"之义，而群经亦往往三致意焉。……是盖孔子所殚思焦虑，计无复之，而不得已出于此途者也。……虽其术虚渺迂远，断不足以收匡正之实效，然用心盖良苦矣。江都（董仲舒）最知此义，故其对天人策，三致意焉。汉初大儒之言灾异，大率宗此旨也。[②]

梁启超把汉代公羊学家的"阴阳灾异"之说归源于孔子所作的《春秋》，其是否可成立姑且不论，但他指出此说虽然"用心良苦"，却"不足以收匡正之实效"是可以肯定的。梁启超又论及"儒教"（儒学）的最大缺点：

> 儒教之政治思想，有自相矛盾者一事，则君、民权限不分明是也。……儒教之所最缺点者，在专为君说法，而不为民说法。其为君说

① 余英时：《朱熹的历史世界》，三联书店2004年版，第455—456页。
② 梁启超：《论中国学术思想变迁之大势》，上海古籍出版社2001年版，第64页。

> 法奈何？若曰：汝宜行仁政也，汝宜恤民隐也，汝宜顺民之好恶也，汝宜采民之舆论以施庶政也。是固然也。若有君于此，而不行仁政，不恤民隐，不顺民之所好恶，不采民之舆论，则当由何道以使之不得不如是乎？此儒教所未明答之问题也。……试观二千年来，孔教极盛于中国，而历代君主能服从孔子之明训，以行仁政而事民事者，几何人也？然则其道当若何？曰：不可不钳制之以民权。……（孔教）其立言之偏，流弊之长，则虽加刀于我颈，我固不得为古人讳也。①

梁启超指出，儒学的最大缺点是虽有民本的思想，但无“民权”（民主）的思想。我认为，这是符合儒学的实际的。若要使仁政或仁道的思想真正得以贯彻，就必须还有一个儒学所未曾明答的“道”，这个“道”就是对执政者“不可不钳制之以民权”。我在《中国的民本与民主》和《明代的两大儒与五四时期的德赛二先生》等文中已指出，从民本走向民主，在明清之际黄宗羲的《明夷待访录》中已发其端，近代以来的中国民主进程不仅是学习西方的文化，而且亦符合中国文化自身发展的逻辑②。五四新文化运动虽然在形式上把民主与中国传统文化完全对立起来（这也有其历史的局限），但陈独秀也曾说过：“国家而非民主，则将与民为邦本之说，背道而驰”③，可见他的民主思想也是“顺”着而非“背”着中国传统的民本思想讲的。

晚清的张之洞曾强调：“圣人所以为圣人，中国所以为中国”就在于“三纲”，“董子（仲舒）所谓‘道之大原出于天，天不变，道亦不变’之义本之”，“故知君臣之纲，则民权之说不可行也”（《劝学篇·明纲》）。实际上，在儒家（包括宋明新儒家）的思想中，“民本”的价值观高于对君主权力的肯定，也就是说，“民本主义”高于“王权主义”④。董仲舒把“三纲”归于“天”，后来程朱也把“三纲”归于“天理”，这是他们思想的历史局限。黄宗羲在《明夷待访录》中就已抛弃“三纲”之说，批评“小儒规规焉以君臣之义无所逃于天地

---

① 余英时：《朱熹的历史世界》，三联书店2004年版，第69—70页。

② 参见拙文《中国的民本与民主》，载《孔子研究》1997年第4期；《明代的两大儒与五四时期的德赛二先生》，载《传统文化与现代化》1997年第5期。

③ 陈独秀：《今日之教育方针》，1915年10月15日《新青年》1卷2号。

④ 参见拙文《“人本”与“民本”》，载《哲学动态》2005年第6期。

之间”“后世之君欲以如父如天之空名禁人之窥伺”(《明夷待访录·原君》)。梁启超说:“道德之立,所以利群也”“德也者,非一成而不变者也”(《新民说·论公德》)。应该说,“利群”即民本主义是儒家更根本的价值观,道德(以及政治制度)并非本诸“一成而不变”的“天理”或“本心”,而是随着社会历史或“生活世界”的变化而变化的。从民本进至民主,符合中国文化实现近现代转型的内在逻辑。本文所述程朱“格君心之非”的失败,不过是为这一内在逻辑的合理性提供一个历史的佐证而已。

(原载《中国社科院研究生院学报》2006 年第 1 期)

朱子《学校贡举私议》述评

一

宋代新儒学，开创于范仲淹及其门下“贤士”胡瑗、孙复、石介等①。它在本质上是一种“明体达用之学”，如钱穆先生所说：此学术“正宋儒所以自立其学，以异于进士场屋之声律，与夫山林释老之独善其身而已者也”，“盖自唐以来之所谓学者，非进士场屋之业，则释、道山林之趣，至是而始有意于为生民建政教之大本，而先树其体于我躬，必学术明而后人才出，题意深长，非偶然也”②。

关于宋代理学（即“濂洛关闽”之学）与此前之“宋儒”的关系，钱穆亦曾指出：“理学兴起以前，已先有一大批宋儒，此一大批宋儒，早可称为是新儒。”“而北宋之理学家，则尤当目为新儒中之新儒。”③此“新儒中之新儒”，既然在“新儒中”，则其继承了宋初新儒的“明体达用之学”；而其所以比宋初新儒之更“新”，则是因其建构了一套以“理、气、心、性”为主要范畴的更严密的思想体系，而且其更重视“心性”修养，故其常被称为“心性之学”。但宋儒的“心性之学”绝不是如“山林释老之独善其身”，而是如程颐所说“道必充于已，而后施以及人”（《程氏文集》卷五《上仁宗皇帝书》），即仍是要“明体

① 参见拙文《范仲淹与宋代新儒学》，载《湖南大学学报》2008 年第 1 期。

② 钱穆：《中国近三百年学术史》，商务印书馆 1997 年版，第 3 页。

③ 钱穆：《朱子新学案》第 1 册，台北联经出版事业公司 1998 年版，第 10、18 页。

达用”。此亦如余英时先生所说:“宋代儒学的整体动向是秩序重建……道学虽然以‘内圣’显其特色,但‘内圣’的终极目的不是人人都成圣成贤,而仍然是合理的人间秩序的重建。”[①]此“人间秩序的重建”也就是要将所学“举而措之天下,能润泽斯民,归于皇极者,其用也”(《宋元学案·安定学案》)。

宋儒的“明体达用之学”,开创于范仲淹,其大致规模如范仲淹所主张:“先之以六经,次之以正史,该之以方略,济之以时务,使天下贤俊翕然修经济之业,以教化为心,趋圣人之门,成王佐之器。”(《范文正公集》卷九《上时相议制举书》)胡瑗是范仲淹门下的“贤士”,他贯彻范仲淹的教育思想[②],在“始于苏、湖,终于太学”的教育实践中以“明体达用之学”授诸生。据其高弟刘彝所说:

> 其教人之法,科条纤悉具备,立经义、治事二斋。经义则选择其心性疏通、有器局可任大事者,使之讲明六经。治事则一人各治一事,又兼摄一事,如治民以安其生,讲武以御其寇,堰水以利田,算历以明数是也。……圣人之道有体、有用、有文。君臣父子、仁义礼乐,历世不可变者,其体也;诗书史传子集,垂法后世者,其文也;举而措之天下,能润泽斯民,归于皇极者,其用也。(《宋元学案·安定学案》)

其首重“经义”就是范仲淹所说的“先之以六经”,其“明体”就是范仲淹所说的“使人不专辞藻,必明理道”(《范文正公集·政府奏议》卷上《答手诏条陈十事》),“以教化为心,趋圣人之门”;其学“文”不仅是读经书而已,也包括“史传子集”,即范仲淹所说的“先之以六经,次之以正史”等;其“达用”要能“润泽斯民”,就必须有分科教学的“治事”斋,“一人各治一事,又兼摄一事”,如学习民政、军事、农田水利、天文历算等方面的知识,此即范仲淹所说的“该之以方略,济之以时务……修经济之业……成王佐之器”。在范仲淹推行“庆历新政”时期,宋仁宗诏下湖州,取胡瑗的教学之法为“太学法”,胡瑗亦在庆历新政之后执掌太学,成就一代教育之盛事。

---

① 余英时:《朱熹的历史世界》,三联书店 2004 年版,第 118 页。

② 参见拙文《范仲淹与胡瑗的教育思想研究》,载《杭州研究》2010 年第 2 期。

朱熹所作《伊川先生年谱》云：

> 皇祐二年，（程颐）年十八上书阙下，劝仁宗以王道为心，生灵为念，黜世俗之论，期非常之功，且乞召对，面陈所学。不报，闲游太学，时海陵胡翼之先生方主教导，尝以《颜子所好何学论》试诸生，得先生所试，大惊即延见，处以学职。（《程氏遗书》附录）

此中“皇祐二年”当是嘉祐二年之误①。此时程颐二十五岁，“上书阙下”，即写了《上仁宗皇帝书》，其中有云：“臣所学者，天下大中之道也。……道必充于己，而后施以及人；是故道非大成，不苟于用也。”（《程氏文集》卷五）此中“大中之道”即采胡瑗的“皇极”之说，所谓“归于皇极”就是归于“大中之道”。胡瑗对“皇极”的解释就是：“皇，大；极，中也。言圣人之治天下，建立万事，当用大中之道。”（《洪范口义》卷上）程颐所作《颜子所好何学论》有云：“是故觉者约其情始合于中，正其心，养其性，故曰性其情。愚者则不知制之，纵其情而至于邪僻，梏其性而亡之，故曰情其性。”（《程氏文集》卷八）这也符合胡瑗对“性情”的理解：“盖性者天生之质，仁义礼智信五常之道无不备具，故禀之为正性。喜怒哀乐爱恶欲七者之来，皆由物诱于外则情见于内，故流之为邪情。唯圣人则能使万物得其利而不失其正者，是能性其情，不使外物迁之也。”（《周易口义》卷一）程颐在此文中又说：“凡学之道，正其心，养其性而已，中正而诚则圣矣。”这是宋儒由“明体达用之学”向更重视“内圣”的“心性之学”发展的一个标志。胡瑗对此文极为欣赏，对程颐“知契独深”（《宋元学案·安定学案》），也正说明这符合宋代新儒学发展的大趋势。

对“内圣”的重视，并不意味着理学家忽视了“外王”，他们对“明体达用之学”仍是给予肯定的。如程颢在《请修学校尊师儒取士劄子》中主张“讲明正学”“其道必本于人伦，明乎物理”“以经义、性行、材能三物宾兴其士于太

---

① 胡瑗任国子监直讲“乃居太学”是在皇祐六年（1054），而其在太学“兼学正”“主教导”是在嘉祐元年（1056），故程颐“闲游太学”时当是嘉祐二年。参见拙文《范仲淹与胡瑗的教育思想研究》，载《杭州研究》2010 年第 2 期。

学”“既一以道德仁义教养之,又专以行实材学升进”(《程氏文集》卷一)。这里的“一”和“专”就已包含了“明体达用”的意思。二程亦曾称赞:“胡安定在湖州置治道斋,学者有欲明治道者,讲之于中,如治兵、治民、水利、算数之类。尝言刘彝善治水利,后累为政,皆兴水利有功。”(《程氏遗书》卷二上)在熙宁二年,程颢亦曾与刘彝等八人一同“行诸路察农田、水利、赋役”(《宋史纪事本末》卷八)。

朱熹是宋代理学的集大成者。同历史上的许多大儒一样,他不仅是伟大的思想家,也是伟大的教育家。关于朱子的教育思想,流传最广、影响最大的是他所作《白鹿洞书院揭示》(以下简称《揭示》),其首列“五教之目”,即“父子有亲,君臣有义,夫妇有别,长幼有序,朋友有信”,此本于《尚书·舜典》的舜使契作司徒“敬敷五教”,亦孟子所说“圣人有忧之,使契为司徒,教以人伦:父子有亲,君臣有义,夫妇有别,长幼有序,朋友有信”,亦符合孟子所说三代学校“皆所以明人伦也”(《孟子·滕文公上》)。在“五教之目”后,《揭示》又有“为学之序”“修身之要”“处事之要”“接物之要”,等等。显然,《揭示》突显了儒家重视人伦道德即程颢所谓“一以道德仁义教养之”的特点,其把“正其义不谋其利,明其道不计其功”作为“处事之要”,又突显了理学家重视“义利之辨”,它所针对的是场屋之学“徒欲其务记览、为词章,以钩声名、取利禄而已”(《晦庵集》卷七十四)。在《揭示》中没有把“治事”“达用”的教学内容列在内,这不能不令人遗憾,朱子的教育思想亦因此常被后人(包括笔者)所误解。然而实际上,《揭示》并没有完整地表达朱子的教育思想。据《宋史·道学传三》,《揭示》作于朱子知南康军的淳熙五年(1178),而17年之后,即庆元元年(1195)朱子又作有《学校贡举私议》[①],此文长达五千多字,比较完整地表达了朱子的教育思想。写此文时,朱子曾任焕章阁待制、经筵侍讲,只任职46日就被宋宁宗解职,写此文之后不久就发生“庆元党禁”,朱子被诬为“伪学之魁”,庆元六年(1200)朱子病逝。《学校贡举私议》实为朱子教育思想的晚年定论。

① 据李清馥《闽中理学渊源考》卷十六:“庆元元年先生又乞追还旧职不许,是年作《学校贡举私议》。”

二

朱子《学校贡举私议》（以下简称《私议》）与《白鹿洞书院揭示》所不同者，是其以“德行道艺”为教学之目，而不仅是教以五伦。其云：

古者学校选举之法，始于乡党而达于国都，教之以德行道艺，而兴其贤者能者。……若夫三代之教，艺为最下，然皆犹有实用而不可阙。其为法制之密，又足以为治心养气之助，而进于道德之归。此古之为法，所以能成人材而厚风俗，济世务而兴太平也。（《晦庵集》卷六十九）

在这里，虽然“道德”为首要和终归，“艺为最下”，但其“犹有实用而不可阙”，成人材不仅是“厚风俗”，而且要“济世务”，如此才能“兴太平”。此中所表达的思想即是“明体达用之学”。

《私议》所针对的是当时科举教育的弊端：

既不本于德行之实，而所谓艺者又皆无用之空言。至于甚弊，则其所谓空言者又皆怪妄无稽，而适足以败坏学者之心志，是以人材日衰，风俗日薄。……而议者不知其病源之所在，反以程试文字之不工为患，而唱为混补之说，以益其弊。（同上）

所谓“程试文字”即后来八股文的起源，而“混补之说”即主张增加贡举的名额。朱子认为，追求程试文字之工和滥增贡举名额，只会使“游其间者校计得失于旦暮锱铢之间”而益增其弊。朱子的主张是：

必欲乘时改制，以渐复先王之旧，而善今日之俗，则必如明道先生熙宁之议，然后可以大正其本，而尽革其末流之弊。如曰未暇，则莫若且均诸州之解额，以定其志，立德行之科以厚其本，罢去词赋，而分诸经、子、史、时务之年，以齐其业。……学校则遴选实有道德之人，使专

教导，以来实学之士。裁减解额、舍选谬滥之恩，以塞利诱之涂。(《晦庵集》卷六十九)

所谓“明道先生熙宁之议”就是前引程颢在熙宁初年所上《请修学校尊师儒取士劄子》。朱子的《私议》就是本于程颢的“熙宁之议”而阐发其所“未备”[①]，而其实更多地继承了胡瑗的“明体达用之学”。“解额”即通过解试(乡试)而参加省试(会试)的名额。“舍选”即自王安石“熙宁变法”以来的三舍(上舍、内舍、外舍)选察。朱子主张“均诸州之解额”，并且裁减参加省试和舍选的名额，意在使士人安心于学，不被读书做官所利诱。关于学校所设科目，朱子主张首设“德行”科，罢去“词赋”科，又另设“诸经、子、史、时务”等科。将“德行”科与“诸经”科分开，这是《私议》发前人所未发。而分设“子、史、时务”等科，则继承了范仲淹和胡瑗的教育思想。

朱子论证首设“德行”科的必要：

所以必立德行之科者，德行之于人大矣……士诚知用力于此，则不惟可以修身，而推之可以治人，又可以及夫天下国家，故古之教者莫不以是为先。若舜之命司徒，以敷五教，命典乐以教胄子，皆此意也。(同上)

以“德行”科为首，朱子当借鉴了孔子所设“四科”中首为“德行”(《论语·先进》)。真能致力于“德行”者，“不惟可以修身，而推之可以治人，又可以及夫天下国家”，因此，孔子所设四科中的“政事”亦应以“德行”为基础。而“德行”与四科中的“言语”和“文学”没有必然的联系，因此，朱子主张罢去“词赋”科，亦将“德行”科与“诸经”科分开(孔子说“文学：子游、子夏”，后世之传诸经者实为子游、子夏之徒，而颜渊为“德行”第一，他并不是专以治经书为业)。朱子说舜命司徒“以敷五教”即是以“德行”为先，可见《白鹿洞书院揭示》中的“五教之目”亦是以“德行”为先，而并非完整地表达了朱子的教育思想。

---

① 清康熙帝曾评论《学校贡举私议》：“本程子之意而益发其所未备，洵可以得真才而收实效矣。”(《圣祖仁皇帝御制文集》第三集卷四十三)

朱子论证分设“诸经、子、史、时务”等科的必要：

> 古者大学之教，以格物致知为先。……盖天下之事，皆学者所当知。而其理之载于经者则各有所主，而不能相通也。况今《乐》经亡，而《礼》经缺，二戴之《记》已非正经，而又废其一焉。盖经之所以为教者已不能备，而治之者类皆舍其所难而就其所易，仅窥其一而不及其余，则于天下之事宜有不能尽通其理者矣。若诸子之学同出于圣人，各有所长而不能无所短，其长者固不可以不学，而其所短亦不可以不辨也。至于诸史，则该古今兴亡、治乱得失之变。时务之大者，如礼乐制度、天文地理、兵谋刑法之属，亦皆当世所须而不可阙，皆不可以不之习也。(《晦庵集》卷六十九)

观此可知，朱子是主张分科教学的，这与他对《大学》之“格物致知”的解释相联系。朱子否认了“通一经则能通群经”，亦否认了只读经书就能通天下之理。因此，诸子、诸史和时务是不可不学的。“时务之大者，如礼乐制度、天文地理、兵谋刑法”等，都是“当世所须而不可阙”，亦不可不学。此“时务”科大致相当于胡瑗的“治事”斋。

朱子认识到，天下之理不可能通过读书而“尽通”，故主张把所当读之书“分之以年”，使天下之士各以三年而通其三或四分之一。这样，在“诸经、子、史、时务”诸科中还要再分科，并分年考试。“故今欲以《易》《书》《诗》为一科……《周礼》《仪礼》及二戴之《礼》为一科……《春秋》及三传为一科……诸经皆兼《大学》《论语》《中庸》《孟子》。”同此，诸子分为四科；诸史则“《左传》、《国语》、《史记》、两《汉》为一科，《三国》《晋书》《南北史》为一科，新旧《唐书》《五代史》为一科，《通鉴》为一科”，时务则“律历地理为一科，通礼新仪为一科，兵法、刑统、敕令为一科，《通典》为一科”。这相当于在“诸经、子、史、时务”四个“系”中又分成三或四个“专业”。入学者虽然只是学这些“专业”中的三或四分之一，但天下之士合起来就“无不通之经，无不习之史，而皆可为当世之用矣”(同上)。朱子所主张的分科教学，略同于胡瑗的“治事则一人各治一事，又兼摄一事”，而又有所发展。

关于“诸经”科，朱子又强调：

其治经必专家法者，天下之理固不外于人之一心，然圣贤之言则有渊奥尔雅而不可以臆断者，其制度、名物、行事本末又非今日之见闻所能及也。故治经者必因先儒已成之说而推之，借曰未必尽是，亦当究其所以得失之故，而后可以反求诸心而正其谬。(《晦庵集》卷六十九)

朱子认为，汉儒治经“专门名家，各守师说，而不敢轻有变焉者”，是其长处。而其弊病则是“守之太拘，而不能精思明辨以求真”。他批评：“近年以来习俗苟偷，学无宗主，治经者不复读其经之本文，与夫先儒之传注，但取近时科举中选之文，讽诵摹仿，择取经中可为题目之句，以意扭捏，妄作主张，明知不是经意，但取便于行文，不暇恤也。盖诸经皆然，而《春秋》为尤甚。”如此则“名为治经而实为经学之贼，号为作文而实为文字之妖”(同上)。对此加以纠正，就要“讨论诸经之说，各立家法，而皆以注疏为主”。这些注疏包括：

如《易》则兼取胡瑗、石介、欧阳修、王安石、邵雍、程颐、张载、吕大临、杨时；《书》则兼取刘敞、王安石、苏轼、程颐、杨时、晁说之、叶梦得、吴棫、薛季宣、吕祖谦；《诗》则兼取欧阳修、苏轼、程颐、张载、王安石、吕大临、杨时、吕祖谦；《周礼》则刘敞、王安石、杨时；《仪礼》则刘敞；二戴《礼记》则刘敞、程颐、张载、吕大临；《春秋》则啖助、赵匡、陆淳、孙明复、刘敞、程颐、胡安国；《大学》《论语》《中庸》《孟子》则又皆有《集解》等书，而苏轼、王雱、吴棫、胡寅等说亦可采。(同上)

值得注意的是，这些注疏不仅包括了理学家之外的经学著作，甚至也包括了与理学家有“党争”关系的如王安石、王雱和苏轼等人的经学著作，这充分显示了朱子之治经既主张“必专家法”，又主张参酌众说而兼容并包。这与后来的科举考试“非程朱学，不试于有司”(欧阳元《圭斋集》卷五《赵忠简公祠堂记》)、“非濂洛关闽之学不讲”(黄训编《名臣经济录》卷二十六《设学校以立教三》)是大相径庭的。

朱子又批评："今日治经者既无家法，其穿凿之弊已不可胜言矣。而主司命题又多为新奇，以求出于举子之所不意，于所当断而反连之，于所当连而反断之，大抵务欲无理可解，无说可通，以观其仓卒之间趋附离合之巧。……主司既以此倡之，举子亦以此和之，平居讲习专务裁剪经文，巧为饾饤，以求合乎主司之意，其为经学贼中之贼，文字妖中之妖，又不止于家法之不立而已也。"（《晦庵集》卷六十九）这种批评似是出于明、清学者对当时科举考试和举子应试的批评。元代以后的科举之弊，朱子在元代以前实已批评之。

朱子又批评："今日经学之难，不在于治经而难于作义。大抵不问题之大小长短，而必欲分为两段，仍作两句对偶，破题又须借用他语，以暗贴题中之字，必极于工巧而后已。其后多者三二千言，别无他意，不过止是反复敷衍破题两句之说而已。如此不唯不成经学，亦复不成文字，而使学者卒岁穷年，枉费日力，以从事于其间，甚可惜也。"朱子主张，科举试文应"但令直论圣贤本意，与其施用之实，不必如今日经义分段、破题、对偶、敷衍之体。……至于旧例经义禁引史传，乃王氏（安石）末流之弊，而论子、史者不复订以经指，又俗学卑近之失，皆当有以正之，使治经术者通古今，议论者识原本，则庶乎其学之至矣"（同上）。元代以后的以八股文取士，所作之文乃"代圣贤立言"，禁引子、史，而论子、史者亦不可参引经义，这些弊病滥觞于熙宁"新政"以后，而朱子对这些弊病的批评已发之于元代以前。无怪乎清代的经学家陆陇其说："《学校贡举私议》一篇，真足为今世之药石。"（《读朱随笔》卷四）

朱子又肯定吕希哲之言曰："仁宗之时太学之法宽简，国子先生必求天下贤士真可为人师者，就其中又择其尤贤者，如胡翼之（胡瑗）之徒，使专教导规矩之事。故当是时天下之士不远万里来就师之，其游太学者端为道艺，称弟子者中心说而诚服之。"朱子批评："熙宁以来，此法浸坏。所谓太学者但为声利之场，而掌其教事者不过取其善为科举之文，而尝得隽于场屋者耳。士之有志于义理者，既无所求于学，其奔趋辐凑而来者，不过为解额之滥、舍选之私而已。师生相视，漠然如行路之人；间相与言，亦未尝开之以德行道艺之实。而月书季考者，又祗以促其嗜利苟得、冒昧无耻之心，殊非国家之所以立学教人之本意也。”朱子主张:“欲革其弊,莫若一遵仁皇之制,择士之有道德可为人师者,以为学官而久其任,使之讲明道义,以教训其学者,而又痛减解额之滥以还诸州,罢去舍选谬滥之法……则太学之教不为虚设,而彼怀利干进之流自无所为而至矣。”(《晦庵集》卷六十九)这是主张从熙宁以后的太学“为声利之场”回复到庆历、嘉祐时期的“明体达用之学”。

朱子又批评当时的科举取士:“名为贤良方正,而其实但得记诵文词之士,其所投进词业亦皆无用之空言,而程试论策则又仅同覆射儿戏,初无益于治道,但为仕宦之捷径而已。词科则又习于谄谀夸大之词,而竞于骈俪刻雕之巧,尤非所以为教。至于武举则其弊又不异于儒学之陋也。”欲改革这些弊病,“则制科当诏举者不取其记诵文词,而取其行义器识。罢去词业六论,而直使待对于廷,访以时务之要,而不穷以隐僻难知之事。词科则当稍更其文字之体,使以深厚简严为主,而以能辨析利害、敷陈法度为工。武举则亦使学官放(仿)经义论策之制,参酌定议,颁下《武经总要》等书,而更加讨论,补其遗逸,使之诵习而立其科焉。则庶乎小大之材各得有所成就,而不为俗学之所病矣。夫如是,是以教明于上,俗美于下,先王之道得以复明于世,而其遗风余韵又将有以及于方来”(同上)。

关于“武举”,范仲淹在天圣三年(1025)就曾提出:“先命大臣密举忠义有谋之人,授以方略,委之边任;次命武臣密举壮勇出群之士,试以武事,迁其等差……列于边塞,足备非常。”(《范文正公集》卷七《奏上时务书》)在天圣五年他又提出:“今可于忠孝之门,搜智勇之器,堪将材者,密授兵略,历试边任,使其识山川之向背,历星霜之艰难……至于四海九州,必有壮士,宜设武举,以收其遗……又臣僚之中,素有才识,可赐孙、吴之书,使知文武之方,异日安边,多可指任,此皆育将才之道也。”(《范文正公集》卷八《上执政书》)胡瑗亦曾撰成《武学规矩》一书,庆历年间上书请兴武学,在其“治事”斋中亦有“讲武以御其寇”的科目。朱子关于“武举”的主张,即是上承范、胡。可以设想,如果胡瑗的“治事”斋得以延续,或朱子的《私议》得以实施,那么太学和州郡县之学中不仅有德行科、诸经科、诸子科、诸史科,而且有军事、刑法、农田水利、天文地理等专科(范仲淹还曾设想在京师和州郡学校设医科,见《范文正公集·政府奏议》卷下《奏乞在京并诸道医学教授生徒》),

如此则宋代以后的中国历史必是另一番景象。遗憾的是，朱子在经筵只46日，写完《私议》后“会去国不及上”（《闽中理学渊源考》卷十六），随后就被诬为“伪学之魁”，他所希望的“教明于上，俗美于下，先王之道得以复明于世，而其遗风余韵又将有以及于方来”，也就被淹没在“庆元党禁”和南宋灭亡以后的科举考试中。

三

宋理宗即位后为理学恢复名誉，宝庆三年（1227）下诏：“朕观朱熹集注《大学》《论语》《孟子》《中庸》，发挥圣贤蕴奥，有补治道。朕励志讲学，缅怀典刑，可特赠熹太师，追封信国公。”（《宋史·理宗一》）淳祐元年（1241）又下诏：周敦颐、张载、程颢、程颐和朱熹从祀孔庙，“以副朕崇奖儒先之意”（《宋史全文》卷三十六）。此后，程朱理学成为官学的正统，朱子的《四书集注》成为科举考试的标准教科书，但此后的科举考试实也正是朱子《私议》所批评的对象。

凭借朱子的权威，《私议》在南宋以后也曾发生了一定的影响，但其终未得到实施。元仁宗皇庆元年（1312），理学家吴澄担任国子监司业，“用宋程颢学校奏疏、胡瑗六学教法、朱熹《学校贡举私议》，约之为教法四条，一曰经学，二曰行实，三曰文艺，四曰治事，未及行”（《元史纪事本末》卷二）①。此中的“行实”本于程颢的学校奏疏，而“治事”无疑源于胡瑗的“治事”斋。因吴澄兼重“尊德性”与“道问学”，有议者“以澄为陆氏之学，非许（衡）氏尊信朱子本意”，吴澄乃“一夕谢去”（同上）。皇庆二年，吴澄在《送虞叔当北上序》中亦有云：“贡举莫盛于宋，朱子虽少年登科，而心实陋之，尝作《学校贡举私议》，直以举子所习之经、所业之文，为经之贼、文之妖。”（《吴文正集》卷二十七）

---

① 明陈邦瞻《元史纪事本末》、清《钦定续通志》和朱轼《史传三编》等书作“胡瑗（或胡安定）六学教法”，其“六学”意不详，或为“太学”之误。但《元史·吴澄传》《元明事类钞》《资治通鉴后编》《御制孝经衍义》等书将“胡安定”误为“胡文定”（或胡安国）。按：胡安国是二程洛学一系的理学家，由此可见在尊程朱理学的大背景下，胡瑗的教学之法竟然多被误移到胡安国名下。

当皇庆元年时，大儒邓文原也曾被召为国子监司业，“至官，首建白更学校之政，当路因循，重于改作，论不合，移病去。科举制行，(邓)文原校文江浙，虑士守旧习，大书朱熹《贡举私议》揭于门”(《元史·邓文原传》)。

所谓“科举制行”，即指元仁宗在皇庆二年“专立德行明经科，以此取士”，其明经即“《大学》《论语》《孟子》《中庸》内设问，用朱氏《章句集注》”，“《诗》以朱氏为主，《尚书》以蔡氏为主，《周易》以程氏、朱氏为主……《春秋》许用三传及胡氏《传》，《礼记》用古注疏”(《元史·选举志一》)。此后，明、清两代都沿袭元朝的专以“德行明经科”取士，形成了“非濂洛关闽之学不讲”的风气，而且考试专用八股文。如明代的科举，“沿唐、宋之旧，而稍变其试士之法，专取四子书及《易》《书》《诗》《春秋》《礼记》五经命题试士，盖太祖与刘基所定。其文略仿宋经义，然代古人语气为之，体用排偶，谓之八股，通谓之制义。……《四书》主朱子《集注》，《易》主程《传》、朱子《本义》，《书》主蔡氏《传》及古注疏，《诗》主朱子《集传》，《春秋》主左氏、公羊、谷梁三传及胡安国、张洽《传》，《礼记》主古注疏。永乐间，颁《四书五经大全》，废注疏不用。其后，《春秋》亦不用张洽《传》，《礼记》止用陈澔《集说》”(《明史·选举志二》)。而清代的科举，“一沿明制，二百余年虽有以他途进者，终不得与科第出身者相比”(《清史稿·选举志一》)，其科目取士“承明制用八股文。取四子书及《易》《书》《诗》《春秋》《礼记》五经命题，谓之制义。……《四书》主朱子《集注》，《易》主程《传》、朱子《本义》，《书》主蔡《传》，《诗》主朱子《集传》，《春秋》主胡安国《传》，《礼记》主陈澔《集说》。其后《春秋》不用胡《传》，以《左传》本事为文，参用公羊、谷梁”(《清史稿·选举志三》)。

与朱子的《私议》相比，元、明、清的科举考试“专立德行明经科”，不同于《私议》的将“德行”科与“诸经”科分设，更不同于除“诸经”科外，《私议》另设有诸子、诸史、时务等专科。元代以后的科举考试专尊程朱理学，“非程朱学，不试于有司”，此亦不同于《私议》既主张“必专家法”，又主张参酌众说而兼容并包。元代以后的科举考试虽尊程朱理学，但士人往往“功利驱之”，把程朱理学当作“侥幸一第”的敲门砖，明、清学者对此批判颇多，而对科举“场屋之业”“声利之场”的批评已先发之于宋代的“明体达用之学”(包括朱子的《私议》)。元代以后的科举之弊，莫甚于以八股文取士，明清之际的顾炎武曾说："八股之害等于焚书，而败坏人材有甚于咸阳之郊所坑者。"（《日知录》卷十六"拟题"）至近代，中国的学制改革最急迫的就是主张"废八股"，如郑观应在《盛世危言》中说："不废帖括（八股），则学校虽立，亦徒有虚名而无实效也！"[①]严复在《救亡决论》中说：中国之变法"莫亟于废八股"[②]。戊戌变法期间，康有为曾上书《请废八股试帖楷法试士改用策论折》，内云："臣窃惟今变法之道万千，而莫急于得人才；得才之道多端，而莫先于改科举；今学校未成，科举之法未能骤废，则莫先于废弃八股矣。"[③]而对八股文的批判，实肇始于朱子的《私议》。

在中国近代的学制改革中，胡瑗的教学之法、朱子的《私议》等曾起了促进的作用。如1896年《礼部议复整顿各省书院折》关于"定课程"有云：

> 宋胡瑗教授湖州，以经义、治事分为两斋，法最称善。宜仿其意分类为六：曰经学，经说、讲义、训诂附焉；曰史学，时务附焉；曰掌故之学，洋务、条约、税则附焉；曰舆地之学，测量、图绘附焉；曰算学，格致、制造附焉；曰译学，各国语言文字附焉。士之肄业者，或专攻一艺，或兼习数艺，各从其便。[④]

1902年，管学大臣张百熙所上《进呈学堂章程折》有云：

> 自司马光有分科取士之说，朱子《学校贡举私议》于诸经、子、史及时务皆分科限年，以齐其业；外国学堂有所谓分科、选科者，视之最重，意亦正同。[⑤]

---

① 《郑观应集》（上），上海人民出版社1982年版，第261页。

② 《严复集》第一册，中华书局1986年版，第40页。

③ 《康有为政论集》（上），中华书局1981年版，第268页。

④ 舒新城编：《中国近代教育史资料》（上），人民教育出版社1981年版，第71页。

⑤ 同上书，第193—194页。关于司马光的"分科取士"之说，见《宋史·选举志六》："一曰行义纯固可为师表科……二曰节操方正可备献纳科……三曰智勇过人可备将帅科……四曰公正聪明可备监司科…五曰经术精通可备讲读科……六曰学问该博可备顾问科……七曰文章典丽可备著述科……八曰善听狱讼尽公得实科……九曰善治财赋公私俱便科……十曰练习法令能断请谳科"。

由此可知,中国近现代走向分科教学和研究,虽然主要受西方学制的影响,但亦符合中国文化发展的逻辑。在宋代学术文化中,能够体现这一发展方向的即是胡瑗的教学之法、司马光的“分科取士”之说和朱子的《学校贡举私议》。朱子思想不惟在宋代以后占据了中国学术文化的主流,而且可促使人们反思其间的历史教训;他的《学校贡举私议》在宋代以后终未得到施行,却促进了中国近现代的学制改革,这从一个方面透显出朱子思想的丰厚内涵及其重要的现实意义。如何处理好通识性的道德(“德行”)教育与其他教育分科的关系,这仍是我们现在需要解决的问题。

(原载《中国社科院研究生院学报》2011 年第 2 期)

罗钦顺的儒释之辨

——兼论其与关学和洛学的关系

黄宗羲在评论明代学术的突出贡献和特点时曾说过两段话，其一曰："有明之学，至白沙始入精微……至阳明而后大。"（《明儒学案》卷五）其二曰："有明文章事功，皆不及前代，独于理学，前代之所不及也。……程朱之辟释氏，其说虽繁，总是只在迹上，其弥近理而乱真者，终是指他不出。明儒于毫厘之际，使无遁影。"（《明儒学案·凡例》）这两段话有一定的联系，即正因为有白沙、阳明之学的兴起，所以才使儒释之辨在明代成为一个十分突出的问题；但这两段话终是有些抵牾，因为明代的儒释之辨主要是针对白沙、阳明之学而发，如果扬前者则必贬后者，反之亦然。

一

黄宗羲评价罗钦顺之学时引用了高攀龙的一句话："先生于禅学尤极探讨，发其所以不同之故，自唐以来，排斥佛氏，未有若是之明且悉者。"高氏此论，源于嘉靖年间黄芳为《困知记》前四卷写的《序》（见《困知记》附录）。黄宗羲在引此话后说："呜呼！先生之功伟矣！"（《明儒学案》卷四十七）由此可见，罗钦顺的儒释之辨在明代中期和后期都曾受到很高的评价，而黄宗羲也是把罗钦顺作为明代儒释之辨的最杰出代表。

罗钦顺之辨儒释，首先与他个人的学术经历有关。在《困知记》卷下，他说：

愚自受学以来，知有圣贤之训而已，初不知所谓禅者何也。及官京师，偶逢一老僧，漫问何由成佛，渠亦漫举禅语为答云：“佛是亭前柏树子。”愚意其必有所谓，为之精思达旦，揽衣将起，则恍然而悟，不觉流汗通体。既而得禅家《证道歌》一编，读之，若合符节，自以为至奇至妙，天下之理莫或加焉。后官南雍，则圣贤之书未尝一日去手，潜玩久之，渐觉就实。始知前所见者，乃此心虚灵之妙，而非性之理也。自此研磨体认，日复一日，积数十年，用心甚苦。年垂六十，始了然有见乎心性之真，而确乎有以自信。

观此可知，罗钦顺(1465—1547)的学术经历大致可分为三个阶段：弘治六年(1493)，罗钦顺至京师，举进士，授翰林院编修，这是他参佛而有所悟阶段的开始；弘治十五年(1502)，罗钦顺升南京国子监司业，这是他“年几四十，始慨然有志于道”(《困知记序》)，知前所悟“乃此心虚灵之妙，而非性之理”阶段的开始；嘉靖元年(1522)，罗钦顺辞官不就，返回故里，这是他“年垂六十，始了然有见乎心性之真”，陆续写成《困知记》各卷阶段的开始。

罗钦顺学术经历的根本转折点是他于第二阶段出释入儒，这是他后期思想开始形成的阶段，从第二阶段至第三阶段只是他后期思想从形成到成熟的过程。在罗钦顺后期思想形成的过程中，“潜玩”儒家的“圣贤之书”无疑起了重要的作用，但促使其思想坚定并达于成熟的外部刺激则是阳明心学的兴起。弘治十八年(1505)，正当罗钦顺“慨然有志于道”的时候，王阳明与陈白沙的弟子湛甘泉在京师定交；正德三年(1508)，王阳明在龙场悟道；正德十三年(1518)，王阳明刻《大学古本》《朱子晚年定论》和《传习录》。罗钦顺于正德十四年(1519)读《传习录》，又于正德十五年(1520)读王阳明寄送的《大学古本》和《朱子晚年定论》，随即与王阳明论学，对阳明心学的“学不资于外求”“局内遗外”的禅学性质和“考之欠详而立论太果”的粗疏学风进行了批评。在罗钦顺于嘉靖七年(1528)编成《困知记》前两卷时，他于同年写了与王阳明的第二书，对阳明心学的格物论和“致良知”学说进行了批评。与阳明心学的对立，使罗钦顺明确了儒释之辨的针对性，增强了护卫儒家“世道”的责任感(《困知记》续卷上：“近来异说纷起，直欲超然于规矩准绳之外，方圆平直，惟其意之所裁。……有世道之责者，不远为之虑可乎?”)，从而确立了他一生的学术宗旨。

二

罗钦顺的儒释之辨是以“心性之辨”为其总纲。在狭义上说，“心性之辨”就是“性即理”与“心即理”之争，这是宋代朱陆之争在明代的延续。如果罗钦顺的儒释之辨仅停留在这一点上，那么它在思想史上的意义无疑要减损许多。我们今天应该格外重视的并非狭义的“心性之辨”，而是“心性之辨”的延伸或深化，即心物、理气之辨。

罗钦顺在批评阳明心学的格物论时说：

> 近时格物之说，亦未必故欲求异于先儒也。只缘误认知觉为性，才干涉事物便说不行。既以道学名，置格物而不讲又不可……所以别造一般说话，要将物字牵拽向里来。然而毕竟牵拽不得，分定故也。(《困知记》续卷上)

这里所谓“分定故也”便是心物之辨的关键。王阳明提出“心即性”“心即理”，这就是罗钦顺所谓“误认知觉为性”；王阳明又提出“心外无理”“心外无物”“吾性自足，向之求理于事物者，误也”，这就是罗钦顺所谓“才干涉事物便说不行”；王阳明把“物”规定为“意之所在”或“意之用”，这就是罗钦顺所谓“将物字牵拽向里来”。罗钦顺认为，物“毕竟牵拽不得，分定故也”，这是针对阳明心学的“心外无物”论而提出的唯物主义观点。

陆象山和王阳明都曾以公私义利之别来辨分儒释。如陆象山曾说：“儒释之辨，公私义利之别，判然截然，有不可同者矣。”(《与王顺伯》)“释氏立教，本欲脱离生死，惟主于成其私耳，此其病根也。”(《语录上》)王阳明也曾说：“(佛氏)本来面目，即吾圣门所谓良知……体段功夫大略相似，但佛氏有个自私自利之心，所以便有不同。”(《传习录·答陆元静书》)罗钦顺认为，如此辨分儒释是“阳避其名而阴用其实”。他指出：陆象山在《与王顺伯》中

"但言两家之教所从起者不同,初未尝显言其道之有异,岂非以儒佛无二道,惟其主于经世,则遂为公、为义、为儒者之学乎! 所谓阴用其实者此也。"(《困知记》卷下)在罗钦顺看来,"释氏之自私自利,固与吾儒不同,然此只是就形迹断,他病根所在,不曾说得。盖以灵觉为至道,乃其病根,所以异于吾儒者,实在于此。"(《困知记》附录《答允恕弟》)陆象山和王阳明认为佛教的"病根"是"自私自利",罗钦顺认为自私自利"只是就形迹上断",佛教的真正"病根"是"以灵觉为至道"。这样,罗钦顺的儒释之辨便以陆王心学为针对性,突破了"公私义利之别",也突破了狭义的"心性之辨",而涉及以何为"至道"的哲学本体论问题,即心物、理气问题。

在《困知记》续卷上,罗钦顺指出:"佛氏之所谓性,觉而已矣;其所谓觉,不出乎见闻知觉而已矣。"为了详加说明这一点,他对《楞伽经》等佛典"言语反复异同处,一一穷究""精加研核",列出"《楞伽》大旨有四",指出佛之"要领"是"灭妄识而契真识",其"害道之甚"是"以本体为真,末流为妄,既分本末为两截,谓迷则真成妄,悟则妄成真,又混真妄为一途"。《困知记》的续卷上,引用佛教文献之详和理论分析之明,在以往的儒家文献中绝无仅有,可以说是一篇从本体论批判佛教唯心学说的哲学史杰作。

罗钦顺在分析禅僧所作"有物先天地,无形本寂寥,能为万象主,不逐四时凋"时指出,此诗所谓"物","自吾儒观之,昭昭然太极之义。然彼初未尝知有阴阳,安知有所谓太极哉? 此其所以大乱真也。"(《困知记》续卷上)他还说:"佛氏初不识阴阳为何物,固无由知所谓道,所谓神。"(同上)在这里,罗钦顺实际上标明了儒释在本体论上的根本区别是以"阴阳"(气)为本还是以"心识"为本。

罗钦顺认为,"太极则众理之总名也",太极并非"类有一物"而主宰乎阴阳。他说:

> 盖通天地,亘古今,无非一气而已。气本一也,而一动一静,一往一来,一阖一辟,一升一降,循环无已……千条万绪,纷纭胶轕而卒不可乱,有莫知其所以然而然,是即所谓理也。初非别有一物,依于气而立,附于气以行也。(《困知记》卷上)

罗钦顺以“气”(阴阳)为本,不仅与佛教和陆王心学的以“心”为本形成对垒,而且与程朱理学的以“理”为本判分两途。

罗钦顺在谈到“人心之神”与“阴阳不测之神”的关系时说,二者“初无二致,但神之在阴阳者,则万古如一;在人心者,则与生死相为存亡。所谓理一而分殊也。佛氏不足以及此矣,吾党之士盍相与精察之?”(《困知记》续卷上)在这里,罗钦顺用“理一分殊”来解释“阴阳不测之神”与“人心之神”的关系,显然“阴阳不测之神”是与“理”相关的概念。罗钦顺对此“精察之”,强调“神之在阴阳”,不是“别有一物”主宰阴阳,这可能是罗钦顺从探讨心物、心神问题上升到探讨理气问题的一个逻辑上的通道。在《困知记》卷上,罗钦顺提出:“阴阳之化”与“太极之神”是“一而二,二而一者也。学者于此须认教体用分明,其或差之毫厘,鲜不流于释氏之归矣。”这说明儒释之辨对于罗钦顺正确解决理气问题确是一个重要的契机。

三

传统的学术观点认为,罗钦顺是明代中期朱学的代表,实际上这是很成问题的。罗钦顺论理气与小程和朱熹颇不相合,他所笃信的是大程。他曾说:“愚尝遍取程朱之书,潜玩精思,反复不置,惟于伯子之说,了无所疑。”(《困知记》卷上)程颢论道器有两句话,其一曰:“形而上为道,形而下为器,须着如此说,器亦道,道亦器。”其二曰:“阴阳亦形而下者,而曰道者,惟此语截得上下最分明,原来只此是道,要在人默而识之也。”罗钦顺在《答林次崖佥宪》中说,他“认理气为一物”是有得于程颢的这两句话,“非臆决也”(《困知记》附录)。林次崖坚持程朱“理气为二物”的观点,在回信中指出罗钦顺把程颢的两句话“错看”了(见《困知记》附录《答林次崖第二书》)。其实,对程颢的这两句话很难说是“错看”还是不“错看”,程颢立言本有浑融多解的特点。程颐曾明确提出“道非阴阳也,所以一阴一阳道也”(《程氏遗书》卷三),程颢对此没有明确提出过反对。他在批评张载学说时曾说:“形而上者谓之道,形而下者谓之器。若如或者以清虚一大为天道,则乃以器言,而非道也。”(《程氏遗书》卷十一)观此可以说,大程也是赞成小程的道器之分的。罗钦顺以大程的上述两句话作为其理气合一之论的理论根据,实也是有所选择而为己所用。冯友兰先生曾说大程是宋明心学的开创者(尽管这一观点不无可商榷处),而宋明心学的坚决反对者罗钦顺却说他的理气论"有得乎明道先生之言",这种矛盾也说明罗钦顺之笃信大程不是十分合理的态度。

张载在《正蒙》中提出:"由太虚有天之名,由气化有道之名,合虚与气有性之名,合性与知觉有心之名。"罗钦顺说,此"数语亦是将理气看作二物"(《困知记》卷下)。但他又说《正蒙》中"阴阳之气,循环迭至,聚散相荡,升降相求,絪缊相揉……"一段话"议论最精,与所谓太虚、气化者有间矣"(同上)。从罗钦顺对《正蒙》两段话的评论可知,他把"由太虚有天之名"误解为是指"理"而言。其实,张载所谓"太虚"与"气"是同一的概念("太虚无形"是"气之本体",即"气"的本然状态),罗钦顺之所以发生误解,主要是由"合虚与气有性之名"引起(在《困知记》三续,罗钦顺说,张载的那段话"可疑,乃在上三句")。的确,张载所谓"合虚与气有性之名"是大可讨论的一句话。比罗钦顺稍晚的吴廷翰也曾说:"独其以虚与气两言之,犹未免于理气之失也。"(《吉斋漫录》卷上)冯友兰先生在旧著《中国哲学史》中也曾问:"所谓合虚与气者,岂非即等于谓'合气与气'乎?"①我认为,张载这句话的"气"是指"气质","气质"是太虚本然之气凝聚后的"客形","合虚与气有性之名"是说合太虚与气质有性(天命之性与气质之性)之名。张载的二性说导致了其体系和表述的不严密。这种不严密使罗钦顺对张载的"太虚"发生了误解,从而也导致了罗钦顺没有把自己的理气合一之论归宗于张载。

然而,罗钦顺的思想从实质上说仍是张载气论的复兴,而其儒释之辨更是在更高的层次上向张载的儒释之辨复归。我在《"先识造化"与"先识仁"》(载《人文杂志》1989 年第 5 期)一文中,曾指出关学的逻辑起点是"先识造化",即张载所说:"易,造化也。圣人之意莫先乎要识造化,既识造化然后其理可穷。彼(释氏)惟不识造化,以为幻妄也。"(《易说·系辞上》)张载认为,儒释的根本区别在于是否"识造化",即把自然界和人类社会看作是真

① 冯友兰:《中国哲学史》,商务印书馆 1935 年版,第 861 页。

实的还是幻妄的,他由此依据《易传》建立起新儒学的气本体论。二程对张载的理论用心有所理解,如云:“释氏推其私智所及而言之,至以天地为妄,何其陋也!张子厚尤所切齿者此耳。”(《程氏外书》卷七)二程不同意张载的气本体论,原因在于他们对释氏“尤所切齿者”另有所在。二程说:“释氏之学,又不可道他不知,亦尽极乎高深,然要之卒归乎自私自利之规模。”(《程氏遗书》卷十五)“要之,释氏之学,他只是一个自私奸黠,闭眉合眼,林间石上自适而已。”(《程氏外书》卷十)正因为二程对释氏“尤所切齿者”是“自私”,所以洛学的逻辑起点是“先识仁”,仁是私的对立物,“仁者公而已”,二程由此依据《中庸》和《孟子》建立起理(仁)本体论。

二程主要以公私分辨儒释,但程颐另有一句“圣人本天,释氏本心”(《程氏遗书》卷二十一下)。对这后一种区别,洛学并没有很好地贯彻,如大程说:“心是理,理是心”(《程氏遗书》卷十三),“只心便是天”(《程氏遗书》卷二上),显然模糊了儒释的二本之分。小程在回答《华严经》所谓“理”如何时也说:“只为释氏要周遮,一言以蔽之,不过曰万理归于一理也。……亦未得道他不是……只为他归宿处不是,只是个自私。”(《程氏遗书》卷十八)这说明如果“圣人本天”的“天”仅仅是指“理”而言,那么仍然不能分辨儒释,小程的儒释之辨终究是公私之别。

罗钦顺批评陆王心学以“公私义利之别”分辨儒释“只是就形迹上断”,这从根源上说是对洛学儒释之辨的批评。《困知记》续卷下引程子曰:“以吾观于儒释,事事是,句句合,然而不同。”罗钦顺说:“夫既曰‘事事是,句句合’矣,何以又曰‘不同’?正此所谓毫厘之差也。”这里所谓“毫厘之差”是指心性之辨,其间也委婉地包含对程氏分辨儒释不彻底的批评。

湛甘泉的《雍语》有云:“佛之广大高明,吾圣人已有之。”其答周冲问儒释之辨又云:“圣人之学,至大至公;释者之学,至私至小。大小,公私足以辨之矣。”罗钦顺说:“夫既许之以‘广大高明’矣,何为又有‘至私至小’之议哉?”(《困知记》三续)如果把此意用在二程身上,则也可问:既许之以“尽极乎高深”“未得道他不是”矣,何为又有“自私自利”之议哉?

湛甘泉的《新泉问辨录》有云:“不若大其心,包天地万物而与之一体……”罗钦顺说:“此非余之所敢知也。夫程子所谓‘仁者,浑然与物同体’,乃其理之自然。今欲大其心以包之,则是出于人为,非所以为自然之理矣。……《中庸》论至诚之德,到其极处惟曰‘浩浩其天’,此其所以为实学也。”(《困知记》三续)此话虽有意回护大程,但如果联想到大程对张载的批评——“若如或者别立一天,谓人不可以包天,则有方矣,是二本也”(《程氏遗书》卷十一),那么罗钦顺不是站在张载的立场上反批评大程吗?

大程反对在人(心)之外“别立一天”的“二本”,但罗钦顺最赞成的就是以“二本”分辨儒释。在《困知记》续卷上,罗钦顺说:“程子尝言:‘圣人本天,释氏本心。’直是见得透、断得明也。”在《困知记》续卷下,他也说:“程子尝言:‘圣人本天,佛氏本心。’此乃灼然之见,万世不易之论,儒佛异同,实判于此。”在《答欧阳少司成崇一》中,他也同样强调“圣人本天,释氏本心”,并以此批评阳明心学“误认良知为天理”“其所本从可知矣”。罗钦顺把洛学没有真正贯彻的儒释二本之分作为判别儒释的根本标准,这实际上是站在了关学的立场上。在《困知记》续卷上,他引张子曰“释氏不知天命,而以心法起灭天地,以小缘大,以未缘本,不能穷而谓之幻妄,真所谓疑冰者欤”,说:“此言与程子‘本心’之见相合,又推到释氏穷处,非深知其之本未,安能及此?”实际上,张载所言并不是附合二程,而是罗钦顺比二程更加强调“释氏本心”,他对佛教“尤所切齿者”与张载所见相同。

罗钦顺批评佛教“初不识阴阳为何物,固无由知所谓道,所谓神”。他在批评陆门高弟杨简的唯心论时也说:“慈湖误矣!渺然数尺之躯,乃欲私造化以为己物,何其不知量哉!”(《困知记》续卷下)由此我们不难看出,罗钦顺的儒释之辨是在陆王心学的刺激下,向关学的逻辑起点的复归——“圣人之意莫先乎要识造化,既识造化,然后其理可穷。彼惟不识造化,以为幻妄也。”而此复归必然产生的结果便是以气(阴阳)为本的气论思想的复兴(王廷相、吴廷翰等人的思想均带有这种性质)①。

以气为本也就是从哲学上肯定我们所面对之世界是真实的而非幻妄的。应该说,这正是儒家的伦理学说和实践之所以为真实的哲学本体论的依据。试想,如果我们所面对之世界是心识所现之幻境,那么,儒家的修齐

① 冯友兰先生在《中国哲学史新编》第五册(人民出版社1988年版),称王廷相、罗钦顺的思想为“气学的复兴和理学的自我修正及革新”。

治平又有什么真实意义可言呢？罗钦顺有一段话较深刻地谈到了这种关系，在此不得不详引：

> 夫目之视，耳之听，口之言，身之动，物虽未交而其理已具，是皆天命之自然，无假于安排造作，莫非真也。及乎感物而动，则有当视者，有不当视者，有当听者，有不当听者……凡其所当然者，即其自然之不可违者，故曰真也。所不当然者，则往往出于情欲之使然，故曰妄也。真者存之，妄者去之，以此治其身心，以此达诸家、国、天下，此吾儒所以立人极之道，而内外、本末无非一贯也。若如佛氏之说，则方其未悟之先，凡视听言动不问其当然与不当然，一切皆谓之妄；乃其既悟，又不问其当然与不当然，一切皆谓之真。吾不知何者在所当存乎，何者在所当去乎？当去者不去，当存者必不能存，人欲肆而天理灭矣。使其所肆行而莫之禁，中国之为中国，人类之为人类，将非幸欤！（《困知记》续卷上）

罗钦顺正是因为认识到自然观与道德观、社会观的这种联系，所以他才以“本天”“本心”之说严辨儒释。今日学者在分析阳明心学时说：“心外无物的提出，对阳明来说……是着眼于实践意向对于‘事’的构成作用，因而心外无物本来与那种认为个体意识之外什么都不存在的思想不相干，至少对于一个儒家学者，决不可能认为父母在逻辑上后于我的意识而存在，也更不可能认为我的‘意之所在’不在父母时父母便不存在。然而，心外无物这一命题的形式本身超出了阳明应用这一命题的特殊意旨。”①的确，王阳明“心外无物”命题的内容可作多种诠释，但这一命题的形式确实与佛教相通，没有同一个儒家学者“决不可能认为”的思想划清界限，或者说没有对一个儒家学者“决不可能认为”的思想作出理论上的否定。如此说来，罗钦顺以儒释之辨批评阳明心学不是没有理由的。如果说王阳明在“意在于事亲”或“意在于仁民受物”时，其内心不可能否认父母或民、物在“意之所在”不在时依然存在，只不过在理论上不言而已，那么罗钦顺的下面一段话便也是合理

① 陈来：《有无之境》，人民出版社1991年版，第57页。

的："儒而佛者，自以为有得矣，至于经理世务，若非依傍吾圣人道理，即一步不可行。"(《困知记》续卷下)如果真正知行相符，则还应承认心外有物，物并非仅仅是"意之所在"。

四

罗钦顺的儒释二本之分最终落实在狭义的"心性之辨"上。他说："释氏之学，大抵有见于心，无见于性。"(《困知记》卷上)"心性之辨"是罗钦顺儒释之辨、批评陆王心学的主要内容。

在《困知记》卷上首条，罗钦顺说："夫心者，人之神明；性者，人之生理。理之所在谓之心，心之所有谓之性，不可混而为一也。"罗钦顺所谓"心"，是指人的知觉、情感等意识活动的能力及过程；而他所谓"性"，则是指人先天禀赋的伦理道德准则。性与心的关系是体与用的关系，即人先禀受了伦理道德准则的"本体"，然后才有人之神明的"妙用"，所以他在《答欧阳少司成崇一》中说："盖天性之真，乃其本体；明觉自然，乃其妙用。天性正于受生之初，明觉发于既生之后。"性与心的区别又被罗钦顺说成是"道心"与"人心"的区别，他说："道心，性也；人心，情也。心一也，而两言之者，动静之分，体用之别也。"(《困知记》卷上)这里所谓"心一也"之心，即朱熹所谓"心统性情"之心。但朱熹认为"道心"是"觉于理者"，属"已发"；罗钦顺认为"道心"就是性，属"未发"。将"道心"等同于性，"道心"就不具有知觉、情感的意义；而当罗钦顺说"释氏有见于心，无见于性"时，"心"是单指"人心"，而不包括"道心"。将"心"区分为性与知觉，或性与情，这是罗钦顺"心性之辨"的关键，他说："心性至为难明……惟就一物中分剖得两物出来，方可谓之知性。"(《困知记》卷下)这种区分与张载的"合性与知觉有心之名"相合，所以罗钦顺说，张载那四句话"可疑，乃在上三句，末句则明有所本，初非臆见，自不容不尊信也"(《困知记》三续)。

罗钦顺强调，伦理道德的根源是性或道心，而性或道心也就是人在"禀气之初"所承受的"天理"。如果舍性而言心，那么心就只剩下"虚灵知觉"，失去了道德准则的意义。"心性之辨"的实质是道德准则与心识情感的区

别,也就是罗钦顺所说:“仁之与心,固当有辨。”(《困知记》续卷下)

由于佛教禅宗和陆王心学都主以心为本,都持“明心见性”的顿悟之说,心的“本来面目”如何便成为一个十分突出的问题。阳明心学含容了禅宗“不思善不思恶见本来面目”的思想,提出“无善无恶心之体”,更使儒家的道德准则(“性体”)发生了从“心体”脱落的现实危险。罗钦顺早年参佛,顿悟“虚灵之妙”,也使他对“明心”不能“见性”有切身的体验。为了重建道德准则的权威,罗钦顺的思想回复到张载和程朱,重申心不是理,而性即理,性源于天。

陆王心学的思想根源在于孟子的“尽其心者知其性也,知其性则知天矣”,即把心、性、天理解成同一的概念。罗钦顺则强调“尽其心者知其性也”的“者”“也”两字“一呼一应”,不能“混而无别”(《答刘贰守焕吾》丙申秋)。单从孟子的那句话分析,很难说两种解释孰对孰错。但孟子在说“仁义礼智,非由外烁我也,我固有之也”时,曾引《诗》曰:“天生蒸民,有物有则,民之秉彝,好是懿德。”又说:“心之官则思,思则得之,不思则不得也。此天之所与我者。”(《孟子·告子上》)将心、性、天区别开来,可能更符合孟子的思想。

无论把道德准则归本于“心”还是归本于“天”,这两者都属道德的先验论。从对道德准则的认识上说,前者更强调“反观内省”的顿悟,后者则更强调经过“今日格一物,明日格一物”的渐修而达到“豁然贯通”。前者属绝对的先验论,后者则在认识方法上包含后验的成分。

王阳明从格竹致病到龙场悟道,确立了“吾性自足”“反观内省”的心学宗旨。罗钦顺在《与王阳明书》中指出:“如必以学不资于外求,但当反观内省以为务,则正心诚意四字,亦何不尽之有?何必于入门之际便困以格物一段工夫也?”罗钦顺强调对道德准则的认识须“于事物上理会”,这里包含积极的成分。但他的格物说又深被张载和程朱的泛道德论思想所误。他说:“盖通天地人物,其理本一,而其分则殊。必有以察乎其分之殊,然后理之一者可见。”(《困知记》续卷下)他认为,世间万物“同一阴阳之气以成形,同一阴阳之理以为性,有知无知,无非出于一本”(《困知记》续卷上)。这就是说,人所禀受的道德准则是泛在于世界万物的,“格物”就是于万物之殊中悟“一致之妙”。如果循此路径,则不免又走上王阳明亭前格竹的歧途。

罗钦顺在批评王阳明的良知说时说："今以良知为天理，即不知天地万物皆有此良知否乎？天之高也，未易骤窥，山河大地吾未见其有良知也。万物众多，未易遍举，草木金石吾未见其有良知也。"(《答欧阳少司成崇一》二)这里所谓"山河大地""草木金石"没有"良知"，是说它们没有知觉、情感。但罗钦顺又说："若曰道心……非独人尔，物皆有之。"(《答刘贰守焕吾》)这种认为植物和无机物有"性"(善)而无"心"或有"道心"而无"人心"的思想，在今天看来是很荒谬的，而罗钦顺从张载和程朱的泛道德论思想立论，却是理所当然。

刘宗周说，罗钦顺的心性之辨"终是泛观物理"(《明儒学案·师说》)，这一批评符合罗钦顺思想的实际。如果说王阳明早年格竹致病暴露了程朱通过"泛观物理"(尽管这里也有"先后缓急")①来领悟道德准则的失误，那么罗钦顺早年顿悟"虚灵之妙"也同样说明"反观内省"不是认识道德准则的正确途径。罗钦顺本应对人性以及对道德准则的认识提出一种新的思想，但程朱理学的影响和束缚使他在这方面没有开新，而是复旧。

刘宗周和黄宗羲都肯定了罗钦顺"理即是气之理"的思想，但他们认为"理气是一，则心性不得是二"(《明儒学案·师说》)，"理气如是，则心性亦如是""先生之言理气，不同于朱子，而言心性则于朱子同，故不能自一其说耳"(《明儒学案》卷四十七)。对此，我们应作新的分析。"气"是指化生世界万物的物质本原，"理即是气之理"的"理"应该是指物质本原的一般运动规律，张载和罗钦顺以及刘宗周和黄宗羲等将此一般运动规律作为"性之渊源"，赋予其道德准则的意义是错误的。"心"不是一般的"气"，而应是"气之殊"(物质进化的产物)，"气之殊"并不本然包含道德准则的"条理"，道德准则是社会生活的产物，而心中的道德观念则是社会生活的反映或积淀。就此而言，罗钦顺将心性二分并没有错，其错误在于将"性"(道德准则)看作

---

① 按：程朱的"泛观物理""先后缓急"，本于孟子所谓"知者无不知也，当务之为急……尧舜之知而不遍物，急先务也"(《孟子·尽心上》)；陆王的"反观内省""明心见性"，本于孟子所谓"学问之道无他，求其放心而已矣"(《孟子·告子上》)。但孟子又有云："圣人既竭目力焉，继之以规矩准绳，以为方员平直，不可胜用也。既竭耳力焉，继之以六律，正五音，不可胜用也。既竭心思焉，继之以不忍人之政，而仁覆天下矣。"(《孟子·离娄上》)这里包含"见闻之知"与"德性之知"的划分。

万物泛有的“理一”而立于“心”和社会生活之先。与罗钦顺同期和稍后的王廷相、吴廷翰在这方面有新的突破，笔者拟另文详论。

（原载《中州学刊》1993 年第 3 期）

罗、王、吴心性思想合说

明代中期,在阳明心学兴起的同时,产生了以罗钦顺、王廷相、吴廷翰为代表的气论复兴思潮。对这一思潮的评判,不仅是学术史上的大事,而且关乎我们今天如何吸取历史上理论思维的教训,探讨中国传统哲学和文化在近现代的转型问题。本文限于篇幅,仅对罗、王、吴心性思想的同异作一述评。

一

罗、王、吴心性思想之同是他们都取消了张载与程朱所谓"天地之性"("天命之性")与"气质之性"的二分,提出了性只是"气质之性"的思想。

在理气本体论问题上,罗、王、吴都抛弃了程朱的理本论或理气为二物的思想,而回复到张载的气一元论。但张载在气一元论以下又有"天地之性"与"气质之性"之分,这种性二分说被程朱所接受。张载把"天地之性"(又云"天性")归于"太虚"(无形清湛之气),而程朱则把"天地之性"(又云"天命之性""本然之性")归于"所以阴阳"的"理","气质之性"便是"此理已堕在形气之中,不全是性之本体矣"(《朱子语类》卷九十五)。

罗钦顺反对程朱分理气为二物的思想,他提出"理只是气之理,当于气之转折处视之"(《困知记》续卷上)。从这一气一元论的思想出发,他批评张载和程朱的人性论是"一性而两名,虽曰'二之则不是',而一之又未能也,学者之惑,终莫之解"(同上)。按:"二之则不是"一语是程颐在说"论性不论气，不备；论气不论性，不明”时所云（见《程氏遗书》卷六）。朱熹在贯彻程颐的这一思想时也说：“但论气质之性，则此[太极]全体堕在气质之中耳，非别有一性也。”（《朱文公文集》卷六十一《答严时亨一》）罗钦顺针对朱熹这句话指出：“夫既以‘堕’言，理气不容无罅漏矣。”（《困知记》卷上）在罗钦顺看来，理气不得是二，所以性亦不得是二。罗钦顺说：“但曰‘天命之性’，固已就气质而言之矣；曰‘气质之性’，性非天命之谓乎？”（同上）他将“天命之性”与“气质之性”合一，而“性即理”，“理只是气之理”，性也就只是气质之性了。

在张载和程朱那里，“天命之性”是纯善的本然之性，“气质之性”则有善有不善。罗钦顺在将二性合一时，他所谓“性”是指纯善的“理一”，而善与不善则用理一之分殊来解释。他说：“窃以性命之妙，无出理一分殊四字。……盖人物之生，受气之初，其理惟一，成形之后，其分则殊。……语其一，故人皆可以为尧舜；语其殊，故上智与下愚不移。”（同上）如果就“理一”是纯善，“分殊”则有善与不善而言，罗钦顺的“理一”讲的是原来“天命之性”的内容，“分殊”讲的是原来“气质之性”的内容。陆灿在与罗钦顺论学时曾指出这一点，说：“理一即本然之性，分殊即气质之性，特异其言耳。”罗钦顺承认“此言诚是”。但他对陆灿所谓“一性两名犹在”则予以否认，说：“只是一个理字，何从更有两名乎？”（《困知记》附录《答陆黄门浚明》）由此可以看出，罗钦顺反对二性说，主要不是反对二性说所讲的道德善恶的内容，而是强调“理只是气之理”，理气不得是二，所以性亦不能立两名。

当然，罗钦顺将二性合一在道德内容上也并不完全是原有观念的重复，他的一个新意是取消了“性”与“欲”的对立。他说：“夫性必有欲，非人也，天也。既曰天矣，其可去乎？”（《困知记》三续）“欲未可谓之恶，其为善为恶，系于有节与无节尔。”（《困知记》卷上）。这一思想被吴廷翰所继承，并且开了以后戴震“理存于欲”思想的先河。

王廷相和吴廷翰否定性二分说的思想更为明确。王廷相说：“人有二性，此宋儒之大惑也。……余以为人物之性无非气质所为者。”（《王氏家藏集》卷二十八《答薛君采论性书》）“宋儒只为强成孟子性善之说，故离气而论性，使性之实不明于后世。……后之学者梏于朱子本然、气质二性之说，而不致思,悲哉!"(《雅述》上篇)吴廷翰也说:"盖性即是气,性之名生于人之有生。……性一而已,而有二乎? ……故凡言性也者,即是气质。若说有气质之性,则性有不是气质者乎?"(《吉斋漫录》卷上)王廷相和吴廷翰将二性合一,在人性论上贯彻气一元论,反对理气为二物的思想,这一点与罗钦顺的思想是相同的。但王廷相和吴廷翰并不认为"性"是纯善的"理一",而认为"性"本身就是"分殊",这一点与罗钦顺的思想有很大不同,本文下节论之。

二

张载说:"性者,万物之一源,非有我之得私也。"(《正蒙·诚明》)这里所谓"性",并非与"太虚无形"(气)并列的另一世界本原,而是说人与万物皆从"太虚无形"产生,皆具"太虚无形"之"天性"。张载认为,人与万物的本然之性是相同的,而人与物之区别以及人与人之区别是由于形而后的"气质"之"昏明"或"通蔽开塞"造成的,所以张载说:"凡物莫不有是性(按:即天性)。由通蔽开塞,所以有人物之别;由蔽有厚薄,故有智愚之别。"(《张子语录·后录下》)程朱在理气二分的原则下接受和发展了张载的这一思想。二程说:"所以谓万物一体者,皆有此理……人则能推,物则气昏,推不得,不可道他物不与有也。"(《程氏遗书》卷二上)朱熹也说:"天地生物,本乎一源,人与禽兽草木之生莫不具有此理……但气有清浊,故禀有偏正……物得其偏,故虽具此理而不自知,而无以见其为仁。"(《延平答问》)张载的"天性"和程朱的"理"都具有纯善的道德意义,他们认为"天性"或"理"泛在于人与万物,这是泛道德论的思想。罗钦顺、王廷相和吴廷翰对这一思想有不同的认识,从而显示出他们的心性论各具不同的特色。

在罗钦顺的思想中,"性""道心""未发之中"是同等的概念,它们都是指人在"禀气之初"所承受的纯善的"天理"。罗钦顺说:"夫未发之中,即'帝降之衷',即'受天地之中以生'者,夫安有不善哉?"(《困知记》卷上)又说:"未发之中,非惟人人有之,乃至物物有之。盖中为天下之大本,人与物不容有二。……若有无不一,安得为'物物各具一太极'乎? 此义理至精微处,断不容二三其说也。”(《困知记》卷上)观此可知,罗钦顺是非常坚决、明确地持泛道德论观点的。

朱熹在《中庸章句》中用人与物“理同而气异”的观点来解释“能尽人之性则能尽物之性”,在《孟子集注》中又用“气同而理异”的说法来解释犬牛之性与人性不同(从根本上说,朱熹持前一种观点,后一说有附会孟子思想的因素在内①)。罗钦顺指出:此两说“必须讲究归一,方得触处洞然”(《困知记》四续)。他所谓两说“归一”即用“理一分殊”来解释人与物的同异:“盖受气之初,犬牛与人,其性未尝不一;成形之后,犬牛与人,其性自是不同。”(《困知记》卷上)“受气之初”是讲“理一”,“成形之后”是讲“分殊”。所谓“理一”也就是人与万物在“受气之初”皆具有纯善的道德属性。

王廷相和吴廷翰否认人性与万物之性为“理一”的泛道德论思想。罗钦顺曾引证朱熹的“万物各具一太极”以申述其“理一”之说,王廷相和吴廷翰则明确指斥朱熹此说的错误。王廷相说:“儒者曰:‘太极散而为万物,万物各具一太极’,斯言误矣。何也?元气化为万物,万物各受元气而生,有美恶,有偏全,或人或物,或大或小,万万不齐,谓之各得太极一气则可,谓之各具一太极则不可。太极,元气混全之称,万物不过各具一支耳……”(《雅述》上篇)吴廷翰也说:“谓‘一物各具一太极’,犹未然。太极既分,生人生物,随其大小,各有太极之理,不能无全偏多寡之异。”(《吉斋漫录》卷上)王廷相和吴廷翰都认为人与物不能得“太极”之全,但他们的思想也略有差异。吴廷翰与王廷相所不同者是认为人可以得“太极之理”之全,而且“圣人得之为尤全”(同上)。在吴廷翰的思想中,“太极之理”之全相当于罗钦顺所谓“太极”,具有善的属性;而在王廷相的思想中,“太极”之全或“太极之理”之全只是中性的概念,所谓人与物得“太极”之偏并不完全是道德上的贬意。

罗钦顺认为人与万物之性本一,所以他说“未发之中,非惟人人有之,乃至物物有之”。吴廷翰强调人与万物之性不同,所以他说:“一气流行,生人生物……有中与不中之异……而受天地之中以生,则独指人耳。”(《吉斋漫录》卷上)正如吴廷翰认为人得“太极之理”之全,“圣人得之为尤全”,他对

① 参见拙文《试析程朱理学的泛道德论思想》,载《人文杂志》1991年第4期。

“天地之中”也作了数量化的处理。他说:“其受天地之中以生而所同有多寡者,人性之所以有异也。圣人则得天地之中之全矣,大贤则其所得者多矣,以下所得有什百千万之不同……”(《吉斋漫录》卷上)吴廷翰一方面把人性与物性区别开来,认为只有人才得“天地之中”、得“太极之理”之全,这是从质上肯定人性本善;另一方面又说人所得“天地之中”“太极之理”之全有“多寡”的区别,这是从量上论证孔子的“性相近”之说。王廷相对人性的看法不像吴延翰那样带有折衷孟子和孔子的性质,他认为,“人物之性无非气质所为者……但主于气质,则性必有恶,而孟子性善之说不通矣。”(《答薛君采论性书》)在王廷相的思想中,除了圣人“气之所禀,清明淳粹,与众人异,故其性之所成,纯善而无恶”之外,其余的众人都因“气有清浊粹驳”而性有“善恶之杂”(同上)。对于“未发之中”,王廷相也只承认“在圣人则然”(同上)或“君子平时有存养慎独之功,故未发而能中尔”;他指出,“世儒乃谓人人未发皆能中焉,非矣”(《雅述》上篇)。

王廷相用气禀不同说明人性的差异,他也同样以气禀不同或“气种之有定”说明人与物的区别。他说:“天地之间,无非气之所成,故人有人之气,物有物之气,则人有人之种,物有物之种。”(《王氏家藏集》卷三十七《全木非造化之本》)在罗钦顺的思想中,人与物在“受气之初”是“理一”,“成形之后”是“分殊”;而在王廷相的思想中,人与物在受气之前便已有“分殊”,亦即“其性其种已各具于太始之先矣”(《王氏家藏集》卷三十三《五行辩》)。王廷相所谓“气”是一与多的对立统一体,由“气”所产生的世界万物既具有“气”的物质统一性,又各自具有不同的属性和规律。因此,他卓有新见地提出:

> 天地之间,一气生生,而常而变,万有不齐,故气一则理一,气万则理万。世儒专言理一而遗理万,偏矣。天有天之理,地有地之理,人有人之理,物有物之理,幽有幽之理,明有明之理,各个差别。统而言之,皆气之化,大德敦厚,本始一源也;分而言之,气有百昌,小德川流,各正性命也。(《雅述》上篇)

这里所谓“大德敦厚”“小德川流”只是在泛道德论文化背景下的一种语言的借用,由于王廷相只把先天的性善限制在“圣人”的极小范围内,而且明确区分“人有人之气,物有物之气”“人有人之理,物有物之理”,所以其思想的实质已经冲破了泛道德论思想的樊篱。

吴廷翰在承认人性有差异,肯定孔子的“性相近,习相远”之说的前提下,有条件地接受了孟子的人性本善思想。但吴廷翰同时还从“生之谓性”的观点伸张了告子未曾伸之义。他说:

> 以生言性,性之本者。人物之生,受气不同,则人有人之生,物有物之生,岂皆同乎?其理本明。但告子以杞柳、湍水言性,盖指气之偏且恶者言之,而此“生之谓性”,乃其误之根本。故孟子知其病之所在,而急以“生之谓性,犹白之谓白”者探之。使告子而曰“不然,则白有不同,而生亦有不同矣”,孟子虽辩,岂得而屈之乎?(《吉斋漫录》卷上)

显然,吴廷翰在这里表述的“受气不同,则人有人之生(性),物有物之生(性)”与前述王廷相所谓“人有人之气,物有物之气”“人有人之理,物有物之理”是基本相同的思想。

罗钦顺的“理一分殊”之说,未离张载和程朱泛道德论思想的桀矱;而王廷相和吴廷翰明确提出人与物“受气不同”,故其性其理有不同,这在中国哲学史上具有将物理从人理(道德伦理)的统辖下解放出来,从而为实证自然科学开辟认识道路的特殊意义。王廷相区分人理与物理的思想最为鲜明,在他的思想中也较多地包含实证自然科学的因素(如他对“天人感应”的批判、对五行说神秘主义的批判、对寒暑为日之进退和雪花冬春皆六出的研究等①),这绝不是偶然的。

黄宗羲在批评王廷相的“气一则理一,气万则理万”思想时,虽然肯定了“无气外之理”的思想,但他说:“气虽不同,而理则一也。故气有万气,理只一理,以理本无物也。”(《明儒学案》卷五十)这一批评是错误的,因为从“理

① 参见拙文《王廷相思想中的实证科学因素》,载《人文杂志》1993 年第 6 期。

本无物”或“无气外之理”并不能推出“理只一理”的结论。王廷相的下面一段话恰可反批评黄宗羲：“或谓气有变，道一而不变，是道自道，气自气，歧然二物，非一贯之妙也。”（《雅述》上篇）

王廷相在追溯“道一而不变”思想的根源时说：“为此说者，庄老之绪余也，谓之实体，岂其然乎？”（同上）这一见解是颇为深刻的。宋明道学的“道”与老庄之“道”的不同在于其有道德伦理的意义，而其“理一”“道一”“万物各具一太极”的思想却承袭了老庄“天得一以清，地得一以宁，神得一以灵，谷得一以盈，侯王得一以为天下正”（《老子》三十九章）的哲学形式。张岱年先生早年在《评胡适的新著：〈淮南王书〉》一文中曾引胡适所云：道家提出了“道”的观念后“遂以为……有了这总稽万物之理的原理，便可以不必寻求那各个的理了。故道的观念在哲学史上有破除迷信的功用，而其结果也可以阻碍科学的发达。人人自谓知道，而不用求知物物之理，这是最大的害处。”张岱年先生说：“这点说得极精……我深以为中国科学之没有，此为一大原因。”[①]对道家思想的这一评价，可以借鉴于对宋明道学的评价。张载在注解《易传·系辞下》“天下何思何虑”一节时说：“行其所无事，惟务崇德……百虑而一致，先得此一致之理，则何用百虑！”（《横渠易说》）二程说：“万物皆是一理”（《遗书》卷十五），“只明人理，敬而已矣，便是约处……天人一也，更不分别。”（《遗书》卷二上）朱熹说：“宇宙之间，一理而已……其张之为三纲，其纪之为五常，盖皆此理之流行，无所适而不在。”（《朱文公文集》卷七十《读大纪》）这些个“一理”之论，难道不是也阻碍自然科学的发达吗？如果正确认识了宋明道学“一理”之论或泛道德论思想的弊端，那么对王廷相“气一则理一，气万则理万”的思想，以及他对“世儒专言理一而遗理万”的批评，就应该有一个很高的评价。

三

罗、王、吴心性思想的差异还表现在他们如何处理心与性的关系问题

① 《张岱年文集》第一卷，清华大学出版社 1989 年版，第 371 页。

上。大体说来,罗钦顺和吴廷翰持性先心后之说,王廷相则持心先性后之论。

罗钦顺受阳明心学“心即性”“心即理”思想的刺激,并且结合早年参佛的经历,把儒释一心性之辨作为其学术思想的总纲。在《困知记》卷上首条,罗钦顺说:“夫心者,人之神明;性者,人之生理。理之所在谓之心,心之所有谓之性,不可混而为一也。”罗钦顺所谓“心”,是指知觉、情感等意识活动的能力及过程;而他所谓“性”,则是指先天禀赋的道德准则(即“理一”)。“心性之辨”的实质是道德准则与知觉情感之分,所以罗钦顺强调:“仁之与心,固当有辨。”(《困知记》续卷下)在罗钦顺看来,性是体,在先;心是用,在后。这也就是他在《答欧阳少司成中一》中所说:“盖天性之真,乃其本体;明觉自然,乃其妙用。天性正于受生之初,明觉发于既生之后。”罗钦顺以“心性之辨”区分儒释,提出:“释氏之学,大抵有见于心,无见于性。”(《困知记》卷上)这一区分亦是针对阳明心学而发。由于佛教禅宗和阳明心学都主以心为本,阳明心学又涵容了禅宗“不思善不思恶见本来面目”的思想,所以心的“本来面目”如何就成为一个十分突出的问题。罗钦顺认为,如果以心为性,或者说舍性而言心,那么心就只剩下“虚灵知觉”,而失去了道德准则的意义。为了防止“性体”从“心体”上脱落,以致使知觉情感失去道德准则的规范,所以罗钦顺强调心本身不是体,而性是体,性立于心之先。

吴廷翰在这方面可能深受罗钦顺的影响。他指斥阳明心学“以心为性,乃此老根本之误”,“然则心性之间,其儒释之辨欤?”(《吉斋漫录》卷上)在性与心的关系问题上,他也说:“人之初生,得气以为生之本,纯粹精一,其名曰性;性为之本,而外焉者形,内焉者心,皆从此生。”(同上)性先心后,与罗钦顿的思想是相同的;“性为之本”,与罗钦顺的“性体心用”之说也大致是一个意思。

刘宗周和黄宗羲在评价罗钦顺的性先心后思想时,都持“理气是一,则心性不得是二”(《明儒学案·师说》)的观点。黄宗羲明确指出:“性先心后,不得不有罅漏可寻矣”“明明先立一性,以为此心之主,与‘理能生气’之说无异,于先生理气之论,无乃大悖乎?”(《明儒学案》卷四十七)对这一批评,我们应作出新的分析。首先,气不能等同于心,气是指化生世界万物的物质本原,心并非一般的气,而是“人之神明”,是气之殊的一种机能。罗钦顺将气之理作为性而立于心之先,并不关涉“理能生气”的问题。第二,气之理应该是指气这一物质本原具有的一般运动规律,罗钦顺和黄宗羲等人都把气之理作为性而赋予其道德准则的意义,这是错误的。第三,心并不本然包含道德准则的“条理”,道德准则是社会生活的产物,心必于社会生活有所反映(或积淀)才能形成道德观念。就此而言,罗钦顺将心性二分并没有错,其错在于将性——道德准则立于心之先。

与罗钦顺和吴廷翰的性先心后之说不同,王廷相持心先性后之论。首先应该指出,王廷相因其所论述问题的侧重点不同,故其性概念的含义也有不同。在论述人与物的区别时,王廷相曾说:“其性其种已各具于太始之先矣。”此处所谓“性”应视为自然生理和物理之性,与一般儒者讨论的人性善恶(今云社会属性)问题有区别。

在讲到人性善恶时,王廷相说:“既形之后,方有所谓性矣……”(《慎言·问成性篇》)“人具形气而后性出焉……圣人之性亦自形气而出……”(《雅述》上篇)所谓“形气”即已聚成形之气。王廷相显然认为作为善恶基础的人性是在人“既形之后”才产生的。这一点与罗钦顺、吴廷翰的思想已有不同。罗钦顺说:“天性正于受生之初,明觉发于既生之后。”“受生之初”即“受气之初”,是“理一”的阶段;“既生之后”即“成形之后”,是“分殊”的阶段。罗钦顺认为,心出于“成形之后”,而性则具于成形之前。吴廷翰在区分心性时也说:“心生于性,下梢已涉形气,便有不好的在。”“释氏不知心乃性生,既涉形气,犹非全性,却一向指为至道……不复上求于性。”(《吉斋漫录》卷上)显然,吴廷翰认为心涉“形气”,而性在“形气”之前。

中国古代自荀子便明确提出“形具而神生”的思想,这一思想被宋明道学家所继承(如周敦颐《太极图说》云“形既生矣,神发知矣”);但由于宋明道学家认为“性即理”,所以他们认为性在形、心之先。王廷相同样持“形具而神生”的观点(如他在《答何柏斋造化论》中说“夫神必借形气而有者,无形气则神灭矣”),与诸儒不同的是,他又提出“人具形气而后性出焉”,这一“形具而性生”的观点在中国哲学史上是独树新帜的。

王廷相在讲到性与心的关系时说:“灵而觉,性之始也;能而成,性之终也。皆人心主之。”(《王氏家藏集》卷三十二《性辩》)由此可以看出,王廷相认为有心才有性,而性是一个发展的过程。所谓“性之始”,即众人禀气不纯而性有“善恶之杂”的阶段;所谓“性之终”,即众人在社会生活中“习于名教”而在心中树立“仁义礼智”道德准则的阶段。“仁义礼智”并非人的“性之始”所具有,王廷相说:“圣人缘生民而为治,修其性之善者以立教,名教立而善恶准焉。……取其性之可以相生、相安、相久而有益于治者以教后世,而仁义礼智定焉。”(《慎言·问成性篇》)这也就是说,“性之始”所具有的“善恶之杂”只是就人在社会生活中的发展倾向而言(王廷相还有“人心、道心皆天赋”的思想,也应与人性之始“善恶之杂”作同样的理解),而真正的善恶标准、“仁义礼智”道德准则是在“圣人”立教以后才形成的。王廷相说:“仁义礼智,性所成之名而已矣。”(同上)这一思想虽然为“圣人”保留了特殊的地位,但对道德先验论无疑是一个有积极意义的否定。

王廷相在批评朱熹所谓“性即理而已矣,不可以聚散言”的思想时,承一般儒者之论,将“仁义礼智”直接称为“性”,但他说:

> 且夫仁义礼智,儒者之所谓性也。自今论之,如出于心之爱为仁,出于心之宜为义,出于心之敬为礼,出于心之知为智,皆人之知觉运动为之而后成也。苟无人焉,则无心矣,无心则仁义礼智出于何所乎?(《王氏家藏集》卷三十三《横渠理气辩》)

这是更为明确的心先性后之论。此处所谓“性”即一般儒者(包括罗钦顺、吴廷翰)所言“仁义礼智”之性,王廷相认为此性是“人之知觉运动为之而后成也”,这与罗钦顺所谓“天性”在先、“明觉”在后,吴廷翰所谓“知觉运动是心,而所以生之者是性”(《吉斋漫录》卷上)恰成相反之论。

从心先性后的观点出发,王廷相否定了“不萌于见闻”的“德性之知”。他认为人除了生而具有“饮食”“视听”等生理本能之外,其余皆“因习而知,因悟而知,因过而知,因疑而知,皆人道之知也”(《雅述》上篇)。他特别提出:“父母兄弟之亲,亦积习稔熟然耳。”(同上)可以说,王廷相已初步具有了道德准则是社会生活的产物,道德观念是心对于社会生活的反映的思想。

如果联想到王廷相在批评"万形皆有敝,惟理独不朽"时所云"揖让之后为放伐,放伐之后为篡夺,井田坏而阡陌成,封建罢而郡县设,行于前者不能行于后,宜于古者不能宜于今,理因时致宜"(《雅述》下篇),那么也可以说在王廷相哲学中还埋藏着道德进化的思想萌芽。

道德先验论和道德绝对化是困扰中国传统哲学发展的一个主要问题。我在拙著《中国气论探源与发微》中曾提出中国哲学"必须先有道德观、历史观的革命才能够跨越素朴辩证法的樊篱"①。从对罗、王、吴心性思想的分析中可以看出,中国素朴唯物主义摆脱道德先验论和道德绝对化困扰的艰难,而在王廷相的思想中较多地包含着新思想的因素(明末王夫之的思想体系广大精微,但因其直承张载,没有充分吸收王廷相的合理思想,故在某些方面不及王廷相,如其"性日生日成"之说,仍认为性是仁义礼智之"根",性源于天,"天日命于人,人日受命于天",见《尚书引义·太甲二》)。当然,本文远非对罗、王、吴思想的全面评价,实际上他们在许多其他方面还各有不同的成就。

然而,罗、王、吴在明末以后都遭到"门墙寂然"、隐而不彰的命运,而他们的思想却在日本对德川时代古学派的形成发生了积极的影响。日本学者源了圆在《德川合理思想的系谱》中说:

> 古学否定朱子学的思辨性合理主义之为空谈空论,而建立一种实证的立场,乃是学问探讨的一大进步,早于中国(清朝)的考据之学五十年,不得不令人惊叹。……这些思想家们都能依照他们各自的主体性要求,探讨自然与社会之理。……经由(西方)自然科学的合理精神所触发与挑激,儒教也随着改变了自体。

华裔美籍学者傅伟勋在引述上面一段话后说:

> 日本儒学未曾构成大一统的思想体系,却具有着五花八门的多元

① 拙著《中国气论探源与发微》,中国社会科学出版社1990年版,第378页。

> 开放性，足以例证日本思想与文化避免了单元简易的意识形态，故在两百年来吸纳西学的过程中伸缩自如，而从德川时期的锁国政策彻底解放出来。[①]

从日本德川时代的古学反观罗、王、吴的思想在我国明末以后隐而不彰，是否可以说这是中国哲学与文化在近代发生转型困难以致落后于日本和西方的一个重要原因呢?

关于中国传统哲学如何转型，人们可有多种理解。而我以为，如何处理道德与科学的关系，如何确立科学与民主在中国文化中的位置，仍是一个重要的参考指标。现代新儒家在保留儒家“心性”本体的前提下，提出“良知坎陷”“内圣开出新外王”，此路能否行得通，在理论和实践上有何困难，许多学人正就此作出评说。如果从王廷相区分“物理”与“人理”的角度来探讨中国传统哲学的转型问题，是否可以为道德与科学确立更合适的位置？而将道德本体还原为社会之理，是否更易于吸纳新的道德观念和民主观念？我想这是值得学术界深入思考的一个问题。

（原载《哲学研究》1993 年第 3 期）

① 傅伟勋:《批判的继承与创造的发展》，东大图书公司 1986 年版，第 360—361 页。

王廷相思想中的实证科学因素

太虚始造化，一气判两仪。
万形从此出，厥理亦随之。
耳目既已形，聪明乃因依。
不有天地气，覆载安附诸？
理先气乃后，兹论委支离。
习识痼真鉴，昏老尤难移。
知道古来寡，吾将铸钟期。（《王氏家藏集》卷九《咏怀》）

以上是明代中期杰出的气论思想家王廷相的一首唯物主义哲理诗，诗中表现了他坚持元气本体论的哲学立场，不以时论相转移，独自探索真理而寄希望于将来的高远情怀。王廷相的气论思想上承张载，但在心性论、认识论上与张载和程朱陆王的思想皆不相同。在宋明道学的泛道德论主导中国文化的发展时，他独到而深刻地指出“世儒专言理一而遗理万，偏矣！天有天之理，地有地之理，人有人之理，物有物之理……各个差别。”（《雅述》上篇）这在中国哲学史具有冲破泛道德论的束缚而为实证科学开辟认识道路的特殊意义[1]。这一特殊意义在王廷相本人的思想中即有反映，也就是说，在他的思想中较多地包含着实证科学的因素。

① 参见拙文《罗、王、吴心性思想合说》，载《哲学研究》1993 年第 3 期。

一

发展实证科学,必须先有一种面向客观的物质世界、探究其规律而重视见闻的实证精神。宋明道学之所以束缚实证科学的发展,从本体论上说,是提出了人与万物之性皆源于纯善之"理一"的泛道德论;从认识论上说,是高扬了先验的"德性之知"而贬抑实证的"见闻之知"。王廷相与宋明道学相反,他在本体论上反对"理一"说,在认识论上则只承认以"见闻"为基础的"思与见闻之会",否认先验的"德性之知"。

王廷相提出"气一则理一,气万则理万",天、地、人、物之理"各个差别",这样就使客观之物理(自然规律)有了区别于社会伦理的相对独立性,人们的认识就不再仅仅聚焦于"尽心知性","格物致知"的目的就不再仅仅是为了"一旦豁然贯通"而穷得那个"极好至善"的"性命之理"。针对程朱理学和陆王心学的"读书泛讲""静坐养心"两种致知方法,王廷相说:"斯人也,空寂寡实,门径偏颇,非禅定则支离,畔于仲尼之门远矣!何以故?清心志,祛烦扰,学之造端固不可无者,然必有事焉而后可。"(《王氏家藏集》卷三十三《石龙书院学辩》)所谓"必有事焉"即必须有见闻和实践。他认为:"夫心固虚灵,而应者必藉视听聪明。会于人事,而后灵能长焉。赤子生而幽闭之,不接习于人间,壮而出之,不辨牛马矣,而况君臣、父子、夫妇、长幼、朋友之节度乎?而况万事万物,几微变化,不可以常理执乎?"(同上)这里的头一个"而况"指的是明于"五伦"的道德内容,后一个"而况"指的是"五伦""常理"所不能包含的其他认识对象。王廷相认为,要掌握这两种知识,都必须靠"视听聪明,会于人事"。

在《雅述》上篇,王廷相也说:"故神者在内之灵,见闻者在外之资。物理不见不闻。虽圣哲亦不能索而知之。……夫圣贤之所以为知者,不过思与见闻之会而已。世之儒者乃曰思虑见闻为有知,不足为知之至,别出德性之知为无知,以为大知。嗟乎!其禅乎!不思甚矣。殊不知思与见闻必由吾心之神,此内外相须之自然也。德性之知,其不为幽闭之孩提者几希矣。禅学之惑人每如此。"王廷相否认"德性之知",不是否认"德性之知"的道德内容,而是否认"德性之知"的先验方法。在内容上,王廷相指出,除了"德性之知"外,还有其他方面的知识(包括天、地、物自然方面的知识)。在方法上,王廷相只承认以"见闻"为基础的"思与见闻之会",也就是说,他取消了宋儒始于张载所提出来的"德性之知"与"见闻之知"的对立,而把这两种致知方法只归结为后一种。这样,他就不仅为实证科学的发展提供了认识的领域,而且为实证科学的发展提供了认识的方法。

王廷相重视"见闻"与"思虑",也就是重视以观察、验证为基础的实证方法,重视认识的"自得"而不盲从、迷信于古人、前哲。他说:"学者于道,贵精心以察之,验诸天人,参诸事会,务得其实而行之,所谓自得也已。使不运吾之权度,逐逐焉惟前言之是信,几于拾果核而啖之者也,能知味也乎哉?"(《慎言·见闻》)

《诗经·小雅·小宛》篇中有"螟蛉有子,螺赢负之",旧注皆解为"螺赢"(土蜂)背负"螟岭"之子(螟蛾的幼虫),入窠育之而成己之子,因而有"螟岭化螺赢"的说法。王廷相说:"予田居时,年年取土蜂之窠验之。"知道这不过是"螺赢负螟蛉之子,以饲养己子"。"此非亲自验其然者,必为《诗笺》所惑,不能邃解矣""始知古人未尝观物,踵讹立论者多矣。无稽之言勿信,其此类乎"(《雅述》下篇,又见《王氏家藏集》)卷三十七《诗笺解螟蛉之误》)。所谓"亲自验其然""无稽之言勿信",就是一种科学实证的精神。

《春秋·庄公七年》载"夜中星陨如雨",《左传》解为星陨"与雨偕也"。王廷相说:"'星陨如雨',予尝疑之。今嘉靖十二年十月七日夜半,众星陨落,真如雨点,至晓不绝,始知《春秋》所书'夜中星陨如雨'当作如似之义,而左氏乃谓星'与雨偕',盖亦揣度之言,不曾亲见,而不敢谓星之落真如雨也。然则学者未见其实迹,而以意度解书者,可以省矣。"(《雅述》下篇)由怀疑而观察,由"见其实迹"而得出正确的结论,这同样表现了一种科学实证的精神。

在解屈原《天问》所谓"九天之际,安放安属?隈隈多有,谁知其数"时,王廷相批评王逸等人的旧注"妄凿之甚"。他说:"或曰'无穷',既有形度,安无穷尽?或曰'有穷',天际之外,当是何物?或曰'天外有天',彼天之外,又何底止?夫人在天内,耳目所加,心思所及,裁量知识,亦止天内。覆帱之表,茫芴限隔,一言何施?何也?神识之所不能及也。是故古之圣人,置而不论。哓哓私拟,庞及外际,非欺谩之儒,则怪诞矣。"(《王氏家藏集》卷四十一《答天问九十五首》)在此,王廷相对宇宙的"无穷"还是"有穷"采取了一种"置而不论"的存疑态度,这种存疑不是像先儒那样只论人事、"不求知天",而是以"耳目所加,心思所及"为限,为"裁量知识"立一个限度。正如怀疑、观察、取证是科学实证精神的表现一样,存疑同样是科学实证应取的态度。

二

重视经验的证实和证伪,不断地解决认识中的疑难,这是近现代实证科学与古代原始科学的重要区别。中国古代并非没有原始意义的科学,而中国古代的原始科学之所以没有向近现代的实证科学形态转化,除了由于"德性之知"的崇德取向和先验方法压倒了"见闻之知"的自然取向和实证方法外,还由于中国古代的原始科学蜷伏在"阴阳—五行"的思维框架内。这一思维框架虽然有重整体综合、有机联系、辩证发展等优势,但也有轻视对局部结构层次的分析,缺乏逻辑和实验的证明,易流于牵强附会、虚妄怪诞等缺点。王廷相思想的可贵之处还在于他依据经验和推理,对"阴阳—五行"的思维框架亦进行了一些反省,从而显示出中国古代科学的"范式"有可能发生转变的一种发展趋向。

中国古代历来重视寒暑问题,"阴阳"概念实际上主要从寒暑之气和中国地理位置的季风气候引申、提升而来①。从"阴阳—五行"的思维框架出发,寒暑被认为是由阴阳二气的升降、流转而形成。从《吕氏春秋·十二纪》(《礼记·月令》)到汉代的卦气说,再到宋代张载的《正蒙·参两》篇,皆从此论。王廷相在《慎言·乾运》篇提出:"四时寒暑,其机由日之进退,气不得而专焉。日南至而寒甚,北至而暑甚,所积既深,不可骤变也。日出而苍凉,夜阴之积未邃消,光不甚于旁达也。日中而暄热,昼阳之积盛,光复炽于下

① 参见拙著《中国气论探源与发微》,中国社会科学出版社1990年版,第26—27页。

射也。阴雨之气,虽夏亦寒;晴明之日,虽冬亦热。此不可以时拘者也。向阳多暖,背阴多寒;洼下春先,高峻雪积。此不可以南北大分拘者也。虽然,亦由日之气得行与否耳。"此论否认寒暑的成因是阴阳二气的交互作用,而认为寒暑是由"日之进退"即太阳与地面距离的远近所决定。在天文学上,王廷相倾向于"盖天说","言天如覆盖,日月绕盖缘而行"。其所谓"日之进退"即太阳每日环绕北辰(天枢)运行一周,中国在北辰之南,当太阳运行至北辰之北时中国为夜,当太阳运行至北辰之南时中国为昼。太阳的运行每年有黄道周期的变化,当太阳运行距北辰远(日南至)时,其与地的距离亦远,当太阳运行距北辰近(日北至)时,其与地的距离亦近,因此而有春夏秋冬寒暑之变化。从中国古代天文学由"盖天说"至"浑天说""宣夜说"的发展上看,王廷相所持之论并不先进;以今日的天文学知识察,王廷相所谓"日之进退"与地球每年绕日公转,因地球南北极与地球轨道有黄道夹角从而形成四时之变化,当然更有相当大的认识差距。但是,王廷相此论是从经验事实出发,而不是从"阴阳—五行"的思维框架出发,突破了以阴阳二气解释寒暑变化的思维定势,在认识史上具有重要意义,他把"日之进退"即太阳与地面距离的远近作为寒暑变化的原因,在科学史上也包含着进步的因素。

王廷相的"寒暑由日之进退"的观点一出,立即遭到学人的群起反对。在《答孟望之论慎言八首》中,王廷相不得不为此论申辩。他说:"先儒谓'阴阳二气自能消长,自能寒暑',此万古糊涂之论,原未尝仰观俯察,以运人心之灵,用体天地之化也。后之学者随声附和,以为定论,此正可以太息者。""故仆平生见其日近极而暑,日远极而寒,故著为说曰:四时寒暑,其机由日之进退,气不得而专焉。意虽圣人复起,不得而易。何也?日,大火也,真阳之精也。人于木火,近之则热,况近真阳之火,有不热者乎?"在这里,王廷相指出由阴阳二气决定寒暑是"万古糊涂之论",其原因在于没有对天地的变化进行实际的观察和独立的思考;他之所以否认以前的定论而提出新说,是以实际的观察和日常的经验为据。这里正反映了从既有的思维框架出发、沿袭前人定论和从经验事实出发、敢于独立思考的两种思维方式的对立。

在《与郭价夫论寒暑第二书》中,王廷相一一据实据理批驳了所谓"寒暑之运,乃二气自为之,日不得与""日者众阳之宗,阳气会于日,故炎;阳气日升，地气日近，阴寒之气上逼于天，故不能炎”“阳用事则日进而北，阴用事则日退而寒”等从“阴阳—五行”模式推出的反论。他在信后说：“仆为是说，抑岂厌常喜新，立异好变，以求胜夫古之儒耶？但造化真实之迹，见其有必然者耳，故不得不与执事辩之。……安知百人、千人、万人后世之君子，不有与仆同者乎？又安知执事仰观俯察数年之后，不即与仆同乎？”这里既可以看出两种观点、两种思维方式的尖锐对立，又可以看出王廷相敢于坚持真理、相信事实终能被多数人所认同的信念。

用“阴阳—五行”模式解释寒暑，中国历来有“阳月”“阴月”之说。董仲舒曾谓：“阳德用事则和气皆阳，建巳之月（按即六月）是也，故谓之正阳之月。阴德用事则和气皆阴，建亥之月（按即十二月）是也，故谓之正阴之月。”王廷相指出，“为此说者，不过傅会《易》卦爻数以立义耳，求诸阴阳实理之迹，殊不相符”。实际上，“日行南北，乃成寒暑，阴阳在中，势有过分，无灭息也”“实未尝阳尽而阴始生，阴尽而阳始生，亦未尝纯阴而无阳，纯阳而无阴也”（《王氏家藏集》卷三十三《阳月阴月辩》）。显然，用“日之进退”或“日行南北”解释寒暑，否定“纯阳”“纯阴”（“阳月”“阴月”）之说，也是思维方式上的突破，而且也得出了更近于正确的结论。

在“阴阳—五行”模式中，“阴”代表偶数，“阳”代表奇数。中国古代有用此附会雪花的瓣数的说法：冬季是阴气用事，故“冬雪六出（瓣）”；春季是阳气上升，故“春雪五出”。“先儒谓‘雪花六出，应阴数也’。”王廷相说：“不知孰使应之？亦雪自应之，有所雕镂者乎？此论涉有作用，非出自然。……势所必至，数出天成，黜彼‘应’字，乃合至道。”关于“春雪五出”，王廷相说，“此亦稗说琐语，乌足凭信？仆北方人也，每遇春雪，以袖承观，并皆六出。云五出者，久矣附之妄谈矣。”（《王氏家藏集》卷三十七《春雪亦是六出》）否定“春雪五出”，是根据观察、实证；同时指出，“冬雪六出”，是“数出天成”，而非“应阴数也”。这也表现了对传统思维方式的突破。

在中国思想史上，五行说约产生于殷周之际，其义原指地上的五种主要物质及其属性；气论则发韧于西周末年伯阳父以“天地之气”解释地震之发生，春秋时期而有“天六地五”（即天有“六气”地有“五行”）之说；战国末期，阴阳五行家将“五行”转变为“五行之气”，认为是“阴阳”所生，并且配在四方、四时，由此而形成“阴阳—五行”的宇宙模式①。由于五行说与气论产生于不同年代，五行说经过转化而被纳入气论的思想体系之中，所以其中并非没有罅漏可寻。荀子将“水火”与“草木”分属不同的层次（见《荀子·王制》），除在《非十二子》篇批评思孟学派“案往旧造说，谓之五行”外，其余皆不言“五行”，可知荀子不采五行说。荀子之后，“阴阳—五行”模式被普遍认同，成为中国传统哲学和文化的一个基本骨架。王廷相不迷信前人旧说，对这一骨架的结合方式进行了新的思考。

王廷相认为，《禹贡》《洪范》所言“六府”“五行”，是指其“切于民用”，“治天下国家，其政所宜先者”而言。“自夫圣王之政衰，而异端之术起，始有以五行分配十二支于四时者矣，始有以五行配五脏六腑者矣，始有以五行名星纬者矣，始有以五行论造化生人物者矣。斯皆假合傅会，迷乱至道，遂使后之儒者援纬附经，拟议造化，其随声附合者，浸淫为怪诞之谈而不知其非。”（《王氏家藏集》卷三十三《五行辩》）这一段话对五行说纳入气论以后的一系列发展采取了几乎全盘否定的态度，观点未免偏颇；但他指出这些发展皆非五行说原始的含义，是符合思想史的事实的。

王廷相在宇宙演化论上打破了“五行”系统，他说：“夫水火，元气之先化。水火具而后土生，有土则万物生而大化备矣。金木者，与人物同涂也。谓五行六府急于民生之用可也，与水火并立而为生人物之本源，此则邪术小道之傅会也。”（《王氏家藏集》卷三十七《金木非造化之本》）在王廷相看来，先有气（阴阳）、有天，然后有水火，“有水则必下沉，水结而土生焉。有土则木生，有石则金生，其次序之实理如此”（《王氏家藏集》卷三十七《地是天内凝结之物》）。这样，王廷相不仅打破了“五行”并生人、物的成说，而且否定了“天地之化”为万物之始的传统之见。所以，他在《慎言·道体》篇说：“天者，太虚气化之先物也，地不得而并焉。……有水火，则蒸结而土生焉。……土则地之道也，故地可以配天，不得以对天，谓天之生之也。”

王廷相的“五行”生成之序受启发于张载。张载在《正蒙·参两》篇说：“阳陷于阴为水，附于阴为火。”“水火，气也，故炎上蒸下与明阳升降，土不得

① 参见拙文《先秦时期的五行说与气论》，载《社会科学研究》1985年第6期。

而制焉。木金者,土之华实也,其性有水火之杂……盖得土之精实于水火之际也。”但张载并没有否定“五行”“天地之化”为万物生成之源,他在同篇说:“土者,物之所以成始而成终也,地之质也,化之终也,水火之所以升降,物兼体而不遗者也。”这里有些逻辑矛盾。王廷相之所以明确提出“金木非造化之本”、地“不得以对天”。是更重视逻辑推理,即把水火先土而生、金木后土而生的思想贯彻到底的一种结论。

王廷相的“五行”生成之序亦有其经验的依据。他认为,天上的“日星雷电,一化而为月云雨露”,这说明在土之先“水火之种具矣”;水火“蒸结而土生焉”,“日卤之成鹾,炼水之成膏,可类测矣”(《慎言·道体》),“观海中浮沫久而为石,可测矣”(《内台集》卷四《答何柏斋造化论》)。重视经验和推理,这是王廷相打破“五行”旧说在思维方式上的特点。由此出发,他对“五行”配在四方、四时,“天一生水,地二生火……”,“五行”相生、相克,以及“五行”灾异等,一概予以否定。这种否定当然缺乏历史的具体分析,但我们由此可以看出,中国古代的“阴阳—五行”范式经过反思的确有发生转变的可能。

三

王廷相的思想中有实证科学的因素,但王廷相并非一个实证科学家。他自 29 岁登进士第,至 69 岁罢归家居,71 岁病故,当过地方要吏,官至左都御史,加太子太保,他的一生主要是在宦途上度过的。他一生爱好诗文,著述颇多,在文学史上是明中叶的“前七子”之一。在他存留的著作中,哲学著作只占较少的比重。繁忙的政务和大量的诗文创作无疑会影响其哲学研究的广度和深度,当然也更决定了他不可能专门从事于自然科学研究。他思想中的实证科学因素是蕴含在其哲学思想中的,或者说,他的哲学思想为实证科学的发展开启了一个方向或提供了一种可能。

重视科学实验和逻辑体系的构造、推衍、证明,这是自然科学在西方获得成功的两大文化要素。王廷相的重视经验和推理可以说是朝着自然科学发展的方向迈进了一步,但这一步距离自然科学发展的成功还是相当遥远的。由于王廷相并非一个专业的自然科学家，所以他对"见闻之知"的重视还主要停留在对日常生活经验的观察和考索上，而没有上升到进行系统的科学实验的层次。王廷相思想中的自然科学知识虽然涉及天文、地理、生物等较为广泛的领域，但这些知识是零散的，而且不是全由观察、实证和严密的推理所得，其中往往有错误乃至认识倒退的成分（如他认为月食是由于太阳的"暗虚"射到月亮上，否认地影是月食的成因，见《慎言·乾运》）。中国古代逻辑传统的薄弱，更限制了王廷相在理论上的创新。王廷相并没有根据新的观察资料，运用逻辑的方法，建构新的学说体系。他的一些新见解主要是在经验的基础上，对既有的文献学说进行检择并加以发展（如他的"寒暑为日之进退"的观点就是根据经验，依"盖天说"的模式提出新论）。王廷相虽然重视推理，但在他的思想中仍有一些逻辑矛盾（如他在《慎言·道体》篇提出水火是"太虚气化"先于土（地）而生，在同篇他又说"有天地然后有气化"）。这些都表现了王廷相思想的历史和文化的局限。

作为一个气论哲学家，王廷相是坚决、明确地以"气"（阴阳）为世界的本原的。由"气化"而成天体，由天之"气化"（《慎言·道体》："天体成，则气化属之天矣"）而生水、火，由水、火而结成土（地），由水、火、土而生金、木、人与万物，这是王廷相在打破由"五行"并生人、物的成说以后提出来的新的宇宙演化论。这一理论可以看作是对"阴阳—五行"框架的一种改造，但从根本上说仍继承了由"阴阳气化"而生世界万物的传统模式。除此之外，王廷相又提出了"气种"论，谓："且夫天地之间，无非气之所为者，其性其种，已各具于太始之先矣。金有金之种，木有木之种，人有人之种，物有物之种，各各完具，不相假借。"（《王氏家藏集》卷三十三《五行辩》）这一"气种"论的"种"字可以溯源于《庄子》。如《庄子·寓言》篇云"万物皆种也，以不同形相禅，始卒若环，莫得其伦，是谓天均"，《庄子·至乐》篇亦云"种有几，得水则为继……青宁生程，程生马，马生人，人又反入于机"。显然，《庄子》的"物种"论是循环论的，或如胡适在《中国哲学史大纲》中所云是"进化论"的。然而王迁相的"气种"论却是物种"各各完具，不相假借"，这与《庄子》所云大不相同。朱熹曾说："且如天地间人物草木禽兽，其生也莫不有种，定不会无种子白地生出一个物事，这个都是气。"（《朱子语类》卷一）王廷相的"气种"论可能与朱熹此说更有关系，但朱熹语焉不详，王廷相把“气种”的思想大大突出了、明确了。现在的问题是，“气种”论与传统的“气化”论在逻辑上是否相容？依“气种”论，“天地、水火、万物皆从元气而化，盖由元气本体具有此种，故能化出天地、水火、万物”（《内台集》卷四《答何柏斋造化论》）。而依“气化”论，“天地之初，惟有阴阳二气而已，阳则化火，阴则化水，水之渣滓便结成地。渣滓成地即土地，金木乃土中所生”（《王氏家藏集》卷三十三《五行辩》），“夫金乃水土与火三精凝结，化为最后；水则阴精所化，万物为质之本。……夫木以火为气，以水为滋，以土为宅，此天然至理”“水火具而后土生，有土则万物生而大化备矣。金木者，与人物同涂也”（《王氏家藏集》卷三十七《金木非造化之本》）。在“气种”论中，天地、水火、金木、人、物的种子都已“各具于太始之先”，它们“各各完具，不相假借”；在“气化”论中，金、木、人、物却是水、火、土所化，土是水之凝结，水、火又归本于阴阳。这显然是两个不同的（不符合形式逻辑同一律的）发展序列。在古希腊，继伊奥尼亚学派的以水、气、火为万物本原之后，有阿那克萨戈拉的“种子”说，而后有原子论的产生。中国古代气论与伊奥尼亚哲学的物质观相通[①]，而王廷相的气论似可说是气论与阿那克萨戈拉“种子”说的叠加。这种叠加存在着逻辑上的矛盾，王廷相并没有认识到、更没有着手解决这一矛盾，但此中却也埋藏着中国古代的物质观有可能发生转变的种子。

在中国封建社会的中后期，中国文化被宋明道学的泛道德论所笼罩。而在王廷相的哲学中较多地包含着实证科学的因素，他的思想为中国文化的转型提供了一种可能。但社会条件和文化氛围却使王廷相的哲学在明末以后隐而不彰，这一思想史上的历史教训值得今人深思。“知道古来寡，吾将铸钟期”，王廷相是寄希望于将来的。当我们今日探讨中国传统哲学和文化的转型时，从王廷相的哲学中是可以获得较多的启示的。

（原载《人文杂志》1993 年第 6 期）

① 参见拙文《先秦气论与古希腊伊奥尼亚哲学》，载《中国社会科学》1986 年第 5 期。

廖纪思想与朱学和王学

廖纪（1454—1532），祖籍广东琼台府万州陵水县（现属海南省万宁市），生于直隶（今河北省）东光县，明弘治三年（1490）中进士，正德十六年（1521）由吏部左侍郎升任南京吏部尚书，又调兵部参赞机务，嘉靖三年（1524）人京拜吏部尚书，进太子太保，卒赠少傅，谥僖靖。在廖纪晚年的仕途中，因正德十六年武宗死、世宗继位后的“大礼议”而朝臣纷争，廖纪身居要职，居中调停，为稳定当时的政局发挥了重要作用，在其于嘉靖六年致仕以后，朝廷就进入一个风云动荡、党争激烈的时期（参见胡吉勋《廖纪与明正德、嘉靖之际的政局》）。

廖纪与罗钦顺（1465—1547）、王守仁（1472—1529）为同时期的人物。当廖纪由吏部左侍郎升任南京吏部尚书时，接任其原职的就是时任吏部右侍郎的罗钦顺。对于廖纪的升迁，罗钦顺有诗《送太宰廖公之任南京》（《整庵存稿》卷十九）相赠。当廖纪转调南京兵部尚书时，罗钦顺又受委托写了《赠大司马廖公参赞南京守备机务序》，文中称赞：“（廖）公之为人沈静端庄，笃于操履。遇事必精虑，未尝轻发，既发亦不可回。尤喜读书，微言奥义，多所自得。”（《整庵存稿》卷七）据《明史·罗钦顺传》：“世宗即位，命摄尚书事。……大礼议起，钦顺请慎大礼以全圣孝，不报。迁南京吏部尚书，省亲乞归。”在罗钦顺等人关于“大礼议”的联名奏疏中，廖纪之名也在其内。罗钦顺迁南京吏部尚书，又是接任廖纪转调南京兵部尚书的前职。《明史·王守仁传》载：王守仁平宸濠之后，“谗邪构煽，祸乱叵测，微守仁，东南事几殆。世宗深知之。甫即位，趣诏人朝受封。……会有言国哀未毕，不宜举宴行赏者,因拜守仁南京兵部尚书。守仁不赴,请归省。"廖纪转调南京兵部尚书,即是接任王守仁所"不赴"的职务。嘉靖三年廖纪任吏部尚书后,三边总督杨一清召还内阁,在推荐其接替人选时,"(张)璁等欲起王琼,(廖)纪推彭泽、王守仁,帝不允。"(《明史·廖纪传》)嘉靖六年二月,朝廷复起居家已四载的罗钦顺为礼部尚书,辞疏上;五月,廖纪致仕,罗钦顺改授吏部尚书,下诏敦促,再辞。"时张璁、桂萼以议礼骤贵,秉政树党,屏逐正人。钦顺耻与同列,故屡诏不起。"(《明史·罗钦顺传》)同年,王守仁征思、田,翌年病逝。

廖纪在仕途上与当时的两位大儒有如上重合际遇,他在学术上虽然"微言奥义,多所自得",但也不免受到罗、王的影响。当时,王守仁的心学正在兴起之中,而罗钦顺被视为朱学的代表,其与阳明心学的辩难也已开始。廖纪的传世学术著作有《大学管窥》和《中庸管窥》(收入《四库全书存目》),据廖纪的自序和孔闻韶的《学庸管窥序》,此两书都完成于嘉靖五年,即廖纪致仕之前。由此两书,我们可分析廖纪思想与朱学和王学的关系,亦可"管窥"当时朱学和王学的消长。

一

廖纪的《大学管窥》,先将古本《大学》列于前,又分别将程颢、程颐和朱熹的改本列于后。其《大学小序》云:

> 愚尝详味古本,纲目分明,次第不紊,初无经、传之别,亦无阙文错简之误。每于熟思之余,偶有一得之见,并所闻切当之论,书于逐节之下,以备遗忘。积数十年,不觉成集,以求正于有道之君子。今本《大学》乃更二程子并朱子改定,分经补传,于古本小异。朱子《章句》注释详矣,学者宗之已五百余年,不复知有古本,深为此惧。故释古本全文以示后学,非敢求异,盖欲其观古本、今本之不同而知所用力也。

显然,廖纪依古本《大学》而作《管窥》,认为古本乃"纲目分明,次第不紊,初无经、传之别，亦无阙文错简之误”，这是针对着“学者宗之已五百余年”的由朱熹改定并作补传的《大学章句》。此中所反映的正是明代中期的学术思想形势，即朱学的权威趋于衰落，明儒已走出以前“此亦一述朱，彼亦一述朱”的阶段，而开始“反身理会，推见至隐”①。罗钦顺作为廖纪的同僚，对其“尤喜读书，微言奥义，多所自得”的评价，是符合廖纪的思想及其学风之实际的。

廖纪的门生李浙在《中庸管窥序》中说：

> 窃伏念今世之士，狃于科举之习，凡所治经书，未论本文何如，大率牵合附会，必求不背传注而后为得，是则功利驱之，势不得不然也。侥幸一第之后，则又尽弃其前。间有不废者，往往刻意枝叶之文，虽工而无益于世。前辈豪杰之士，若宋潜溪、薛文清、吴康斋诸公，固未尝溺于习俗，然于著述之事，又或退焉而不居，逊焉而有待，漫焉而未经意。……先生(廖纪)识见超卓，自始学入门，即以认理为的，沉潜融会，竟有得于默契之传。……然由少壮以至于迟暮，积数十年始克成书。呜呼，理学之难信然矣！

这段话比较具体地说明了当时朱学的衰落，以及廖纪之学的特点。自元代把程朱理学奉为科举取士的标准之后，明代仍之，这就不免使许多士人出于“功利”的目的，而把程朱理学作为“侥幸一第”的敲门砖，在学风上则表现为“大率牵合附会，必求不背传注而后为得”。在士人登第之后，又出现两种情况：一是“尽弃其前”，即把登第的敲门砖扔掉；二是“刻意枝叶之文”，即仍留心于传注之末节，作无关于大理、亦无益于世道的学问。这两种情况都是朱学之衰落的表现，而其原因则在于士人溺于科举功利的习俗。李浙评价明代前期的宋濂、薛瑄、吴弼等名儒乃“豪杰之士”，“固未尝溺于习俗”，但于“著述之事”即思想理论的创发亦付之阙如，这与黄宗羲对明代前期之“述朱”的评价是相符合的。李浙说廖纪“自始学入门，即以认理为的，沉潜融

① 黄宗羲说：“有明学术，白沙开其端，至姚江而始大明。盖从前习熟先儒之成说，未尝反身理会，推见至隐，所谓此亦一述朱耳，彼亦一述朱耳。”(《明儒学案·姚江学案》)

会，竟有得于默契之传”，就是说廖纪的学风不是出于习俗的功利，不是“牵合附会，必以不背传注而后为得”，乃是以认识“理”为目的，其沉潜融会而自有所得，亦是区别于以前的“述朱”阶段。李浙说“理学之难信然矣”，就是说廖纪的学术仍是“理学”，它是当时走出“述朱”阶段而有所发展的“理学”。

李浙说廖纪的《中庸管窥》是“由少壮以至于迟暮，积数十年始克成书”，这与廖纪在《大学小序》中所说“积数十年，不觉成集”是相符合的。但廖纪在《中庸管窥》自序中说：

> 窃惟群圣之道，备载六经，《学》《庸》二书又所以贯六经之道，纲目功效，秩然有序而不紊，诚千圣传授之心法，百王致治之大经。予生也晚，秉赋愚昧，酷好是书，自二十以至五十，每病其难入，凡灯窗之思绎，师友之讲论者，自一字一句至于一节，由一段以至于通篇，务研精其微意之所在。六十之后，觉有所得，然犹未敢自是，又必质诸经书之言并先儒之论而有合焉，遂书于逐节之下，以备遗忘。积十余年，不觉成集。

这段话可能更符合廖纪的治学经历以及《大学管窥》《中庸管窥》的成书过程。他自二十岁以后就酷好《大学》《中庸》，深研其微意之所在，但在六十岁以前仍“每病其难入”，至六十岁以后“觉有所得”，又验之于经书之言和先儒之论，遂将其所得“书于逐节之下”，“积十余年”而成此两书。由此可知，廖纪的“觉有所得”是在正德九年(1514)之后，《管窥》两书即写于此后至嘉靖五年(1526)的十余年间。在此期间，正是明代的学术思想形势发生重要变化的时期。

王守仁在正德三年(1508)“龙场悟道”，正德十三年(1518)刻《大学古本》和《朱子晚年定论》，其弟子刻《传习录》(上卷)，嘉靖三年(1524)其弟子续刻《传习录》(中卷)。廖纪与王守仁及其后学虽然没有密切的交往，但其《大学管窥》《中庸管窥》受到正在兴起的王学的影响是必然的。

罗钦顺在正德十四年读《传习录》，又在正德十五年读王守仁寄送的《大学古本》和《朱子晚年定论》，随即写了《与王阳明书》，与王学展开论辩。罗钦顺与廖纪在正德十四至十六年是吏部的同僚，在嘉靖元年又分别是南京

吏部尚书和兵部尚书,故其交往比较密切,廖受到罗的一定影响也是必然的。但应注意的是,罗钦顺自述其治学经历说:

愚自受学以来,知有圣贤之训而已,初不知所谓禅者何也。及官京师,偶逢一老僧,漫问何由成佛,渠亦漫举禅语为答云:"佛是亭前柏树子。"愚意其必有所谓,为之精思达旦,揽衣将起,则恍然而悟,不觉流汗通体。既而得禅家《证道歌》一编,读之,若合符节,自以为至奇至妙,天下之理莫或加焉。后官南雍,则圣贤之书未尝一日去手,潜玩久之,渐觉就实。始知前所见者,乃此心虚灵之妙,而非性之理也。自此研磨体认,日复一日,积数十年,用心甚苦。年垂六十,始了然有见乎心性之真,而确乎有以自信。(《困知记》卷下)

罗钦顺的治学经历大致有三个阶段:弘治六年(1492)至京师,举进士,授翰林院编修,这是他参禅而有所悟阶段的开始;弘治十五年(1502)升任南京国子监司业,这是他"年几四十,始慨然有志于道"(《困知记序》),知前所悟"乃此心虚灵之妙,而非性之理"阶段的开始;嘉靖元年(1522)他任南京吏部尚书仅数月的时间就辞归故里,这是他"年垂六十,始了然有见乎心性之真",陆续写成《困知记》各卷阶段的开始①。也就是说,在罗钦顺与廖纪有所交往的期间,罗与王学的论辩虽已开始,但他还没有达到"了然有见乎心性之真,而确然有以自信"的程度。当嘉靖七年罗钦顺"编次所著《困知纪》二卷"时,廖纪的《管窥》两书已于前一年刻印了。因此,廖纪受罗钦顺思想的影响是很有限的。

从时间顺序上说,廖纪应较多受到王学的影响。王守仁在《大学古本序》中说:

《大学》之要,诚意而已矣。诚意之功,格物而已矣。诚意之极,止至善而已矣。(止至善之则,致知而已矣。)……旧本析而圣人之意亡

① 参见拙文《罗钦顺的儒释之辨》,载《明代思想与中国文化》,安徽人民出版社1994年版。

矣。是故不务于诚意而徒以格物者，谓之支；不事于格物而徒以诚意者，谓之虚；（不本于致知而徒以格物诚意者，谓之妄。）支与虚（与妄），其于至善也远矣。合之以敬而益缀，补之以传而益离。吾惧学之日远于至善也，去分章而复旧本，傍为之什，以引其义。庶几复见圣人之心，而求之者有其要。

以上序文除括弧中的文字外，写于刻《大学古本》的正德十三年，王守仁在正德十六年“始揭致良知之教”，故在嘉靖二年改作的序文中增加了括弧中的话[①]。将王守仁的《大学古本序》与廖纪的《大学小序》相比较，可见王守仁明斥朱学之支离，“旧本析而圣人之意亡”“合之以敬而益缀，补之以传而益离”，因为“吾惧学之日远于至善”，故“去分章而复旧本”，又将其《大学古本傍释》说为“复见圣人之心，而求之者有其要”；廖纪则说得比较委婉、谦虚，只说朱子的分经补传“于古本小异”，他所深惧者是学者“不复知有古本”，他释古本全文亦是“非敢求异”，只是欲使学者“观古本、今本之不同而知所用力也”。尽管在态度、口气上有所不同，但都是要“复旧本”，针对朱熹的《大学章句》而发，这是两家所相同的。

廖纪的《大学管窥》完成于嘉靖五年，此在王守仁刻《大学古本》并作序的八年之后，但无论廖纪的自序还是其门生的序文，都没有提到王刻《大学古本》，只在马理的《大学管窥后序》中提到：“我朝王端毅公晚年尝是论之，其说见于《石渠意见》之中，惜未成完书而逝。”廖纪似是接续王恕的《石渠意见》而完成了恢复古本《大学》的工作。难道廖纪及其门生在八年之间对王守仁刻《大学古本》和《传习录》等一无所知？这是不可能的。我认为，廖纪是在有意回避王学，这可能有两方面的原因：一是廖纪与王学在对待朱学的态度上有所不同，故不肯认同于王学；二是所谓“积数十年”或“积十余年”而成书，即廖纪是在王守仁之前就已经对古本《大学》有所自得了，故不肯居于王学之后。

廖纪在古本《大学》的篇题下注引程子曰：“《大学》孔氏之遗书，而初学

---

① 参见《王阳明全集》，上海古籍出版社1992年版，第242—243、1197、1278页。

入德之门也。于今可见古人为学次第者,独赖此篇之存,而《论》《孟》次之。学者必由是而学焉,则庶乎其不差矣。"这段注文本是朱熹集二程语录[①]而列于《大学章句》的正文之前,廖纪的《管窥》沿用之,此亦可见其对朱学有所肯定的态度。

对于《大学》的"明明德",朱熹《章句》注云:"明德者,人之所得乎天,而虚灵不昧,以具众理而应万事者也。但为气禀所拘,人欲所蔽,则有时而昏;然其本体之明,则有未尝息者。故学者当因其所发而遂明之,以复其初也。"廖纪《管窥》的解释是:"明德者,人秉天之明命,具于心而明无不照也。人莫不有是明德,但蔽于私欲而昏之者众,故当格、致、诚、正以明之,而复其初也。"两相对照,可见廖纪回避了"心"与"理"的关系问题,而且删去了"气禀所拘",即其不取"气质之性"的思想(详后)。

对于《大学》的"亲民",朱熹《章句》引程子曰:"亲,当作新。"注云:"新者,革其旧之谓也,言既自明其明德,又当推以及人,使之亦有以去其旧染之污也。"廖纪《管窥》的解释是:"亲、新古字通用,《书》曰'其新逆'是也。新民者,然既自明其明德,而凡民有未明者,又当齐、治、平以新之,使民无不明也。"两相对照,二者似有差异,但《章句》在解释"物格而后知至……国治而后天下平"时亦云:"修身以上,明明德之事也;齐家以下,新民之事也。"可见廖纪对"亲(新)民"的解释与朱熹是大致相同的。

在对"亲(新)民"的解释上,突出地表现了廖纪与王学之不同。王守仁在《大学古本序》中说:"以言乎己,谓之明德;以言乎人,谓之亲民……"其《大学古本傍释》亦云:"明明德、亲民,犹修己安百姓。明德、亲民无他,惟在止于至善。……格致以诚其意,则明德止于至善,而亲民之功亦在其中矣。……明德、亲民只是一事。亲民之功至于如此,亦不过自用其明德而已。……自明不已,即所以为亲民。"[②]王守仁用"亲"之本字,而且强调"明德、亲民只是一事",这是他与朱注的一个标志性分歧。《传习录上》首条就是关于"亲民"的问答:

---

① 程颢说:"《大学》乃孔氏遗书,须从此学则不差。"(《程氏遗书》卷二上)程颐说:"入德之门无如《大学》。今之学者赖有此一篇书存,其它莫如《论》《孟》。"(《程氏遗书》卷二十二上)

② 《王阳明全集》,上海古籍出版社1992年版,第1193—1194页。

> 爱问："'在亲民'，朱子谓当作'新民'，后章'作新民'之文似亦有据；先生以为宜从旧本作'亲民'，亦有所据否？"先生曰："'作新民'之'新'是自新之民，与'在新民'之'新'不同，此岂足为据？……下面'治国平天下'处，皆于'新'字无发明，如云'君子贤其贤而亲其亲，小人乐其乐而利其利，如保赤子；民之所好好之，民之所恶恶之，此之谓民之父母'之类，皆是'亲'字意。'亲民'犹孟子'亲亲仁民'之谓，亲之即仁之也。'百姓不亲'，舜使契为司徒，'敬敷五教'①，所以亲之也。《尧典》'克明峻德'便是'明明德'；'以亲九族'至'平章''协和'，便是'亲民'，便是'明明德于天下'。又如孔子言'修己以安百姓'，修己便是'明明德'，安百姓便是'亲民'。说'亲民'便是兼教养意，说'新民'便觉偏了。"

嘉靖四年，王守仁作《亲民堂记》，有云：

> 德不可以徒明也。人之欲明其孝之德也，则必亲于其父，而后孝之德明矣；欲明其弟之德也，则必亲于其兄，而后弟之德明矣。君臣也，夫妇也，朋友也，皆然也。故明明德必在于亲民，而亲民乃所以明其明德也。故曰一也。……人者，天地之心也；民者，对己之称也；曰民焉，则三才之道举矣。是故亲吾之父以及人之父，而天下之父子莫不亲矣；亲吾之兄以及人之兄，而天下之兄弟莫不亲矣。君臣也，夫妇也，朋友也，推而至于鸟兽草木也，而皆有以亲之，无非求尽吾心焉，以自明其明德也。是之谓明明德于天下，是之谓家齐、国治、天下平。②

观此可知，王守仁将"明明德"与"亲民"释为"一事"，这既包含了他的"知行合一"思想，也包含了他的"大人之能以天地万物为一体"的思想。嘉靖六年，王守仁在征思、田之前，又以《大学问》授弟子，其中也重点发挥了《亲民堂记》所表述的思想，可见王守仁对这一思想的重视。

---

① 《尚书·舜典》云："帝曰：'契，百姓不亲，五品不逊。汝作司徒，敬敷五教，在宽。'"

② 《王阳明全集》，上海古籍出版社1992年版，第250—251页。

然而，廖纪的《大学管窥》却对“亲民”之说有所辩驳：

> 问曰：“人多引《书》‘以亲睦九族’‘百姓不亲’言‘亲民’而是，子独仍作‘新民’，又何所据欤？”予应曰：“孟子云：‘君子之于物也，爱之而弗仁；于民也，仁之而弗亲。亲亲而仁民，仁民而爱物。’亲于九族则可，‘亲民’则不可。圣贤之言自有轻重先后之分，若言‘亲民’，乃墨氏‘兼爱’之说也，岂可哉！岂可哉！”

问话中“人多引”云云显然就是指王守仁据《尚书》之《尧典》和《舜典》中的语句以证“亲民”为是，这说明廖纪是读过《传习录》的。所谓“人多引……子独仍作‘新民’”，反映了当时王学的影响已较广泛，而廖纪仍持“新民”之说已经显得孤独了。廖纪引孟子之说，以证“‘亲民’则不可”。而王守仁亦引孟子的“亲亲而仁民”，谓“亲之即仁之也”，这与孟子的“于民也，仁之而弗亲”相对照，则王说不可。但孟子也讲“爱人不亲反其仁”（《孟子·离娄上》），朱熹也讲“爱民如子”（《大学章句》），然则“亲”“仁”“爱”的用语区分并不是绝对的。儒家之“仁”讲爱有差等，王守仁的“亲民”说虽然讲“以天地万物为一体”，但也有差等之爱①，故非墨氏之“兼爱”。廖纪对“亲民”说的辩驳，不能说提出了一个很强的证据，但很明显地标示了与王学之不同。

对于《大学》的“止于至善”，朱熹《章句》注云：“止者，必至于是而不迁之意。至善，则事理当然之极也。言明明德、新民，皆当至于至善之地而不迁。盖必其有以尽夫天理之极，而无一毫人欲之私也。”廖纪《管窥》的解释是：“至善者，性无不善，即天命之本然，如仁敬孝慈之类是已。能止于是而不迁，然后为有得也。”两相对照，朱熹是以“事理当然之极”为“至善”，而廖纪是以人性之善为“至善”。《管窥》有云：

① 《传习录下》载：“问：‘大人与物同体，如何《大学》又说个厚薄？’先生曰：‘惟是道理，自有厚薄。此如身是一体，把手足捍头目，岂是偏要薄手足，其道理合如此。禽兽与草木同是爱的，把草木去养禽兽又忍得。人与禽兽同是爱的，宰禽兽以养亲与供祭祀、宴宾客，心又忍得。至亲与路人同是爱的，如箪食豆羹得则生，不得则死，不能两全，宁救至亲不救路人，心又忍得。这是道理合该如此。’”

> 或曰:“诸家皆谓至善为明德、新民之极致,今独平说者,何所据欤?”曰:“以本文三‘在’字为据也。又观下文释《诗》‘有斐君子’‘道盛德至善’,亦是平说,何尝有浅深之异哉!”

这段问答当是针对着朱熹的《章句》,所谓“明明德、新民,皆当至于至善之地而不迁……尽夫天理之极……”,意即“至善为明德、新民之极致”。廖纪不采此说,而将“明明德”“新民”“止于至善”并列地“平说”。其实,廖纪的“平说”近于把“至善”与“明德”相等同了。

朱熹在《大学或问》中说:“知止云者,物格知至,而于天下之事皆有以知其至善之所在,是则吾所当止之地也。能知所止,则方寸之间,事事物物皆有定理矣。”(《四书或问》卷一)这里的“事事物物皆有定理”即《章句》所谓“事理当然之极”。此说为王学所反对,《传习录上》载:

> 爱问:“‘知止而后有定’,朱子以为‘事事物物皆有定理’,似与先生之说相戾。”先生曰:“于事事物物上求至善,却是义外也。至善是心之本体,只是‘明明德’到至精至一处便是。然亦未尝离却事物,本注所谓‘尽夫天理之极,而无一毫人欲之私’者得之。”

问中所谓“先生之说”,即王守仁《大学古本序》中所说“至善也者,心之本体也”,亦即《大学古本傍释》中所说:“尽其心之本体,谓之止至善。至善者,心之本体;知至善,惟在于吾心,则求之有定向。”王守仁所谓“心之本体”即是“良知”,其所作《亲民堂记》云:

> 至善也者,明德、亲民之极则也。天命之性,粹然至善。其灵昭不昧者,皆其至善之发见,是皆明德之本体,而所谓良知者也。……人惟不知至善之在吾心,而用其私智以求之于外,是以昧其是非之则,至于横骛决裂,人欲肆而天理亡,明德、亲民之学大乱于天下。

“极则”即最高的准则,亦即所谓“良知”(《传习录下》:“尔那一点良知,是尔自家的准则”),王守仁以此为“至善”,意谓“明明德、亲民”都要本于“致良知”。此“极则”在“吾心”之内,故王学认为“心即理也”;若如朱学“于事事物物上求至善”,那就是“求之于外”“昧其是非之则”了。这里的分歧在于,朱熹是把“至善”作为“明明德、新民”所最后达到的境界(即所谓“极致”),而王守仁是把“至善”(“良知”)作为“明明德、亲民”所首先应有的“准则”;而更根本的分歧在于,王学与朱学在“心即理”与“性即理”以及“格物致知”上的分歧。

廖纪是以人性之善为“至善”,这一解释偏向于王学。但廖纪不取“心即理”和以“良知”为“至善”说,此与王学又保持了距离。廖纪与朱学的分歧,主要在对“格物致知”的解释上,其反对朱熹的“补传”之说,可能受到王学的影响,抑或与王学是同一个步调。

古本《大学》云:

> 自天子以至于庶人,壹是皆以修身为本。其本乱而末治者否矣。其所厚者薄,而其所薄者厚,未之有也。此谓知本,此谓知之至也。

朱熹《章句》以此段为两节,又以此段末句为错简,将“未之有也”以上作为《大学》之经文,以下则分传十章。末句的“此谓知本,此谓知之至也”,为《章句》的传之第五章,“盖释格物致知之义,而今亡矣”,因此,朱熹作“补传”云:“所谓致知在格物者,言欲至吾之知,在即物而穷其理也。……是以大学始教,必使学者即凡天下之物,莫不因其已知之理而益穷之,以求至乎其极。至于用力之久,而一旦豁然贯通焉,则众物之表里精粗无不到,而吾心之全体大用无不明矣。此谓物格,此谓知之至也。”

王守仁的《大学古本傍释》不取“错简”和“补传”之说,有谓:“其本则在修身。知修身为本,斯谓知本,斯谓知之至。”廖纪的《大学管窥》亦不取“错简”和“补传”之说,而认为上引一段就是“释格物致知之义”:

> 天下国家之本在身,故自天子下及庶人,一切皆用修身为齐家、治国、平天下之本。身既为本,所当厚也。孔子曰:“躬自厚而薄责于人”

是已。……盖有本而后有末,能厚而后能薄,未有本乱而末治,不能于厚而能于薄者。人能穷之,是之为格物。天下之物理无穷,而贵于知本。格物而能知本,则末与厚薄自无不知矣。自物而言谓之格,自心而言谓之知,故曰"此谓知本,此谓知之至也"。"自天子"之上,疑有"所谓致知在格物者"八字,而《大学》不加焉,因有此二句结之,故省文也。

与朱熹《章句》相比较,对"以修身为本"的解释不会有分歧,但朱熹是以"所厚"谓"家"也,而廖纪是以"身"为"所厚",这是因是否分"经传"和分节不同所带来的语义分歧。关键是,朱熹的"补传"强调了"必使学者即凡天下之物,莫不因其已知之理而益穷之,以求至乎其极",而廖纪依古本,去"补传",则"格物"之"物"就是"自吾身以及家、国、天下"而言,"人能穷之"就是认识修、齐、治、平之理。又说"天下之物理无穷,而贵于知本",即首先要认识"以修身为本"。又说"格物而能知本,则末与厚薄自无不知矣",就是说格物而能知"以修身为本",则齐家、治国、平天下的道理也就全都知道了。

《大学管窥》云:

或问曰:"先儒皆谓致知格物之传已亡,亦既补之矣,今独以此节为释格物致知,何所据欤?"予应曰:"熟味《大学》一篇条目次第而知,又以'物有本末'一言为据也。盖上文既分言八条目矣,而致知格物为条目之首。所谓致知格物者,不过格物之本末而已。又据'此谓知本,此谓知之至也'之言,则其为释致知格物,昭然甚明,夫何俟于补哉!"

这是对朱熹"补传"说的反驳。朱熹释"物有本末,事有终始",谓:"明德为本,新民为末。知止为始,能得(其所止)为终。"即以此句为解释"三纲领"。廖纪则以此句为总括"八条目"[①],谓:"物者,人物也。自吾身以及家、国、天

① 《大学》第三节:"物有本末,事有终始。知所先后,则近道矣。"朱熹《章句》谓"此结上文两节之义",而廖纪《管窥》谓"此节起下文两节之意"。廖纪此说可谓卓识,尔后凡依古本《大学》而解义者多持此说,如清道光年间狄子奇著《大学质疑》,以及梁漱溟先生所推崇的伍庸伯《礼记·大学篇解说》即是。参见《梁漱溟先生论儒佛道》,广西师范大学出版社 2004 年版,第 144—155 页。

下，皆物也。身为本，家、国、天下为末，故物有本末也。事者，事为也。自格、致、诚、正、修以及齐、治、平，皆事也。格物为始，平天下为终，故事有终始也。"依此解释，则"格物"就是"格物之本末而已"，即只是认识修、齐、治、平之理，而"此谓知本"，又要首先认识"以修身为本"。这样，廖纪对"格物致知"的解释就避免了朱熹"格物"说所受到的"泛观物理"的批评。

王守仁批评朱熹的《章句》"补之以传而益离"，主要是批评其"格物"说"求之于外"。王守仁对"格物致知"另有所释，即："物者，其事也。"（《大学古本序》）"心者身之主，意者心之发，知者意之体，物者意之用。"（《大学古本傍释》）"格者，正也，正其不正，以归于正也。"（《传习录上》）"所谓致知格物者，致吾心之良知于事事物物也。……致吾心之良知者，致知也。事事物物皆得其理者，格物也。"（《传习录中》）与王说比较，廖纪将"物"与"事"相区别，即以"吾身以及家、国、天下"为"物"，以"格、致、诚、正、修以及齐、治、平"为"事"。廖纪所谓"物"，并非只是"意之用"，其不取王学的"心外无物""心外无理"说。廖纪所谓"人能穷之，是之为格物"，仍有朱熹的"即物而穷其理"之意，只不过其"物"字是限于"人（之）物"而言，他不以"格物"为"正物"。因为"格物为始"，所以他也不取王学的先"致良知"而后"正物"之说（《管窥》中虽然有"致知格物"之语，但其意实为"致知在格物"）。

罗钦顺在《与王阳明书》中批评王学的"致知格物"说是"但当求之于内""局于内而遗其外"；"审如所言，则《大学》当云'格物在致知'，不当云'致知在格物'；当云'知至而后物格'，不当云'物格而后知至'矣"（《困知记》附录）。相对于这种批评，廖纪对"格物致知"的解释，既免于"泛观物理"，又不致"局于内而遗其外"，亦非颠倒了"格物"与"致知"之序。这可谓居于朱学与王学之间，有其自身特点的一种"格物致知"说。

二

廖纪的《中庸管窥》，四库馆臣谓其"不用朱子《章句》，亦不从郑玄旧注"（《四库全书总目》卷三十七）。其实，《中庸管窥》主要是分段不同于朱熹的《中庸章句》和郑玄旧注。若论其注文，则大量沿用了朱熹的《中庸章句》。由此可见,朱熹的许多思想及其注经的水平仍是廖纪所难以超越的。《中庸管窥》后附廖纪的《性学原》和《心学原》两篇短文,四库馆臣谓其"无甚精微之论",这也是基本属实的一个评价。

朱熹将《中庸》分为三十三章,廖纪则分为二十五段。其中所不同者,如《章句》以"道其不行矣夫"为第五章,以"舜其大知……"为第六章,《管窥》则将此两章合为第四段。《章句》释第五章:"由不明,故不行。"《管窥》的注文与此相同。《章句》又云:"此章承上章而举其不行之端,以起下章之意。"《管窥》亦谓"此承上段起下(段)",即其把承上起下的一章合入了下一段,四库馆臣谓此"殊为牵强",其实无关乎对义理的理解。类此,《章句》的第七、九章亦是"承上章以起下章",《管窥》亦将其合入下一段。

又如,《管窥》把《章句》的第十三章分为两段,谓"君子之道四……"与上段不相蒙。其实"君子之道四",即"所求乎子,以事父……所求乎臣,以事君……所求乎弟,以事兄……所求乎朋友,先施之",意同于《大学》讲"絜矩之道",此与上文"忠恕违道不远,施诸己而不愿,亦勿施于人"是语意相连的。四库馆臣对其"未能深思文意"的批评是正确的。

又如,《管窥》把《章句》的第十九章亦分为两段,谓上一段"言武王、周公之孝,亦事神之事",此下"郊社之礼"一段是"言事神、治人之事,亦承上段起下段"。其实"郊社之礼"是祭上帝、后土,而"宗庙之礼,所以祀乎其先也",此与"武王、周公之孝"亦语意相连。四库馆臣对此也有"未能深思文意"的批评。但廖纪在这里有其自己的理解,他认为"鬼神之为德"以前的三段是讲"修己",而"修己"之后讲"事神",初以为文意"若不相接","吾尝求其故矣,盖道之本在于修身,而其用不外乎事神、治人二者而已……上三段言治已,此以下言事神,至'哀公问政'言治民"。出于这种考虑,他把"武王、周公之孝"归于"事神",而"明乎郊社之礼、褅尝之义,治国其如示诸掌"就不是言"武王、周公之孝",而是"言事神、治人之事"的承上起下了。由此可以看出,《管窥》对《中庸》的分段,的确有廖纪独立思考,"自抒其一人之见"的特点。

《管窥》在《中庸》篇题下注云:

> 朱子曰:“中者,不偏不倚、无过不及之名。庸,平常也。”程子曰:“不偏之谓中,不易之谓庸。中者,天下之正道。庸者,天下之定理。”此篇乃孔门传授心法,子思恐其久而差也,故笔之于书,以授孟子。旧在《礼记》第三十一篇,程子表而出之,以示后学。善读者玩索而有得焉,则终身用之,有不能尽者矣。

这段注文除了“旧在《礼记》第三十一篇,程子表而出之,以示后学”之外,其余都沿用了朱注。而朱注在“以授孟子”之后有云:“其书始言一理,中散为万事,末复合为一理,‘放之则弥六合,卷之则退藏于密’,其味无穷,皆实学也。”这是朱熹很重要的“理一分殊”思想,廖纪特将其删掉,此可见《管窥》之有取于朱注,而又与朱熹理学保持一定距离的思想倾向。

朱熹《章句》在《中庸》首句之下注云:

> 命,犹令也。性,即理也。天以阴阳五行化生万物,气以成形,而理亦赋焉,犹命令也。于是人物之生,因各得其所赋之理,以为健顺五常之德,所谓性也。……人、物各循其性之自然,则其日用事物之间,莫不各有当行之路,是则所谓道也。修,品节之也。性道虽同,而气禀或异,故不能无过不及之差,圣人因人、物之所当行者而品节之,以为法于天下,则谓之教,若礼乐刑政之属是也。

廖纪《管窥》对《中庸》首句的注文是:

> 天命即《诗》“维天之命”,天以是命降于人,而人禀于有生之初,所谓性也。《书》曰“皇矣上帝,降衷于民,若有恒性”,《易》曰“乾道变化,各正性命”是已。人于既生之后,能循是性而行于日用,莫不各有当由之路,所谓道也。修,治也。《书》曰“肇修人纪”。教,学习也。人莫不有是道,而为私欲所坏,苟能修治,去其私欲之蔽,以复其初,是乃由于学习,所谓教也。

两相比较,可见《管窥》删去了《章句》的"性即理也"和"气禀或异"的思想。《章句》中的"人、物",在《管窥》中只言"人"。《管窥》对"率性之谓道"的注文,大致与《章句》相同。差异在于对"修道之谓教"的注释,朱熹是以"礼乐刑政之属"的教化之义释之,而廖纪是以"去其私欲之蔽,以复其初"的"学习"之义释之。这种分歧是因为廖纪认为《中庸》"与《大学》实相表里,其曰'天命之谓性',即《大学》'天之明命'也;其曰'率性之谓道',即《大学》之'至善'也;其曰'修道之谓教',即《大学》之'明明德'也"(《中庸管窥序》)。同时期的王守仁也有"子思括《大学》一书之义,为《中庸》首章"(《传习录上》)的说法。但若依廖纪的注释,《中庸》首章的三个分句并没有"在新民"的意思,而朱熹对"修道之谓教"的注释则正是教化以"新民"之义。

朱熹《章句》对喜怒哀乐之"未发"和"已发"的注释是:"喜怒哀乐,情也。其未发,则性也,无所偏倚,故谓之中。发皆中节,情之正也,无所乖戾,故谓之和。"廖纪《管窥》注云:"性具于心,无形而难知;情见于外,有迹而易见。情者何?喜怒哀乐是也。当其未发而在内,寂然不动,不偏不倚,所谓中也。及其已发而形外,感而遂通,不乖不戾,所谓和也。"此可见《管窥》基本上沿用了朱熹的注文,而且在其注文中已自觉或不自觉地包含了朱熹的"心统性情"思想。实际上,只要承认了"喜怒哀乐之未发"是言"性"或"心之体",则此句就必然包含了"心统性情"的思想。王守仁在《答汪石潭内翰》信中也曾讨论过这个问题。信中说:"夫喜怒哀乐,情也。既曰[情],不可谓未发矣。"①这应是汪石潭来信中的观点,此后是王守仁的答言:"喜怒哀乐之未发,则是指其本体而言,性也。斯言自子思,非程子而始有。执事既不以为然,则当自子思《中庸》始矣。喜怒哀乐之与思与知觉,皆心之所发。心统性情。性,心体也;情,心用也。"在这里,王守仁肯定了"心统性情"的命题。但此信写在"辛未"(正德六年),虽在"龙场悟道"的三年之后,但王守仁的思想尚未成熟。在他明确提出"心即性""心即理"之后,就不再提"心统性情"了。

---

① 《王阳明全集》,上海古籍出版社1992年版,第146页。原文为:"夫喜怒哀乐,情也。既曰不可,谓未发矣。"后一句阙漏一个"情"字,其标点后的文意不可读,应补正为:"既曰情,不可谓未发矣。"

朱熹《章句》总结《中庸》首章的大义：

> 子思述所传之意以立言，首明道之本原出于天而不可易，其实体备于己而不可离，次言存养省察之要，终言圣神功化之极。盖欲学者于此反求诸身而自得之，以去夫外诱之私，而充其本然之善，杨氏所谓一篇之体要是也。

廖纪《管窥》则注云：

> 《中庸》首段乃子思子论中庸之道，人能体之，则致化育之效也。……由是中和之气充塞宇宙……岂有不位者乎！汇而万物，含灵负形，各遂其生，岂有不育者乎！所谓'知天地之化育'是已。朱子以为中庸之极功，杨氏以为一篇之体要，斯言得之矣。

相比之下，所谓"朱子以为中庸之极功"，不过是朱注中的"终言圣神功化之极"；此后接"杨氏以为一篇之体要"，则于朱注和杨氏之义有所未达（《章句》的意思是《中庸》首章为"一篇之体要"，而《管窥》是把"终言圣神功化之极"说成"一篇之体要"了）。

廖纪《管窥》在注释"或生而知之"一节时有云：

> 盖人性虽无不善，而气禀有不同者，故闻道有蚤暮，行道有难易，然能自强不怠，则其至一也。吕氏曰："所入之涂虽异，而所至之域则同。"

这段注文及其所引"吕氏曰"，都是沿用了朱注。其中"气禀有不同"，即"气质之性"的思想，廖纪在此前的注文（包括《大学管窥》）中都回避了"气禀"一词，而这里为了说明"或生而知之，或学而知之，或困而知之"的不同，似是不得已而用之。

《中庸》云："知、仁、勇三者，天下之达德也，所以行之者一也。"郑玄注以"百王所不变"释此处之"一"，孔颖达疏："其义一也，古今不变也。"（《礼记正义》卷五十二）朱熹《章句》注云："一则诚而已矣。……达德虽人所同得，然一有不诚，则人欲间之，而德非其德矣。程子曰：'所谓诚者，止是诚实此三者。三者之外，更别无诚。'"廖纪《管窥》注云："所以行之者一，说见下文。"按下文即"或生而知之，或学而知之，或困而知之，及其知之一也……及其成功一也"，此处之"一"显然是同一的意思，《管窥》引吕氏曰"所至之域则同"亦是此意。《管窥》又云"此节申上文'行之（者）一也'之意"，可见廖纪是以同一来解释"所以行之者一"，这接近于郑玄旧注的以"不变"释"一"，而不同于朱熹的以"诚"释"一"。

《中庸》云："凡为天下国家有九经，所以行之者一也。凡事豫则立，不豫则废……"郑玄注："一，谓当豫也。"孔颖达疏："此一节明前九经之法，唯在豫前谋之，故云'所以行之者一也'。一，谓豫也。"（《礼记正义》卷五十二）朱熹《章句》在"所以行之者一也"处分节，注云："一者，诚也。一有不诚，则是九者皆为虚文矣，此九经之实也。"廖纪《管窥》的分节在此处同于《正义》，注云："凡事，指达道、达德、九经之属。一者，豫也。豫，素定也。……所以行之者一，与上文'行之（者）一也'意同。"这里的"一者，豫也"是取自《正义》，而"凡事，指达道、达德、九经之属""豫，素定也"，是取自《章句》。《管窥》说前后两个"所以行之者一也"意同，但其释前一个"一"为同一，后一个"一"则为"豫"（素定），未免前后不协调。

朱熹对前后两个"所以行之者一也"都以"诚"释之，他对"凡事豫则立……"亦注云："此承上文，言凡事皆欲先立乎诚，如下文所推是也。"而下文就是："……诚身有道：不明乎善，不诚乎身矣。诚者，天之道也；诚之者，人之道也。"廖纪《管窥》对"所以行之者一也"的注释，显然是不满于朱熹以"诚"释"一"，他以同一或"豫"释"一"，似有清儒的由宋学返汉学的意味。但他对"诚"和"诚之"的解释："诚者，真实无妄之谓，天理之本然也。诚之者，未能真实无妄而欲其真实无妄之谓，人事之当然也。诚者浑然天理，不待思勉而从容中道，圣人之德，性之者也。诚之者，未至于圣，故未能不思而得，则必择善，然后可以明善；未能不勉而中，则必固执，然后可以诚身，此则贤人之学，反之者也。"这完全是沿用朱注，只是个别文字变换其词而已。

朱熹《章句》对"唯天下至诚，为能尽其性"章注云：

> 天下至诚,谓圣人之德之实,天下莫能加也。尽其性者,德无不实,故无人欲之私,而天命之在我者,察之由之,巨细精粗,无毫发之不尽也。人、物之性,亦我之性,但以所赋形气不同而有异耳。能尽之者,谓知之无不明而处之无不当也。赞,犹助也。与天地参,谓与天地并立为三也。此自诚而明者之事也。

这里的“人、物之性,亦我之性,但以所赋形气不同而有异耳”,即朱熹用“性(理)同而气异”来解释人、物的同异:“性同”者即人、物的本然之性(“天地之性”或“天命之性”)相同,“气异”者即人、物所禀之气质(形气)有“通蔽开塞”或“清浊偏正”之不同,从而有相异的“气质之性”。这是张载、二程和朱熹所共有的思想①。廖纪《管窥》对此段的注释,照录了《章句》的注文(只加了一句“可以者,将然之词”,又把“此自诚而明者之事也”改为“言诚者之功业”)。这无异于表明,廖纪认同了宋代理学的“天命(天地)之性”与“气质之性”的思想。

然而,从廖纪的《性学原》看,他对“天命之性”与“气质之性”的思想并没有真切地理解。在《性学原》中,廖纪说:“圣贤论性,其大原皆出于天而不出于地也。”这当然是《中庸》、孟子等论性善的常识(但《中庸》亦云“博厚配地,高明配天”,《易传》亦云“至哉坤元,万物资生,乃顺承天,坤厚载物,德合无疆”)。廖纪又说:“圣贤论性,皆本善而无恶,纯乎理而不杂于气质也。”这实际上已是理学的“天命之性”思想。接着,廖纪引荀子的性恶说、杨雄的性善恶混说,又引张子曰“天地之帅,吾其性”,“形而后有气质之性,善反之,则天地之性存焉”,他批评荀、杨、张“不知性出乎天而纯乎理”,是把性“兼以地与气质言之”了。实际上,张载所谓“天地之帅”即太虚气化之天道,“天道即性也”(《横渠易说·说卦》),此即“天地之性”,亦即纯善的本然之性,而“气质之性”则因形而后的气质之偏、浊而有,此性有善与不善,并用以说明人之“刚柔缓急,有才与不才”的不同。因为“气质之性”并非本然之性,且人能通过修养而“变化气质”,即“善反之”,归于纯善的“天地之性”,所以张载又说

① 参见拙文《从性善论到泛性善论》,载《中国文化与哲学》第2辑,广西师范大学出版社2008年版。

“气质之性，君子有弗性者焉”（《正蒙·诚明》）。可见，廖纪对张载之说的批评是一种误解。

廖纪只肯定“天命之性”，而否认有“气质之性”。他引吕氏曰：“均善而无恶者，性也，人所同也。昏明强弱之不齐者，才也，人所异也。”又引程子曰：“性即理也，理则尧、舜至于途人一也。”廖纪对此加以肯定，说：“论性而合圣贤之旨者，吾于二子有取焉。”（《性学原》）其实，吕氏即张载的弟子吕大临，他所说“均善而无恶者，性也，人所同也”，即是“天地之性”；而“昏明强弱之不齐者，才也，人所异也”，即是“气质之性”。程颐所说“性即理也，理则尧、舜至于途人一也”，这是讲“天命之性”。但程颐也有“气质之性”的思想，他说：“孔子言性相近，若论其本，岂可言相近，只论其所禀也”“此只是言气质之性”（《程氏遗书》卷十八）二程说：“论性不论气，不备；论气不论性，不明。”（《程氏遗书》卷六）就是说，既要讲“天命之性”，又要讲“气质之性”。朱熹对二程、张载的“天命之性”与“气质之性”思想评价甚高，认为此说一出，“然后性之为善者，无害于气质之有不善；气质之不善者，终亦不能乱性之必为善也。此其有功于圣门而惠于后学也厚矣”（《四书或问》卷三十六）。廖纪否认有“气质之性”，实即落入二程所批评的“论性不论气，不备”。

廖纪批评当时的“达而仕者”和“穷而学者”都说“我知性有天地之性也，有善恶之性也，有气质之性也”“穷达一词，牢不可破，是皆舍圣贤之论而宗儒先之说，信其言而不求之心者之过也”（《性学原》）。这反映了当时比较普遍的宗朱学而人云亦云、不求甚解的浅薄学风。廖纪试图突破这一学风，自己独立思考，这是值得肯定的，但他对张、程、朱熹的思想也理解得不够真切，故其论性并没有超越“儒先”的水平①。

同样的问题也存在于廖纪的《心学原》中。他说：“盖性即道心也，情即人心也。”此说不同于朱熹在《中庸章句序》中所说：“心之虚灵知觉，一而已矣。而以为有人心、道心之异者，则以其或生于形气之私，或原于性命之正，

① 与廖纪同时的罗钦顺、王廷相及稍后的吴廷翰，不仅在本体—宇宙论上提出了气一元论的思想，而且将其贯彻到人性论中，提出了只有“气质之性”的性气一元论，此超越了张、程、朱熹的思想，而为廖纪所不及。参见拙文《罗、王、吴心性思想合说》，载《哲学研究》1993 年第 3 期。

而所以为知觉者不同,是以或危殆而不安,或微妙而难见耳。”在朱熹看来,《尚书·大禹谟》所谓“人心惟危,道心惟微”乃是“知觉者不同”,二者都是“已发”,“道心是义理上发出来底,人心是人身上发出来底”(《朱子语类》卷七十八),“其觉于理者,道心也;其觉于欲者,人心也。”(《朱文公文集》卷五十六《答郑子上》)“道心”既然是“已发”而有“觉”,它就不是“性”,不能说“性即道心也”。

廖纪说:“心性一理也。”(《心学原》)这近于陆王心学的心、性、理为一。而在朱熹看来,“性即理也”,心乃“气之灵”,“理未知觉,气聚成形,理与气合,便能知觉”(《朱子语类》卷五),心统“未发”之性和“已发”之情,而心不即是性。廖纪只说“人禀天命之性”(此即他所谓“道心”),而没有说人亦禀气质(朱熹所谓“人莫不有是形”)。廖纪说:“感物而动,喜怒哀乐之情,发皆中节,乃接乎人事,故谓之人心也。”实际上,这种“发皆中节”的情,即朱熹所谓“道心”。廖纪对“人心惟危”的解释:“及其感物而动,如火之始然,如泉之始达,危大而难制也。”这暴露出没有“气禀”之说的困难。孟子说:“凡有四端于我者,知皆扩而充之矣,若火之始然,泉之始达,苟能充之足以保四海……”(《孟子·公孙丑下》)孟子所谓“若火之始然,泉之始达”,就是由“四端”扩充为“四德”(仁义礼智)。而廖纪所谓“(道心或性)感物而动,如火之始然,如泉之始达”,其可用以说明“发皆中节”的情,却难以解释为什么有“人心”的“危大而难制”。这种理论上的困难,在朱熹看来就是“不知有气禀之杂”(《朱子语类》卷一二四)。

廖纪引康节曰“心统性情”,明道曰“心有主则实”,认为“康节、明道之言,深得圣贤心学之旨矣”(《心学原》)。但实际上,提出“心统性情”命题的是张载,朱熹对此加以肯定,认为“伊川‘性即理也’,横渠‘心统性情’,二句颠扑不破”(《朱子语类》卷五)。与“心统性情”之说相近,邵雍(康节)有“性者道之形体,心者性之郛郭”之说,朱熹对此也给予肯定,认为“此说甚好……须是有个心,便收拾得这性发用出来……若是指性来做心说,则不可”(《朱子语类》卷四)。廖纪既然肯定了“心统性情”的命题,则其中就已包含了心与性的区别,但他对此亦无真切的理解,故云“心性一理也”。

朱熹在《中庸章句序》中说:“必使道心常为一身之主,而人心每听命焉,则危者安,微者著,而动静云为自无过不及之差矣。”廖纪断引了这句话,而批评说:“人本一心也,若道心为主,人心听命,则人有二心矣。”(《心学原》)实际上,“人本一心”即朱熹所谓“心之虚灵知觉,一而已矣”。“人有二心”并非朱熹的立异,而是要解释《大禹谟》所谓“人心惟危,道心惟微”的差异。廖纪说:“然以‘心统性情’之言求之,道心性也,人心情也,由中形外,心皆统之,何二之有?”(同上)这实际上是把“心统性情”的命题改换为“心统道心与人心”,此中并没有避免“人(心)有二心”。而且,若“道心性也”,没有“气禀”之说,则难以解释“人心”何以有“危”的问题。

概言之,廖纪的思想可谓居于朱学与王学之间。他的《大学管窥》可能受王学的影响,但与王学又保持一定的距离,他对《大学》古本的分节和理解有其精到卓识之处,对“格物致知”的注释亦有其不同于朱学和王学的特色。他的《中庸管窥》有取于朱学,又试图超越朱学,可能由于其晚年身居吏部要职,庶务繁冗,且宫廷官场的纠纷日烈,这妨碍他沉潜下来做精深之思,故在心性理论上虽然独立思考而有所自得,但“无甚精微之论”。

(原载《廖纪研究文集》,海南出版社 2010 年版)

“本天”与“本心”

——儒释在本体论上的区别及陆王心本论的特点

“心”无疑是中国传统哲学的最重要范畴之一。但是在中国哲学中，将“心”作为最高的哲学本体范畴，是从佛教传入中国以后才开始的[①]。宋代的程颐曾经说：“圣人本天，释氏本心。”（《程氏遗书》卷二十一下）这大致概括了儒学与佛教在哲学本体论上的区别。这一区别被宋明新儒学中的陆王心学所打破。陆王以“心”为本，在哲学的理论形态上异于传统的儒学，而有同于佛教，但其作为新儒学中的心本论，又有自身的特点，而与佛教的心本论有着重要的区别。

一

“心”概念一向被传统儒学所重视。在殷虚甲骨文中已有“心”字，其字像人和动物的心脏。《说文》云：“心，人心，土藏，在身之中，象形。”心与土相配，土居五行方位之中央，心则在人身之中央，心为人身之主宰，具有精神活动的功能，这是中国古人对于“心”的一般认识。儒家之重视“心”，主要是将其与精神活动中的道德意识密切联系在一起。在儒家哲学中，“心”概念的源起与发展被其重视道德的价值取向所决定。而道家哲学中的“心”概念，

① 冯友兰先生曾指出：“大乘佛学对中国人影响最大者是它的宇宙的心的概念”“佛教的大乘宗派，中国人称作性宗的……将宇宙的心的观念引入了中国思想”。见氏著《中国哲学简史》，北京大学出版社 1985 年版，第 281、283 页。

之所以与儒家哲学中的“心”概念不同,也与儒道两家对“道德”的不同认识密切相关。

《尚书·酒诰》云:“惟曰我民迪小子惟土物爱,厥心臧。”“惟荒腆于酒,不惟自息乃逸,厥心疾很,不克畏死。”“臧”,善也;“疾很(狠)”,即恶。这是周公教导臣民要爱惜粮食,勿贪杯醉酒,则心善,并且将商纣王的“荒腆于酒”,其心恶,引以为戒。人之善恶的道德意识,是心的精神活动的主要内容。《诗经·桑柔》云:“民有肃心,荓云不逮。”又《诗经·泮水》云:“济济多士,克广德心。”“肃心”“德心”,都是指善的道德意识。

孔子说:“饱食终日,无所用心,难矣哉!”(《论语·阳货》)“用心”即发挥心之“学”“思”的认识功能。这种功能的首要指向是“闻道”“志于道”,即在心中确立“仁”的道德意识。孔子称赞其弟子颜回云:“回也,其心三月不违仁。”(《论语·雍也》)朱熹《集注》:“仁者,心之德。”仁德之意识,是心的精神活动的最重要内容。人之道德的主体性、道德的自由意志,取决于人心的认识功能和择善而从、矢志不违的道德志向,这也就是孔子所说的“为仁由己”“我欲仁,斯仁至矣”。孔子晚年自述其进德之序云:“吾十有五而志于学,三十而立,四十而不惑,五十而知天命,六十而耳顺,七十而从心所欲不逾矩。”(《论语·为政》)“矩”指仁、礼的道德规范,亦即道德之应然。“从心所欲不逾矩”,就是达到了自由意志与道德应然的统一。

在儒家哲学中,对“心”概念予以诠说并使其跃升为哲学主要范畴的是孟子。孟子对儒学的最大贡献是提出了性善论,“仁义礼智根于心”(《孟子·尽心上》),这是人的生而即有、“非由外铄”的道德本性。性存于心中,心不仅具有思维认识的功能,而且具有与生俱来的道德观念,这种道德观念与“天”的道德属性相符合或相等同。因此,孟子说:“尽其心者知其性也,知其性则知天矣”(同上)。性虽然是心所固有,但如果不“尽心”、“不思”则只是一种潜存,而不能成为自觉的道德意识。孟子区分了“大体”与“小体”,“小体”是指人的耳目等感觉器官,“大体”即心。孟子说:“耳目之官不思而蔽于物,物交物,则引之而已矣。心之官则思,思则得之,不思则不得也。此天之所与我者。”(《孟子·告子上》)所谓“思则得之”,即指充分发挥心之“思”的官能而使道德本性成为道德自觉。“此天之所与我者”,是说心之能思及其具有的道德观念是“天”所赋予的。在孟子的思想中，最高的哲学范畴是“天”，人之“心”“性”是得之于“天”的。

孟子又说：“仁，人心也。”(《孟子·告子上》)在孟子看来，人心的最本质内容就是仁性。仁性又称为“本心”。严格地说，仁性只是“仁之端”(恻隐之心)，此仁之端只有经过道德的存养才能扩充、发展为仁的道德意识。如果失其存养，蔽于外物，被物欲所牵引，则仁之端就会放失、消亡，“此之谓失其本心”(同上)。如果“本心”或“良心”放失了，就须经过省察、修养将其重新唤起，故孟子说：“人有鸡犬放，则知求之；有放心而不知求。学问之道无他，求其放心而已矣。”(同上)鸡犬放失，是求之于外；本心放失，则求之于内，即“反求诸己”“不假外求”。孟子一方面提出了性善论以确立道德的天然合理性，另一方面也强调了后天道德修养的重要。“学问之道无他，求其放心而已矣”，这体现了孟子对“心”和“学问”的重视主要限定在道德的价值取向上。

孟子之后，论“心”最详者是荀子。在荀子看来，“心”是人身及其意识活动的主宰，具有认识的功能和自由自主的意志。他说：“心居中虚，以治五官，夫是之谓天君。”(《荀子·天论》)“人何以知道，曰心。……心者，形之君也，而神明之主也，出令而无所受令，自禁也，自使也，自夺也，自取也，自行也，自止也。”(《荀子·解蔽》)荀子所不同于孟子者，是提出了“心有征知……然而征知必将待天官之当簿其类然后可也”(《荀子·正名》)，也就是说，心的思维认识功能是有赖于五官的感觉的；荀子又提出性恶论的观点，认为善的观念是经过“积思虑，习伪故”而后天获得的。荀子所谓“天”，是自然之天，而不具有道德属性。关于人的形神之产生，他说：“天职既立，天功既成，形具而神生。”(《荀子·天论》)“天职”“天功”是指自然界“四时代御，阴阳大化”而产生和养育万物的职分功能，人之形神是此职分功能所成就的一部分；“形具而神生”，就是说人的形体具备了，人的精神活动才能产生。

先秦儒家哲学重视“心”，但都不以“心”为世界本原。儒家论“天”虽然有意志(主宰)之天、道德(义理)之天、自然(阴阳气化)之天等不同含义，但都以“天”为最高范畴。在形神之间，儒家更重视心的精神作用，但荀子提出的“形具而神生”也是儒家一般都接受的观点。

儒家哲学上承殷周时期的宗教世界观,其始论“天”主要是意志之天和道德之天的含义,而自然之天的思想本不明显。在先秦哲学中,奠定自然之天之思想基础的是道家的老子哲学。老子认为“道”是“先天地生”的世界本原,此“道”是自然、无为之道。老子云:“人法地,地法天,天法道,道法自然。”(《老子》二十五章)“天地不仁,以万物为刍狗;圣人不仁,以百姓为刍狗。”(《老子》五章)道和天地都是自然的,没有“仁”的道德意识;人效法道和天地,圣人也应该像道和天地那样“不仁”,这是道家的价值主张。道家还主张“无欲”“绝学无忧”“去知与故”“有人之形,无人之情”。道德、欲望、智巧、情感等都是心的意识活动的内容,因此,老子提出“虚其心,实其腹,弱其志,强其骨”(《老子》三章),庄子提出“心斋”,即“无听之以耳而听之以心,无听之以心而听之以气……气也者,虚而待物者也,唯道集虚”(《庄子·人间世》)。道家论“心”主要是讲“虚”,也就是去除心之主观成见和能动性,虚而待物,顺其自然。

在道家哲学中,存在着道生气和道即气两说,道、气都是先于天地万物而为天地万物之“本原”者。“本原”一词见于《管子·水地》篇,其义同于老子所谓“本根”。“根”“原”有原始或始基义,“本”则是根据或本体义。中国古代哲学的“本原”论或“本根”论,略相当于西方哲学的本体论(ontology),但也有宇宙论(cosmology)的含义。儒家在吸纳道家的这一“本体-宇宙论”模式时,一般都不采用道生气之说,《易传》所谓“易有太极,是生两仪……”就是由“太极”(“淳和未分之气”或气与道的统一体)生出天地,然后由天地(乾坤)产生人与万物。所谓“圣人本天”的“天”,一般不是指与地相对而言的天,而是指比天地更为根本的道(理)或气。就天与人或天与心的关系而言,道家哲学亦可谓是“本天”之学。《庄子》书中经常天、人对举,如谓“不以心捐道,不以人助天”(《庄子·大宗师》),此“天”即自然之意,而自然之本就是道或气。

二

秦以后,道家学说继续流衍,儒学至汉武帝时取得“独尊”的地位。魏晋时期,王弼、郭象等玄学家以道家之“自然”融合儒家之“名教”。此皆不以“心”为本。至佛教东传,佛学渐兴,中国哲学始有心本论的理论形态。

汉初道家学说的代表作《淮南子》仍是以自然、无为之道为世界本原。其论“心”云:“心者,身之本也。”(《淮南子·泰族训》)此“心”只是人身之本,而非世界之本。又云:“圣人者怀天心,声然能动天下者也”“故不言而信,不施而仁,不怒而威,是以天心动化者也”(同上)。此所谓“天心”,意谓天的自然本质属性;所谓“圣人者怀天心”,也就是圣人要效法天之自然。

汉代的大儒董仲舒提出“屈民而伸君,屈君而伸天”,他所谓“天”主要是神学主宰之天和道德之天的含义。他认为,天有意志、情感和道德属性,如云:“天亦有喜怒之气,哀乐之心,与人相副。”(《春秋繁露·阴阳义》)“天,仁也。……人之受命于天也,取仁于天而仁也。”(《春秋繁露·王道通三》)关于人之身、心,他说“身以心为本”(《春秋繁露·通身国》),而身、心都是“取诸天”的。

董仲舒又有以“元”为世界本原之说,其所谓“元”是否就是“元气”,现学术界有不同的解释。董仲舒之后,汉代经学家则明确地将“元气”作为世界本原,如《白虎通·天地》云:“地者元气之所生,万物之祖也。”何休《公羊经传解诂》云:“元者气也,无形以起,有形以分,造起天地,天地之始也。”汉代杰出的思想家王充说:“天禀元气,人受元精。”(《论衡·超奇》)“人未生在元气之中,既死复归元气。”(《论衡·论死》)王充力主无鬼论,他说:“人未生,无所知;其死,归无知之本,何能有知乎?……形须气而成,气须形而知。天下无独燃之火,世间安得有无体独知之精?”(同上)此说一方面坚持了“形具而神生”的观点,另一方面又强调了形散则神灭。王充之前的桓谭以及后来的范缜等人也都阐述了形具而神生、形散则神灭的观点。

魏晋时期的王弼上承老子,提出贵无论。他说:“天地虽广,以无为心;圣人虽大,以虚为主。”(《老子注》三十八章)所谓天地“以无为心”,是天地以“无”(道)为其本性之意;而圣人“以虚为主”,就是圣人要效法天地之虚无的本性。郭象在自然观上持崇有论的观点,但在人事上则主张“无心”。他说:“夫无心而任其自化者,应为帝王也。”(《庄子注·应帝王》)“无心”就是“虚其心”,也就是去除有意识的主观作为。他解释庄子的“不以心捐道,不以人助天”云:“真人知用心则背道,助天则伤生,故不为也。”(《庄子注·大宗师》)这仍是发挥道家的自然、无为之说,其不以“心”为本是非常明确的。

中国传统哲学的世界本原论,从先秦诸子至魏晋玄学,可以说有两大特点:其一,对世界虽然作本与末、体与用、母与子之分,但均以现象世界为实有,而不以其为空幻;其二,均不以“心”为世界的本原。这两个特点可以说是中国哲学固有的实在论传统①。佛教传入、佛学渐兴以后,其世界本原论与这两个特点正相反对。佛教对世界的一个基本看法是缘起论,即认为世间万物都是从种种因缘而生起,没有“自性”,因而都是“幻化不实”“不真”的“假有”。东晋姚秦时的著名佛学家僧肇著有《不真空论》,他认为“空”是“诸法实相”,此实相不是万有之外的绝对的无,而是因万有“非真非实有”,所以“不真”的万有本身就是“空”。他所谓“不真空”,即不真故空。南朝宋人宗炳著有《明佛论》,宣扬“心作万有,诸法皆空”。在中国佛教史上,对隋唐时期各宗派最有影响的著作是《大乘起信论》。它的核心思想是“一心二门”之说:“依一心法有二种门。云何为二?一者心真如门,二者心生灭门。”所谓“心真如”,是指心本体自身,它不生不灭,无染离念,有其清净本然的真如自体,同时又具足清净功德,含藏一切善法,因而又称“如来藏”。所谓“心生灭”,是指心本体被“无明”所染,而变现为有生有灭的状态。

隋唐时期,天台宗的智顗提出“一念三千”说,认为只要“介尔有心”,就具足“三千世间”,“只心是一切法,一切法是心”(《摩诃止观》卷五上)。唯识宗的玄奘、窥基讲阿赖耶识“种子”缘起,认为认识主体(“分别”)和认识对象(“所分别”)都是从诸识变现而出,“由此彼皆无,故一切唯识”(《成唯识论》卷七)。华严宗的法藏、澄观讲“四法界”理事无碍,认为“总该万有,即是一心;然心融万有,便成四种法界”(宗密《注华严法界观门》引澄观说)。禅宗的慧能更强调:“一切万法,尽在自心中,何不从于自心顿现真如本性!”(《坛经》)以禅宗为代表的中国佛教各主要宗派,都持心本论。如果

① 冯友兰先生在《中国哲学史》(下册)讲到佛教思想的传入时曾说:在佛教思想传入中国以前“中国人对于世界之见解,皆为实在论。谓外界必依吾人之心,乃始有存在,在中国人视之,乃非常可怪之论。”见《三松堂全集》第三卷,河南人民出版社2000年版,第142页。

说佛教的“真心”或“真如”一般都含众生心本体和宇宙心本体的双重含义，那么禅宗的“自心”则主要是指众生的个体之心。禅宗不再严格地追求“心体离念”，出离世间，而是讲“念念不住”“见一切法，不著一切法”“勿离世间上，外求出世间”（同上），只要于外境不执著，就可“一念修行，自身等佛”。这样，禅宗在坚持心本论的同时，已不太执著于本体与现象的“自然之两分”，所谓“平常心是道”“担水砍柴，无非妙道”表达了这一思维倾向。

三

宋明新儒家大都有“出入释老，反而归于《六经》”的经历，他们受佛、道（道家和道教）思想的影响是不可否认的，但他们最终是归于儒家之《六经》，并且主张“排斥释老”。这里不仅有价值观上的分歧，而且在哲学本体论上也各有自己的特色。所谓“朱子道，陆子禅”，只在一定的思想影响的意义上说可以成立；如谓“朱即道，陆即禅”，则言之过甚了。

宋明道学（或理学）的开山周敦颐作《太极图说》，其与道教的联系比较密切。从思想渊源上说，《易传》的太极阴阳说以及后来融入的五行说，自汉代以来就被儒道两家所共同采用，由此不能作儒、道之别。有争议的是《太极图说》的首句，南宋时传有“自无极而为太极”和“无极而太极”两个版本，陆九渊曾抓住“无极”之说指斥其出于老子，朱熹则据“无极而太极”对此句作了“无形而有理”的解释；尽管两个版本孰正孰误至今难以断定，但朱熹在此问题上有与道家、道教划清理论界限的自觉是可以肯定的。《太极图说》中的“圣人定之以中正仁义而主静”也有争议，周敦颐对“主静”自注为“无欲故静”，这确实较多带有老氏色彩，后来二程以“敬”字代“静”字，对此作了修正。《太极图说》云“形既生矣，神发知矣”，这是重申了“形具而神生”的观点，濂溪之学不以“心”（神）为本，非常明确。

宋代新儒家中最自觉与释老划清本体论之界限的是张载，他提出：“易，造化也。圣人之意莫先乎要识造化，既识造化然后其理可穷。”（《易说·系辞上》）他所讲的“先识造化”，就是首先在世界本原的问题上与释老划清界限，然后才能“穷理尽性”；若不如此，先讲“穷理尽性”，对世界的“幽明”即无形与有形等问题“不能举其要”，就是“躐等妄意而然”，就会“使儒、佛、老庄混然一涂”(《正蒙·太和》)。他坚持“太虚即气”的观点，将有与无统一于气，从自本自根上肯定了宇宙的实在性。他认为只有这样，才能避免“体用殊绝，入老氏有生于无自然之论”，也才能避免“形性天人不相待而有，陷于浮屠以山河大地为见病之说”(同上)。

二程与张载之不同是认为儒者“须先识仁”(《程氏遗书》卷二上)，也就是先在价值观上确立“仁”的道德旨向。二程每每批评释氏之学“要之卒归乎自私自利之规模”，而“仁之道，要之只消道一公字”(《遗书》卷十五)。儒释之辨，在二程看来首要在价值观问题上。“仁”是“私”的直接对立物，故二程之学以“仁”为本，其理本论就是将“仁”提升到世界本原的地位，将道德准则与自然规律相合一，而称其为“理”或“天理”。先秦儒家本有道德(义理)之天的思想，二程的理本论就是剔除其中杂有的意志(主宰)之天的含义，而明确地将道德义理确立为世界的本原。

张载之学(关学)与二程之学(洛学)，一以“气”为本，一以“理”为本，二者都是儒家的“本天”之学。张载说：“由太虚有天之名，由气化有道之名，合虚与气有性之名，合性与知觉有心之名。”(《正蒙·太和》)在张载的哲学体系中，“太虚”(气)为本，性、心是后起的。程颐说“圣人本天，释氏本心”，这说明二程虽然认为儒释之辨首要在价值观上，但对二者在本体论上的区别，他们也有所认识，只不过不太强调而已。程颢“尝喻以心知天”，谓：“犹居京师往长安，但知出西门便可到长安，此犹是言作两处。若要诚实，只在京师，便是到长安，更不可别求长安。只心便是天，尽之便知性，知性便知天，当处便认取，更不可外求。”(《遗书》卷二上)又有云：“曾子易箦之意，心是理，理是心，声为律，身为度也。”(《遗书》卷十三)这里的“只心便是天”“心是理，理是心”虽然有模糊心与理的区别之弊，但细推其意，主要是强调心中之性理与“天理”在内容上是等同的，这是在认识论和性善论意义上的等同，而并非真的把心与理在世界本原论上并列。

程颐对“性”的一个规范说法是“性即理也”(《遗书》卷二十二上)。后来朱熹对此给予充分肯定，并且将其与张载的“心统性情”之说联系起来，认为“二句颠扑不破”(《朱子语类》卷五)。但程颐对心与性的区别也有论之较含混处,如云:“自理言之谓之天,自禀受言之谓之性,自存诸人言之谓之心。”(同上)心、性只是言之的角度不同,而“其实一也”。他甚至也说过:“心即性也。在天为命,在人为性,论其所主为心,其实只是一个道。”(《遗书》卷十八)这说明在“性即理”和“心即性”的问题上,不仅大程,就是小程也没有作严格的界定,只是到了朱熹才明确肯定“性即理”说,而排斥了“心即性”说。小程对“心”有体与用(未发和已发)之分,他说:“心本善,发于思虑则有善有不善。若既发,则可谓之情,不可谓之心。”(同上)未发之“心”,实即指“性”;“情”是心之已发。说已发之心“不可谓之心”,在概念界定和表述上有问题。后来朱熹最终肯定“心统性情”和“性即理也”,这是作了严格的推敲的。

“心统性情”就是说心包含着性、情两个方面,“性即理也”,性是纯善的,而情则有善有不善。既然是“心统性情”,那么心也就不仅是性的纯善,而且包含了情的不善的因素,这是心性之别的第一层含义。张载说“合性与知觉有心之名”,心有知觉,而性无知觉,这是心性之别的第二层含义。朱熹说:“理未知觉,气聚成形,理与气合,便能知觉。”(《语类》卷五)与气相合的“理”,就是进入形气的性;“气聚成形……便能知觉”,这也是讲“形具而神生”。

从世界本原论上说,“濂洛关闽”之学与佛学有着根本的不同,这种不同也就是“本天”与“本心”的区别。当然,这并不否认在其他方面佛学对新儒学的重要影响。例如在人性论问题上,传统儒家虽然有性善、性恶、性三品和性善情恶等诸说,但“天地之性”(或云“天命之性”)与“气质之性”的二分则是由张载和二程首次提出的。这种性二分的模式不见于传统的儒学,而与佛教的真如佛性及其被无明所染从而具有“染”“净”两种属性的思想有些相似。朱熹说:“人性本善而已,才堕人气质中便熏染得不好了。虽熏染得不好,然此本性却仍旧在此。”(《语类》卷九十五)这里所谓本善之性受气质的“熏染”,有似于佛教所谓真如被无明所染。另外,关于纯善之性泛在于人与万物的思想,本与孟子认为人之性善不同于犬、牛之性的思想相反对,但新儒家普遍持泛性善论的观点,即认为人与万物皆具纯善之性,其区别是由气质的昏明清浊引起的,这可能与唐代高僧湛然以真如缘起论为根据而论证“无情有性”的思想有较密切的关系。

四

宋明新儒学之“新”，在于其融合儒、释、道而建构了较完整的哲学体系；宋明新儒学之仍是“儒学”，在于其继承和发展了先秦和汉唐儒家的仁义道德学说。这里包含着一个内在的矛盾，即：新儒学的理论形式是解释普遍宇宙的一切形态及其规律的世界观，而其思想旨归仍是要高扬自孔孟以来的仁义道德。这样就决定了新儒学的世界观是一种泛道德主义的世界观，而其理论重心在于体认和实践人之心性中所含有的道德。新儒学的内在矛盾集中表现在程颐和朱熹所讲的“格物致知”上。陆王之走向心本论，从很大程度上说，就是由程朱“格物”说的“支离”而走向“易简”。

程颐说：“知者吾之固有，然不致则不能得之，而致知必有道，故曰致知在格物。”(《遗书》卷二十五)“致知在格物”本见于儒家经典《大学》，其意简而不明，程朱特为此作了解释。程颐认为，“万物皆是一理”，此万物同一之理本已是“吾(心)之固有”，但致知还不能仅靠孟子所谓“思则得之”，而须靠“格物”。他说：“凡一物上有一理，须是穷致其理。……今日格一件，明日又格一件，积习既久，然后脱然自有贯通处。”(《遗书》卷十八)朱熹对程颐这一思想的阐扬，见于他为《大学》作的“补传”：“所谓致知在格物者，言欲致吾之知，在即物而穷其理也。……至于用力之久，而一旦豁然贯通焉，则众物之表里精粗无不到，而吾心之全体大用无不明矣。此谓物格，此谓知之至也。”(《大学章句》)朱熹也认为，“心之全体大用”本来已是“万理具足”，但如果不即物穷理，“则有所蔽，而无以尽乎此心之量”(《孟子集注・尽心上》)，“若不格物，缘何得知?”(《语类》卷十五)只有经过格物之缘，“吾心之全体大用”才能“无不明”。

关于“格物”之“物”，程颐曾说：“物不必谓事物然后谓之物也，自一身之中，至万物之理，但理会得多，相次自然豁然有觉处。”(《遗书》卷十七)格物不仅是格外物，而且包含着反察自己之身。《遗书》卷十八记有“观物察己”的讨论：“问：观物察己，还因见物反求诸身否？曰：不必如此说。物我一理,才明彼即晓此,合内外之道也。……又问:致知先求之四端如何?曰:求之性情固是切于身,然一草一木皆有理,须是察。”在程颐看来,观外物和察己身是同一的,反求内心的仁义礼智固然重要,但对一草一木也“须是察”。

朱熹曾列举了格物致知的“用力之方”,他说:“若其用力之方,则或考之事为之著,或察之念虑之微,或求之文字之中,或索之讲论之际,使于身心性情之德,人伦日用之常,以至天地鬼神之变,鸟兽草木之宜,自其一物之中,莫不有以见其所当然而不容已,与其所以然而不可易者。”(《大学或问》下)格物的范围甚广,从内心的“念虑之微”到身外的“鸟兽草木之宜”,都是格物的下手处。朱熹又论格物有“先后缓急之序”云:“格物之论,伊川意虽谓眼前无非是物,然其格之也,亦须有先后缓急之序,岂遽以为存心于一草木器用之间,而忽然悬悟也哉?今为学而不穷天理,明人伦,讲圣言,通世故,乃兀然存心于草木器用之间,此是何学问?如此而望有所得,是炊沙而欲其成饭也。”(《朱文公文集》卷三十九《答陈齐仲》)依此次序,格物主要是“穷天理,明人伦,讲圣言,通世故”,草木器用虽然也在格物的范围之内,但算不上真学问。

程朱与孟子所相同者,是都认为人性本善。程朱与孟子所不同者略有二端:孟子认为人之性善不同于犬、牛之性,程朱则认为鸟兽草木等也含有纯善的本然之性,只不过其气质比人昏浊驳杂,故显现不全;孟子对体认人之性善只提出“尽心知性”和“存心养性”,程朱则认为须是格物“积习既久”之后才能“豁然贯通”,使“心之全体大用无不明”,格物包含着格草木器用之物,但相比于察身心、穷天理、明人伦等等又是次要的。

陆九渊自称其学“因读《孟子》而自得之”(《陆九渊集》卷三十五《语录下》),这是他的真切之言。陆九渊说:“人皆有是心,心皆具是理,心即理也。……所贵乎学者,为其欲穷此理,尽此心也。”(《陆集》卷十一《与李宰》)“心之体甚大,若能尽我之心,便与天同。为学只是理会此。”(《语录下》)陆九渊之心学与朱熹之理学最根本的分歧就在于他明确提出了“心即理”和为学只是“尽此心”。朱熹主张“心统性情”,只承认“性即理”,而否认“心即理”或“心即性”。陆九渊则否认心与性、理的区别,认为心、性、情“都只是一般物事,言偶不同耳”(《语录下》),“盖心,一心也;理,一理也。至当归一,精义无二,此心此理,实不容有二”(《陆集》卷一《与曾宅之》)。陆九渊的心本论,严格地说,只是将心与性、理相等同,在认识论和性善论上是以心为本,而没有在世界本原论上将心视为比性、理更根本。《象山年谱》云:他在十三岁时,“因读古书至宇宙二字……忽大省……乃援笔书曰:宇宙内事,乃己分内事;己分内事,乃宇宙内事。又曰:宇宙便是吾心,吾心即是宇宙。”(《陆集》卷三十六)这也是将“宇宙”与“吾心”相等同,宇宙之理就是吾心之理,或者说,宇宙之理已含具于吾心之中。在这里,没有“宇宙”与“吾心”哪个更实在、更根本的问题,这是陆九渊心学与佛教心本论的一个重要区别。

朱熹经常批评陆学“有些禅底意思”(《文集》卷三十四《答吕伯恭》),这种批评有学风、修养方面的针对性,而其理论根源还在“性即理”和“心即理”的分歧上。在朱熹那里,心不仅包含性,而且包含情,心能知觉,而知觉就已是“理与气合”的产物,就已包含着气质对性、理的“熏染”而并非纯善的。陆九渊不讲心与性、理的区别,这在朱熹看来,就是像禅宗那样“认知觉作用为性”(《语类》卷九十五)。尽管陆九渊并非把心的一切“知觉作用”都视为性,而是说“本心无有不善”(《陆集》卷十《与王顺伯》),但“本心”仍是有“知觉作用”的心,所以朱熹说:“陆子静之学,看他千般万般病,只在不知有气禀之杂……只道这是胸中流出,自然天理,不知气有不好底夹杂在里……”(《语类》卷一二四)

陆九渊也讲“格物”,其学生问:“如何样格物?”他答:“研究物理。”学生又问:“天下万物不胜其繁,如何尽研究得?”他答:“万物皆备于我,只要明理。”(《陆集》卷三十五《语录下》)“万物皆备于我”,在孟子是一种道德境界,在陆九渊则为万物之理与我心之理相同一。他说:“此心此理,我固有之,所谓万物皆备于我。”(《陆集》卷一《与侄孙濬》)陆九渊之格物就是格心中之物理,“心即理也”,所以格物也可以说就是格心。在陆九渊看来,“古人教人,不过存心,养心,求放心。”(《陆集》卷五《与舒西美》)这里说的“古人”显然是指孟子。依孟子之说,陆九渊认为,“精神全要在内,不要在外。若在外,一生无是处。”(《语录下》)就朱、陆都持有人性本善、人心含具万理的思想而言,陆九渊直接“发明本心”,这比朱熹认为须经过格物的助缘才能穷理

尽性,要简易直截,因而陆九渊在"鹅湖之会"上作诗云:"易简工夫终久大,支离事业竟浮沉。"(《陆集》卷三四《语录上》)

朱熹格物说的"支离",在于其最终旨向是要穷心中已有的性理,而其格物的范围却甚广。陆九渊格心说的"易简",与孟子所谓"学问之道无他,求其放心而已矣"相符合,但陆与孟的思想实际上仍有区别。孟子虽然认为人之心性本善,但不认为人心已含具万物之理。孟子曾说:"知者无不知也,当务之为急。……尧舜之知而不遍物,急先务也。"(《孟子·尽心上》)孟子的"求其放心"之说,实际上是在儒家之知"急先务"(即首要在识仁)的意义上而言。除了善良的心性之外,孟子并没有否认其他知识需要外求,如他在讲到"遵先王之法"时所说:"圣人既竭目力焉,继之以规矩准绳,以为方员(圆)平直,不可胜用也;既竭耳力焉,继之以六律,正五音,不可胜用也;既竭心思焉,继之以不忍人之政,而仁覆天下矣。"(《孟子·离娄上》)施仁政需要"竭心思"(反观内省),以从"不忍人之心"推出"不忍人之政";至于规矩准绳、五音六律等,孟子认为,是需要"竭目力""竭耳力"而有求于外的。与孟子不同,陆九渊所谓"万物皆备于我,只要明理"的理,并非仅指道德伦理,而是囊括了宇宙万物之理。就此而言,陆九渊的心学思想亦受到北宋以来"伊洛渊源"传统的影响,其所谓"宇宙便是吾心,吾心即是宇宙"之说,与佛教的心本论有一定的联系,但思想内容和道德旨归终不相同。

陆九渊说:"释氏立教,本欲脱离生死,惟主于成其私耳,此其病根也。且如世界如此,忽然生一个谓之禅,已自是无风起浪,平地起土堆了。"(《语录上》)由此可以看出,陆九渊也认为儒释之辨首要在公私价值观问题上,但他也认识到儒释对"世界"的看法有不同。从价值观上说,陆九渊强调"本心无有不善";从世界观上说,虽然吾心含具宇宙之理,但人所面对的"世界如此",则人对世界的看法就也应该如此,如果像佛教那样对"世界"作实幻之分,以心为实,以现象世界为幻,那就是"无风起浪,平地起土堆了"。

王阳明继承和发展了陆九渊的心学,而其走向心学的契机也是由朱熹格物说的"支离"而引起的。他早年曾依朱熹的格物说去格亭前竹子,"早夜不得其理,到七日亦以劳思致疾。……及在夷中三年,颇见得此意思,乃知天下之物本无可格者;其格物之功,只在身心上做,决然以圣人为人人可到,便自有担当了。”(《传习录下》)朱熹之格物,虽然强调“须有先后缓急之序”,但也继承程颐的思想,有“一草一木岂不可以格”之说(《语类》卷十八),王阳明早年“亭前格竹”而致病,即归咎于朱熹的草木可格之说。当王阳明中年谪贬贵州龙场而悟道时,“始知圣人之道,吾性自足,向之求理于事物者误也”(《王阳明全集》卷三十三《年谱一》),于是确立了其“求理于吾心”“格物之功,只在身心上做”的心学宗旨。

王阳明在陆九渊的“心即理”“宇宙”(之理)与“吾心”(之理)相等同的思想基础上,进而提出了“心外无物”“心外无理”(《全集》卷四《与王纯甫》),“夫物理不外吾心,外吾心而求物理,无物理矣”(《传习录中》)。这就是说,不仅吾心含括了宇宙间的物理,而且宇宙间的物及其理是依赖于吾心而存在的,离开了吾心则“心外无物”“无物理矣”。王阳明的这一思想表述类似于佛教所谓“离识无境”。

王阳明又有“人心与物同体”之说,《传习录下》载:“问:‘人心与物同体。如吾身原是血气流通的,所以谓之同体。若于人便异体了,禽兽草木益远矣。而何谓之同体?’先生曰:‘你只在感应之几上看。岂但禽兽草木,虽天地也与我同体的,鬼神也与我同体的。’……‘可知充天塞地中间,只有这个灵明,人只为形体自间隔了。我的灵明便是天地鬼神主宰。……天地鬼神万物离却我的灵明,便没有天地鬼神万物了。我的灵明离却天地鬼神万物,亦没有我的灵明。如此便是一气流通的,如何与他间隔得?’又问:‘天地鬼神千古见在,何没有我的灵明便俱无了?’曰:‘今看死的人,他这些精灵游散了,他的天地鬼神万物尚在何处?’”依此说,王阳明认为个体的心与天地万物有一种相互感应、一气流通、不可分离的“同体”关系。在这一“同体”关系中,个体的心居于“主宰”地位。每一个体的心都有其自己的天地万物。某一个体死了,其心“游散”,他的天地万物也就不复存在了。按这样一种思想表述,世界就成了被无数个体的心所主宰的多元的世界。王阳明在此回避了一个问题,即:某一个体死后,与其“同体”的其他个人是否还存在?这是王阳明的“心外无物”说所两难回答的问题——如果说其他个人(譬如说其父母兄弟)也因某一个体之死而不复存在,那么这一理论上的“不孝不悌”是与儒家的道德取向相违背的;如果说其他个人并不因某一个体之死而不复存在,那么这就不是“心外无人”,既然不是“心外无人”,也就不是“心外无物”了。

实际上,作为一个儒家学者,王阳明是不可能否认其他个人的客观存在的。王阳明在《大学问》中说:“大人者,以天地万物为一体者也,其视天下犹一家,中国犹一人焉。……非意之也,其心之仁本若是,其与天地万物而为一也。……是故见孺子之入井,而必有怵惕恻隐之心焉,是其仁与孺子而为一体也。”接下来,王阳明又讲了与鸟兽、草木、瓦石为“一体”(《全集》卷二十六)。从这段话的“其视天下犹一家,中国犹一人”的“犹”字,可以看出王阳明讲的是一种“仁”的道德境界,他对天下之人、物的实然存在实际上并没有否认。

对王阳明思想的合理解释恐怕还要依他所说:“意之所在便是物。如意在于事亲即事亲便是一物,意在于事君即事君便是一物……所以某说无心外之理,无心外之物。”(《传习录上》)他在《大学问》中也说:“物者事也,凡意之所发必有其事,意之所在之事谓之物。”王阳明所谓“心外无物”的“物”,是意向中的“物”,此“物”实际上是指事亲、事君等道德之“事”。说道德之“事”不能离开人心的意向而存在,这当然是合理的。但此中的矛盾是:哲学概念的使用不应是随意的,而应考虑到社会的语境。在王阳明生活的时代,“事”与“物”并不混用(其《年谱》所云“向之求理于事物者误也”,亦可证当时“事物”并不都指意向中之事物),故其同时代学者罗钦顺批评王学“将物字牵拽向里来”,而物本在心外,“毕竟牵拽不得,分定故也”(《困知记》续卷上)。其后,王夫之更明确指出:“所孝者父,不得谓孝为父。所慈者子,不得谓慈为子。所登者山,不得谓登为山。所涉者水,不得谓涉为水。”(《尚书引义》卷五)这就是说,孝、慈、登、涉这些主体所做的“事”必有所事的对象,“事”不能脱离主体而存在,但所事的对象是客观存在的,故不得谓“事”为“物”。

王阳明在《象山文集序》中将“圣人之学”界定为“心学也”,又说:“孔孟之学,惟务求仁,盖精一之传也。”(《全集》卷七)王阳明的“心学”理论形态,与其“惟务求仁”的道德取向有直接的关系。心学比程朱理学更加强调了“心”的道德主体性和能动性,且将道德之善同人心的知觉情感作用密切联系在一起，这比程朱把道德之善归于无知觉情感的性、理要更接近于道德的真实。然而，道德本身并非孤心而成，它实际上是一种对象性的意识和行为，道德不能没有人与人之间的关系，道德必有所“事”的对象。正是从这个意义上说，陆九渊、王阳明作为儒家学者，不可能否认其他个人的客观存在；由此也可以推论说，王阳明所谓“心外无物”，以及“良知是造化的精灵，这些精灵生天生地，成鬼成帝，皆从此出”（《传习录下》）等，是一种特定意义的或者说夸张的而非适当的理论表述。

从道德的根源和规范意义上进行评价，陆王心学和程朱理学都没有认识到道德观念是对社会生活的一种反映，程朱的“性即理”说是为道德建立了一个先天的绝对的规范，陆王的“心即理”说虽然更加强调了“心”的道德主体性和能动性，但也有动摇道德的规范性乃至陷入道德相对主义或虚无主义的危险。朱熹在批评陆九渊心学时就已指出：“区区所忧，却在一种轻为高论，妄生内外精粗之别，以良心日用为两截，谓圣贤之言不必尽信，而容貌词气之间不必深察者。此其为说乖戾狠悖，将有大为吾道之害者，不待他时末流之弊矣。”（《文集》卷三十六《答陆子静》）朱熹的这种担忧，在陆学只是初显端倪，到了王阳明晚年提出“无善无恶是心之体”（《传习录下》）就与禅宗所谓“不思善不思恶见本来面目”失去理论表述的界限，而王门后学则有的“直把良知作佛性看”（《明儒学案・师说》），有的“坐在利欲胶漆盆中”，“复非名教之所能羁络矣”（《明儒学案・泰州学案》）。王学在明中后期曾经起了思想解放的进步作用，但这种评价与王学之是否为儒家的仁学建立了稳固的哲学基础，是使用了不同的参照系，故应该另当别论。朱熹曾批评陆学“不知有气禀之杂”，后来罗钦顺等人又针对陆王心学讲“心性之辨”“儒释之辨”，从心学有易流入道德相对主义或虚无主义之弊病的意义上说，这种批评是有其合理性的。当然，人心之并不全善，实际上不是由于有“气禀之杂”，而是因为人心对社会生活的反映并不全善。

王阳明的“致良知”说也贯彻了其“心外无物”“心外无理”的思想。他说：“夫万事万物之理，不外于吾心；而必曰穷天下之理，是殆以吾心之良知为未足，而必外求于天下之广以裨补增益之，是犹析心与理而为二也。”（《传习录中》）“良知”在孟子的思想中只是指人心固有的道德观念，在陆王心学中则囊括了“万事万物之理”。王阳明说:“良知之外更无知,致知之外更无学。外良知以求知者,邪妄之知矣;外致知以为学者,异端之学矣。”(《全集》卷六《与马子莘》)这样一种思想排斥了良知和致良知之外的一切知识、学术,是“惟务求仁”的价值观在认识论上的一种极端的表现。但王阳明又曾说:“圣人无所不知,只是知个天理;无所不能,只是能个天理。……天下事物,如名物度数草木鸟兽之类,不胜其烦,圣人须是本体明了,亦何缘能尽知得?但不必知的,圣人自不消求知;其所当知的,圣人自能问人。”(《传习录下》)如此说来,除了“天理”(良知)之外,还有“天下事物”的其他知识。果如是,则“天理”(良知)就已非普遍宇宙的万事万物之理,它实际上只是道德性理;如果需要“研究物理”,或是有当知的“名物度数”,则圣人还需“问人”,如《论语》所载“子入太庙,每事问”。这样,王阳明的“致良知”就有了些复归孟子的倾向,但这就已不是“良知之外更无知,致知之外更无学”了。王阳明在“良知”概念上的两种不同说法,暴露了心学并没有解决宋明道学在普遍性的世界观与“惟务求仁”的价值取向之间的矛盾:欲保持普遍性的世界观的理论形式,则认识论上未免陷于“支离”;欲把“惟务求仁”的价值取向贯彻到底,则认识论上虽走向“易简”,但“良知”却难以囊括万事万物之理。

综上所述,程朱理学与陆王心学虽然有“支离”与“易简”(或云“道问学”与“尊德性”之侧重点)的不同,但二者同为新儒学,其“识仁”“求仁”的价值取向是相同的。“识仁”“求仁”虽然可有不同的理论形态和途径,但“仁”必是一种现世的道德,“仁”必有现世道德所“事”的对象。由此可以说,程朱理学和陆王心学都不能否认现实世界(尤其是现实世界中个人存在)的实在性,不能像佛教那样以现实世界为空幻而最终追求脱离生死轮回的“涅槃”,这是宋明道学与佛教心本论的一个重要区别。陆王心学虽然采取了心本论的理论形态,但陆九渊和王阳明都没有真正把心本论像佛教那样贯彻到底,故陆王心学仍是儒学,而与佛教相区别。

(原载《燕京学报》新第6期,1999年5月)

从民本走向民主的开端

——兼评所谓“民本的极限”

黄宗羲的《明夷待访录》是中国政治思想史上的一部重要文献,虽然研究者大多对其给予很高的评价,但毋庸讳言,评价的分歧也一直存在。我在以前的几篇文章中①都把黄宗羲的政治思想视为从民本走向民主的开端,但论述不详。本文对此略作展开的论述,并对近年出现的所谓黄宗羲的政治思想是“民本的极限”②之说略作评论。

一

民本思想是儒家一以贯之的价值观和政治理念。从《尚书》所谓“天听自我民听,天视自我民视”“民之所欲,天必从之”“民惟邦本,本固邦宁”,孔子说“以道事君,不可则止”“勿欺也,而犯之”“因民之所利而利之”,孟子说“民为贵,社稷次之,君为轻”“惟大人为能格君心之非”,荀子说“天之生民,非为君也;天之立君,以为民也”,到汉代的董仲舒说“天之生民,非为王也;而天立王,以为民也”,王符说“夫民者,国之基也……将致太平者……必先安其民”,再到宋代的范仲淹说“固邦本者,在乎举县令,择郡守,以救民之弊

① 参见拙文《中国的民本与民主》,载《孔子研究》1997 年第 4 期;《明代的两大儒与五四时期的德赛二先生》,载《传统文化与现代化》1997 年第 5 期;《儒家的民本与人权》,载《孔子研究》2001 年第 6 期。

② 参见张师伟《民本的极限——黄宗羲政治思想新论》,中国人民大学出版社 2004 年版。

也”，二程说“固本之道在于安民，安民之道在于足衣食”，朱熹说“盖国以民为本，社稷亦为民而立，而君之尊又系于二者之存亡，故其轻重如此”……这些思想都包含着人民是国家和社会的价值主体、民本主义高于王权主义的价值观①。虽然在中国历史上民本思想与君主制结合在一起（所谓“惟以一人治天下，岂将天下奉一人”），使民本思想没有得到真正的贯彻②，但不能否认，民本的价值观在真正的大儒（而非“曲学阿世”之儒）的思想中是真实的。

黄宗羲在《明夷待访录》中说：“古者以天下为主，君为客，凡君之所毕世而经营者，为天下也。”（《原君》）这当然仍是继承了传统的民本思想，但他又说：“今也以君为主，天下为客，凡天下之无地而得安宁者，为君也。……然则为天下之大害者，君而已矣。”（同上）这就与传统的民本思想有别，因为他所说的“今”，包含着对秦汉以来君主专制政治制度的激烈批判，凝结着对中国一千八百多年沉痛历史教训的深刻反思，其中特别是总结了宋亡于元、明亡于清的历史教训（所谓“宋、明之亡，古今一大厄会也”③，他的《明夷待访录》正是“怅亡宋之哭声……悲天运之复丁”④），而且其中包含着他作为东林党人的后代，作为“身遭国变”的遗民，在其家其身经历了“丧乱孔多”“濒于十死”⑤之后，对于如何避免再发生东林惨案、“朋党之祸，至于亡国”⑥的痛切历史反思。试想，在黄宗羲之前，哪个儒者曾如此激烈地抨击君主专制之

① 参见拙文《“人本”与“民本”》，载《哲学动态》2005年第6期。

② 孙中山把美国林肯所谓“the government of the people, by the people, and for the people”译作“民有，民治，民享”。梁启超说：“美林肯之言政治也，标三介词以櫽括之曰：of the people, by the people, and for the people……我国学说于 of, for 之义，盖详哉言之，独于 by 义则概乎未之有闻。”见氏著《先秦政治思想史》，东方出版社1996年版，第5页。孙中山说：“要必能治才能享，不能治焉不能享，所谓民有总是假的。”见《孙中山选集》，人民出版社1981年版，第493—494页。

③ 《兵部左侍郎苍水张公墓志铭》，《黄宗羲全集》第十册，浙江古籍出版社2005年版，第289页。

④ 《避地赋》，同上书，第631页。

⑤ 黄宗羲在“伏念先母太夫人”的《青词》中说：“二十年党锢之祸，风波无已；四十载流离于道路，丧乱孔多。……皇天后土，鉴此青灯敝帷之心；枯柏寒松，兀然天崩地裂之日。”见同上书第658页。他在《时禋谢君墓志铭》中记述：“乙酉（1645）之乱……浙河不守……家家有僵尸之痛，室室有号泣之哀。”见同上书第439页。他又在《怪说》中慨叹“自北兵南下”以后自身的艰险经历：“悬书购余者二，名捕者一，守围城者一，以谋反告讦者二三，绝气沙墠者一昼夜，其他连染逻哨之所及，无岁无之，可谓濒于十死者矣。”见《黄宗羲全集》第十一册，浙江古籍出版社2005年版，第70页。

⑥ 《大学士机山钱公神道碑铭》，《黄宗羲全集》第十册，浙江古籍出版社2005年版，第253页。

祸害？又有哪个儒者曾有过如此惨烈悲壮的经历？正是因为黄宗羲历览了秦以后一千八百多年的治乱兴亡，身处一个“天崩地解”的时代，他自己又有着家父死难，“一堂师友，冷风热血，洗涤乾坤”[1]，继遭国变，复明失败[2]的特殊经历，所以在《明夷待访录》中，传统的民本思想不仅充其极，而且越过传统的极限，不再把君主制看得那么神圣，那么天经地义、理所当然，也不再像董仲舒那样“屈君而伸天”，企图以“阴阳灾异”来把揽人君，也不再像程朱那样寄希望于皇帝的“正心诚意”，或靠“大人”来“格君心之非”[3]，黄宗羲开始考虑如何从政治制度上以权力来制约权力的问题。也正因为此，我认为黄宗羲的政治思想是从民本走向民主的开端。所谓“从民本走向民主”，确切地说，就是从民本与君主制的结合走向民本与民主制的结合。黄宗羲的政治思想虽然距离现代的民主制度相差甚远，但其可谓走向民主的开端。

有研究者认为，黄宗羲的民本思想不过是孟子思想的重复[4]。果真如此吗？请看《原君》篇：

> 有生之初，人各自私也，人各自利也，天下有公利而莫或兴之，有公害而莫或除之。有人者出，不以一己之利为利，而使天下受其利，不以一己之害为害，而使天下释其害。……今也以君为主，天下为客，凡天下之无地而得安宁者，为君也。……然则为天下之大害者，君而已矣。向使无君，人各得自私也，人各得自利也。呜呼，岂设君之道固如是乎？

这段话有自然人性论的意味，已非孟子的性善论思想。关键是黄宗羲已经不把“自私”“自利”看得那么“不是人”，不再像孟子那样认为“饱食暖衣，逸居而无教，则近于禽兽”（《孟子·滕文公上》）。更关键的是，在历数了君主

---

① 黄宗羲的父亲黄尊素为著名东林党人，天启初年任御史，参劾魏忠贤奄党不遗余力，天启六年（1626年）被奄党所害，惨死于狱中。《明儒学案·东林学案》谓“一堂师友，冷风热血，洗涤乾坤”。

② 明亡之后，黄宗羲曾在家乡组织抗清武装“世忠营”，其参加多种抗清活动达十年之久。

③ 参见拙文《程朱的“格君心之非”思想》，载《中国社会科学院研究生院学报》2006年第1期。

④ 参见张师伟：《民本的极限——黄宗羲政治思想新论》，中国人民大学出版社2004年版，第178页。

专制的祸害之后,黄宗羲说“向使无君,人各得自私也,人各得自利也”,“向使”也就是“假使”,意谓如果设君之道不是为民兴利除害,而是“为天下之大害”的话,那么还不如“无君”,人各得自私自利。这就是说,黄宗羲宁可回到有生之初的“无君”状态,也不愿再继续自秦汉以来“为天下之大害”的君主制。试想,孟子能说出这样的话吗?孟子说:“杨氏为我,是无君也……无君,是禽兽也。”(《孟子·滕文公下》)在孟子那里,“无君”是根本不可想象的;而在黄宗羲的思想中,宁可“无君”,也不愿再继续为害天下的君主制。在这里,君主制并非天经地义,理所当然,它的“合法性”只在于为民兴利除害,如果它为害天下的话,那么“无君”也并非绝对不可能的一个选项。在孟子的思想中没有这个选项,而在黄宗羲的思想中有了。这在儒家的思想中,难道不是一个突破“极限”的变化吗?试想,除了道家的庄子、道教文献(《抱朴子》)中的“鲍敬言”,历史上又有哪个儒者曾说出过“向使无君”这样的话?当然,黄宗羲的政治主张还没有真的发展到“无君”那一步,他也不是真的主张人各得自私自利;倘若真如此,他就不是明清之际的儒者,而是19、20世纪的自由主义者了。

黄宗羲又说:

> 古者天下之人爱戴其君,比之如父,拟之如天,诚不为过也。今也天下之人怨恶其君,视之如寇仇,名之为独夫,固其所也。而小儒规规焉以君臣之义无所逃于天地之间,至桀、纣之暴,犹谓汤、武不当诛之,而妄传伯夷、叔齐无稽之事。……后世之君,欲以如父如天之空名禁人之窥伺者,皆不便于其言,至废孟子而不立,非导源于小儒乎?(《原君》)

这段话虽然说古代的理想君主还可以“比之如父,拟之如天”,但语势之下,痛斥秦以后的现实中的君主,否认其“比之如父”的天然合法性,剥去其“拟之如天”的绝对神圣性,他们不过是“欲以如父如天之空名禁人之窥伺”罢了。所谓“君臣之义无所逃于天地之间”,这是《庄子·人间世》中的“仲尼”所说,而二程亦谓“父子、君臣,天下之定理,无所逃于天地之间”(《程氏遗书》卷五)。倘若真如此,那么君臣关系、君主制度就是无法逃避、不可变更的。而黄宗羲认为,这不过是见识狭小的“小儒”所言。如果君臣之义不是“无所逃于天地之间”,那么在天地之间就可以有一个“无君”或视君为“路人”的世界。在黄宗羲看来,“为天下之大害者,君而已矣”,秦以后的君主都是孟子所说的民之“寇仇”、世之“独夫”,这就如同与黄宗羲同时代的唐甄所说“自秦以来,凡为帝王者皆贼也”(《潜书·室语》)。

黄宗羲在《原臣》篇说:

> 或曰:臣不与子并称乎?曰:非也。父子一气,子分父之身而为身。故孝子虽异身,而能日近其气,久之无不通矣。……君臣之名,从天下而有之者也。吾无天下之责,则吾在君为路人。出而仕于君也,不以天下为事,则君之仆妾也;以天下为事,则君之师友也。夫然谓之臣,其名累变;夫父子固不可变者也。

臣与子并称(所谓“臣子”),君与父并称(所谓“君父”),“无君”就等于“无父”,这是自孟子以来、特别是自《孝经》以来就有了的“口头禅”。君主制的天然合法性和绝对神圣性就在于包括“君为臣纲”在内的“王道之三纲,可求于天”(《春秋繁露·基义》),“父子、君臣,天下之定理”“为君尽君道,为臣尽臣道,过此则无理”(《程氏遗书》卷五)。然而黄宗羲一反儒家之“常道”“定理”,否认臣与子并称。他认为,父子关系是固不可变的“一气”相通的血缘关系,而君臣之名则是“从天下而有”,即从士人承负“天下之责”而有。如果士人无天下之责,那么士人与君主不过为“路人”之互不相识、互不相属;如果士人做了官,不为天下人负责,那就是令人鄙视的“君之仆妾”;如果做官者为天下人负责,那他就是“君之师友”。自孔子周游列国以来,儒家就认为“君臣之义”不可废,批评那些“欲洁其身而乱大伦”的隐者(《论语·微子》),但黄宗羲已经不把这个“大伦”看得那么天经地义,那么绝对不可废、不可乱了。凡无天下之责者,皆可视君为平等的“路人”;凡为天下负责者,就是“君之师友”,或者说是与君“名异而实同”的、平等的“共曳木之人”(《原臣》)。

儒家经典强调要“资于事父以事君”(《礼记·丧服四制》),为君死难就是“无私之极则”。黄宗羲对此予以否定,他指出真正的“臣道”应该是:

> 缘天下之大,非一人之所能治,而分治之以群工。故我之出而仕也,为天下,非为君也;为万民,非为一姓也。吾以天下万民起见,非其道,即君以形声强我,未之敢从也,况于无形无声乎!非其道,即立身于朝,未之敢许也,况于杀其身乎!(《原臣》)

黄宗羲所标立的“臣道”,显然已不同于传统意义的臣道。它不像传统的臣道那样把“为万民”和“为一姓”“为社稷”或“忠君”结合在一起,而是只“为万民”,不“为一姓”。他更批判那种“视天下人民为人君橐中之私物”,不顾“四方之劳扰、民生之憔悴”,只关注“(一姓)社稷之存亡”的仆妾之臣。从而,黄宗羲提出:“天下之治乱,不在一姓之兴亡,而在万民之忧乐。……为臣者轻视斯民之水火,即能辅君而兴,从君而亡,其于臣道固未尝不背也。”这就是黄宗羲提出的“臣(与)不臣之辨”(同上)。他把传统意义的“臣”称为“不臣”,而他所标立的“臣道”就是只“为万民”,不“为一姓”,换言之,“臣”只是忠于人民,而没有忠于君、忠于一姓之社稷的道德义务。黄宗羲说:“彼鳃鳃然唯恐后之有天下者不出于其子孙,是乃流俗富翁之见。”(《奄宦下》)试想,历史上哪个儒臣对于计虑“一姓之兴亡”如此的鄙视?黄宗羲可谓“彻底”的民本主义者,而民本主义一旦“彻底”,君臣关系就可能起变化。

在黄宗羲看来,“君与臣,共曳木之人也”“臣之与君,名异而实同”(同上)。所谓“名异”,就是君与臣“共治天下”的分工有不同;所谓“实同”,就是君与臣没有尊卑之分。这里虽然仍有“君臣”之名,但“君臣”之名的内涵已经起了变化。这里没有了“臣事君以忠”,没有了“君尊臣卑”“君为臣纲”,而是表达了一种“君臣”平等的思想。

黄宗羲批判:“后世骄君自恣,不以天下万民为事,其所求乎草野者,不过欲得奔走服役之人。”(同上)他所要改变的就是这种役使与服役的君臣关系。试对比韩愈在《原道》中所说:

> 君者出令者也，臣者行君之令而致之民者也，民者出粟米麻丝、作器皿、通货财以事其上者也。君不出令，则失其所以为君；臣不行君之令而致之民，民不出粟米麻丝、作器皿、通货财以事其上，则诛！

韩愈亦大儒，但他把君臣关系就看得如同役使与服役的关系，而君民关系就如同“视天下人民为人君橐中之私物”了。从唐代的韩愈到明清之际的黄宗羲，儒家的“君道”“臣道”思想为什么发生了如此巨大的变化？此中之原因要从宋、明之兴亡，“士大夫政治文化”之失败的历史教训中求[①]。

在中国近代史上，启蒙思想家严复曾作有《辟韩》一文，指出韩愈的君、臣、民之说违背民本思想的“通义”，“知有一人而不知有亿兆也”“夫自秦以来，为中国之君者，皆其尤强梗者也，最能欺夺者也”[②]。黄宗羲虽然未作《辟韩》，但《明夷待访录》实已早发《辟韩》之先声。

二

《明夷待访录》写成于清康熙二年（1663 年），此书比严复的《辟韩》早232 年。若与西方相比，则此书早于英国洛克的《政府论》近三十年，早于法国卢梭的《社会契约论》一百年。当我们评价黄宗羲的政治思想时，不要忘记《明夷待访录》是在毫无民主政治的思想资源的背景下写成的。因此，黄宗羲的政治思想只能从中国传统的民本思想出发，在经过对秦汉以来、特别是宋明两代的历史教训进行批判反思之后，不仅把传统的民本思想充其极，而且从传统的民本思想迈出了新的一步。这一步在一些习惯于以今衡古或以西度中的研究者看来，可能是微不足道，甚至是原地踏步。但我认为，这一步正是从民本走向民主的开端。

传统的民本思想与君主制结合在一起，而君主制被历史上的儒家赋予了“如父如天”的天然合法性和绝对神圣性。而在黄宗羲的政治思想中，这

---

① 参见拙文《宋学与〈宋论〉——兼评余英时〈朱熹的历史世界〉》，载《儒林》第一辑，山东大学出版社 2005 年版。

② 《严复文选》，上海远东出版社 1996 年版，第 37 页。

样的天然合法性和绝对神圣性已经被消解了。传统的民本思想在儒家学说中一以贯之,甚至民本主义高于王权主义的价值观在一些大儒的思想中也是真实的,但是他们毕竟受到“君臣之义”“君为臣纲”“忠孝两全”的束缚。这个束缚在黄宗羲的政治思想中已经不是不可逾越的“极限”了。当君主制的天然合法性和绝对神圣性已被消解,当士人与君主的关系可以或为“路人”或为“师友”的时候,甚至儒家也可以设想“向使无君”的时候,黄宗羲就可以从对历史教训的反思中提出一些限制君主制的弊病、在制度上如何以权力来制约权力的政治设计。这些设计还没有发展到“无君”那一步,但却是从民本走向民主的开端。试想,在二百多年以后严复所作的《辟韩》中还在说“君臣之伦,盖出于不得已也”“民之弗能自治者,才未逮、力未长、德未和也”[1],我们又怎能要求黄宗羲一步就从民本跨越到“无君”呢?

黄宗羲在《原法》篇中说:

> 三代以上有法,三代以下无法。……后之人主,既得天下,唯恐其祚命之不长也,子孙之不能保有也,思患于未然以为之法。然则其所谓法者,一家之法,而非天下之法也。是故秦变封建而为郡县,以郡县得私于我也;汉建庶孽,以其可以藩屏于我也;宋解方镇之兵,以方镇之不利于我也。此其法何曾有一毫为天下之心哉!而亦可谓之法乎?

这里所说的“法”,既非中国古代所特指的刑法,亦非现代人所谓法律,而是指法度或制度。黄宗羲说“三代以下无法”,这是对秦汉以来的“一家之法”即君主专制制度的否定。“三代以上有法”,他所理想的“三代之法”是:“藏天下于天下者也,山泽之利不必其尽取,刑赏之权不疑其旁落,贵不在朝廷也,贱不在草莽也。”(《原法》)儒家“祖述尧舜,宪章文武”,“三代之法”一直是儒家的“理想国”,故黄宗羲也用“三代之法”来表达他所理想的政治制度。然而,历史上的“三代之法”是以“亲亲”“尊尊”为原则的,而黄宗羲设想的“三代之法”已经是“贵不在朝廷,贱不在草莽”,这里没有了“尊尊”的原则,

---

① 《严复文选》,上海远东出版社 1996 年版,第 38 页。

而有了平等的思想。可见黄宗羲的政治思想,其实质不是复古,而是创新,或者如梁启超所说是“以复古为解放”①。

黄宗羲说:

> 后世之法,藏天下于筐箧者也。天下之人共知其箱箧之所在,吾亦鳃鳃然日唯箱箧之是虞,故其法不得不密。法愈密而天下之乱即生于法之中,所谓非法之法也。……自非法之法桎梏天下人之手足,即有能治之人,终不胜其牵挽嫌疑之盼;有所设施,亦就其分之所得,安于苟简,而不能有度外之功名。使先王之法而在,莫不有法外之意存乎其间。其人是也,则可以无不行之意;其人非也,亦不至深刻罗网,反害天下。故曰有治法而后有治人。(《原法》)

黄宗羲在这里所说的是,秦汉以来的种种政治弊病和社会危乱是“生于法之中”,即由“非法之法”这种政治制度造成的。因此,他一反儒家传统的重人治而轻法治的思想,提出“有治法而后有治人”,即先要有合理的政治制度,而后才有这种政治制度下的“治人”。中国传统文化重视“三事”,即“正德、利用、厚生”,而“文化所有之要素凡五……一曰正德,二曰利用,三曰厚生,四曰致知,五曰立制”②。相比于“三事”之说,儒家对于“致知”(科学认知)和“立制”(建立合理的政治制度)一直不够重视。黄宗羲提出“有治法而后有治人”,这是儒家首次在治道上把“立制”置于“正德”之先。也就是说,黄宗羲的《明夷待访录》不是像传统儒家那样以“正德”来解决政治问题,而是首先从“立制”的角度来解决政治问题。黄宗羲对于提高“宰相”的权力和把“学校”作为议政机构的设想,就是他要在“立制”方面用“宰相”和“学校”的权力来制约君主的权力。

黄宗羲在《置相》篇总结明代君主专权的历史教训,指出:“有明之无善治,自高皇帝罢丞相始也。”关于君主与官制,黄宗羲说:

---

① 梁启超:《清代学术概论》,东方出版社 1996 年版,第 7 页。

② 《张岱年全集》第 1 卷,河北人民出版社 1996 年版,第 341 页。

原夫作君之意，所以治天下也。天下不能一人而治，则设官以治之；是官者，分身之君也。……盖自外而言之，天子之去公，犹公、侯、伯、子、男之递相去；自内而言之，君之去卿，犹卿、大夫、士之递相去。非独至于天子遂截然无等级也。（《置相》）

这里所谓“分身之君”，意谓百官和君主一样，都是“治天下”所需要的一部分。所谓“自外而言之”，即从君主的中央权力和公、侯、伯、子、男的地方权力而言之；所谓“自内而言之”，即从中央权力内部君主和卿、大夫、士的职务等级而言之。黄宗羲认为，君主与公、卿的差别，就如同公、侯、伯、子、男之间以及卿、大夫、士之间的差别，“非独至于天子遂截然无等级也”，即君主并非至尊无比，凌驾于百官之上。这样，君之与臣就“名异而实同”，君主与宰相的关系就如同臣僚之间的关系。黄宗羲说：

古者不传子而传贤，其视天子之位，去留犹夫宰相也。其后天子传子，宰相不传子。天子之子不皆贤，尚赖宰相传贤足相补救，则天子亦不失传贤之意。宰相既罢，天子之子一不贤，更无与为贤者矣，不亦并传子之意而失者乎？（同上）

如果天子之“传贤”，不像孟子所说必须“天与之”才能施行“禅让”（《孟子·万章上》），而是就像换个宰相一样平常，那就近于“无君”了。黄宗羲并没有走到这一步，他仍然肯定了“天子传子”的世袭君主制，但他指出“天子之子不皆贤，尚赖宰相传贤足相补救”。这样，提高宰相的权力，使宰相能够“摩切其主，其主亦有所畏而不敢不从”（《置相》）就是十分必要和应该的了。

黄宗羲对宰相权力的设计是：

宰相一人，参知政事无常员。每日便殿议政，天子南面，宰相、六卿、谏官东西面以次坐。……凡章奏进呈……宰相以白天子，同议可否。天子批红，天子不能尽，则宰相批之，下六部施行。……宰相设政事堂……列五房于政事堂之后：一曰吏房，二曰枢机房，三曰兵房，四曰

户房，五曰刑礼房，分曹以主众务……四方上书言利弊者及待诏之人皆集焉，凡事无不得达。（《置相》）

这样，宰相及其下属副宰相（参知政事）等等形成一套权力机制，每日便殿议政，宰相与君主“同议可否”。凡君主“批红”未尽者，宰相即可批之而施行。宰相所设的“政事堂”则成为日常政务的办事机构。无论这种权力机制的设计在今天看来是否合理，其中蕴含了分权的原则，试图以宰相的权力来制约君主的权力，是可以肯定的。

黄宗羲的政治思想中最有特色的是把“学校”设计成教育兼议政的机构，提出“必使治天下之具皆出于学校，而后设学校之意始备”（《学校》）。这一思想是黄宗羲从反思秦汉以来的历史教训，特别是宋明两代“士大夫政治文化”失败的的历史教训中所得。他说：

三代以下，天下之是非一出于朝廷。天子荣之，则群趋以为是；天子辱之，则群擿以为非。……而其所谓学校者，科举嚣争，富贵熏心，亦遂以朝廷之势力一变其本领。……于是学校变而为书院，有所非也，则朝廷必以为是而荣之；有所是也，则朝廷必以为非而辱之。伪学之禁，书院之毁，必欲以朝廷之权与之争胜。……其始也，学校与朝廷无与；其继也，朝廷与学校相反。不特不能养士，且至于害士，犹然循其名而立之何与？（同上）

这就是说，秦汉以来天下之“是非”皆决定于朝廷，而学校成为获取功名利禄的地方，亦遂以朝廷之是非为是非。至宋代，学校变而为书院[1]，士人有了与君主“共治天下”的意识[2]，但朝廷与书院的“是非”却总是相反，“（书院）有

① 钱穆先生说：“宋学精神，厥有两端：一曰革新政令，二曰创通经义，而精神之所寄则在书院。革新政令，其事至荆公而止；创通经义，其业至晦庵而遂。而书院讲学，则其风至明末之东林而始竭。”见氏著《中国近三百年学术史》，商务印书馆 1997 年版，第 7 页。

② 余英时先生说：“宋代的‘士’不但以文化主体自居，而且也发展了高度的政治主体的意识”，士大夫与君主“共治天下”的主张是士大夫“政治主体意识的显现”。见氏著《朱熹的历史世界》，三联书店 2004 年版，第 3、210 页。

所非也,则朝廷必以为是而荣之;(书院)有所是也,则朝廷必以为非而辱之"。于是朝廷有"伪学之禁,书院之毁",必欲以朝廷之权力与书院争胜。这样,学校不但不能"养士",却成为"害士"之所。黄宗羲在此所说的"伪学之禁,书院之毁",正是指宋代的元祐党禁和庆元党禁,更是指他在青少年时期所亲历的东林党案。东林党领袖顾宪成曾经说,"是非者,天下之是非,自当听之天下",而当时的"异事"却是"外人所是,庙堂必以为非;外人所非,庙堂必以为是"(《顾端文公年谱》)。因为决定"是非"的权力在于"庙堂"(朝廷),所以东林党人与"庙堂"争是非,其失败是必然的,争之愈烈,祸之愈惨。黄宗羲从宋明两代"士大夫政治文化"失败的历史教训中得出的结论就是:

> 必使治天下之具皆出于学校,而后设学校之意始备。……天子之所是未必是,天子之所非未必非,天子亦遂不敢自为非是,而公其非是于学校。(《学校》)

本来"天下之是非,自当听之天下",但天下需要有一个议论、表达和决定"是非"的机构,这个机构在当时黄宗羲的政治设计中别无他择,只能是"学校"①。他要把决定"是非"的权力从"庙堂"转移到"学校",从而限制君主的权力,"天子亦遂不敢自为非是"。

黄宗羲设计了中央和地方两级的"学校"议政机构。此机构在中央就是"太学":

> 太学祭酒,推择当世大儒,其重与宰相等,或宰相退处为之。每朔日,天子临幸太学,宰相、六卿、谏议皆从之。祭酒南面讲学,天子亦就弟子之列。政有缺失,祭酒直言不讳。(同上)

在这里,太学的祭酒就相当于议会的议长,他不是由君主任命,而是"推择"选出,其权力与宰相相等。每月的初一,君主要率领宰相的执政班子到"学

① 这是被中国传统社会"士农工商"四民的社会结构决定的,士阶层虽无"恒产"但有"恒心",他们代表了四民的整体利益。

校”来听取审议。“祭酒南面讲学,天子亦就弟子之列”,在这里“议长”是最有权威的。“政有缺失,祭酒直言不讳”,君主和宰相的执政权力要受到“学校”的议政权力的审察和评议,从而受到监督和制约。

关于地方的议政机构,黄宗羲说:

> 郡县学官,毋得出自选除。郡县公议,请名儒主之。自布衣以至宰相之谢事者,皆可当其任,不拘已仕未仕也。其人稍有干于清议,则诸生得共起而易之,曰:“是不可以为吾师也。”……郡县朔望,大会一邑之缙绅士子。学官讲学,郡县官就弟子列,北面再拜。师弟子各以疑义相质难。其以簿书期会,不至者罚之。郡县官政事缺失,小则纠绳,大则伐鼓号于众。(《学校》)

在这里,郡县学官就相当于地方议会的议长,他不是出自朝廷的“选除”(任命),而是由“公议”产生。担任学官者必须是有学识和政见的“名儒”,而无论其出身是“布衣”(庶民)还是退休的官员。学官受到“清议”(舆论)的监督,一旦其行为有污点,诸生可罢免学官。每月的初一和十五,学官在学校主持召开大会,郡县官必须出席,就弟子之列,接受师弟子的质询。郡县官的政事缺失,小则受到批评和纠正,严重的则被声讨而公之于众。

显然,在黄宗羲的“必使治天下之具皆出于学校”的政治设计中,“学校”的议政权和君主、宰相、郡县官的执政权是分立的,执政权必须接受议政权的监督和制约,政治的“是非”最终要由“学校”来决定。而中央和地方的“议长”则是由“公议”“推择”选出。这种政治设计已非君主专制体制的“事在四方,要在中央,圣人执要,四方来效”(《韩非子·扬权》),它突破了“惟以一人治天下,岂将天下奉一人”这一民本思想与君主制的结合,而是从君主制走向民主制的第一步。

三

对于《明夷待访录》的评价,不仅是一个学术研究的问题,而且是一个历史事实的问题，即这部书在中国近代的民主进程中是起了重要的推动作用的。戊戌变法无疑是中国近代政治制度转型中的一个重要阶段，当时思想最激进的谭嗣同说："孔教亡而三代下无可读之书矣……以冀万一有当于孔教者，则黄梨洲《明夷待访录》其庶几乎！"[①]梁启超说："(《明夷待访录》)在二百六七十年前，则真极大胆之创论也。……梁启超、谭嗣同辈倡民权共和之说，则将其书节钞印数万本，秘密散布，于晚清思想之骤变，极有力焉。"[②]又说："(《明夷待访录》)的确含有民主主义的精神——虽然很幼稚——对于三千年专制政治思想为极大胆的反抗，在三十年前——我们当学生时代，实为刺激青年最有力之兴奋剂。我自己的政治运动，可以说是受这部书的影响最早而最深。"[③]另据北京大学孙宝山博士新近的研究，同"维新变法"运动一样，"共和革命"运动也受到了黄宗羲政治思想的很大影响。孙中山曾把《明夷待访录》中的《原君》《原臣》制成小册子，作为兴中会的革命宣传品随身携带散发，并赠给日本友人南方雄楠。"时兴中会之宣传品仅有二种：一为《扬州十日记》……二为黄梨洲《明夷待访录》选本之《原君》《原臣》篇。"[④]

黄宗羲的政治思想未曾受到西方近代民主思想的洗礼，因而带有浓厚的中国特色。这种中国特色在中国近代的民主进程中实也一直延续，而且留给了中国式民主需要解决的问题，如我在《中国的民本与民主》一文中所说："鸦片战争之后，中国人民学习和接受西方文化中的民主思想，主要是出于救亡图存、民族自强的考虑，而不是出于对个人权利和不同社会集团利益的追求，因此中国近现代的民主思想虽然否定了与民本思想结合在一起的君主制，但在价值观上仍然是以集体主义的民本思想为基础。在西方，民主是以个人自由和资本主义的多元利益的'市民社会'为基础的。在中国，在集体主义的主导价值观下，如何达成社会整体利益与个人自由的和谐，中国

① 《仁学》三十一，《谭嗣同全集》，中华书局1998年版，第338页。

② 梁启超：《清代学术概论》，东方出版社1996年版，第18页。

③ 梁启超：《中国近三百年学术史》，中华书局1936年版，第47页。

④ 参见陈锡祺主编：《孙中山年谱长编》(上)，中华书局1991年版，第109、133页；冯自由：《革命逸史》初集《自序》，中华书局1981年版，第3页。本文转引自孙宝山博士学位论文《黄宗羲的政治思想研究》，北京大学哲学系2006年。

的社会主义的‘市民社会’如何既有一定程度的利益分化又能保持社会的共同富裕，这将是中国的民主需要解决的关键性的问题。”①

我认为，中国传统的民本思想因与君主制结合在一起，所以并非作为一种政治体制的民主，划清传统民本思想与民主的界限仍是重要的。但是，君主制并非民本思想不可逾越的“极限”。在儒家的政治理念中，民本的价值观实高于王权主义。在1993年出土的郭店楚墓竹简中有《唐虞之道》篇，其云：“唐虞之道，禅而不传。尧舜之王，利天下而弗（自）利也。禅而不传，圣之盛也。利天下而弗利也，仁之至也。”又云：“不禅而能化民者，自生民以来未之有也。”这就是说，如果要“化民”，只能实行禅让制，而不能实行夏代以来的传子制、家天下。《唐虞之道》篇反映了儒家在“孔孟之间”的一种政治主张，但是在战国中期政治的环境有所变化时，孟子则把“禅而不传”的思想调整为“禅”与“传”两可，“其义一也”②。这说明儒家对于政治体制的主张并非绝对不可改变的，而是可以随着社会环境的变化而作调整的，因为“利天下而弗自利”是儒家更为根本的价值观。黄宗羲的《明夷待访录》就是从“利天下而弗自利”这一价值观出发，在明清之际的特殊历史环境中，对于政治体制作出的一个新的思想调整。

然而，在近年对于黄宗羲政治思想的“新论”中出现了“民本的极限”之说。我本来深知评价黄宗羲政治思想的复杂性，但读了此书之后，却不禁冒昧而言之：此说实在难以成立。

1. 作者说：在黄宗羲的政治思想中“君主权力是人间一切权力的起点”。“从理论逻辑上看，黄宗羲的理论体系必然会孕育出专制权力。……黄宗羲的世界图式体系又铸造了专制权力的逻辑起点，即所谓‘昊天上帝’。天子在本体论上乃是‘昊天上帝’在人间的代理，他‘受命于天’，拥有‘天’‘托付’的‘教养’‘斯民’的全权。”③

按：以上论说完全是作者从一个虚构的“理论逻辑”推论出来的。在黄

① 拙文《中国的民本与民主》，载《孔子研究》1997年第4期、《新华文摘》1998年第4期。

② 参见拙文《反思经史关系：从“启攻益”说起》，载《中国社会科学》2003年第3期。

③ 张师伟：《民本的极限——黄宗羲政治思想新论》，中国人民大学出版社2004年版，第173页。

宗羲的理论体系中，虽然像传统的儒家那样，并不完全否认有一个“昊天上帝”，但“民之所欲，天必从之”“皇天无亲，惟德是辅”，民本主义和“天民一致”的思想才构成“人间一切权力的起点”，因此，它并不“必然会孕育出专制权力”。况且，在《明夷待访录》中，黄宗羲根本就无涉“昊天上帝”等宗教观念，他批判“后世之君欲以如父如天之空名禁人之窥伺”，“为天下之大害者，君而已矣”，君主在本体论上又如何成为“昊天上帝在人间的代理”，“拥有教养斯民的全权”？此作者无视《明夷待访录》所针对和所要解决的问题，亦不顾史料的根据，只是从一个虚构的“理论逻辑”来作推论，实际上是主观地为民本思想设置了一个“极限”。

2. 作者说：“黄宗羲的‘主权者’仍然是天子，而不是人民。黄宗羲的分权则没有分割政治权力的合法性，即政治权力的合法性只能掌握在天子手中。黄宗羲理想中的圣王独自接受了天托付的‘教养’全权，圣王以外的一切人都不能不是圣王的‘教养’对象。”“他设计的政治体制仍然是君权不可分割的绝对专制主义政权。”“黄宗羲政治理想国的权力形式是什么？一言以蔽之，就是无所不在、无所不能、无所不管的君权。”“君主是政治权力的惟一的行为主体，臣僚是这一行为主体的代理或延伸”，“宰相仅仅是君主的辅弼和幕僚”①。

按：此作者根本就无视黄宗羲从“天下为主，君为客”出发，批判“岂天地之大，于兆人万姓之中，独私其一人一姓乎”，由此他要把“主权者”从君主的垄断转变为“分治之以群工”。黄宗羲强调，“君与臣，共曳木之人也”“臣之与君，名异而实同”，因此，政治权力的合法性并非“只能掌握在天子手中”。在《明夷待访录》中，黄宗羲何处承认君主“独自接受了天托付的‘教养’全权”，又何处把一切人都作为君主的“教养对象”？我们所看到的是，“吾无天下之责，则吾在君为路人。……以天下为事，则君之师友也。”可见，这绝非“绝对专制主义政权”，而君权亦非“无所不在、无所不能、无所不管”；一切人并非君主的“教养对象”，相反，他与臣僚是相互“教养”的“师友”关系，而在太学，他还要“就弟子之列”。黄宗羲特别批判君主把臣僚当作“奔走服役之

① 张师伟：《民本的极限——黄宗羲政治思想新论》，中国人民大学出版社 2004 年版，第 178、181、182、183、192—193 页。

人”,他强调“君之去卿,犹卿、大夫、士之递相去,非独至于天子遂截然无等级也”,“是官者,分身之君也”,即臣僚与君主同样担负治理天下之责,“名异而实同”,或者说,君主与宰相、公卿的差别亦犹如臣僚之间的差别。因此,君主并非“政治权力的惟一的行为主体”,臣僚也并非只是君主的“代理或延伸”。如果“宰相仅仅是君主的辅弼和幕僚”,那么君主对于其辅弼和幕僚又何必“有所畏而不敢不从”呢?

3. 作者说:“学校的功能完全是经验的。”“天子的‘是非’在经验上一定不如太学祭酒吗?……实际上,比较天子与太学之间的对错是非,根本就是一个无法解决的麻烦问题。……学校对君权的制约能否实现,关键是学校的所谓‘是非’是否一定优于君主的‘是非’。……天子到底有没有达到自己的‘纯粹至善’?这是圣王以外的任何角色都不能回答的麻烦问题。天子仍然是回答这个问题的最终权威……黄宗羲的世界图式没有为学校提供从本体论上沟通‘天’‘天道’等的可能性……”“学校的职能是教化,一切与此无关的职能都不应该随便归纳或添加到学校身上。”“黄宗羲的学校没有固定的议论范围,立法、行政、司法等凡涉及所谓‘是非’的问题,学校都可以讨论,这与议会具有固定的议论范围明显不同。”“黄宗羲学校的议论‘是非’实在与近代议会相去甚远。”①

按:以上论述在逻辑上有些混乱,我们只能大致评论作者可能的观点。作者所谓“经验的”,是指“缺乏理论必然性的客观事实”(原注)。作者一直认为,在黄宗羲的政治思想中,只有君主是“受命于天”的,因此,也只有君主的“是非”才具有“理论必然性”。然而,这完全是作者的一个虚构。在《明夷待访录》中,黄宗羲所要消解的就是君主具有“如父如天”的天然合法性和绝对神圣性。东林党领袖顾宪成已经明言“是非者,天下之是非,自当听之天下”,因此,在东林党人和黄宗羲的思想中,君主根本就没有决定“天下之是非”的“最终权威”或“理论必然性”。黄宗羲根本就不认为“比较天子与太学之间的对错是非……是一个无法解决的麻烦问题”,相反,他明确指出“天子之所是未必是,天子之所非未必非,天子亦遂不敢自为非是,而公其非

① 张师伟:《民本的极限——黄宗羲政治思想新论》,中国人民大学出版社2004年版,第201、205、216、222、221页。

是于学校”。在这里,黄宗羲根本就用不着“为学校提供从本体论上沟通‘天’‘天道’等的可能性”。黄宗羲明言“必使治天下之具皆出于学校,而后设学校之意始备”,而作者说一切与“教化”无关的职能“都不应该随便归纳或添加到学校身上”,真不知是谁在“随便”?作者又说“立法、行政、司法等凡涉及所谓‘是非’的问题,学校都可以讨论”,但这又“与议会具有固定的议论范围明显不同”,或“相去甚远”。作者似乎在以西方的完整议会形态来衡量黄宗羲在明清之际刚刚迈出的作为开端的一步。然而,倘若作者真的承认了这一步,那就不是“民本的极限”了。作者的真正意图是要指出:“议会这样的斗争场所不仅不会出现在中国历史的经验中,而且也绝不会出现在理论家的议题中。”“黄宗羲的学校一定没有理由具有议会的功能或属性。……议会在成为一个非常成功的制度以前不太可能会成为一个普遍的历史现象。”①这就是说,议会以及议会的思想只能出自西方,只有议会在西方“成为一个非常成功的制度”以后,中国才会有议会的现象。由此推论,黄宗羲的学校就“一定没有理由具有议会的功能或属性”。然而,这个“理由”却是作者虚构的,所谓“民本的极限”便是作者从这个虚构的“理由”主观设置的。

(原载《华东师大学报》2006 年第 2 期)

① 张师伟:《民本的极限——黄宗羲政治思想新论》,中国人民大学出版社 2004 年版,第 224 页。

参考文献

《十三经注疏》(附校勘记),中华书局,1980。
《史记》,中华书局,1959。
《汉书》,中华书局,1962。
《后汉书》,中华书局,1965。
《隋书》,中华书局,1973。
《新唐书》,中华书局,1975。
《宋史》,中华书局,1985。
《元史》,中华书局,1976。
《元史纪事本末》,中华书局,1979。
《明史》,中华书局,1974。
《清史稿》,中华书局,1977。
《资治通鉴》,中华书局,2011。
《续资治通鉴长编》,李焘,中华书局,2004。
《续资治通鉴长编纪事本末》,北京图书馆出版社,2003。
《宋史全文》,中华书局,2016。
《国语集解》,徐元诰,中华书局,2002。
《邵氏闻见录》,中华书局,1983。
《黄氏日抄》,黄震,北京图书馆出版社,2005。
《四书章句集注》,朱熹,中华书局,2003。
《墨子闲诂》,孙诒让,中华书局,2001。

《老子注释及评介》,陈鼓应,中华书局 1984 年版。

《庄子今注今译》,陈鼓应,中华书局 1983 年版。

《管子校注》,黎翔凤,中华书局,2004。

《荀子集解》,王先谦,中华书局,1988。

《商君书锥指》,蒋礼鸿,中华书局,2001。

《韩非子集解》,王先慎,中华书局,1998。

《吕氏春秋集释》,许维遹,中华书局,2009。

《郭店楚简校读记》,李零,中国人民大学出版社,2007。

《淮南鸿烈集解》,刘文典,中华书局,1989。

《新语校释》,王利器,中华书局,1986。

《新书》,中华书局,2015。

《春秋繁露义证》,苏舆,中华书局,2002。

《风俗通义》,中华书局,1985。

《说苑校证》,向宗鲁,中华书局,1987。

《盐铁论校注》,王利器,中华书局,1992。

《申鉴》,荀悦撰,黄省曾注,山海古籍出版社,1990。

《白虎通义》,上海古籍出版社,1992。

《太玄校释》,中华书局,2014。

《纬书集成》,安居香山等辑,河北人民出版社,1994。

《说文解字》,中华书局,1987。

《论衡校释》,黄晖,中华书局,1990。

《王弼集校释》,王弼著,楼宇烈校释,中华书局,1980。

《论语集解义疏》,何晏、皇侃,中华书局,1985。

《抱朴子内篇校释》,王明,中华书局,1985。

《抱朴子内篇校笺》,葛洪,中华书局,1997。

《肇论校释》,中华书局,2010。

《大乘起信论》,萧萐父释译,佛光文化事业公司,1996。

《坛经校释》,慧能著,郭朋校释,中华书局,1983。

《昌黎先生文集》,上海书店出版社,1989。

《范文正公文集》,中华书局,1985。
《欧阳修全集》,中华书局,2001。
《李觏集》,中华书局,1981。
《王安石全集》,上海古籍出版社,1999。
《司马光集》,四川大学出版社,2010。
《苏辙集》,中华书局,1990。
《周敦颐集》,中华书局,2009。
《张载集》,中华书局,1978。
《二程集》,中华书局,1981。
《杨时集》,福建人民出版社,1993。
《胡宏集》,中华书局,1987。
《朱子全书》,上海古籍出版社、安徽教育出版社,2010。
《陆九渊集》,中华书局,1980。
《困学纪闻》,王应麟,上海古籍出版社,2008。
《郡斋读书志校证》,晁公武,上海古籍出版社,1990。
《文献通考》,马端临,中华书局,1986。
《困知记》,罗钦顺,中华书局,1990。
《王阳明全集》,上海古籍出版社,1992。
《王廷相集》,中华书局,1989。
《吴廷翰集》,容肇祖点校,中华书局,1984。
《宋元学案》,全祖望补修,陈金生,梁运华点校,中华书局,1986。
《明儒学案》,黄宗羲,中华书局,1986。
《明夷待访录》,中华书局,1985。
《黄宗羲全集》,浙江古籍出版社,2005。
《顾亭林文选》,四川人民出版社,1998。
《船山全书》,岳麓书社,1996。
《潜书》,唐甄,中华书局,1963。
《四库全书总目提要》,河北人民出版社,2000。
《四库全书存目》,齐鲁书社,1997。

《廿二史札记》,赵翼,商务印书馆,1958。

《劝学篇》,张之洞,中州古籍出版社,1998。

《谭嗣同全集》,中华书局,1998。

《经学历史》,皮锡瑞,中华书局,1959。

《经学通论》,皮锡瑞,中华书局,1961。

《刘申叔遗书》,刘师培,浙江古籍出版社,1997。

《严复集》,中华书局,1986。

《康有为政论集》,中华书局,1981。

《饮冰室合集》,中华书局,1989。

《四库提要辨证》,余嘉锡,中华书局,1980。